KB059761

2017
한국의 논점

키워드로 읽는 한국의 쟁점 42

2017 한국의 논점

윤태곤 외 지음

〈기획회의〉 편집위원회 기획

북바이북

한국사회의 문제를 토론하는 **공론장이 되기를 바라며**

역사를 가만 살펴보면 사건은 늘 비슷비슷한 모습으로 반복되곤 한다. 정치는 시대를 막론하고 협잡挾雜과 이음동의어였는데, 비선 실세의 국정농단은 동서고금을 막론하고 반복된 일이었다. 경제도 사정은 마찬가지여서 자본주의 시스템이 있기 전부터 늘 가진 자, 즉 1%를 위해서만 복무해왔다. 소시민은 집 한 칸 마련하기 위해 평생 허리 펼 날이 없는데, 어떤 이는 태어나면서부터 수조 원을 깔고 앉는다. 마치 고려시대 귀족들이 이 산부터 저 산까지의 땅을 차지했던 것처럼 말이다.

2016년 연말, 2017년 연초로 이어지는 대한민국의 시계는 사실상 제로에 가깝다. 촛불민심은 기어이 탄핵정국을 만들어냈지만 앞으로 열릴 세상은, 우리로서는 한 번도 가보지 않은 길이기에 한 치

앞도 분간할 수 없는 실정이다. 정치적 상황만 심각한 것이 아니다. 한국 사회의 불평등 문제는 이제 개선의 여지조차 보이지 않는 상황이다. 1%는 나날이 줄어들어 언젠가 0.1%가 될 것이며 곧 그보다도 적어질지도 모른다. 저출산 고령화 현상으로 인한 인구절벽은 곧 우리 앞에 닥칠 현실이 될 것이다. 영화 〈판도라〉에서 보듯 원전은, 모두 폐기되지 않는 한, 한국 사회의 불확실성을 가장 위협하는 사회적 딜레마가 될 것이 자명하다. 한국 사회의 문제를 구구절절 나열하는 일은 아마도 끝이 없을 듯 보인다.

해외로 눈을 돌려봐도 상황은 녹록치 않다. 트럼프 시대의 미국은 어디로 튈지 가늠할 수 없고, G1 시대를 열어가려는 중국의 눈에 한국은 보이지 않는다. 일본은 노골적으로 군사대국의 길을 가고 있으며, 러시아는 제국의 부활을 염원하고 있다. 유럽도 사분오열하고 있다. 영국의 브렉시트 탈퇴가 하나의 균열이라면, 유럽 여러 나라에서 극우정당이 득세하고 있는 상황은 암울하기까지 하다. 세계는 지금 복마전伏魔殿과도 같은 공간이 되었지만, 우리에게는 지금 이에 대응할 컨트롤 타워마저 없다. "우리는 파국을 맞이해야만 파국이 왔다는 것을 인식하고 받아들이게 될 것 같다"던 폴란드 출신 사회학자 지그문트 바우만의 일갈은 지금 우리 형편을 두고 한 말이 아닌가 싶다.

『2017 한국의 논점』은 산적한 한국의 문제를 드러내고, 문제 해결의 단초를 찾아보자는 의도에서 시작되었다. 문제를 드러내면 누군가는 해소하기 위해 나설 것이고, 그 과정을 통해 하나하나 의미 있는 사회적 움직임이 시작될 것이라는 믿음 때문이다. 『2017 한국의 논점』을 기획한 좀더 직접적인 동기는 2017년 연말에 있을 '대선'이었다. 정파적 이해관계만 난무하는 정치권은 물론 갈 바를 알지 못하고 휘청거리는 사회 각 분야에 화두 혹은 어젠다를 던짐으로써 한국의 나아갈 방향을 조금이라도 모색해보자는 의도였다.

하지만 2017년 연말로 예정되었던 대선 시계가 앞당겨졌다. 지난 12월 9일 박근혜 대통령 탄핵안이 국회에서 가결되면서 대선 정국은 사실상 시작되었다고 볼 수 있다. 헌법재판소의 탄핵 인용이 언제 이뤄질 것이냐가 가장 큰 변수이겠지만, 2016년 연말과 2017년 연초를 지나면서 대선의 카운트다운은 시작될 것이다. 여러 모로 2017년은 변화무쌍한 한 해가 될 것이 분명하다.

『2017 한국의 논점』은 우선 '한국의 쟁점 10'을 뽑았다. 2017년뿐 아니라 이후 우리 사회가 직면해야 할 10가지 과제를 제시하고자 하는 의도였다. '개헌'이라는 변수는 이제 곧 맞닥뜨릴 대선은 물론 향후 한국의 정치 지형을 어떻게 바꿀지 알 수 없을 뿐 아니라 커다란 사회적 파장을 몰고 올 수 있을 것이다. 저출산 고령화에 따른 인구절벽은 어쩌면 한국이 당면한 가장 큰 문제일 수도 있다. 경제민주주의 실현 또한 여전히 미지수다. 흐르지 못해 썩고 있는 4대강 문제는 2017년에는 어떻게든 해결책을 찾아야 할 사안 중 하나이다. 이 외에도 언론개혁, G1 시대의 중국, 노후 원전 문제, 그리고 세월호 참사로 인한 국민적 트라우마에 대한 해결 역시 2017년에는 시도되어야 할 것이다.

2부 정치·외교 분야의 가장 큰 화두는 역시 검찰개혁일 것이다. 검찰은 박근혜·최순실 게이트에서 보듯 좌고우면하며 조직의 생사에만 오로지 관심을 갖고 있다. 북핵 위기를 타개하기 위한 6자회담이 제 역할을 못하면서 국내외적으로 핵무장에 대한 다양한 논의들도 터져 나오고 있다. 워낙 민감한 문제여서, 핵무장에 대해서는 찬반양론을 함께 싣는다. 사드 문제와 군개혁, 우경화하는 일본, 영국의 유럽연합 탈퇴가 가져올 함의들도 함께 다룬다.

3부 경제·과학·환경 분야에서는 거시적 관점에서 규제개혁과 노동개혁 문제를 다루고, 아울러 노동계의 최대 화두인 성과연봉제의 문제점과 대안도 함께 제시한다. 그런가 하면 4차 산업혁명의 함의를 짚으면서 향후 우리 경제의 과제와 방향을 모색해보고자 했다.

4부 사회·문화 분야에서는 전 국민의 의료주권을 뒤흔드는 의료민영화 문제와 소수자 차별에 대한 사회적 인식을 좀 더 세밀하게 관찰하고자 했다. 아울러 사드 문제로부터 불거져 나온 한류 현상의 침체를 다각도로 조명한다. 비선실세 국정농단의 범위가 얼마나 넓은지 실감할 수 있는 2018년 평창 동계올림픽 문제에 대해서도 깊이 있는 접근을 해보고자 했고, 최근 외국 영화자본의 거침없는 유입이 한국 영화계에 어떤 영향을 줄지도 알아봤다.

5부 언론·교육·역사 분야에서는 교육개혁을 중심으로 대학의 미래, 평생교육이라는 주제에 접근했다. 씨줄과 날줄처럼 교육의 미래가 세 개의 글에 집약되어 있다고 해도 과언이 아니다. 그런가 하면 국정교과서 문제에 대한 심도 있는 접근과 다양한 역사 쟁점을 소개함으로써 한국 사회의 역사 인식에 대한 새로운 지향을 제시하고자 했다.

『2017 한국의 논점』에서 주목할 또 하나의 화두는 '책 속의 책'으로 구성된 '기본소득'이다. 기본소득에 대해서는 갑론을박 여러 말들이 쏟아지고 있다. 기회 균등의 초석이 될 것이라는 주장도 있고, 일하지 않는 국민을 만들 것이라는 반론도 만만치 않다. 중요한 것은 갑론을박이 아니라 정확한 개념을 파악하고, 그에 걸맞는 제도를 마련하는 일일 것이다. 새롭게 시행되는 대부분의 제도나 정책을 가보지 않은 길이기에 저항이 따를 수밖에 없다. 여기서는 인공지능 시대, 빈곤, 노동운동, 생태적 접근, 여성 등 다양한 주제와 기본소득의 연관성을 각계각층의 학자들과 활동가들이 탐색함으로써 그 정책적 가능성을 제시한다.

『2017 한국의 논점』은 2017년을 시작으로 해마다 출간할 계획이다. 한국 사회의 어젠다를 일목요연하게 정리한 책들이 아직은 보이지 않는다. 더욱이 그 문제를 해결하기 위한 다양한 대안을 만들어내지 못하고 있다. 『2017 한국의 논점』이 한국 사회의 바른 방향성을 제시하는 하나의 이정표가 되기를 바란다. 이를 위해서는 이 책에서 제시한 다양한 문제와 대안에 대한 넓고 깊은 토론이 이뤄져야 한다. 성숙한 토론과 논쟁이 이뤄지는 공론의 장이 더불어 형성되기를 바란다. 독자 여러분의 질정을 함께 부탁드린다.

〈기획회의〉 편집위원회

차례

Ⅱ. 정치/외교

Ⅲ. 경제/과학/환경

Ⅳ. 사회/문화

Ⅴ. 언론/교육/역사

책 속의 책 | 기본소득

I

2017 한국의 쟁점 10

'개헌'이라는 **함수**

윤태곤(의제와전략그룹 더모아 정치분석실장)

1987년 대통령 직선제 실시 이후 거의 모든 정부가 임기 중에 개헌을 추진하고자 했다. 노태우 정부는 내각제 개헌 약속을 축으로 3당 합당을 성사시켰다. 집권 후반기 IMF 직격탄을 맞은 문민정부 정도가 개헌을 언급하지 못했을 뿐이다. 내각제 개헌을 고리로 한 DJP연합이 국민의 정부를 탄생시켰다. 참여정부는 한나라당에 대연정 제안에 실패한 이후에도 권력구조 개편을 골자로 하는 원포인트 개헌을 제기했다. 이명박 정부 역시 임기 후반으로 접어들면서 행정구조 개편을 포함하는 개헌안을 띄웠다.

하지만 그 어느 정부도 뜻을 이루지 못했다. 그리고 박근혜 정부, 박근혜 대통령도 전임자들의 뒤를 일단 따랐다. 그는 2016년 10월 24일 국회 시정연설에서 개헌 필요성을 역설하며 즉각 추진하겠다는 뜻을 밝혔다. 참여정부와 이명박 정부 개헌론을 좌절시킨 한 주역이었을 뿐 아니라 임기 중에도 지속적으로 '개헌 언급 불가'를 역설한 인물이 180도 방향을 전환한 것이었다.

박 대통령의 이 같은 선회를 두고 정략적 접근이라는 분석이 뒤따랐지만 어쨌든 상황이 달라지긴 달라졌다. 하지만 곧바로 판을 엎은 것도 바로 박 대통령이었다. 정부 수립 이래 최악에 가까운 스캔들의 주인공이 되어버렸으니 말이다. 현대 국가에서 상상하기 힘든 이번 사태는 대통령 개인에 대한 지지나 반대 차원이 아니라 국가 시스템과 공론에 대한 근본적 불신, 청와대에 대한 혐오감, 대의제 민주주의에 대한 회의감 등을 야기했다.

개헌이 아니라 그 무엇이라도 '박근혜발'이라는 딱지가 붙으면 성사되기 어려운 지경에 이르렀다. 하지만 독재정권도 아니고 권위주의 정권도 아니고 듣도 보도 못한 '마리오네트 정권'에 직면한 국민은 정권에 대한 혐오감을 넘어 대통령제에 대한 불신감을 가질 수도 있는 상황이다. 만약 그렇게 된다면 그보다 더한 개헌의 동력은 없을 것이다. 이로 인해 개헌이 성사된다면 박근혜 정권은 역사의 간지奸智를 구현한 도구로 자리매김할 것이다.

【'이대로는 안 된다' 공감대 넓지만, '이렇게 하자' 공감대는 협소】

2017년을 바라보는 개헌 논의는 국회와 시민사회를 중심으로 진행되게 되었다. 사실 2016년에도 신호탄을 쏘아 올린 사람이 있다. 정세균 국회의장이다. 정 의장은 개헌 전도사인 우윤근 전 의원을 사무총장으로 임명하면서 강한 드라이브를 걸었다. 물론 정 의장뿐 아니라 최근 국회의장들은 모두 개헌을 자기 의제로 삼았다.

19대 국회 후반기 정의화 전 의장은 물론이거니와, 전반기 강창희 전 의장도 개헌을 공론화했다가 청와대와 갈등을 빚었다. 심지어 이명박 정부 시절 18대 국회 김형오, 박희태 전 의장조차 개헌 공론화를 주장했다. 하지만 청와대의 의중, 여야 유력 대권주자들의 부상, 정권 재창출 혹은 교체에 대한 열망 등으로 개헌론은 큰 힘을 받지 못했다.

하지만 지금은 분위기가 좀 다르다. 일단 청와대는 더 이상 유의미한 변수가 아니다. 개헌론이 백가쟁명식으로 엇갈리고 있지만 시나리오별 장단점에 대한 분석은 이미 오래전에 끝난 것도 사실이다.

'87년 체제'의 산물인 현행 헌법을 바꿔야 한다는 주장은 오래된 것이고, 근거도 상당히 많이 축적되어 있다. 진보적이냐 보수적이냐라는 관점 차이는 있지만 통일 준비 혹은 분단 체제에 걸맞은 영토 조항 정비, 경제민주화 조항 개정, 국민 기본권 확충, 행정부와 의회의 관계 정립, 검찰권과 헌법재판소의 지위 등 여러 사안을 전반적으로 손봐야 한다는 주장 역시 누적되어 있다.

전면적 개헌이 어렵다면 권력구조 부분이라도 바꾸자는 주장의 강도는 더 세다. 먼저 노무현 전 대통령도 원포인트 개헌으로 제시했던 4년 중임제가 있다. 박근혜 대통령의 대선 공약이기도 했다. 이에 대해서는 제왕적 대통령제의 폐해가 더 강해질 것이라는 비판론과 책임정치를 구현할 수 있는 기제라는 긍정론이 엇갈린다. 문재인 더불어민주당(이하 더민주) 전 대표 등 강력한 대통령 후보군들이 선호하는 제도다.

대척점에 있는 것이 김종인 더민주 전 대표가 전도사 격인 의원내각제다. 여러 정당의 연정이 가능해 극한 대결 정치를 지양할 수 있고, 실력 없는 정권은 단 한시도 권력을 지킬 수 없다는 장점이 있다. 반면 정당정치가 성숙하지 못한 한국 정치 현실에서는 결국 다선 정치인들의 나눠 먹기 장으로 전락할 수밖에 없다는 우려도 있다.

그 중간 정도가 이원집정부제다. 총리가 내치를, 국가원수인 대통령이 외치를 맡는다는 것인데, '반기문 맞춤형'이라는 지적이 많다. 이상의 논의를 요약하면 '이대로는 안 된다'는 공감대는 광범위하지만 '이렇게 하자'는 공감대는 극히 협소한 것이 현실이다.

【'대통령 만들기'보다 어려운 개헌】

이번에는 개헌이 '론論(논)'을 뛰어넘을 수 있을까? 결론부터 말하자면 쉽지 않다. 시대정신이나 선언적 조항을 제외한 권력구조 부분만 따져봐도 그렇다. 의원내각제를 주창하는 김종인 전 대표 등은 "일단 내년 대선은 이대로 치르지만 자기 임기를 단축한다는 약속을 해야 한다"고 주장한다. 차기 대통령의 임기를 2년 3개월로 단축하면 20대 국회의원의 임기를 그대로 유지할 수 있고 2020년 4월 총선 시점부터 내각제를 실시하자는 그림이다. 이원집정부제도 이에 준용할 수 있다.

4년 중임제 개헌안은 조금 더 단순하기는 하다. 차기 대통령부터 임기를 4년으로 맞추면 2020년부터 총선과 대선이 2년씩 번갈아 가면서 실시될 수 있다. 미국형 모델이다.

이런 현실의 벽을 넘어 중론이 어느 정도 모인다고 해도 쉬운 일은 아니다. 개헌안은 '국회의원 재적 과반수나 대통령의 발의→국회의원 재적 3분의 2 이상 동의→유권자의 과반 투표, 투표자의 과반 찬성'으로 확정된다.

여러 안 중 다수 안이 채택되는 것이 아니라 유의미한 정치세력이 모두 하나의 안으로 뜻을 모아야 성사될 수 있는 구조다. 투표율이 50%를 넘지 않아도, 과반 득표를 못 해도 대통령에 당선할 수 있다는 점과 비교하면 대통령 만들기보다 더 어려운 것이 개헌이다. 말하자면 1987년 개헌처럼 정치권의 모든 세력이 합의하고 국민적 공감대가 형성될 때만 가능하다는 이야기다.

현실 정치, 차기 권력의 향배와 맞물려 보면 전망은 더 어려워진다. 일단 청와대 변수가 있다. 야당 대표 당시 "참 나쁜 대통령"이라는 단문으로 참여정부의 개헌론을 좌초시킨 박근혜 대통령은 본인이 이제 '참 나쁜 대통령'이 되었다. 청와대가 개헌에 직접적 영향을 미치기 어렵다는 점에서는 변수 하나를 삭제한 격이지만 대통령제에 대한 회의감을 극도로 증폭시켰다는 점에서는 개헌의 우군이 된 것이다.

차기 대권 후보군으로 꼽히는 인사들도 제각각이다. 문재인 더민주 전 대표는 2012년 대선 당시 중앙정부의 권한을 지방으로 분산하고, 국무위원 인사권을 국무총리에게 이양하는 책임총리제와 4년 중임제를 공약으로 제시했다.

2016년 10월에도 4년 중임제 소신을 재확인했지만 이번 대선은 '현행 헌법대로 치르고' 개헌안을 각자 공약으로 내거는 게 마땅하다고 말했다. 문 전 대표의 주장대로라면 대선 전까지 개헌에 대한 논의는 필요 없다. 차기 정부에서나 논의되겠지만, 그것도 그때 가봐야 아는 일이다.

국민의당 안철수 상임 공동대표는 개헌론 자체에 대해 말을 아끼고 있다. 그런데 문재인, 안철수 두 사람은 개헌이든, 법 개정이든 대통령 결선투표제를 도입하자는 데는 의견이 일치한다. 정의당도 같은 노선이다. 박원순 서울시장, 오세훈 전 서울시장, 유승민 의원 등은 '굳이 개헌한다면 4년 중임제 쪽'이다. 개헌에 뜨뜻미지근하거나, 오히려 대통령 리더십을 강화하는 쪽의 개헌을 선호하고 있다. 박근혜, 이명박, 김대중, 김영삼 등 역대 대통령이 모두 그랬다. 예나 지금이나 정치권 다수 인사는 '권력을 나누는 쪽'을 선호하지만 대선 후보군은 생각이 다르다.

어찌 보면 '1부 리그'와 '2부 리그'의 속셈이 제각각인 것은 당연한 일이다. 문제는 2부 리그 구성원 수가 아무리 많아도 1부 리그 소수의 영향력을 따라가기 어렵다는 점이다. 그리고 '권력 분산'을 부정적 언어로 뒤집으면 '나눠 먹기' 내지는 '야합'이 된다. "국회의원끼리 다 해먹으려고, 대통령 될 자신 없는 인사들이 돌아가면서 총리라도 한 번씩 하려고 개헌한다"라는 반론은 항상 상당한 설득력이 있다.

'87년 체제'가 성립, 유지돼온 과정도 이런 상황을 뒷받침한다. 대권 주자들은 내각제를 포기하고 직선제를 수용하거나(노태우), 직선제를 쟁취하고 내각제 추진 약속을 파기해(김영삼, 김대중) 차례로 대권을 거머쥐었다. 하지만 초지일관 내각제를 주장하고 추진한 김종필 전 총리는 대권을 잡지도, 내각제를 성사시키지도 못했다.

【개헌 성사되지 못해도 강력한 힘 발휘할 것】

전문가나 지식인 사이에서는 개헌론이 압도적 지지를 받는다. 국민들 사이에서도 "이대로는 안 된다"는 의견이 많다. 그런데 그 의견은 "그러니까 대통령을 바꿔서 확 다 바꾸자"와 "개헌을 하자"로 다시 갈린다. 후자에 힘이 실린다고 볼 증거는 아직 없다.

그렇다면 이번에도 개헌은 '론'이라는 꼬리표를 떼지 못할까. 필자는 '그렇다'는 쪽에 가깝다. 하지만 '개헌론'의 파열음은, 대선 주자들이 확정되는 순간까지 커질 가능성이 높다. 전 세계적으로 망신살을 뻗치고, 한반도 북쪽이 아니라 남쪽에서 급변 사태 우려를 낳은 현 정부의 스캔들은 박근혜라는 개인뿐 아니라 대통령제 자체에 대한 회의감을 증폭시켰기 때문이다.

국회를 보면 여당뿐 아니라 야당에서도 개헌론이 높은 지지를 받는다. 개헌 기구에 동참 의사를 밝힌 의원이 200여 명이나 된다. 제왕적 대통령제의 폐해가 어제오늘 나온 이야기가 아니다. 물론 여권 인사들이 더 개헌에 적극적인 데는 박근혜 정부에 대한 국민의 분노를 조금이라도 피해나가고 싶은 마음, 어떤 식으로든 차기 권력에 참여하고자 하는 욕망 등이 혼재된 것이 틀림없다. 하지만 정치의 본질 중 하나는 권력욕이다. 실리와 명분이 결합할 때 결과물이 나오기 마련이다. 1987년 직선제 쟁취는 민중의 희망이 투영

된 것이지만 "내가 꼭 대통령이 되어서 나라를 바꾸겠다"는 정치인들의 의지도 작용했을 것이다.

하지만 바로 이 대목은 호헌론, 개헌 비토론이 자리 잡을 수 있는 지점이기도 하다. 대통령 직선제를 제외한 일체의 개헌론을 '사실상의 정권 재창출 기도'로 규정한다면? 반反박근혜 정서를 호헌론의 동력으로 활용할 수도 있을 것이다.

이런 경우 개헌은 어려워지지만, 그래서 개헌론은 주요한 정치적 전선이 될 수 있다. 대권의 '1부 리그' 인사 가운데 일부가 개헌 쪽으로 돌아선다면 금상첨화다. 예를 들어 반기문 유엔 사무총장도 주요 변수가 될 수 있다. 반기문 사무총장의 지지율이 박근혜 대통령의 그것과 유의미한 비례관계를 형성하고 있는 상황에서 반 총장이 차기 대권 가도에 뛰어들 가능성은 점점 줄어들고 있다.

하지만 범여권 내에 반기문만 한 카드가 없는 것도 사실이고, 굳이 따져보자면 반기문만큼 박근혜에게서 자유로운 사람도 없다. 반기문은 여전히 살아 있는 카드다. 그리고 반기문이 아니라 다른 제3의 인물을 그 자리에 대입해도 틀 자체가 변하는 것은 아니다.

누군가, 박근혜 대통령의 스캔들로 인해, 어떤 의미에서는 진보층보다 훨씬 더 강한 열패감과 상실감에 빠진 보수층의 구심이 된다면? 제 세상 만난 듯한, 이미 정권을 가져온 것처럼 볼썽사나운 행보를 보이는 야당 리더나 지지층에 염증을 내는 중도층까지 포괄할 수 있다면? 반 총장이 아니라 그 누구라도 'Anything But Park'(박근혜가 아니라면 무엇이든)의 기치를 개헌 주장과 결합할 수 있다.

이 같은 경우 4년 중임제가 아닌 다른 개헌론을 내건 대선 주자는 차차기를 염두에 둔 정치적 파트너를 선택할 수도 있다. 개헌론을 매개로 2, 3위 혹은 1, 3위가 힘을 합쳐 나머지를 고립시킬 수 있다는 이야기다. '기득권 포기' '국론 통합을 위한 충정'으로 '개헌론'의 외피를 감싼다면 그 개헌론은 현행 헌법하의 대선에서도 상대를 기득권 세력, '대통령병 환자'로 공격하는 강력한 무기가 될 수 있다. 개헌이 되면 참 좋고, 안 되도 좋은 다목적 무기가 되는 이치다.

이런 까닭에 2017년 정국에서 개헌이 성사되기는 어렵겠지만, '론'의 딱지를 못 떼더라도 강력한 힘을 발휘할 것이다. 아니 개헌이 실제로 성사될 때까지 개헌론의 생명력은 점점 더 커질 것이다.

인구절벽, **극복 가능한가**

서용석(한국행정연구원 연구위원)

대한민국 정부는 지난 10여 년 동안 막대한 예산을 투입해 다양한 저출산 대책을 시행했지만, 2015년 합계출산율은 1.24명으로 초저출산 현상이 지속되고 있다. 많은 예산과 정책적 노력이 투입되었음에도 불구하고 출산율은 왜 제자리에 머무르고 있는 것인가?

원인은 간단하다. 가임기의 여성들이 아이를 낳지 않기 때문이다. 그렇다면 가임기의 여성들은 왜 아이를 낳지 않는 것인가? 여성들이 아이를 낳지 않는 원인으로 지적되고 있는 것이 불안정한 소득, 주택 문제, 높은 사교육비, 경력 단절 등이다. 결혼을 했음에도 아이를 낳지 않는 것도 원인이지만, 아예 결혼 자체, 즉 혼인율이 감소하고 있다는 것은 더욱 심각한 문제이다. 현재 대한민국은 전례 없는 청년 실업을 경험하고 있다. 결혼 적령기를 앞둔 취업 준비생의 숫자가 80만 명에 육박한다는 이야기도 들린다. 당장 취업이 어려운 상황에서 결혼은 언감생심 꿈도 꾸지 못한다. 청년들이 혼인을 미루게 되고, 만혼이 일반화되면서 자녀를 가질 기회도 그만큼 줄어들게 되는 것이다.

저출산과 관련해 간과해서는 안 될 사실 중의 하나가 가임 여성 자체도 줄고 있다는 점이다. 〈그림 1〉에서 보는 바와 같이 2014년의 합계출산율은 1.205명으로 2013년 1.187명에서 소폭 상승하였다. 그러나 출생아 수는 43만 6,500명에서 43만 5,400명으로 오히려 1,000명 정도 감소했다. 가임 여성이 감소했기에 출산율이 증가했음에도 불구하고 출생아 수는 줄어든 것이다. 2016년도 출생아 수는 43만 명이 채 안 될 것으로 통계청은 추산하고 있다. 가임 여성의 감소는 향후 출산율이 증가한다 하더라도 출생아 수는 지속적으로 감소할 것임을 예견하고 있다.

문제는 앞서 지적한 요인들을 정부도 알고 있고, 관련 대책들이 이미 다양하게 시도되고 있다는 점이다. 그럼에도 불구하고 그 효과는 요원해 보인다. 그동안 정부가 추진해온 저출산 대책의 한계

〈그림 1〉 합계출산율과 출생아 수

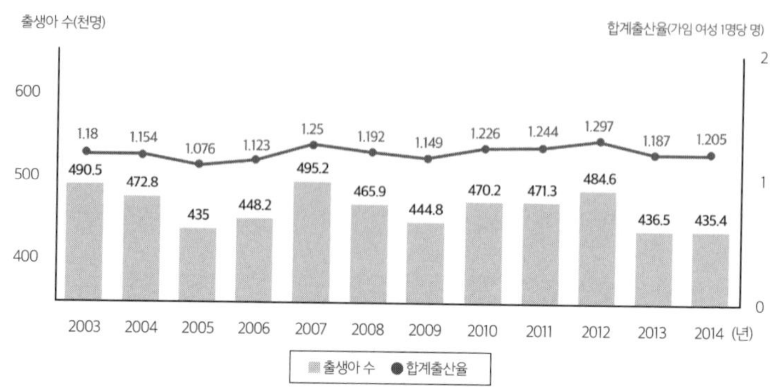

자료: 통계청, 「2014 출생통계(확정), 국가승인통계, 10103호 출생통계」

와 문제점에 대해서는 다양한 비판이 제기되고 있으나, 크게 다음과 같이 요약할 수 있다. 먼저, 백화점식 대책으로 인한 선택과 집중의 부재이다. 저출산과 관련한 중앙부처 간, 지방자치단체 간의 중복 정책으로 인해 예산이 분산되고 있으며, 정책 집행도 비효율적으로 이루어지고 있다.

두 번째로 정책의 일관성이 부족하며, 근시안적이고 단기적인 효과에 치중해 있다는 점이다. 인구 문제는 단기적 성과보다 20~30년을 내다본 중장기적 과제로 정부의 교체와 상관없이 일관성 있는 정책이 추진되어야 성과를 기대할 수 있다. 마지막으로 거시적이고 종합적인 인구 정책의 밑그림 부재이다. 인구 문제는 결혼, 출산, 양육, 교육, 취업, 소득, 주택, 퇴직, 연금 등 수많은 요인이 복잡하게 얽혀 있다. 문제는 우리나라의 인구 정책이 한두 개의 국책 연구기관의 몇몇 연구원을 통해서 나온 단편적인 연구 결과에 기반하고 있다는 점이다. 인구 문제와 관련해 종합적인 정책 그림이 나오기 어려운 구조인 것이다.

【'인과계층분석'으로 진단한 저출산 현상과 정책】

앞서 살펴본 바와 같이, 저출산 현상은 매우 다면적이고 복잡한 문제이다. 그러나 지금까지 저출산 현상을 바라보는 시각과 관련 정책은 단순 병렬적이고 평면적이라는 한계가 있다. 이러한 한계를 극복하기 위해서는 저출산 현상을 좀더 심도 있게 여러 층위로 바라볼 필요가 있다. 하나의 사회현상을 다층의 인과관계로 분석하기 위해 개발된 기법이 '인과계층분석Causal Layered Analysis'이다. 인과계층분석은 특정한 사건을 표면적 현상, 사회구조, 세계관, 내면 의식이라는 네 가지 계층으로 유형화해서 사건이나 이슈를 좀더 입체적으로 이해하고 조망하는 방법이다.

인과계층의 첫 번째 계층은 표면적인 현상litany에 관한 것이다. 현상은 주변의 언론 매체를 통해 흔히 접할 수 있는 사건이나 이슈를 일컫는다. 두 번째 계층은 사회구조social structure, 즉 시스템에 관한 것이다. 현상의 표면 뒤에 숨겨져 있으나 현상을 만들어낸 구조적인 의미와 시스템적 관계를 살펴보는 관점이다. 세 번째 계층은 세계관world-view이다. 세계관은 사건이나 현상을 해석하는 인식의 틀과 이를 합리화하는 사람들의 가치관을 이해하는 관점이다. 마지막 계층은 신화myth와 은유metaphor로 대변되는 사람들의 잠재의식, 감정 등 인간 내면의 심리를 파악하는 관점이다. 〈그림 2〉에서 보듯이 사건을 바라보는 관점은 위로 올라갈수록 가시적이고 단기적인 반면, 아래로 내려갈수록 심층적이고 장기적이다.

〈그림 2〉 인과계층분석의 계층

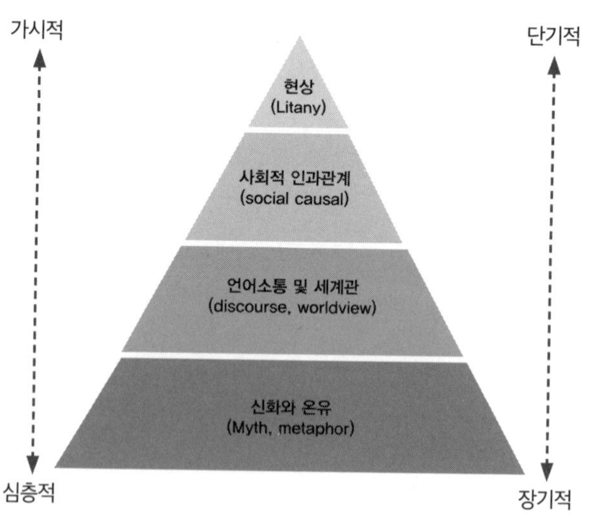

자료 출처: Inayatullah(2009) 재구성

우리나라의 '저출산'이라는 현상, 또는 사건을 인과계층으로 구분하면 〈표 1〉과 같이 정리할 수 있다. 먼저 가장 표면적으로 드러난 현상은 출산율과 출생아 수의 지속적인 감소이다. 그리고 이러한 현상을 견인하는 또 다른 현상인 혼인율의 감소와 이혼율과 독신자 수의 증가이다. 이러한 현상은 현재 표면적으로, 수치적으로 극명히 나타나고 있으며, 연일 언론 매체에서는 그 심각성을 토로하고 있다.

그다음 이러한 현상을 만들어낸 사회구조적인 요인이다. 첫 번째 구조적 요인이라고 할 수 있는 가임 여성 인구의 감소는 1980년대 중반부터 우리나라의 출산율이 급격히 하락한 데 원인이 있다. 우리나라의 출산율은 이미 1980년대 중반에 출산대체율 2.1 이하로 접어들었으며, 90년대 초반에는 1.5까지 감소했다. 이러한 이유로 현재 가임 적정 연령기라고 할 수 있는 20대 중후반의 여성 인구가 줄면서 출생아 수도 동반 감소하고 있다.

다음으로 청년 실업의 증가는 결혼 적령기의 청년이 결혼 시기를 취업 이후로 미루게 하는 결과를 낳았고, 만혼의 일상화를 초래했다. 여성의 교육 수준이 높아지면서 여성의 경제활동 참여도 동반 상승했다. 여성의 경제활동 참여는 가계의 소득은 향상시켰으나, 이는 곧 근로 시간 희생의 어려움, 여성의 경력 단절 우려와 출산 기피로 이어졌다. 우리나라만의 특이한 현상이라고 할 수 있는 사

<표 1> 인과계층 관점에서 바라본 저출산과 정책 대안

층위	층위별 내용	정책 목표 또는 방향성
현상 (사건)	· 출산율과 출생아 수의 지속적인 감소 · 혼인율 감소, 이혼율의 증가, 독신자 수 증대	· 속도의 완화 · 인구 감소 사회의 단계적 적응
사회구조 (구조적 원인)	· 가임 여성 인구의 감소 · 청년 실업의 증가와 결혼 적령기 인구의 결혼 기피 · 여성 교육의 확대로 인한 경제활동 참여 증가 및 만혼의 일상화 · 가계의 교육비 부담 증가 · 경제성장에 따른 소득 수준 향상 (경력 단절 우려 증가) · 거시적 사회구조 변화	· 청년 실업, 인구구조 변화, 스마트 기계의 부상과 연계한 고용 정책 · 교육 정책의 단계적이지만 전면적인 전환 (인구의 양보다 질) · 여성의 경력 단절 방지 대책 강화 · 인구 감소 사회 적응 대책(조세, 재정, 연금, 세대 간 형평성 등)
세계관 (가치관)	· 개인주의, 자유주의, 양성 평등 · 전통적, 종교적 가치로부터의 해방 · 후기(탈) 물질주의적 가치관의 확산	· 정책적 대상이 되기 어려움
내면 의식 (심리)	· 자녀는 더 이상 생산의 도구가 아닌 소비와 비용의 대상 · 자녀와 노후의 안정과는 무관 · 자녀의 성장과 성공을 통한 보상 심리 감퇴 · 가문과 가족 또는 자신의 대를 잇는다는 것은 무의미	· 자녀의 출산이 비용이 아니라 기회가 될 수 있다는 인식 제고(다자녀 세제 해택 확대) · 고령 인구 '비공식 케어' 지원 및 활성화

교육비의 과중한 부담도 출산율 기피의 사회구조적 요인이라고 할 수 있다.

이러한 요인들 이외에 무엇보다도 출산율 저하의 가장 근본적인 원인은 바로 사회구조 자체의 변화에 있다. 미국의 언론학 석학인 앨런 와이즈먼은 출산율 저하의 핵심 원인을 사회구조 변화에서 찾고 있다. 농업 시대에 자녀는 곧 노동력이자 자산이었다. 노후 대비도 가족에 의존해야 했으니 대가족이 유리했다. 하지만 성숙한 산업사회에서 자녀는 생산 도구가 아니라 소비와 비용의 대상이 되었다. 자녀 양육은 비용은 많이 들고 되돌아오는 것은 적은 선택이기 때문에 자녀를 적게 낳는 것이 이성적 판단이라고 본 것이다.

세 번째 층위인 세계관(가치관)은 두 번째 층위의 사회구조 형성을 견인한 사람들이 지닌 인식과 태도이다. 두 번째 층위에서 제시된 여러 사회구조적 요인은 결국 우리 사회에 지난 반세기 동안 지속적으로 확산된 개인주의, 자유주의, 양성 평등 등의 가치관 변화에서 기인한다. 무엇보다도, 남성 중심의 가부장적인 유교적 가치관의 쇠락과 기타 종교적 도그마(가톨릭의 피임 금지 등)로부터의 해방은 한국인의 세계관, 특히 여성의 세계관 변화에 커다란 영향을 미쳤다. 그리고 성장과 물질보다는 개인의 삶과 행복을 더 중시하는 '후기(탈) 물질주의적' 가치관의 확산도 가족과 자녀의 필요성을 상쇄하는 요인으로 작용하고 있다.

마지막 네 번째 층위는 저출산과 관련한 사람들의 무의식적이고 심리적인 측면과 관련이 있다. 앞서 와이즈먼이 제시한 바와 같이 농경사회에서 산업사회로의 급속한 이행은 자녀는 소비의 대상이며, 자신의 노후와도 관계가 없다는 심리를 무의식적인 내면에 천착시켰다. 또한 전통주의 붕괴는 가문과 가족, 또는 자신의 대를 잇는다는 것이 무의미하다고 생각하게 했으며, 자녀의 성장과 성공을 통한 부모 세대의 보상 심리도 감퇴시켰다.

우리나라의 저출산 현상을 인과계층으로 구분해서 파악할 경우 각각의 층위별로 정책의 목표와 방향성 설정이 가능할 것이다. 그리고 각 단계별로 정책의 시계時界도 달라질 수 있다.

먼저 '현상 층위'에 대한 정책적 목표는 '속도 완화'가 이루어져야 할 것이다. 우리나라 인구구조 변화가 다른 나라들과 구별되는 가장 큰 특징은 속도의 차이다. 우리나라의 저출산과 고령화 진행 속도는 세계에서 유례를 찾아보기 힘들 만큼 빠르게 진행되고 있다. 현재의 상황에서 우리나라의 합계출산율이 2.1 이상으로 올라갈 가능성은 희박하다. 완전한 출산율 회복은 어렵더라도 속도를 완화하면서 인구 감소에 적응할 시간을 벌 필요가 있다. 또한 합계출산율이 2.1 이상 유지되지 못한다면 인구 감소는 피할 수 없을 것이다. 따라서 인구가 감소하고 고령화되는 사회에 하루라도 빨리 적응할 수 있는 단계적인 적응 전략이 요구된다.

두 번째에 해당하는 '사회구조 층위'는 정책적으로 가장 집중해야 할 부분이다. 인구 감소 사회의 적응하려면, 기존의 가정, 즉 '지속적인 인구 증가와 경제성장'이라는 전제부터 바뀌어야 한다. 현재 우리 사회의 모든 시스템은 '인구와 경제가 계속 성장하는' 구조에 기반하고 있다. 가장 대표적인 것이 현행 연금 시스템이다. 따라서 저출산과 고령화, 저성장 기조 등에 맞추어 조세, 재정, 연금 등에 대한 개혁이 이루어져야 한다.

다음으로 청년 실업, 인구구조 변화, 스마트 기계의 부상과 연계한 고용과 노동 정책이다. 현재는 청년들이 구직난을 겪고 있지만, 머지않은 미래에는 생산 가능 인력이 감소해 기업들이 구인난을 겪을 수도 있다. 다른 한편으로는 인공지능과 로봇 기술 등의 발전으로 인해 기계가 빠르게 인간의 일자리(생산인력)를 대체하리라 예측되고 있다. 이러한 상황을 고려해 중장기적인 시각에서 고용과 노동 정책이 설계되어야 한다.

마지막으로 교육 정책의 단계적이지만 전면적인 전환이다. 인구 감소 시대에서는 '인구의 양보다 질'을 높이는 정책으로의 전환이 필요하며, 그 핵심은 교육이 될 것이다. 현재 우리의 공교육 시스템은 산업화 시대의 산물이며, 현재의 시스템으로는 정보화 시대는 물론 향후 도래할 제4차 산업혁명 시대에 대응할 수 없다.

한 집단이 공유하는 세계관은 여간해서는 정책 등 인위적으로 바꾸기 힘들다. 따라서 세 번째 '세계관 층위'에 정책적 대책을 마련할 여지는 많지 않다. 마지막 층위인 '내면 의식(심리)'은 정책이나 정책적 사인을 통해 사람들의 잠재적 의식이나 심리에 점진적인 영향을 미칠 수 있을 것이다. 예를 들어, 좀더 적극적인 세금 감면 등의 세제 해택을 통해 자녀의 출산이 비용이 아니라 기회가 될 수 있다는 인식을 제고할 수 있다. 또한 정부가 제공하는 공식적인 장기요양보험제도와 더불어, 가족 돌봄 등 고령 인구를 위한 '비공식 케어' 지원 및 활성화를 통해 자녀가 노후에 도움이 된다는 인식을 심어줄 필요가 있다.

【인구절벽의 극복】

현재 급격히 진행 중인 저출산, 고령화라는 인구구조 변화는 우리 사회가 정면으로 마주하지 않으면 안 될 중요한 환경 변화이다. 기존 정책의 단순한 강화나 수정을 통한 대응이 아닌 정치, 사회, 경제 시스템을 근본적으로 변혁해 적응해야만 하는 거대한 환경 변화이다. 따라서 인구구조 변화라는 시대적 요구에 탄력적으로 적응할 수 있는 자율적이며 순환적인 경제·사회구조로의 전환이 요구된다. 다가올 인구절벽을 극복하기 위해서는 정부뿐만 아니라 기업과 개인도 발상의 전환과 시스템 전반에 걸친 대폭적인 변혁에 동참할 필요가 있다. 인구 감소, 고령 사회의 도래가 불가피하다는 것을 전제로 중장기적인 관점에서 변화에 부응하는 새로운 패러다임과 시스템을 모색해야 한다. 인구구조 변화에 대한 우리의 적응이 늦으면 늦을수록 지연에 대한 비용은 높아질 것이며, 적응이 빠르면 빠를수록 우리의 미래는 밝아질 것이다.

언론인과 언론 수용자가 거듭나는 과정이 **바로 언론개혁**

손석춘(건국대 미디어커뮤니케이션학과 교수)

언론개혁. 옹근 20년 전인 1997년 대통령 선거에서 주요 논점이었던 언론개혁이 2017년에 다시 주요 과제로 부각될 전망이다. 한때 식상한 이슈였던 언론개혁이 다시 떠오르기까지 가장 큰 공헌자는 대통령 박근혜다. 박근혜 정부 들어 공영방송인 한국방송(KBS)과 문화방송(MBC) 수준이 1980년대의 '땡전 뉴스'를 연상시킬 만큼 추락했기 때문이다.

【언론을 이대로 두고는 민주주의가 성숙할 수 없다】

물론 공영방송만 문제는 아니다. 박근혜 집권 시기 국가정보원이 조직적인 심리전을 폄으로써 대선에 개입한 반민주적 범죄가 드러났을 때, 자본에 대한 규제완화로 세월호 참사가 일어났을 때, 경제민주화 공약으로 당선된 대통령이 자본 중심의 정책을 펼 때, 노동자들을 손쉽게 해고하는 개악을 '노동개혁'으로 포장해 강행할 때, 백남기 농민이 공권력의 폭력에 목숨을 잃었을 때, 통일대박론을 부르대다가 개성공단까지 폐쇄하며 남북대결 정책을 펴나갈 때, 한국의 3대 방송과 3대 신문, 종합편성 채널과 보도전문 채널들은 언론으로서 마땅히 해야 할 최소한의 구실조차 못했다. 기자를 일러 '기레기'로 비판하는 세태가 단적으로 입증해준다.

따라서 언론을 이대로 두고는 대한민국 민주주의가 성숙할 수 없음은 물론 뒤틀릴 수밖에 없고 남북관계도 위기로 치달을 수밖에 없다는 인식이 커져가고 있다. 바로 그 점에서 언론개혁은 모든 개혁의 원점일 수밖에 없다. 정치든, 경제든, 문화든, 교육이든, 남북관계든 우리 사회의 주요 논점들을 언론이 외면하거나 축소할 때 그것을 풀어갈 여론이 형성될 수 없기 때문이다.

그렇다면 언론개혁은 무엇을 어떻게 해야 할까. 구체적으로 법제적 접근이 필요하다. 법과 제도를 바꿔야 개혁이 지속될 수 있다.

언론개혁의 법제적 방안은 크게 세 가지로 간추릴 수 있다.

첫째, 공영방송이다. 국가기간방송사인 한국방송공사와 문화방송은 허울만 '공영'일 뿐 정치적 독립도, 보도의 공익성도 찾아보기 어려울 만큼 정권을 비호해왔다. 공영방송을 공영방송답게 만드는 법제화는 오래된 논점이어서 박근혜조차 대선 후보 시절에 공약으로 약속했다. 새누리당 후보 박근혜는 "공공성을 지닌 미디어나 공영방송의 지배구조에 대한 정치권의 영향력 행사로 독립성, 중립성 침해 논란이 발생"하고 있다며 "공영방송의 보도·제작 관련 의사결정의 문제를 해결하기 위해 지배구조를 바꾸도록 하겠다"고 공약했다. 이명박 정부 5년 내내 방송 전반이 청와대에 흔들렸다는 비판 여론을 의식한 대국민 약속이었다. 하지만 박근혜는 대통령에 취임하자 공약을 구현하려는 어떤 노력도 없었음은 물론, 이명박보다 한 술 더 떴다. 전혀 깜냥이 안 되는 인사들을 두 공영방송의 사장과 이사장 자리에 앉혀 사실상 정권의 홍보 매체로 만들었다.

따라서 청와대가 방송통신위원회를 장악하고, 이어 한국방송 이사회와 방송문화진흥회를 통제하는 수직 구조를 바꿔야 한다. 언론현업인들의 최대 조직인 전국언론노동조합(언론노조)에서 공영방송의 이사 선임에 추천위원회를 구성해 정치권의 분할독식을 막고 시청자와 전문가 들의 다양한 목소리를 반영할 것을 제안한 이유다. 두 공영방송 이사회가 사장을 비롯한 임원을 선임할 때는 '특별

의결 정족수' 제도를 도입해 능력도 정당성도 없는 '낙하산'을 막을 수 있어야 한다.

그리고 정치권력과 자본권력으로부터 방송의 자유를 보장할 장치로 서울방송까지 포함해 한국의 3대 지상파 방송에 노사 동수가 참여하는 편성위원회를 구성하고 운영하도록 방송법에 의무화하고 그것을 위반할 때 제재는 물론 방송사 인·허가에 주요 기준으로 삼아야 한다.

입법 과정에서 언론노조가 제시한 '언론장악 청문회'를 동력으로 활용할 수 있다. 문화방송의 '백종문 녹취록'을 통해 확연히 드러난 방송독립 침해 및 불법해고, 제1야당 대선 후보까지 서슴지 않고 '공산주의자'로 규정하는 반민주적 선동꾼들이 공영방송의 경영진으로 선임되는 과정에 대해 국회 상임위가 청문회를 열고 그 결과를 바탕으로 재발 방지를 위해 법제를 개선해야 한다. 공영방송에서 공정 보도를 요구하다가 해고된 언론인들의 '원상회복'을 위한 특별법 제정도 필요하다.

둘째, 종합편성 채널이다. 이명박 정부가 조선일보, 중앙일보, 동아일보에 종합편성채널을 '정권 전리품'으로 나눠줌으로써 한국의 여론시장은 크게 왜곡되었다. 박근혜 정권 말기에 이르러 최순실의 국정농간이 드러나서야 비판적인 보도를 내보내고 있지만, 그전까지 종편 채널들은 박근혜 집권 내내 수준 낮은 시사토론과 편향적인 보도로 유권자들의 정치의식을 퇴화시키는 구실을 했다.

여기서 종편 채널 가운데 '중앙일보 종편'(JTBC)이 보도부문 사장 손석희를 통해 차별성을 보여줌으로써 3대 신문의 종편 겸영에 반대하는 여론을 크게 희석해온 사실에 주목할 필요가 있다. 더구나 중앙일보 종편이 최순실의 국정개입 증거를 특종 보도하면서, 신문과 방송의 겸영을 비판하는 담론은 현실과 맞지 않는 낡은 주장처럼 치부되기도 한다.

하지만 언론개혁의 원칙을 또렷이 세워야 옳다. 언론노조는 "여론독과점 방지를 위해 신문과 방송을 겸영하는 사업자에 대한 규제를 강화하고 엄격한 재허가 요건을 적용"해야 한다고 주장하는데, 이 또한 중앙일보 종편의 '대중적 인기'를 의식한 개혁안이다. 종합일간지 시장을 독과점하고 있는 3대 신문사는 원천적으로 종편을 소유할 수 없도록 법 개정을 해야 옳다. 그 경우에 중앙일보 종편은 중앙일보사와 완전히 분리해 살리는 방법을 찾을 수 있다. 앞서 언론개혁 첫째 과제로 꼽았듯이 건강한 공영방송(한국방송공사와 문화방송)이 방송의 미래이어야 옳기에 더욱 그렇다.

아울러 매일경제 종편과 보도전문 채널들에 대해서도 지상파와 동등한 수준의 규제가 필요하다. 채널의 재허가 심사 항목 또한 공공성, 편성의 자율성과 다양성을 중심으로 방송법 시행령을 개정해야 한다. 보도전문 채널 YTN의 대주주는 공기업들이기에 정권이 사장 선임과 경영에 개입할 여지가 크다. 따라서 공영방송 수준으로 사장 선임과 보도 제작의 자율성을 보장해야 한다. 연합뉴스TV는 연합뉴스의 지배구조 개선과 함께 이어져 있다.

【자본에 휘둘리지 않는 제도적 장치를 마련해야 한다】

셋째, 신문사와 통신사다. 신문은 여론 시장에 영향력이 큰 인쇄 매체로 민주주의를 추동해나가는 주요 공론장이다. 정보과학기술 혁명으로 인쇄 매체의 미래가 어둡다는 전망이 이어지고 실제 신문 구독률의 추락 현상이 보편적으로 나타나는 것도 사실이다. 그럼에도 '신문 선진국'들이 여론의 다양성을 보장하기 위해 법제화하고 있듯이 신문에 대한 공적 지원이 필요하다. 공적 지원에는 직접적인 지원금과 더불어 신문 공동판매제도가 있다.

더러는 신문사들에 대한 직접적인 공적 자금 지원과 공동판매제도가 권력의 영향력을 높일 위험성이 있다고 아직도 주장하지만, 이는 논리적으로도 옳지 않을뿐더러 현실과도 맞지 않는다. 우리가 알다시피 정당들에 국고 지원을 하는 논리적 이유는 정당이 민주주의 사회 발전에 기여한다는 판단 때문이다. 정당 못지않게 신문은 민주주의의 주요 기관이기에 선진국들은 신문에 국고 지원을 한다. 한국에서 국고 지원은 진보 정당도 받는다. 그렇다고 진보 정당이나 제1야당이 권력의 조종을 받는가? 아니다.

기실 공적 지원은 정부가 하는 게 아니다. 국회에서 결정하고, 지원 조건을 세밀하게 명문화해서 입법하면 아무런 문제가 없다. 가령 공적 자금을 지원할 때 그 신문의 편집권이 누구에게 있는지를 주요 기준으로 삼을 수 있다. 한국 언론처럼 신문사 소유주가 자자손손 세습하며 편집권을 독점하고 있는 구조에선 더욱 그렇다.

신문 공동판매제도는 과거와 달리 신문사들의 열악한 재정 상황으로 인해 보편적으로 시행할 객관적 조건이 성숙했다. 공동판매제도는 독자들의 다양한 선택권을 존중하는 의미도 있다. 재정 여건이 어려워 신문 판매의 지역 조직망을 갖추지 못한 신문들도 적지 않기 때문이다.

지금도 신문에 대한 공적 지원은 부분적으로 시행되고 있다. 지역신문발전위원회(지발위)의 지역신문발전기금이 그것이다. 지역신문발전지원 특별법에 근거한 지원금을 대폭 확대하고 지발위가 자율적으로 지원 대상과 지원금을 결정할 수 있어야 한다. 그러려면 지발위의 위원 구성과 심사 기준의 독립성을 보장하는 법제화가 따라야 한다.

'국가기간통신사'인 연합뉴스는 지역 뉴스와 국제 뉴스에 큰 영향력을 지니고 있다. 연합뉴스의 최대 주주인 뉴스통신진흥회의 이사회 구조를 권력의 직접적인 영향을 받지 않도록 바꿔야 옳다. 정치권 추천 인사만이 아니라 언론 현업인 단체와 시민사회 단체까지 포괄하는 이사회 구성이 가능하도록 법 개정이 필요하다.

지금까지 언론개혁의 법제적 과제를 세 가지로 간추렸다. 물론, 그것이 전부일 수는 없다. 영향력이 과대해진 포털사이트와 인터넷에 대한 법제도 정비할 필요가 있고, 언론사들이 광고주 곧 자본에 휘둘리지 않는 제도적 장치도 마련해나가야 한다. 미디어가 갈수록 넘쳐나고 있기에 법제화의 새로운 과제는 끊임없이 제기될 수밖에 없다. 하지만 적어도 앞서 제시한 세 가지 법제화만 원만하게 이뤄져도 언론개혁은 가시적 성과를 거둘 수 있다.

문제는 그 법제화를 누가 할 수 있는가에 있다. 여기서 언론개혁의 담론과 전개 과정을 찬찬히 톺아볼 필요가 있다. 1987년 6월항쟁 이후 본격화된 언론개혁 요구는 김대중 정부가 들어선 뒤 언론사 세무조사와 탈세 사주들의 사법 처리로 이어졌다. 하지만 김대중 정부는 그것을 언론개혁의 법제화로 이끌지 못했다. 노무현 정부는 집권 내내 '조중동'과 언쟁을 벌이면서도 정작 여론독과점을 해결할 법제화는 이루지 못했다. 행정부와 입법부를 다 지배했으면서도 그랬다. 이는 이명박 정부가 조중동의 여론독과점을 완화하기는커녕 세 신문사에 종편채널을 허가한 '역주행' 과정과 사뭇 비교된다. 물론, 이명박 정부와 한나라당(현 새누리당)이 종편 입법을 위해 감행한 '날치기'를 '평가'할 뜻은 전혀 없다. 하지만 적어도 자신들의 '정책'을 구현하는 '치열성'은 짚어볼 대목이다.

공영방송사와 통신사의 지배구조 법제화 논의에서도 반드시 점검할 지점이 있다. 김대중 정부와 노무현 정부 시기에 두 공영방송과 연합뉴스의 사장은 물론 언론과 관련된 기관들의 이사들 자리에 언론민주화 운동을 벌인 언론인들이 대거 들어섰다. 이를테면 김대중 정부 시기에 한국방송 사장은 1980년 해직 기자였고, 노무현 정부 시기에는 1975년 해직 기자였다. 하지만 그 10년 동안 한국방송이 얼마나 시청자들에게 감동을 주었고 사랑을 받았는지 냉정히 성찰할 필요가 있다.

물론, 김대중·노무현 정부가 집권한 10년 동안 한국 언론에 아무런 진전이 없었다고 한다면 지나친 혹평일 것이다. 하지만 그 작은 성과들조차 전혀 이어지지 못한 까닭은 무엇일까. 정권이 바뀌고 낙하산 사장이 내려왔기 때문이라고만 판단해도 좋을까.

김대중·노무현 정부 10년과 이명박·박근혜 정부 10년의 경험은, 언론개혁을 논의할 때 법제화 못지않게 언론사 내부의 개혁 주체를 튼튼하게 세우는 것이 중요하다는 사실을 보여준다. 조중동의 사주와 그들을 대변하는 고위 '언론인'들은 언론개혁의 법제화를 '특정 정당의 이익을 위한 정략'이라거나 '좌파 언론의 음모' 따위로 몰아갔고, 앞으로도 비슷한 여론 호도가 되풀이될 가능성이 높다. 바로 그 점에서 현업 언론 단체인 언론노조와 한국기자협회, 한국PD

연합회의 활동이 중요하다. 세 단체가 유기적으로 소통하며 언론사 현업인들 사이에 언론개혁의 공감대를 최대한 넓혀가야 한다. 언론개혁의 법제화는 언론 활동을 할 때 가장 자유로운 조건을 보장하기 위한 장치임을 현업 언론인 대다수가 확신할 수 있어야 한다.

【언론개혁 가로막지 못하도록 여론 형성해야 한다】

언론개혁의 주체는 언론사 내부만이 아니다. 언론사 구성원 못지않게 언론 수용자가 주체다. 기실 언론의 궁극적 주권자는 수용자, 곧 독자와 시청자다. 따라서 수용자들이 언론에 대해 폭넓은 지식과 비판적 안목을 지녀야 한다. 그러려면 초·중·고등학교부터 정식 교과과목으로 '미디어의 이해'를 채택해야 한다. 사회 구성원들도 '평생교육' 차원에서 미디어에 대한 깊은 이해가 필요하다. 요컨대 언론개혁을 가로막지 못하도록 여론이 큰 흐름으로 형성되어야 한다.

언론 현업인 단체와 시민사회 단체 들은 2016년 10월 24일, 군부독재에 맞서 싸운 '자유언론실천선언' 42주년을 맞아 서울 중구 한국프레스센터에서 '2016 자유언론실천 시민선언'을 발표했다. 선언문은 "현업 언론인들이 더욱 단합해서 자유언론과 공정방송을 실천하는 과업에 매진하기를 촉구"했다. 현업 언론인과 궁극적 언론 주권자가 언론개혁의 주체로 손잡을 때, 어떤 정치세력이나 언론권력, 심지어 헌법재판소도 언론개혁 법제화를 가로막지 못할 것이다. 언론인과 언론 수용자가 거듭나는 과정, 바로 그것이 언론개혁의 고갱이다.

경제민주주의와 주주민주주의, **산업민주주의**

정승일(새로운 사회를 여는 연구원 이사)

우리가 살고 있는 세상은 자본주의 시장경제이다. 돈이 최고이고 돈 있는 사람이 왕이자 주인인 세상이다. 돈 있는 사람, 즉 대주주나 돈 많은 투자자가 주인이 되어 기업의 권력을 휘두르는 기업 체제를 자본주의 기업이라고 한다. 이에 반해 민주주의란 평범한 국민, 즉 피플people이 주인 되는 세상을 말한다. 그렇다면 경제민주주의란 돈 없고 자본 없는 사람들이 주인이 되는 그런 경제라고 할 수 있다.

그런데 이런 경제민주주의에 동의하더라도 의견이 달라지는 지점이 있다. 한국 경제에서 주인 노릇을 하는 자본이 과연 누구냐는 것이다. 그게 누구인가? 답은 재벌이다. 재벌은 특권층이고 거의 왕족처럼 생활하고 있다. 재벌이야말로 한국 경제를 지배하는 최고 권력자라고 흔히들 말한다. 재벌을 단속, 규제, 통제하는 것이 경제민주화의 핵심이라고 말한다.

그런데 재벌에는 두 가지 의미가 있다. 우선 부유하고 돈 많은 사람과 그 일가를 우리는 재벌이라 부른다. 또 다른 의미도 있다. 대기업들이 여럿 모여 하나의 대기업 그룹으로 움직일 때도 재벌이라고 부른다.

지금까지의 경제민주화는 '대기업 및 대기업 그룹'의 자산과 소득(법인소득)을 어떻게 축소, 해체할지에 주력해왔다. 다른 한편 막대한 불로소득을 얻으며 경제 권력으로 군림하는 억만장자 재벌 일가를 견제하고 통제하여 그들의 특권적 부와 소득을 쪼개어 서민과 일반 직장인이 공유할 수 있도록 한다는 의미에서의 경제민주주의도 있다. 이것은 복지국가라면 해결해야 할 공통된 중요 과제이다.

그런데 대기업 그룹으로서의 재벌 그룹을 쪼개고 해체하는 일은 재벌 일가를 견제, 통제하는 것과 차원이 다르다. 경제민주화를 삼성이나 LG, SK, 현대 같은 대기업 그룹을 쪼개거나 계열사들을 분리, 매각하는 것으로 이해하면서 그것을 위해 출자총액 제한이나 순환출자 규제 등에 주력해야 한다고 한다면 다른 문제다. 그런 경제민주화는 재벌 일가만이 아니라 그 대기업과 대기업 그룹에 근무하는 모든 종업원과 노동자 그리고 협력업체와 그 노동자, 거래 은행과 그 노동자 등에 모두 영향을 미친다. 대기업 그룹을 축소, 해체하는 것은 함부로 판단할 일이 아니다.

【대기업 그룹 해체가 아니라 재벌 가문 해체】

재벌 일가가 누리는 부와 소득이 과연 정당한 대가인지, 정당한 방법으로 축적되었는지에 의문을 품으며 우리 사회가 분노하는 것은 당연하다. 태어날 때부터 수조 원의 재산을 상속받아 왕족처럼 살아가는 모습에 박탈감을 느끼는 것도 당연하다.

그러나 그런 문제는 재벌 일가의 '가족적 부'를 어떻게 재분배할지의 관점에서 해결해야 한다. 그러려면 재벌 일가 등 최고 부유층에게 어떻게 개인소득세와 상속증여세 같은 세금을 더 많이 부과해서 그들의 소득과 부를 재분배할지를 고민해야 한다. 재벌 '그룹'이 아닌 재벌 '가문'의 부에 대한 축소 또는 해체에 초점을 맞추어야 한다는 것이다. 그게 바로 복지국가이다. 재벌 일가 등 대한민국 0.001~1%의 부유층으로부터 세금을 더 거두어 복지국가를 만들어가는 것이 우리 사회의 과제이다.

대기업 그룹, 재벌 그룹이 축소되고 해체된다고 해서 한국 경제를 좌지우지하는 최고 부유 계층의 부와 소득이 해체될까? 예컨대 삼성그룹이 해체된다고 해서 이건희 일가의 막대한 부와 소득이 공중 분해될까? 절대 그럴 리 없다. 설령 삼성그룹이 해체된다 해도 10조 원, 20조 원에 이르는 이건희 일가의 부는 절대 해체되거나 줄지 않는다. 다만 부(자산)의 형태가 바뀔 뿐이다. 삼성물산(에버랜드) 주식과 삼성전자, 삼성생명 등의 주식은 매각하고 그 대신 각종 국내외 채권과 주식, 헤지펀드·사모펀드, 외환과 금, 부동산 등의 새로운 형태로 자신들의 자산 포트폴리오를 새롭게 구성할 것이다. 말하자면 재벌 총수 일가가 국내외 금융시장의 큰손으로 환골탈태하면서 자산(부) 소유 형태를 바꾼다.

현재 한국의 민주화·진보 세력이 지향하는 재벌개혁(정확히 말해서 재벌 그룹 개혁)은 사실상 재벌 일가를 월스트리트 금융 자본주의 또는 금융자산가 자본주의(주주 자본주의) 방향으로 몰아가고 있다. 재벌 일가와 그 후계자들에게 '산업자본가'이기를 그만두고 '금융자본가' 또는 '금융투자자'로 전환하라고 촉구하는 모습이다. 재벌 일가의 관점에서 그것은 별로 손해 보는 선택이 아니다.

삼성그룹을 개혁하는 일과 이건희 일가의 부를 개혁하는 건 서로 다른 차원의 문제이므로 양자를 구분해서 봐야 문제가 풀린다. 이건희 일가가 부당한 편법으로 부를 축적했고 이 과정에서 이건희 일가가 통제하는 삼성그룹이 이용됐다면 이건희 회장과 그 일가를 법적으로 처벌하고, 축적 재산에 대해서는 세금과 벌금을 부과하면 된다. 그렇다고 해서 삼성그룹을 축소 또는 해체할 필요는 없다. 빈대 잡으려고 초가삼간을 태워서는 안 될 일이다.

예를 들어 삼성그룹이 해체되어 삼성전자가 독립 대기업이 되거나 다른 재벌 그룹 또는 해외 대기업, 사모펀드에 매각된다고 해서 정규직을 더 많이 채용할까? 노동조합을 합법화할까? 전혀 무관하거나 오히려 그 반대일 가능성이 높다. 출자총액 제한과 소수주주권 강화 등 주주자본주의 방향의 재벌 그룹 개혁에 열심이던 김대중·노무현 정부 때를 보면 오히려 비정규직이 더 크게 늘고 빈부 격차도 더 심해졌다. 당시 재벌 그룹 개혁과 함께 우리나라 대기업들이 외국에 팔려나갔다. 대우그룹, 쌍용그룹 해체(재벌 해체)로 대우자동차가 GM에, 쌍용자동차가 중국 상하이자동차에 헐값으로 매각됐다. 그 여파로 쌍용자동차의 노동자들이 대규모 정리해고를 겪었고, 르노-닛산 얼라이언스에 매각된 삼성자동차도 2011년 대규모 정리해고를 겪었다.

【무엇이 경제민주주의인가】

주류 경제학자들은 보수와 진보를 막론하고 경제민주주의를 공정한 경쟁 질서, 즉 '공정한 시장질서'로 이해한다. 이들은 국가의 역할을 독과점 폐해의 시정으로 이해하면서, 독점과 경제력 집중이 없는 시장, 즉 공정한 시장에서 완전경쟁 원리가 작동하게 되면 그 자유시장이 부와 소득을 자연스럽게 공평·공정하게 분배한다고 본다. 따라서 복지국가 같은 '인위적인 소득재분배' 체제는 필요 없거나 그 역할을 최소화해도 된다고 본다.

정운찬, 장하성, 김광수 같은 분들은 지금도 공공연하게 "보편적 복지와 복지국가가 뭐 그리 필요하냐?"고 반문하면서 시큰둥한 주제로 여긴다. 공정한 시장질서를 구축하게 되면 복지국가 같은 사후적 재분배 장치는 별로 필요 없다는 것이다. 다시 말해 재벌 그룹 개혁과 대중소기업의 동반성장(이것을 경제민주화라고 이들은 보는데)을 잘 이루어 '경쟁시장 메커니즘 내에서의 소득의 원천적 분배' 장치를 잘 만들면 되는데 뭐하러 '시장 메커니즘 외부에서의 소득 재분배' 장치를 만드느냐는 것이다.

이들은 완벽한 경쟁적 시장질서(공정한 시장질서)를 구축하면 대기업과 중소기업의 동반성장과 공정한 소득분배(하청 단가 인상)가 이루어지고, 동시에 대기업과 중소기업 간 임금 격차, 정규직과 비정규직 간 임금 격차도 사라진다고 말한다. 환상적인 논리이다.

그런데 과연 '공정시장 원리'를 강화하면 임금 격차가 사라질까? 그리고 재벌 그룹이 축소되거나 해체되어(재벌 해체) 계열이 분리되면 대기업과 중소기업 간 임금 격차가 사라질까? 예컨대 대우그룹과 쌍용그룹이 해체(재벌 해체)된 이후 매각된 한국GM(과거의 대우자동차)과 쌍용차 그리고 르노삼성자동차에 매각된 삼성자동차의 현실을 보자. 과연 그 독립된 대기업들에서 하청 협력업체들, 특히 협력 중소기업에 과거보다 후한 하청 단가를 지불하고 있을까? 전혀 그렇지 않다. 오히려 그 반대다. 하청 단가는 현대·기아차보다 더 깎이고 있고, 하청수주 물량도 과거보다 줄어든 경우가 많다. 이들 협력업체의 임금 단가가 높아진 일도 없거니와 대기업 중소기업 간 임금 격차는 전혀 줄지 않았다.

【1주1표의 주주민주주의를 넘어 1인1표의 종업원 민주주의】

우리나라에서 지금껏 논의된 경제민주주의는 주주민주주의였다. 즉 소액주주 또는 소수주주minority sharehoders 역시 대주주와 마찬가지로 주주총회와 이사회에 발언권과 대표권을 가지고 진출해야 한다는 것이 경제민주화 학자 및 전문가 들의 요구였다. 박영선 같은 정치인과 장하성, 김상조 등의 경제학자가 말하는 경제민주주의가 주주민주주의이다. 주주민주주의란 사실상 주주자본주의의 다른 표현에 불과하다. 투기적인 펀드와 개미투자자들의 권리와 권한을 강화하여 그들의 속성인 투기성을 더욱 조장하는 것이 주주자본주의이다.

"민주주의는 회사(공장) 정문 앞에서 정지한다"라는 유명한 말이 있다. 참된 경제민주주의는 민주주의의 원칙이 회사 안에서도 관철되도록 하는 것이다.

독일과 스웨덴, 덴마크, 네덜란드 등에서는 부장급 이하 전체 종업원의 직접 선거에 의해 선출된 대의원들이 회사 이사회에 당당히 이사로 진출한다. 주주와 종업원이 대기업을 공동으로 통치한다. 1주1표(1원1표)의 원리, 즉 '돈과 자본이 지배자'라는 원리(자본주의 제1원리)에 맞서, 1인1표의 민주주의 원리가 회사 내에서도 작동하는 것이다.

만약 종업원 이사들이 반대한다면 특정 사장 후보의 선출을 저지할 수 있다. 예컨대 "내 눈에 흙이 들어가기 전에는 노동조합을 인정할 수 없다"고 하는 이건희 일가는 삼성그룹 계열사의 CEO가 될 수 없다. 이건희, 이재용 역시 삼성전자 등의 경영진에서 물러나야 한다.

경제민주주의의 본질을 이렇듯 산업민주주의와 노동권 또는 종업원 권리 차원에서 바라보는 것이 중요하다. 제아무리 모든 국민이 투표권과 공직 출마의 권리를 가지고 있고 대통령이 민주적이면 뭐하나? 정작 매일매일 출근해서 일과의 대부분을 보내는 회사에서는 종업원들이 노예처럼 모욕당하고 능멸당한다. 그들에게는

1인1표의 투표권과 피투표권이 없다. 그야말로 돈과 자본의 독재이고 '종업원은 노예'이다. '헬조선'의 현실이다.

【세계사 속의 공정한 노사질서와 산업민주주의】

1920년대에 세계 역사에 처음 등장하는 경제민주주의라는 용어는 그리고 그 이후 1970년대에 다시 미국과 유럽에서 전개된 경제민주주의 논의는, 모두 공정한 노사질서에 관한 담론이다. 여기서는 경제민주화의 핵심을 돈 없고 자본 없는 사람들의 권리를 어떻게 기업과 산업, 국민경제 차원에서 확보할지를 중시한다. 회사 안에서는 주주(총수 일가와 대주주, 소수주주)들이 독점한 이사회 권력과 각종 의사결정 권력을 해체하여 종업원 대표들과 그 권력을 공유해야 한다고 본다. 종업원이 동등한 발언권을 가지고 기업의 모든 중요 의사결정 단위에 참여하는 형태로 기업 권력을 공유하자는 것이다.

우리가 흔히 쓰는 경제민주주의라는 용어가 처음 쓰인 때는 1920년대 독일의 바이마르 공화국 시절이다. 독일 사회민주당에 프리츠 나프탈리라는 정치인이 처음으로 경제민주주의Wirtschafts-demokratie라는 용어를 사용했다. 『경제민주주의 : 그 본질과 길 그리고 목적』이라는 저서에서였다. 독일 사회민주당은 1925년에 경제민주주의를 당의 핵심 과제로 채택했다. 프롤레타리아 독재가 아닌 정치적 민주주의 그리고 자본주의적 소유의 폐지와 국유화가 아닌 노사 공동 권력, 즉 노사공동결정제를 주창했다. 그것을 경제민주주의라고 불렀다. 유럽과 미국에서 1970년대에 부활된 그리고 미국을 통해 한국에 소개된 경제민주주의 담론 역시 이런 노사 공동 통치의 논의였다. 그런데 우리나라에서는 이런 이야기를 지금까지 누구도 하지 않으려 했다.

강은 **흘러야 한다**

최병성(초록생명평화연구소장)

4대강 사업이 준공된 지 벌써 5년여의 시간이 흘렀다. 정말 '4대강 살리기'였을까? 4대강 사업 이후 과연 얼마나 강이 살아났는지 돌아보았다. 강에 발을 담갔다. 모래가 뽀드득거리던 예전의 강이 아니다. 서해 갯벌을 걷는 느낌이다. 한 발 한 발 강 안쪽으로 들어갈수록 펄이 깊어졌고, 강바닥에서 누가 잡아당기듯 발을 떼는 것조차 힘들어졌다. 더 놀라운 것은 발을 내디딜 때마다 뽀글뽀글 물방울이 솟아 올라왔다는 사실이다. 강바닥에 쌓인 펄이 썩어가며 발생하는 메탄가스였다. '자원외교로 수십조 원을 날려버린 이명박 전 대통령이 4대강을 가스유전으로 만든 것은 아닐까?'라는 생각이 들 정도였다.

【강이 아니라 늪이 되었다】

강은 흘러야 한다. 그러나 '보'라 부르는 16개의 거대한 '댐'을 세우고 물을 가득 채웠다. 강이 흐름을 잃어버리니 강바닥에는 펄이 쌓이고 강이 죽어가기 시작한 것이다. 이명박 전 대통령은 '명품보'라는 명칭으로 국민을 현혹했다. 그러나 한껏 모양을 뽐낸 명품보라 할지라도 물이 썩는 것을 막을 수 없다.

생태계는 하나의 변화가 또 다른 변화로 이어진다. 강에 펄이 쌓이니 늪지 식물이 자라기 시작하고, 더러운 물에 사는 벌레들이 펄에 자리 잡고, 결국 강물은 검푸르게 썩었다. 호수로 변한 4대강은 연못과 늪에서나 볼 수 있던 식물들 차지가 되었다. 금강 변에는 애기마름이 끝없이 펼쳐져 있고, 마름잎사귀를 먹고 살아가는 일본잎벌레들로 가득했다. 낙동강에는 동전 모양의 잎을 지닌 자라풀이 거대한 군락을 이루고 있다. 식물도감은 "남부 지방의 연못과 늪에 자라는 여러해살이 풀"이라고 이 식물의 특징을 설명하고 있다. 이젠 더 이상 '낙동강'이 아니라 '낙동늪'이 된 것이다.

이명박 전 대통령은 낙동강 하구둑의 펄을 한 삽 퍼 올리며 강이 이렇게 죽었으니 4대강 사업이 필요하다고 했다. 그러나 강을 살린다며 22조 원을 퍼붓더니 4대강 전체를 펄이 쌓인 죽은 강으로 만들었다. 강물 속에 들어가 펄을 한 삽 퍼 올리자 악취가 진동했다. 시커먼 펄을 조심스레 헤쳐보니 실지렁이와 붉은깔따구가 꿈틀거리고 있었다. 환경부의 수질 등급별 서식 생물 지표종의 판정 기준표에 따르면, 실지렁이와 붉은깔따구가 서식하는 강은 4급수로 수돗물로 사용할 수 없고 피부병을 일으킬 수 있다고 설명하고 있다. 3급수도 수돗물로 사용하기 적합하지 않은데, 이제 4대강은 식수로 사용할 수 없고 피부병을 일으키는 위험한 물이 되었다.

4대강 조사위원회를 이끌고 있는 가톨릭관동대학교 박창근 교수는 완공된 지 5년이 지난 오늘의 4대강 현실을 "수질과 퇴적물, 어류 등에 대해 조사한 결과, 수질은 악화되어 강물 속 심층수에는 산소가 없거나 고갈되고, 강바닥은 준설했지만 다시 퇴적되고 있으며, 물고기 산란처가 사라져 물고기도 살기 어려운 강이 되었다"고 진단했다. 이어 "4대강 사업 전에는 모래층이었으나, 4대강 사업 후 유기물 침전량이 증대하며 펄층이 되었고 이로 인해 펄층 바로 위 산소 고갈 심화와 지하수 유입량 감소 등이 진행 중으로, 낙동강 유역의 물을 식수로 사용하는 1,300만 명 국민의 안전이 우려된다"고 강조했다.

【국민 생명을 위협하는 독극물】

'녹조라떼'라는 신조어가 등장했다. 건물 옥상에 방수 페인트를 칠한 것처럼 4대강에 가득한 녹조 덕분이다. 녹조는 그저 강이 녹색으로 변했다는 것으로 끝나지 않는다. 일본 국립 신슈 대학교 박호동 교수는 '4대강 녹조 한·일 공동조사' 결과를 토대로 "한국 정부가 고도 정수 처리를 하기에 먹는 물에 이상 없다고 주장하지만, 세계 어느 나라도 녹조류의 독을 100% 제거하지 못한다. 한국의 4대강 녹조는 1%가 남더라도 WHO의 기준치를 초과한다"며 녹조 가득한 4대강의 위험성을 경고했다.

4대강 녹조는 철새들과 다른 생명체들을 위협하고, 녹조 물을 농업용수로 사용하는 벼농사 역시 위협받는다. 박호동 교수는 "녹조 물을 농업용수로 사용하면, 녹조의 독소로 인해 농작물의 잎사귀 탈색, 뿌리 성장 저하, 씨앗의 발아 저하 등이 생겨난 사례도 있다. 특히 녹조를 함유한 물로 키운 농작물에 미량의 독소가 축적된다"며 그 위험에 대해 설명했다. 이뿐 아니라 녹조라떼 강물을 공업용수로 사용하는 기업들의 정수 비용 증가도 심각한 현실이다.

요즘 많은 언론이 4대강의 녹조와 위험성을 새로운 사실을 발견한 것처럼 보도하고 있다. 그러나 필자는 4대강 사업 초기인 2010년 3월 출간한 『강은 살아 있다』에서 다음과 같이 경고한 바 있다.

"보 건설로 강의 흐름이 정체되면 녹조류가 번성합니다. 녹조류 중 남조류는 물의 흐름이 정체되어 부영양화하면 짧은 시간에 대량 번식합니다. 남조류는 일종의 세균으로 세포분열이 왕성한데, 남조류의 한 종류인 마이크로시스티스Microcystis는 세포 한 개가 1주 후에 1,000여 개, 2주 후에는 120만여 개로 엄청나게 불어납니다. 강물을 식수로 만들 때 염소 소독을 하는데, 이때 남조류가 발암물질을 만들 가능성이 높고 물맛과 냄새를 나쁘게 만들기도 합니다. 특히 마이크로시스티스, 아나배나Anabaena, 아파니조메논Aphanizomenon 등은 간독소와 신경독소를 만들어 다른 생명체에 치명적인 악영향을 미칩니다. 이 중 마이크로시스티스는 사람에게 간질환과 간암을 유발하고, 가축이나 철새들에게는 간에서 인의 대사를 저해하여 모세혈관을 파괴함으로써 간이 부풀어 결국 죽음에 이르게 합니다. 유해한 남조류가 발생하지 않기 위해서는 강물이 흘러야 합니다."

필자는 환경이 아니라 신학을 공부한 목사다. 강을 막으면 녹조가 발생하고 위험해진다는 것은 비전공자도 알 수 있을 만큼 기본적인 상식이다. 대학교수라며 전문가를 자처하던 지식 장사꾼과 언론 들이 진실을 외면한 결과가 오늘의 4대강 재앙을 불러왔다. 4대강 사업은 과학이 아니라 기본 상식을 무시한 대국민 사기극이었다. 이런 일이 또 반복되지 않도록, 4대강 파괴의 주범인 이명박과 관련 지식 장사꾼들, 4대강 예산을 날치기로 통과시켜준 공범 새누리당 의원들을 반드시 청문회에 세워야 한다.

4대강의 녹조를 해결하는 방법은 간단하다. 수문을 열어 강물이 흐르면 녹조가 사라지고 저절로 강물이 맑아진다. 그러나 수문을 연다는 것은 4대강 사업의 실패를 인정하는 것이기에, 정부는 수문 개방 대신 온갖 꼼수를 부리고 있다. 녹조제거제를 강에 살포했다. 그러나 녹조제거제로 사용하는 약품은 폴리염화알루미늄 성분의 응집제로 녹조를 강바닥으로 가라앉히는 것에 불과하다. 문제는 강바닥에 가라앉았던 녹조제거제는 온도 변화가 발생하는 초겨울이면 강 수면으로 떠오르면서 물고기 떼죽음의 원인이 되고 있으며, 강물의 중금속 오염을 불러온다.

수억 원을 들여 구입한 녹조제거선으로 강에 가득한 녹조를 걷어내고, 물고기 양식장에 사용하는 수차를 4대강에 돌리는 슬픈 코미디가 벌어지고 있다. 거대한 호수로 변한 4대강에서 녹조를 걷어내고, 수차 몇 개 돌려 썩은 물이 맑아진다고 정말 생각한 것일까? 아무리 꼼수를 쓴다 할지라도 수문을 완전히 열어 강물이 흐르게 하지 않는 한 어떤 해결책도 쓸모없다.

【모래 위에 건설된 댐의 위험】

예수는 신약성서 마태복음 7장 27~28절에 "그 집을 모래 위에 지은 어리석은 사람 같으리니 비가 내리고 창수가 나고 바람이 불어 그 집에 부딪치매 무너져 그 무너짐이 심하니라"라고 했다. 마치 모래 위에 건설된 MB표 4대강 16개 보의 미래를 예언한 듯한 말씀이다.

댐을 암반 위에 건설해야 한다는 것은 기본 상식이다. 모래 위에 세워진 4대강 16개의 댐은 과연 안전할까? 2016년 9월 26일 JTBC 방송은 '한국시설공단은 2016년 1월 수자원공사 의뢰로 경북 구미시의 낙동강 상류에 설치된 구미보를 점검한 결과, 보 아래 설치된 물받이공 아래에서 최대 깊이 30센티미터에 넓이는 500여 제곱미터 크기의 거대한 빈 공간을 발견했다. 국무조정실 산하 4대강 조사평가위원회는 이미 2014년 6개 보 아래서 물이 샌다고 밝힌 바도 있다'고 보도했다.

모래 위에 세운 거대한 4대강 댐들은 결코 안전하지 않다. 오늘 당장은 무너지지 않을지라도, 지금처럼 모래가 계속 유실되어 균열이 지속된다면 '무너짐이 심하리라'는 성서 구절이 어느 날 현실이 될 것이다. 4대강 댐이 무너지는 날, 4대강에 가득 채운 물은 거대한 물 폭탄이 되어 지금까지 우리가 겪어보지 못한 대홍수 재앙이 될 것이다. 수질 악화만 불러오는 쓸모없는 4대강 16개 댐의 신속한 철거만이 정답이다.

4대강 사업으로 인한 역행 침식으로 4대강에 연결된 지천변의 농경지가 무너지고 있다. 4대강 보 상류에 위치한 지천들은 수위가 상승하며 수질이 악화되고, 비가 오면 범람하여 홍수 위험에 시달리고 있다. 보 하류에 위치한 지천들은 수위 저하로 인한 모래 유실로 하천 제방이 무너지고 주변 농경지의 유실이라는 재앙이 지속되고 있다.

이명박 전 대통령은 4대강 사업이 끝나는 2011년이면 철새들의 낙원이 된다고 주장했다. 그러나 살던 철새들마저 4대강을 다 떠나고 죽음의 강이 되었다. 이명박 정부는 4대강은 '물고기가 살지 않는 강'이라며 물고기가 죽은 사진을 보여주면서 4대강 살리기의 필요성을 강조했지만, 사진 속 죽은 물고기의 서식지는 미국의 두와미시 강이었다.

두와미시 강의 죽은 물고기처럼, 놀랍게도 4대강 사업 이후 수많은 물고기가 떼죽음당했다. 청계천에 살포한 33만 마리가 넘는 다슬기가 한 마리도 살아남지 못할 것을 미리 알고 다슬기 조형물을 청계광장에 세운 것처럼, 4대강 사업으로 수많은 물고기가 떼죽음당할 것을 미리 알고 두와미시 강의 죽은 물고기 사진을 보여주었던 것은 아닐까?

한강변을 따라 경주의 왕릉이 옮겨 온 듯한 거대한 봉분이 줄지어 서 있다. 한강에서 퍼낸 모래와 자갈을 쌓아놓은 지 벌써 5년이 지났다. 겨울과 봄엔 모래먼지가 되어 주민들이 창을 열 수 없고, 여름에는 쓸려온 토사가 배수로를 막아 마을과 농경지에 피해를 입히고 있다.

경기도 여주시는 한강에서 퍼 올린 전체 준설토 3,500만 세제곱미터(15톤 덤프트럭 233만대 분)를 2017년까지 팔아 1,899억 원의 공돈이 생긴다며 4대강 사업을 찬성했다. 그러나 준설토를 다 처리하려면 2031년이 되어야 한다고 경기도 감사 결과 밝혀졌다. 문제는 예산이다. 준설토를 쌓아놓은 곳은 농경지를 임차해 만든 야적장으로, 임차료와 영농 보상비로 지금까지 지급된 비용이 약 400억 원에 이른다. 심지어 준설토를 다 처리한 후 농지를 원상 복구해줘야 하는데 그 비용이 150~200억 원이다. 또 토지 주인이 농지 전용 허가가 종료되는 2017년 후 준설토의 이전을 요구할 경우, 운반비로 1,560억 원이 추가 소요될 것으로 밝혀졌다. 여주시는 5,000만 년 만에 찾아온 발전의 기회라며 4대강 사업을 찬양했지만, 결국 재앙의 부메랑을 맞고 말았다.

이명박 전 대통령은 준설토를 팔아 공사비의 60%를 충당하고, 나머지는 민자를 유치하여 국민 세금은 한 푼도 사용하지 않겠다고 주장했다. 그러나 4대강 사업비 22조 원 중 한국수자원공사에서 빌린 8조 원에 대한 연간 이자 3,400억 원이 매년 국민 혈세로 지출되고 있다. 죽음의 늪이 된 4대강에 퍼붓는 유지관리비와 이자를 포함 약 30조 원이 지금까지 4대강에 투입되었다. 준설토를 팔아 공사한다던 그의 주장은 혈세를 탕진하겠다는 예언에 불과했다.

2015년 여름 극심한 가뭄으로 전국이 목마를 때 4대강에는 물이 가득했다. 그 넘치는 물을 가뭄 지역에 사용할 수 없었다. 2016년 9월 태풍 차바가 남부 지방에 큰 피해를 주고 지나갔다. 홍수를 막아준다던 4대강 사업이 완공되었지만, 매년 여름이면 전국에서 홍수 피해가 발생하고 있다. 이명박 전 대통령은 수질 개선, 홍수 예방, 가뭄 극복 등의 구호를 내세워 4대강 사업을 강행했다. 그러나 4대강 사업은 국고를 거덜 내고 국토를 파괴한 대국민 사기극이었다. 이명박 한 개인의 망상에 의해 4대강이 처참히 도륙됐고, 썩은 물을 마셔야 하는 국민은 생명의 위협을 받게 된 것이다.

"엄마야 누나야 강변 살자. 뜰에는 반짝이는 금모래빛…"이라던 김소월의 노래는 아주 먼 추억이 되었다. 4대강 사업으로 금빛모래가 모두 사라지고 손도 담글 수 없는 썩은 수로가 되었기 때문이다. 흐르지 않는 물은 썩을 수밖에 없다. 우리에겐 '많은 물'이 아니라 '맑은 물'이 중요하다. 강의 생명은 흐르는 역동성에 있다. 강물은 흐르면서 자신이 필요한 곳에 모래톱을 만들고, 습지를 만들며 스스로를 치유한다. 이제 우리가 해야 할 것은 수문을 열어 강이 흐르게 하는 것이다. 4대강 16개의 괴물 보를 파괴할지는 그다음 고민할 일이다. 강은 흘러야 한다.

G1 시대의 **중국을 보는 눈**

김흥규(아주대 정치외교학과 교수, 아주대 중국정책연구소장)

중국은 기적을 창출하고 있다. 그럼에도 불구하고 'G1시대의 중국'이라는 주제 자체는 아직 생소하게 들린다. 사실 얼마 전까지만 해도 세계에서 가장 중요한 두 강대국을 의미하는 'G2'라는 개념 자체가 여전히 생소하게 들렸다. 이제 세계는 예상보다 훨씬 빠르게 세계에서 가장 중요한 강대국으로서 중국의 위상을 확인할지도 모르겠다.

【세계 경제성장의 제1위 공헌도 자랑하는 중국】

중국은 1978년 개혁과 개방 추진 정책을 선언한 이후 지난 30여 년간 거의 매년 평균 10%의 경제성장률을 유지해왔다. 아마 인류 역사상 이 정도의 규모를 지닌 경제체가 그 오랜 시간 이리 빠르게 경제성장을 한 예는 없었을 것이다. 1982년 덩샤오핑은 3단계 국가 발전 전략을 제시하였다. 우선, 1990년까지 빈곤에서 벗어나는 온포溫飽 시기, 2000년까지 중등 정도의 생활과 문화 수준을 지닌 소강小康 시기, 그리고 2050년까지 서구 선진국의 수준에 이르는 부강富强 시기로 그 꿈을 구체화하였다. 이는 시진핑 시기에 이르러 다시 '중국의 꿈' 달성이라는 이름 아래 그 청사진이 제시되고 있다. 중국은 과거 대약진 운동 시기에 2000년까지 영국을 추월한다는 목표를 세운 바 있었다. 당시로서는 이는 꿈만 같은 목표였다. 허황되기도 했다. 그러나 중국의 비약적인 경제 발전 결과 2005년 영국, 2006년 프랑스, 2007년에 독일을 추월하였으며, 2010년에는 일본마저 추월하였다.

2008~2009년 발생한 미국발 세계적 금융 위기는 미국의 국제적 리더십에 엄청난 손상을 야기하였다. 세계 경제의 위기가 헤게모니 국가인 미국에서 발생하였고, 중국의 도움이 없이는 미국 스스로 이를 수습할 역량이 없음을 드러냈던 것이다. 이로 인해 중국

의 국제적인 위상은 급속히 상승했고, 중국의 대외적 자신감과 민족주의적인 자부심도 크게 고양되었다. 심지어 중국조차 예상하지 못했고, 준비가 안 된 상황에서 맞이한 이러한 국제 무대에서의 중국 위상의 변화는 중국 지도부조차 상당히 당혹스러운 현상이었다. 오마바 대통령은 이런 중국의 위상을 '세계적인 범위의 이해상관자'로 인정하고 중국을 G2로 받아들여 '전략경제대화'를 시작하였다. 국제통화기금IMF에 의하면 중국은 구매력 환산 기준으로 미국을 이미 2015년에 추월하였다. 세계 유수의 거시경제 예측 기관에 의하면 2025년 전후 중국의 세계 1위의 경제대국 및 대미 경제적 영향력의 우위를 예상하고 있다(2008~2009년 금융 위기 이후, 〈이코노미스트〉, 〈글로벌인사이트〉, 미국 CIA의 〈2030보고서〉, 중국 사회과학원). 즉, 경제 G1의 시기가 눈앞에 다가오고 있는 것이다.

2011년 발표된 중국 국무원발전연구중심과 세계은행의 공동 연구 추산에 따르면 중국의 향후 발전 속도는 2016~2020년 6.5%, 2021~2025년 5.5~6%, 2025~2030년 5% 정도의 중속 성장을 이룰 전망이다. 중국은 이를 "새로운 정상 상태新常態"의 시기라 일컫는다. 성장률 저하에도 불구하고 중국의 실업률은 안정적이면서 오히려 낮아지고 있다. 중국의 13차 5개년 규획(2016~2020) 역시 향후 5년간 연평균 6.5% 수준의 중속 경제성장 목표를 제시하고 있다. 이에 비해 미국은 최근 경제가 회복되는 기미가 보이고는 있지만 여전히 중장기적으로 2%대의 성장을 넘어서기는 어려울 전망이다. 즉, 중국의 경제 규모는 지속적으로 강화될 것이고, 미국과의 격차도 벌려나갈 것이라는 전망이다.

중국은 2006년 이후 세계 경제성장에 있어서 제1위의 공헌도를 자랑하고 있다. 2030년대까지 거의 세계 경제성장의 3분의 1에 달하는 공헌도를 유지할 것이다. 중국은 동시에 그동안 안보적으로도 취약한 부문으로 지적되었던 에너지 부족 국가에서 점차 탈피할 것이다. 최근 향후 2세기 동안 쓸 수 있는 매장량의 셰일가스가 중국 내에서 발견되었고, 러시아와의 장기적인 천연가스 구매 협상 타결에 성공하였다. 규모의 경제를 바탕으로 중국이 주도하는 신산업은 세계 최고를 기록할 것이다. 세계에서 가장 빠르게 전기차와 상용 배터리 시장이 확충되고 있고, 중국의 고속철이나 전기차 기술은 세계를 주도하고 있다. 상하이나 베이징의 자동차는 추후 전기차로 가득 찰 것이다.

【중국식 경제운용 방식에 주목해야】

G2 시대에서 G1시대로 이행한다는 것은 중국이 비단 경제적 규모에서 크다는 의미뿐만 아니라 더욱 독자적인 새로운 경제운용 방식을 모색한다는 뜻이다. 실제 최근 시진핑 체제하에서 추진하는

'중국 사회주의 특색의 제도화' 노력을 주목할 필요가 있다. 이는 중국의 대외 무역은 미국 중심의 기존 질서에 입각하되, 국내 경제는 중국 자체의 방식과 논리로 운용하겠다는 의지를 강화하고 있다는 뜻이다. 중국의 경제에 접근하려면 이제 중국의 규범과 규칙에 익숙해져야 한다. 중국은 수출 지향형 경제가 아니라 내수형 경제로 탈바꿈하고 있다. 중국의 국내총생산GDP에서 수출이 차지하는 비중은 2006년 거의 70%대에서 2015년 30%대로 내려앉았다. 더 감소할 전망이다. 중국은 자체의 시장만으로도 경제를 운용할 수 있는 국가로 탈바꿈하고 있다. 달리 표현하자면, 중국은 이제 경제적으로 미국에 대한 민감성과 취약성이 약화되고 있고, 이는 상대적으로 중국의 경제적, 외교적 자율성을 더욱 증대시킬 것이다.

흥미로운 것은 트럼프의 고립주의 성향과 시진핑이 추구하는 '중국 특색의 제도화'는 미중 간에 상호 경제적 의존관계를 줄여나가는 방향으로 추진되고 있다는 점이다. 이는 우려스러운 상황이다. 다행스러운 점은 안보적인 갈등보다는 상호 충돌 회피의 성향을 보이면서 냉전 시기와 달리 상대방에 대한 전면적인 대항을 추구하거나 제로섬적인 논리에 의해 상황을 인식하려 하지 않는다는 것이다.

군사비 규모에서도 적어도 2045년경까지 중국의 군사비는 미국을 추월할 전망이다. 영국 국제전략문제연구소는 미국의 예산 계획에 따른 미국과 중국의 국방비 비교를 제시한 바 있다. 이에 따르면 중국은 대체로 2045년을 전후로 미국의 국방비 규모를 추월할 것이란 평가가 가능하다. 여기서 2025~2045년의 시기는 미중 간에 얼마나 혼돈의 시기로 접어들지를 예측하게 한다. 경제력에서 앞선 중국과 군사력의 우위를 보이는 미국이 서로 국제 질서를 주도하기 위한 경쟁과 새로운 힘의 역학관계를 반영한 규범, 제도의 수립 경쟁이 가열될 것이기 때문이다.

중국 역시 많은 문제점에 직면해 있다. 단기적으로는 부동산 버블이나 부실 금융의 문제가 심각하고, 경제 체제의 전환 상황이라 상당한 어려움에 직면하리라 예상된다. 언제든 문제가 발생할 수 있다. 미국 변수도 존재한다. 그러나 이번에 당선된 트럼프 리스크는 미 국민에게도 만만하지 않은 변수가 될 전망이다. 국내의 정치적 저항은 상당히 증가할 것이고, 트럼프가 추진하는 보호주의적 경제정책이 미국의 경제회복에 얼마나 기여할지도 미지수이다. 일부에서는 약탈적인 경제운용을 통해 오히려 미 국민의 경제 환경을 악화시킬 수 있다는 우려가 제기되고 있다. 또 하나의 변수는 중국의 경제 발전에 따른 중국 사회의 다원화 추세와 민주화 요구이다. 정치적 갈등을 현 공산당 1당 체제가 어떻게 극복할지도 변수이다. 현재 더욱 강력해진 시진핑 체제가 안고 있는 내재적인 지도부의 불안정성 문제가 불거질 수 있다. 권력은 강화되지만, 그에 비례해 책임과 비난, 저항도 집중된다. 권력 강화의 양면성 문제가 지속될 전망이다.

【중국 대응 역량 뒤처진 한국의 현실】

중국은 이제 미중 신형대국관계를 지구적, 지역적으로 추진하면서 경제적 차원에서는 제도적 균형 혹은 패권적 대안 체제를 제시하려 할 것이다. 현재로서는 중국 내에서는 중국 특색의 경제운용 체제, 대외적으로는 여전히 자유주의 시장경제 질서의 전제 위에서 미국과 경쟁하는 2원적 경제 질서를 구축하려 할 것이다. 안보 구도에서 '아시아 상호협력 및 신뢰구축 회의CICA 운용에서 엿보이듯이 미국의 한미일-동남아 집단 안보 체제가 동아시아·태평양 지역에서 영향력 다툼으로 강화될 것이다. 금융 구도에서 아시아인프라투자은행AIIB 대 미국 주도의 IMF, 지구적 차원에서 브릭스 신개발은행 대 미국 주도의 세계은행 등 경쟁 양상도 계속될 것이다.

동아시아 각국은 이제 국제시장 경제 질서뿐만 아니라 새로운 중국식 질서와 영향력에 어떻게 접근할지를 새로운 도전으로 맞이할 것이다. 한국에는 이래저래 미중 간 선택의 압력, 미국의 강력한 동맹 분담 요구, 북핵 위협, 경제 위기라는 4중고에 휩싸일 개연성이 높아지고 있다. 분명한 것은 이러한 변화에 대한 우리의 준비와 대응 역량이 너무 뒤처져 있다는 것이다.

공감과 애도,
사회적 트라우마 치유의 길

안병은(정신건강의학과 전문의, 수원시자살예방센터장)

현대 한국 사회를 살아가는 우리에게 트라우마는 더 이상 낯설지 않다. 방송이나 인터넷 그리고 일상에서 나누는 대화 속에도 트라우마라는 단어가 자주 등장한다. 우리는 마음에 깊은 고통이나 상처를 남긴 사건을 경험할 때 흔히 "나 트라우마 생겼어"라고 말한다. 이렇게 트라우마가 일상용어로 자리 잡았다는 사실은 그만큼 우리 사회에 트라우마가 만연해 있다는 사실을 방증한다. 여기서 언급하는 트라우마는 신체적 외상이 아닌 심리적 외상, 즉 마음에 가해진 외상을 의미한다. 정신의학에서는 '실제적이거나 위협적인 외상성 사건에 대한 직접적인 경험이나 다른 사람을 통한 간접적 경험'을 트라우마라고 정의한다. 트라우마는 성폭력, 사고, 범죄, 재해, 전쟁 등으로 발생하여 감당하기 힘든 심리적 충격을 가하고, 개인은 정상적인 생활을 불가능하게 만드는 정신병리적 증상을 보이기도 한다. 정신의학자들은 이를 외상 후 스트레스 장애라 명명하고 약물치료 등 여러 치료 방법으로 접근한다. 흔히 트라우마는 개인화된다. 정신적으로 취약하거나 문제가 있는 사람이 겪는 고통 정도로 치부되기도 하며, 개인의 정신병리 수준으로 질병화하여 의료적 모델로만 접근하는 경향도 있다. 트라우마의 원인, 증상 형성, 치유 과정 속에서 고통받는 개인마저도 사라지고 정신과적 증상으로 환원되어버리기도 한다. 이렇듯 개인의 트라우마를 받아들이는 입장에서 고민해야 할 문제들이 있지만 치유와 지원이 필요한 대상임은 모두가 공감하는 상황이다.

더 나아가서 이제는 개인을 넘어 사회적 차원에서 트라우마를 논의할 필요성이 대두되고 있다. 최근 들어 사회적 트라우마라는 용어를 자주 접한다. 아직은 용어에 대한 구체적이고 통일된 정의가 내려지지 않은 상태지만 학계나 언론 등 사회 각계에서는 빈번하게 사회적 트라우마를 언급한다. 이러한 용어를 사용하게 된 배경은 트라우마의 직접적인 유발 요인이나 심리적 충격을 가하는 기제, 나아가 트라우마의 치유 과정이 단순히 개인 차원에 머무는 게 아니라 사회적 차원에서도 다루어야 할 당위성이 높아졌기 때문이다. 사회적 트라우마는 단순히 트라우마의 범위를 사회로 확장하는 데 그치지 않는다. 이 말은 사회가 트라우마를 야기한 가해자이고 사회구성원 전체가 피해자라는 의미이며, 트라우마는 사회적 맥락에서 치유되어야 함을 강조한다.

【트라우마에 사로잡힌 한국 사회】

개인이 겪는 트라우마는 일회성 사건으로 유발되는 경우가 많다. 하지만 우리 사회가 안고 있는 트라우마는 단 한 가지 요인이 아닌, 오랜 시간에 걸쳐 중첩되고 가중되어 형성되어왔다. 한국 현대사를 바라보면 우리 사회를 형성한 깊고 단단한 트라우마의 뿌리를 발견할 수 있다. 일제강점기에서 시작되어, 해방 후 좌우 대립, 한국전쟁과 분단, 군사독재 정권과 4·19혁명, 5·18민주화운동을 거쳐, 최근에는 쌍용차 사태와 세월호 참사로 이어진다. 입에 담기도 버거운 현대사의 일면들은 한국 사회에 반복하여 정신적 외상을 남겼으며, 미처 치유되지 못한 채 겹겹이 축적되어왔다. 더욱이 사회적 트라우마를 만들고 유지되게 한 주체는 바로 국가였다. 국가는 트라우마로부터 국민을 보살피고 치유하기는커녕 방관했고, 오히려 트라우마를 재생산하여 이용하기까지 했다.

현재까지도 한국 사회에 그림자를 드리우고 있는 반공주의 프레임은 국가가 얼마나 적극적으로 트라우마를 활용했는지 여실히 드러난다. 5·18민주화운동을 진압하고 은폐하기 위해 정부는 군, 검찰, 경찰, 언론 등을 동원하였고 국가 폭력으로 인한 피해자에게 반공주의 프레임을 덮어씌웠다. 독재 정권이 자행한 감시, 폭력 진압, 연행, 고문 등의 국가 폭력은 정당화되고 피해자는 사회 내에서 적으로 규정되었다. 트라우마를 터부로 만들어 이성적인 사고를 막고, 외면하도록 했으며, 사회 분열을 조장했다. 사회적 트라우마의 흐름은 쌍용차 사태에 이르러 또 다른 일면으로 드러난다.

반복된 트라우마는 사회 전체에 무력감을 형성한다. 국가는 폭력 진압을 통해 '우수하게' 조기 해결했고 해고된 노조원들은 죽음으로 내몰렸다. 죽음의 책임은 공권력을 남용한 정부와 부패한 기업, 왜곡 보도를 일삼은 언론에만 있지 않다. 어쩌면 사회 전체가 방관자이자 가해자로서 죽음을 막지 못한 책임이 있다. 트라우마는 피해자의 사고와 반응을 좌우해 억제와 회피라는 기제를 선택하도록 유도한다.

현대사를 관통하며 이어진 트라우마의 역사는 반복되는 악순환의 고리로 이어지고 있다. 사회는 트라우마 경험으로 불안을 느끼며, 이는 때때로 현실을 침범하며, 해결되지 못한 트라우마를 다시 회피하는 과정이 반복된다. 세월호 참사는 우리 사회에 쌓여온 트라우마가 일순간에 드러난 비극이었다. 한국 사회 전반에 깔려 있는 모순과 갈등이 적나라하게 드러났으며, 얼마 남지 않았던 신뢰는 산산이 무너졌다. 국민을 지켜주리라 믿었던 국가는 제대로 작동하지 못했고 사고 대처에 어떠한 역할도 하지 못했다. 유가족이나 생존자 가족 같은 일차 피해자뿐만 아니라 온 국민이 세월호 참사 앞에 분노와 우울감, 무기력감을 호소했다. 세월호 사태가 야기한 사회적 트라우마를 정부는 개인 차원으로 한정 짓고 의료적 프레임 속에 가두려고 했으며, 사회 차원에서 논의하고 공동체로서 접근해야 할 부분을 전문가 차원으로 한정 지었다. 지금 이 순간에도 우리 사회는 트라우마가 팽배해 있으며, 치유되지 못한 채 또다시 더 큰 트라우마 사건에 직면해 있다.

【심리적 부검이 아닌 사회적 부검이 필요하다】

자살. 특히나 한국 사회에서 자살의 심각성은 어제오늘에 국한되는 일이 아니다. 한국의 자살률은 OECD 국가 중에서 10년 넘게 1위를 차지했다. 비율의 차이일 뿐 연령과 지역을 막론하고 스스로 삶을 마감하는 사람이 너무나도 많다. 사회학자 에밀 뒤르켐은 급격한 사회변동이나 무질서 현상이 나타나는 경우 자살률이 높아지며, 사회통합이 약해지는 경우에 더욱 빈번해진다고 말한다. 앞서 언급한 한국 현대사를 돌아보면 쉽게 이해가 가는 내용이다. 자살의 원인이 무엇인지, 해결책과 예방법은 무엇인지 이전부터 수많은 논의가 진행되었지만 아직 근본적인 접근은 이루어지지 못하고 있는 실정이다. 정부에서 추진해온 자살 예방 정책은 자살의 사회구조적 원인을 외면하고 개인의 심리적 문제에 초점을 맞추다 보니 효과를 거둘 수 없었다.

최근 우리나라에서도 시작된 심리적 부검은 한국의 특징에 맞는 자살 원인과 요인을 규명하고 자살자를 체계적이고 종합적으로 파악하기 위해 도입되었다. 본래 부검은 사망 원인을 밝히고자 사후 검진을 실시하는 신체 부검을 뜻하나, 심리적 부검은 한 사람의 죽음을 삶의 전체적인 맥락 안에서 이해하고자 한다. 1986년 최초로 심리적 부검을 도입한 핀란드는 자살률 1, 2위를 다투던 국가였으나, 자살 예방 정책에 심리적 부검을 반영한 이후 인구 10만 명당 30.3명이던 자살률이 17.3명으로 감소했다. 이에 선진국 대부분은 심리적 부검을 도입하였고, 우리나라에서도 2013년 충남을 시작으로 심리적 부검을 실시하고 있다.

하지만 한국 사회는 심리적 부검만으로는 부족하며, '사회적 부검'으로 확대되어야 한다. 이념, 세대, 성, 계층, 지역 갈등과 차별은 위험 수준을 넘어섰다. 한국 사회에 누적되고 만연한 트라우마가 자살에 영향을 미치고 있다. 현재 국민이 기대할 수 있는 희망은 점점 줄어들 뿐더러 다음 세대에게 미래에는 희망이 있을 거라고 말할 자신도 없어진다. 이러한 사회가 지속되면 어느새 '사회가 자살을 권한다'고 말할 날이 다가올지도 모른다. 자살은 한 개인의 죽음이 아니다. 미하이 칙센트미하이는 개인이 우울하면 국가가 위태롭다고 말하며 '사회적 자살'이라는 표현까지 썼다. 자신이 믿고 의지하던 규범이 점차 붕괴될 때 자살을 결심한다는 연구 보고를 인용하며, 사회적 가치가 무너질 때 삶을 포기한다고 말한다. 한 개인의 죽음은 동시대를 살아가는 우리의 죽음과 맞닿아 있다. 자살은 자연사와 달리 피할 수 있는 죽음이기에 사회적 의미를 묻지 않을 수 없다. 지금이야말로 바로 한국 사회를 정확히 진단하고 파악할 사회적 부검이 절실히 필요한 시점이다.

【함께 슬퍼하는 것이 트라우마 치유의 시작】

우리 사회는 언제부터인가 슬퍼할 줄 모르는 사회, 애도할 줄 모르는 사회가 되어버렸다. 2014년 어느 중학생이 화장실에서 목을 매어 자살한 할아버지의 사진과 함께 할아버지가 새누리당 지지자였다는 글을 게재했다. 이를 두고 전문가라는 사람들은 갖가지 이론을 들어 설명했지만 마음속에 와 닿지는 않았다. 틀린 얘기를 했다는 것이 아니라 애정 결핍으로 타인에게 관심을 받고 싶었다는 게 과연 핵심인지 묻고 싶다. 우리는 타인의 상처, 아픔, 고통에 공감하지 못하고 무뎌졌다. 슬퍼하는 법, 애도하는 법을 잊었다. 우리 사회는 죽음이 무시해도 되는 것, 단순히 생물학적 종말이며 하나의 소재로 전락하고 말았다. 죽음을 슬퍼하지 못하면 죽음을 불러온 사회는 바뀌지 않는다.

상실이 일상이 된 사회이다. 어제 겪은 큰 사건은 오늘이 되면 더 큰 사건으로 묻힌다. 한 사건을 제대로 추스르기도 전에 계속해서 다른 사건에 직면하고, 이 과정에서 생겨난 압도적인 트라우마는 직간접적으로 우리를 억압하고 왜곡한다. 한국 사회가 수많은 트라우마를 거치며 오늘날에 이르렀고, 대다수 국민에게 트라우마를 각인시킨 세월호 사건조차 제대로 해결되지 않은 채 말만 무성하다. 한 개인으로는 감당하기 힘들 만큼 거대한 트라우마가 국민을 더 무감각하게 만들지 않을까 걱정되는 현실이다.

김동춘 교수는 『대한민국 잔혹사』(한겨레출판, 2013)에서 한국 사람들이 생존을 위해 정의롭지 않은 힘을 따라왔던 역사를 꼬집는다. 관심, 공감, 연대를 통한 가치 추구가 옳음을 알지만 손쉽게 억눌려왔으며 오히려 동조자가 득세하는 것을 경험하고 무력감이 가중되었다고 한다. 외면하고 회피하는 게 불가피하다 여겨지고, 피해자의 고통을 이해하지 못하고 이해하려 하지도 않는 부끄러운 사회가 되었다. 아무리 큰 사건이 벌어져도 이에서 비롯된 슬픔은 대중에게 너무 쉽게 잊힌다. 내일이 되면 황급히 일상으로 돌아간다. 하지만 정말 아무렇지 않은 걸까. 살아가면서 피부에 크고 작은 외상이 생기듯, 마음에도 상처가 새겨진다. 순간은 회피할 수 있지만 다른 이의 고통과 사회가 안고 있는 슬픔은 결국 나에게 되돌아오기 마련이다. 우리는 충분히 슬퍼하고 같이 애도해야 한다. 슬픔을 치유하는 길은 충분히 슬퍼하는 것이다. 애도를 상실한 대중을 비난할 마음은 없다. 그들을 이해할 수 있다. 우리 모두가 자신을 회피하는 길로 내몰 수밖에 없었던 사회적 트라우마의 희생자이기 때문이다. 하지만 트라우마가 안긴 고통이 회피로 이어지는 악순환을 끊어내고 애도하게 되는 순간, 트라우마의 치료는 시작된다.

【진실과 반성은 트라우마 치유의 핵심】

언젠가 방문했던 독일 어느 주립 병원에 세워진 비석에는 "우리는 잊지 말아야 한다. 우리 병원이 ○○명의 조현병 환자를 보내서 처형당하게 만들었다"라는 내용의 글이 새겨져 있다. 어느 평범한 집에는 "이 집에서 유대인이 잡혀갔다"라고 쓰여 있다. 제2차 세계대전 당시 나치 정권에 동조한 의사들은 비밀리에 병자와 장애인을 조직적으로 살해하는 T4 작전을 실행했다. 계획에 참여한 의사들은 7

만여 명에 이르는 사람을 가스실에 몰아 살해했다. 2014년 독일 정부는 나치 정권에 의해 조직적으로 살해된 병자와 장애인을 추모하는 국가 차원의 기념비를 건립했다. 개인에서 기관, 국가에 이르기까지 사회 전체가 과거사를 외면하지 않고 반성하는 사회의 모습이다.

반면 일본 사회는 과거 일본 제국이 저지른 만행을 감추고 왜곡하며 미화하고 있다. 정부는 물론 학계와 일반 시민조차 이런 흐름에 동조하며 사회 전체가 반성하지 않는 태도로 만연하다. 최근 우리 정부는 일본 정부와 어처구니없는 위안부 협상에 합의했다. 일본 정부는 이 협약으로 위안부 문제를 덮고 책임을 묻으려 한다. 이 문제에서 우리 정부의 모습 또한 낯설지 않다. 국민을 속여 진실을 감추고, 국민의 말에 귀를 닫는 태도로 일관하고, 트라우마가 된 상처를 보듬기는커녕 더 키우고 조장했다. 국가는 최근 세월호 참사는 물론 역사가 말해주는 것처럼 역시나 우리의 기대를 저버리지 않았다.

요즘 걱정이 크다. 나라 안팎의 통계로 볼 때, 한국의 신뢰 지수는 선진국에 비해 크게 낮다. 수치는 저신뢰, 불신 국가임을 여실히 보여준다. 철마다 내놓는 정부의 주요 정책과 시책은 숱한 의문을 불러일으키며 그 의문에 대한 해명은 충분하지 않다. 1996년 아르헨티나에서는 정부의 '학살 책임자 불처벌'에 맞서 투쟁이 벌어졌다. 루실라 에델만은 이 사례를 소개하며 사회적 재난이나 집단 트라우마가 발생한 뒤 피해자의 치유와 회복을 위해 가장 중요한 것은 책임자에 대한 처벌 및 진실과 정의 그리고 치유를 위한 사회 분위기라고 했다. 사회적 트라우마를 치유하려면 외상 사건이 담고 있는 진실을 분명히 알아야만 한다.

아우구스트 빌헬름 슐레겔은 "모든 위대한 일은 믿음으로부터 시작된다"라고 했다. 사회가 철저하게 돌아보고 반성해야 한다. 사회구성원 전체가 믿음을 가지고 진실과 마주해야 한다. 우리는 더 이상 가만히 있으라는 말에 '가만히 있을 수' 없다. 감추인 부분이 드러나야 사회 내에 신뢰가 형성되고 안정감이 생기며 다양한 집단의 협의와 합의가 가능해진다. 한마디로 책임질 것은 책임지고 보상할 게 있으면 보상하고 확실히 하자는 것이다. 트라우마가 남긴 상처는 결코 완전히 없어지지 않고, 아무리 오래전에 생긴 상처라도 보다 더 깊어질 수 있다. 하지만 반대로 어떤 깊고 오래된 외상도 치유될 수 있다. 묵은 진실이 드러나고 늦더라도 제대로 된 반성이 이루어질 때 살아남은 사람들의 상처가 치유된다.

【사회적 트라우마 치유를 위한 공동체의 회복과 연대】

구성원 모두가 상처 치유의 주체가 되는 공동체를 꿈꾼다. 결국 답은 공동체의 회복과 강화에 있다. 먼저 길고 깊은 호흡으로 스스로를 돌보고 내 주변의 이웃을 돌아볼 줄 아는 여유가 필요하다. 앞서 공감과 애도를 언급했다. 이것은 개인에게만 국한되지 않는다. 공감과 애도는 연대가 있어야 가능한 일이다. 무관심한 냉소에 진실과 반성이라는 빛을 비추어 공감과 애도의 길로 나아가야 한다. 진정한 위로가 선행될 때 모두의 사회적 트라우마가 치유될 수 있다. 아픔과 상처는 쉽게 없어지지 않는다.

국민 모두가 트라우마 앞에서 스스로 각자 살아남아야 하는 삶으로 내몰리는 사회에 이제 멈춤 버튼을 누를 때이다. 트라우마로 힘든 삶을 살아가는 이들과 주변의 사람들, 그들과 함께 살아가는 우리에게 공감과 애도를 위한 연대가 시급하다. 모든 개인은 사회의 일원이다. 사회적 트라우마는 반드시 개인의 삶에도 영향을 미친다. 지금 외면하면 언젠가 그 고통은 우리에게, 다시 다음 세대로 이어진다.

공동체의 고통을 외면하지 않을 용기, 우리 시대에 아픔을 끝내겠다는 의지가 필요하다. 진료실에서 극심한 역경을 이겨내고 성장하는 사람들을 만난다. 그럴 때마다 어떤 고통이라도 극복할 수 있다는 희망을 느낀다. 우리 사회도 다시 일어날 수 있다. 하나의 공동체로서 사회 전체가 아픔을 나눌 수 있다면 말이다. 이제는 상처를 딛고 성숙한 공동체에서 만들어나갈 좋은 기억을 소망한다.

불평등 이겨내는 민주주의와 **연대라는 방파제**

강은주(생태지평 연구소 연구원)

직장과 가까운 곳으로 이사를 하고 싶다는 생각은 번번이 집값과 은행의 대출 창구 앞에서 조금씩 작아지는 자존감을 확인하는 일이었다. 작지만 볕이 잘 들고, 깔끔한 부엌이 있고, 큰 책장이 들어갈 만한 집을 바라는 일이 나의 통장 잔고 안에서는 불가능하다는 걸 깨닫는 데 그리 오랜 시간이 걸리지 않았다. 돈이 없다는 것, 가난하다는 것은 양말 한 짝에도 취향을 들이밀 수 없는 것이었다. 창밖으로 스쳐가는 거대한 아파트와 빌딩을 보면서 저곳에 사는 사람들에 대해 생각했다. 누군가는 어떻게 수억 원대의 아파트에서 살 수 있었을까. 나는 이제까지 성실하게 살지 못했던 것일까. 열심히 노력하지 못했기 때문에 작고 소담하면서 직장과 가까운 집을 구하지 못하는 것일까.

【도처에 널린 위태로워질 수 있는 가능성】

'불평등'이라는 단어를 검색하면 수도 없는 기사와 책이 쏟아진다. 일해도 일해도 가난에서 벗어날 수 없는 삶의 남루함과 상대적 박탈과 사회적 배제에 대한 분석이 차고 넘친다. 우리 사회의 불평등은 이제 더 이상 새로운 논쟁거리가 되지 못한다. 높은 자살률, 비정규직의 열악한 노동환경과 임금수준, 얄팍한 복지 시스템, 삶에 대한 만족도까지 얼마나 사회적 격차로 인해 대다수의 사람이 고통받고 있는지 모두가 입을 모아 말한다. 가장 충격적인 지표는 10대부터 30대까지의 사망 원인 1위가 자살이라는 것이다. 연간 약 1만 5,000명의 사람이 스스로 목숨을 끊는다. 자살을 생각하고 계획하고 있는 사람은 얼마나 될까. 매일 자살로 인해 39.5명이 죽어간다. 흡연으로 암에 걸려 죽을 확률보다 자살로 사회로부터 살해당하거나 불평등으로 인해 화병에 걸려 죽을 확률이 높다. 전쟁도 아니고 천재지변도 아니고 그저 삶이 팍팍해서, 내일을 살 힘이 없어서 죽어가는 사람의 숫자가 이만큼이다. 어쩌면 우리는 모두 죽음으로 이 세계에 저항하고 있는지도 모른다.

우리는 분명 과거에 비해 더 잘살고 있다. 기차와 비행기도 타고 인터넷이 되는 손안의 작은 세상도 있다. 하지만 우아하게 노트북으로 카페에 앉아 커피를 마시며 일하는 저 청춘은 비정규직일지도 모른다. 자신의 사무실과 책상조차 갖지 못한, 스펙을 쌓기 위해 동동거리며 인턴 자리를 전전하는 청춘일지도 모른다. 빠르고 강한 문명의 이기에 둘러쌓여 가난이 감추인 청춘에게 더 잘살게 되었는데 무엇이 그리 불만이냐 물을 수 있는가. 태어나서 죽을 때까지, 숨을 쉬고 사람을 만나고 밥 한 끼를 먹고 사랑을 하고 길을 걷는 그 모든 순간에 불평등은 알알이 들어와 박혀 있다.

불평등은 갖가지 모습으로 일상을 공격하고 있다. 태어나는 병원부터가 다른 자들과 대대로 이어진 재산의 차이는 교육과 기회의 불평등을 낳았고, 거주 지역과 그로 인한 사회적 인프라의 부족함을 겪게 했고, 사회적 자본의 불평등은 사회적 연결망의 배제와 고립을 안겨준다. 얄팍한 의료와 복지 시스템 덕에 아픈 이로 불량한 식사를 하며 연명해야 할지도 모르며, 고소득의 직장을 얻을 기회를 박탈당해 비정규직 자리를 전전해야 하는 것도 모자라 회사의 하청 시스템은 비정규직에게 더 위험한 노동을 강요함에도 그로부터 벗어나기도 어려울 것이다. 주거 환경은 충분히 쾌적하고 안락하지 못할 것이다. 약간의 사고와 고난만으로도 삶이 나락으로 떨어질 수 있는 위태로운 상태가 지속될 것이다. 혹여 살다가 송사라도 얽히게 된다면 대부분의 사람은 충분한 법적 서비스를 받을 수는 있는 것인가. 정보와 문화의 격차는 또 어떤가.

삶의 곳곳에 도사리고 있는 위험, 즉 삶이 위태로워질 수 있는 가능성은 도처에 널려 있다. 그리고 이 위험은 가난하고 약한 자들에게 더욱 가혹하다. 적절히 회피하고 안전망을 확보할 만한 수단과 방법을 갖출 수 없다. 가난하다는 것은 삶의 위험에 대한 면역력의 결핍을 의미한다.

통계청의 2016년 자료에 따르면 전체 임금노동자 중 월급이 200만 원 미만인 사람이 45.8%에 달한다. 2016년 상반기 기준으로 월급 100만 원 미만 근로자도 11.2%에 달한다. 노동자의 절반이 200만 원도 되지 않는 박봉에 시달리고 있다. 1951년생인 정몽준 전 의원은 37세에 현대중공업 회장에 취임했다. 그의 1년 주식 배당금인 154억 원을 현대중공업 비정규직 월급으로 모으려면 422년, 재산인 2조 원을 모으려면 5만 5,000년이 걸린다. 2014년 한국의 빈곤갭은 36.4%였다. 빈곤갭은 전체 국민의 중위소득과 중위소득 이하에 속하는 빈곤층 평균소득 간의 격차를 말한다. 물론 이 숫자는 꾸준히 증가하고 있다. 자연재해나 생태위기는 부자에게도 마찬가지 아닐까. 물은 가장 바닥부터 차오른다. 안전한 공간과 안전한 먹거리, 안전한 실내 공기, 혹한과 혹서로부터 벗어나는 길이 누구에게나 공평하게 열려 있다고 생각하는가.

2008년 노동부의 500인 이상 사업장의 사내하청 실태조사에 따르면 사업장의 54.6%가 사내 하도급을 하고 있었다. 자동차 제조업은 100% 하도급이었다. 생산직 노동자의 대부분이 하청업체의 비정규직 노동자라 해도 과언이 아니다. 이 뿐일까. IT 직종부터 서비스업까지 하청의 하청은 끝이 없다. 그리고 그들이 위험의 최전선에서 일하고 있다. 2012년부터 2014년까지 조선업에서 사망한 노동자 중 83%가 하청업체 소속이었다. 대부분 대기업인 원청 회사는 어떤 처벌도 받지 않는다. 사람이 죽어나가도 그들의 산업재해 통계에는 전혀 영향을 미치지 않는다. 그리고 산업재해 보험료 감면혜택을 받을 뿐이다.

비정규직 서비스업 노동자들이 열악한 환경에서 저임금으로 일하는 것은 더 나은 보수와 노동환경을 요구할 영향력이 없고, 현행 노동법의 보호를 받지 못하고 있으며, 노동조합이 미미하고, 최저임금이 낮기 때문이다. 그럼에도 여전히 정부는 규제완화를 외치며 효율과 이윤을 강조하고 있고, 법인세를 비롯한 대기업의 세율을 깎아주었으며, 엄청난 사내 유보금을 방치하고 있을 뿐만 아니라 쉬운 해고를 도입하려 한다. 골목골목까지 거대한 자본이 스며들어 모두의 목을 죄고 있다. 그리고 사람들이 죽어갔다. 대학에 가고 싶다던 하청업체 청년은 가방에 숟가락과 컵라면을 넣고 다니다 죽었다. 겨우 취직에 성공했던 다른 청년은 죽어가면서도 출근을 걱정했으며, 어떤 모녀는 마지막 월세를 남기고 스스로 목숨을 끊었다.

[계급 편향적 정책 아닌 모두를 위한 정책 필요]

삶의 곳곳에 스며든 지뢰와 같은 위험에 더불어 절망, 무력과 자아와 목표의 상실. 삶의 선택지도 없이 그저 세계에서 소외된 채로 투명인간이 되어 살아가는 사람들이 점점 늘어가고 있다. 국민소득 3만 달러의 나라에서 몸 누일 공간도 없는 사람들이 역 근처를 배회하는 것이 일상의 일부가 된 공간을 우리는 언제부터 당연하다 생각하게 되었을까. 인생의 경주가 공평하다 믿는 자는 몇이나 될까. 공정한 규칙을 적용받기는 하는 것인가. 불안감과 고립감이 삶을 잠식하고 영혼마저 잠식한다. 사회의 신뢰는 얇아지고 우리는 서로를 물어뜯고 있다. OECD의 숫자만으로는 설명이 부족하다. 이 숫자들은 희망이 거세된 우리의 현실을 보여주는 표면적 데이터에 불과하다. 그런데 이 사회가 얼마나 나쁜 곳인지 모두가 주문처럼 되뇌는 이 문제는 왜 해결은커녕 더 나빠지고 있는 듯할까.

삶이 위태롭게 내몰리지 않도록 하기 위한 공동체의 약속과 최소한의 장치가 바로 '복지'라 부르는 것이다. 구성원 모두가 건강하고 안전한 삶을 통해 더 나은 미래를 꿈꿀 수 있는 사회, 덜 위험해지기 위한 첫 번째 방법은 세금을 통한 부의 재분배다. 한국의 직접세 비중은 매우 낮아 조세로 인한 불평등 개선 효과가 OECD 최저 수준이다. 물론 최경환 전 부총리는 "법인세 인상은 국제적 흐름에 역행하는 것"이라고 말했다. 두 번째 방법은 공적 의료와 복지 시스템을 통한 안전망 구축이다. 탐욕스러운 자본주의가 이제까지 수명을 연장해온 비결이 있다면 바로 복지와 민주주의였다. 하지만 여의도에는 '세금폭탄' '공짜병' '복지 포퓰리즘'이라는 단어가 떠돈다. 알량한 복지마저 축소되면서 빠르고 가까운 약탈적 고리 대출이 그 자리를 차지했고, 이윤은 소수에게 사유화되면서 위험은 아래에 차곡차곡 쌓여만 갔다. 왜 우리는 이런 불평등한 세상에 살게 되었을까. 가난은 자기 파괴적 행위에서 비롯된 자업자득의 결과인가. 정신을 개조하고 긍정의 자세로 살아가면서 뼈 빠지게 일하면 가난으로부터 벗어나고, 이 사회는 정의로워지며, 상위 부자들과의 격차가 줄어들고, 더 많은 복지가 생기는 호혜 평등한 사회가 되는 것인가. 불평등은 때로 존재할 수 있다. 하지만 그것이 계층 간의 사다리를 불살라버리고 그 격차를 더욱 크게 만들고 영구적으로 고착화되는 신분제 사회로의 복귀라면 다른 문제다. 우리 사회의 불평등은 점층적으로 쌓이고, 강화시키며, 인과적으로 연결되어 순환된다.

불평등하다는 것은 부정의하다는 것이다. 내일에 대한 희망이 거세되었다는 것, 대부분의 사람이 가난을 대물림할 수밖에 없는 워킹 푸어(근로빈곤)의 삶을 살아간다는 것은 '삶' 자체를 지속시키기 위한 투쟁 외에는 아무것도 남기지 않는다. 그 결과 대부분의 사람은 정치적 시민으로서의 권리를 잃어갔다. 정치는 자원의 권위적 분배라고 한다. 자원을 분배하는 권력을 갖는 일. 민주주의는 그 권력을 시민들, 즉 우리 모두가 나눠 갖는 것이다. 자원의 배분이 소수에 의해 이뤄지기 때문에 이 세계는 부정의해졌고 불평등해졌다. 우리가 다양하고 일상적인 불평등의 위험으로부터 벗어나는 일, 평온한 일상을 도모하는 길은 민주주의를 강화하는 것뿐이다. 우리는 이미 답을 알고 있다. 세금으로 자원의 재분배를 강화하고, 다양한 복지 안전망을 만들고, 질 높은 교육의 기회를 제공하고, 안전한 일터에서 사람다운 대접을 받도록 하는 일. 숱한 정책은 선거철마다 현수막에 힘없이 휘날릴지언정 그것이 답이라는 것도 알고 있다. 정치권력의 독점화로 인한 계급 편향적 정책이 아닌 모두를 위한 정책 말이다.

【인간은 모두 평등한 존재】

이윤이라는 오로지 단 한 가지 목표만을 위해 달려가는 경제 시스템인 자본주의는 화려한 숫자와 불빛 뒤에 더 거대한 그늘을 만들었다. 경제위기와 생태위기라는 두 개의 거대한 그림자는 이윤과 효율이 세계의 왕으로 군림하면서 점점 거대해지고 있다. 자본이 신이고, 돈이 종교이며, 이윤과 효율이 성경인 이 세계에서 우리는 점점 더 위험으로 내몰리고 있으며 소수만이 그들만의 카르텔 속에서 안락하게 살아가고 있다. 견제받지 않는 탐욕의 그늘 속으로 우리는 서로를 끌어내리기 위해 버둥거리며 옹기종기 모여 앉아 서로를 향해 악다구니를 퍼부으며 살아가고 있는 것은 아닐까. 삶 속 곳곳에 위험을 키우는 자본과 방조하는 국가 그리고 정치의 부재는 불평등의 폭주를 가속시킬 뿐이다. 살아가면서 발생하는 모든 불평등, 이로 인한 삶을 위협하는 것들. 이를 피해 가는 방법, 더 나은 삶을 꿈꿀 수 있게 하는 일은 민주주의와 연대라는 방파제를 만드는 것이다. 더 강하고 깊은 민주주의가 우리를 구원할 것이다. 우리는 이 불평등한 세계로부터 벗어나기 위해 탐욕스러운 자본과 소수만을 위한 정부를 해고할 수 있다.

꿈이라는 말만 들어도 숨이 차는 시대에 살고 있다. 그리고 꿈꾸다 지쳐 꿈을 잃어버린 사람들이 거리에 차고 넘친다. 우리는 욕망하는 개인이기도 하지만 더 평등하고 민주적인 사회를 바라는 시민의 한 사람이다. 우리가 불평등을 해결해야 하는 이유는 명확하다. 인간은 모두 평등한 존재라는 것, 이것이 계몽 시대 이후 모두가 약속한 인류 공통의 약속이기 때문이다. 미국의 32대 대통령인 프랭클린 루스벨트의 1936년 대통령 수락 연설 중 일부로 글을 마친다.

"우리가 누렸던 정치적 평등은 경제적 불평등 앞에서 무의미한 것이 되었습니다. 소수의 사람들이 타인의 재산, 돈, 노동 그리고 삶에 대한 통제권을 장악하고 있기 때문입니다. 이와 같은 경제 폭정에 맞서기 위해 우리는 정부라는 조직된 권력에 호소해야 합니다."

한국,
탈핵으로 갈 것인가

김익중(동국대 의대 교수, 경주환경운동연합 연구위원장)

2016년 9월 12일 경주에서는 규모 5.8의 지진이 발생하였다. 다보탑, 첨성대 등 유물과 가옥이 손상되었고, 23명의 부상자도 발생하였다. 경주에 있는 월성원전 부지에서는 수동정지 이상의 진도가 지진계에 감지되어 6기의 원전 중에서 4기가 안전 점검을 위해서 가동이 중지되었다. 현재 한국에서 가동 중인 원전 25개 중 24개가 진도 6.5에 견딜 수 있게 '설계'되었으며, 대부분의 원전에서 설계대로 시공되었는지, 수십 년이 지난 현재까지 내진 성능을 유지하고 있는지는 조사되지 않았다. 수명 연장을 한 월성원전 1호기와 고리원전 1호기만 내진 성능 평가가 포함되는 스트레스 테스트를 실시했다. 월성1호기 근처의 지진계는 수년 전부터 고장 상태였으나 지진 발생 다음 날 국회의원의 방문 당시 이 사실을 보고하지 않았고, 약 2주 후 국정감사를 통하여 드러났다.

일반적으로 관련 학계는 길이가 긴 단층일수록 지진의 재발 규모가 크다고 평가한다. 또한 규제 기관에서는 짧은 단층을 지진 평가에 포함시키지 않는다. 만일 이번 경주 지진이 한반도에서 가장 긴 양산단층에서 일어났다면 크게 우려할 일이다. 그러나 원자력계와 이들을 지지하는 지질학자들은 이 지진이 양산단층이 아닌 곳에서 발생했다고 주장하고 있다. 지진 발생 초기에는 양산단층에서 발생했다고 보도되던 것이 점차로 '양산단층이 아닐지 모른다' 혹은 '양산단층이 아니다' 쪽으로 바뀌어가고 있다. 원자력 관련 규제에는 원전 부근 40킬로미터 이내의 모든 단층에 대해서 조사하도록 되어 있으나 이런 조사는 아직도 이루어지지 않았고, 원전의 내진 설계에서 고려해야 할 주변의 활동성 단층도 축소되어 적용되었다는 사실이 2016년 국정감사 기간을 통하여 알려졌다. 원전의 안전에 관한 국민의 우려는 '근거 있음'으로 판명 나고 있다.

【핵사고 발생 가능성도 가늠 못 하는 현실】

2011년 3월에 발생한 후쿠시마 핵사고에 대한 일본의 후속 조치는 아직도 녹아내린 핵연료(노심용융물)의 위치와 상태도 파악이 안 될 정도로 진척이 느리다. 일본 정부가 이 노심용융물을 40년 내로 치우겠다고 큰소리쳤지만, 관련 전문가들은 입을 모아 불가능할 것으로 예측한다. 한 번의 핵사고가 국운을 흔들 지경이라는 점은 명약관화하지만, 우리는 이런 핵사고가 한국에서 발생할 가능성을 가늠하지도 못하고 있다.

분명한 것은 우리나라에서도 이러한 핵사고가 발생할 확률이 있다는 점이다. 어느 누구도 한국에서는 핵사고 가능성이 없다고 말하지 않는다. 이쯤 되면 상식적으로 볼 때 모든 국민이 핵사고를 우려하고 있다고 인정해야 한다. 그리고 이 사고의 가능성을 완전히 제거하는 탈핵, 즉 '사고 발생 이전에 모든 원전을 폐쇄하는 것'을 모든 국민이 원하고 있다고 봐야 한다. 그러나 문제는 아직도 많은 국민이 이 탈핵의 가능성을 알지 못한다는 점이다. 정부와 원자력계가 너무나 긴 시간 동안 '원자력의 대안은 없다'고 홍보해왔기 때문으로 생각된다. 국민 중 많은 이가 '원자력은 위험하다. 그러나 당분간은 대안이 없다'라고 생각하는 가장 큰 원인은 정부의 정보 차단이다.

원자력발전의 세계 동향을 살펴보면 지난 30년 동안에 초창기와는 완전히 다른 길을 걸어왔음을 확인할 수 있다. 1954년 이후 약 30년간 세계 원전 개수는 선진국을 중심으로 증가했다. 그러나 미국의 스리마일 섬 원자력발전소 사고(1979년)와 소련의 체르노빌 원자력발전소 사고(1986년) 이후 선진국에서는 거의 원전 건설이 중지되었고, 원전 수가 점차 감소하였다. 현재까지 유럽에서 약 50개, 미국에서는 10개 정도가 줄어들었다. 이 기간 동안 한국 등 아시아의 개도국들이 원전 건설에 참여하여 세계 원전 개수는 겨우 제자리걸음을 할 수 있었지만, 앞으로는 그나마 불가능할 것으로 예측된다.

선진국들이 원전에서 손을 서서히 빼는 이유는 명확하다. 위험성과 비경제성 때문이다. 유럽과 미국에서 나온 원전의 경제성에 대한 평가들은 한결같이 원자력이 너무 비싸다는 것을 강조한다. 비싼 것으로 알려져 있는 태양광보다 더 비싸다고 평가되고 있다. 그러나 어찌된 일인지 우리나라에서는 원전이 가장 싼 것으로 평가되고 있다. 그래서 많은 전문가는 원전의 경제성에 대한 한국의 평가에 문제가 있다는 점을 지적한다. 사고 대처 비용, 핵폐기물 처리 비용, 원전 폐로 비용 등에서 잘못된 평가가 이루어지고 있다는 의심을 받고 있는 것이다.

선진국은 원전을 줄여가는 지난 30년 동안 재생가능에너지 개발과 수요 관리를 지속적으로 추진해왔다. 국제재생에너지 정책네트워크인 'REN21'의 2015년 보고서에 따르면 선진국은 에너지 효율화 기술 등을 적용하여 전기 수요를 제자리에 묶어놓으면서 동시에 태양광, 풍력, 지열, 수력 등의 재생가능에너지 개발에 박차를 가했다. 그 결과 2014년에는 세계의 전기 생산 중 22.8%를 재생가능에너지가 차지하게 되었고, 이 비율은 현재 급격하게 증가 중이다. 노르웨이, 아이슬란드 등은 이미 100%의 전기를 재생가능에너지로 생산하고 있고, 오스트리아, 뉴질랜드, 우루과이, 스웨덴 등도 60~90% 정도의 전기를 재생가능에너지로 충당하고 있다. 이 국가들은 10년 내에 100% 생산을 목표로 노력 중이다.

일본과 중국도 각각 10%와 20% 이상의 전기를 재생가능에너지로 생산 중이고, 그 비중도 급격하게 증가하고 있다. 그러나 우리나라의 재생가능에너지 비중은 국제적 기준으로 평가했을 때 1%가 채 되지 않는다. OECD 꼴찌가 아니라 세계 꼴찌 수준이다. 이렇게 된 이유는 두 가지로 정리된다. 첫째는 재생가능에너지에 대한 정책의 부재이고, 둘째는 원자력 홍보이다. 정부와 원자력계는 꾸준히 재생가능에너지에 대한 국외 정보를 차단하였으며, 부정적인 홍보를 실시해왔다. 이에 따라 대부분의 국민은 '재생가능에너지는 비싸고, 비효율적이며, 소음을 일으키고, 전자기파를 발생시키며, 전기의 질이 낮고, 한국의 자연 조건에 맞지 않는다'고 생각하게 되었다. 많은 국민이 원자력의 대안을 생각하면서 재생가능에너지는 아예 고려도 하지 않게 되었고, 결국 '원자력은 위험하지만 대안이 없다'고 믿게 된 것이다.

우리나라의 전기 생산 중 원자력은 약 30% 정도를 차지하고 나머지 약 70% 정도는 화력발전이 차지한다. 왜 더 많은 전기를 생산하는 화력발전계가 아니라 원자력계가 재생가능에너지에 대한 부정적인 홍보에 더 열심인지 그 이유가 궁금하다.

【한국 재생가능에너지 법적 분류 없어】

또 하나 우리나라만의 문제는 재생가능에너지가 법적으로 따로 분류되어 있지 않다는 점이다. 현재 우리나라의 법체계에서 재생가능에너지라는 개념은 존재하지 않는다. 그 대신 '신재생에너지'라는 용어가 사용되고 있다. 여기에는 재생가능에너지뿐 아니라 수소전지 등 2차 에너지와 폐기물에서 발생하는 에너지 등이 포함되어 있다. 현재 우리나라 통계를 살펴보면 이 신재생에너지의 약 60% 정도를 폐기물이 차지하고 있는데, 이는 세계적으로 재생가능에너지에 포함시키지 않는다. 세계적인 추세가 된 재생가능에너지가 분류법 자체에 존재하지 않는 것이다. 세계적으로 유례가 없는 이러한 신재생에너지라는 분류법에 의해서 우리나라의 재생가능에너지의 통계 자체가 따로 이루어지지 않고 있다. 재생가능에너지라는 이름을 사용할 수 없게 함으로써 국민의 머릿속에서 이 에너지의 가능성을 지워버린 것은 아닌가 생각된다.

핵사고의 위험성과 비경제성을 고려하면 우리나라도 탈핵으로 정책을 바꿔야 한다는 사실은 명확한 것 같다. 그러나 탈핵은 단순히 원전을 폐쇄하는 것으로는 가능하지 않다. 전기 공급 등 에너지 전체에 대한 밑그림이 그려져야 가능하다. 이미 탈핵을 공식적인 정부 정책으로 결정하여 시행 중인 독일, 스위스, 벨기에, 스웨덴 등의 국가들을 살펴보면 모두 이러한 종합적인 '에너지 전환'이 이루어지고 있음을 살펴볼 수 있는데, 그중에서 가장 중요한 것 하나를 고르라면 전기 수요 관리를 들 수 있다. 원전을 꾸준히 줄여온 유럽 국가들을 살펴보면 대부분 수십 년 전부터 전기 수요가 증가하지 않았음을 알 수 있다. 산업체와 가정에서 더 적은 에너지로 더 좋은 효과를 나타내는 에너지 효율화를 여러 가지 방법을 동원하여 실시하였던 것이다.

예를 들어보자. 전구나 형광등을 LED로 교체하는 일은 많은 에너지 절약 효과가 있다. LED등이 형광등에 비해서 약 20% 정도만의 전기를 사용하기 때문이다. 또한 공장에서 가장 많은 전기가 사용되는 분야가 전기모터인데, 이 분야의 기술이 향상되어 더 적은 전기가 사용되도록 개선하였다. 가정에서도 건축물의 단열을 개선함으로써 냉난방 비용을 줄일 수 있었고, 실외 블라인드를 사용함으로써 여름철 냉방용 전기를 절약하였다. 이렇게 다양한 분야에서 에너지 효율화가 진행될 수 있었던 것은 적정한 전기요금이 부과되기 때문이었다. 전기요금이 높아지면 기업과 가정에서는 전기를 효율적으로 사용하는 데 투자할 수밖에 없다.

이처럼 유럽 국가들이 에너지 효율화를 진행시키는 동안 우리나라는 그 반대의 길을 걸어왔다. 급격하게 전기 수요가 증가하고 있었던 것이다. 전문가들은 가장 큰 이유로 지나치게 낮은 산업용 전기요금을 지목한다. 낮은 산업용 전기요금 때문에 우리나라 기업들이 에너지 효율화에 투자할 환경이 조성되지 않았다는 것이다. 또한 산업용 전기요금은 중국보다 더 낮아서 전기 사용이 큰 외국 기업들을 한국으로 끌어들이는 효과까지 낳고 있다.

전열기 사용의 증가도 전기 사용 증가에 한몫을 했다. 전열기의 사용은 에너지 효율 면에서 가장 나쁜 사례로 평가된다. 원자력과 화력으로 대부분의 전기를 생산하는 우리나라의 경우 대부분의 전기에너지는 우라늄, 석탄, 석유, 가스 등에서 발생된 열에너지로부터 생산된다. 이 과정에서 약 70%의 열에너지는 사라지고 30% 정도만 전기로 변하는데, 이 전기에너지를 열에너지로 바꾸는 설비, 즉 전열기는 효율이 30% 정도에 불과하다. 결국 전열기는 100%의 열에너지 중 10%만 사용하고 나머지를 모두 낭비하는 결과를 가져오는 것이다. 이런 이유로 선진국은 전열기의 사용을 엄격하게 규제하고 있지만 우리나라에서는 이러한 규제가 거의 없다. 그에 따라 기업과 가정에서 전열기 사용이 급증했다. 이렇게 몇 가지 사례를 살펴보았지만 우리나라의 에너지 효율화 정책은 거의 실효를 거두지 못하고 있고, 이에 따라 관련된 에너지 효율화 산업의 성장에도 큰 장애가 되고 있다.

유럽의 선진국들은 이와 같이 에너지 효율화와 재생가능에너지 개발에 힘입어서 원전의 개수를 수십 년 동안 줄여가고 있다. 원전뿐 아니라 화력발전소의 개수도 꾸준히 줄여가고 있다. 원전에서 발생되는 방사능도 줄이고, 화력발전에서 발생되는 미세먼지와 온실가스도 줄여나가고 있다. 많은 선진국에서 보여주는 사례들은 전기 수요 관리에 성공하면 원전과 화력이 동시에 줄어든다는 것을 보여준다. 그러나 우리나라는 이미 대부분의 선진국보다 1인당 전기 수요가 더 많을 뿐 아니라 아직도 가파르게 증가 중이다. 가장 고급스럽고 비싼 전기에너지를 선진국보다 더 많이 사용하는 아이러니를 연출하고 있는 것이다.

우리나라는 원전뿐 아니라 화력발전소의 개수도 지속적으로 증가 중이고, 앞으로도 증가시킬 계획이다. 전기 수요 관리와 재생가능에너지 개발은 등한시하고, 오로지 신규 화력과 원자력의 건설에만 몰두하고 있는 것이 오늘날 한국의 모습이다. 많은 국민이 아직도 재생가능에너지의 가능성을 인지하지 못하고 있으며, 원자력 홍보에 판단을 의존하고 있다.

【탈핵은 세계적 추세】

재생가능에너지는 안전하고, 깨끗하며, 연료비가 공짜이고, 무한대의 고갈되지 않는 에너지이며, 국산 에너지이다. 이러한 특징을 많은 국민이 인식하지 못하는 것은 정부가 지속적으로 세계 에너지 전환의 실태에 대한 정보를 차단하면서 원자력을 홍보해왔기 때문이 아닌가 생각된다. 그러나 후쿠시마 원자력발전소 사고 이후 우리 국민의 다수가 이러한 문제를 인식하게 되었고, 탈핵에 동의하게 되었다. 몇 차례에 걸쳐서 실시된 국민 대상 여론 조사 결과는 이러한 인식의 변화를 보여준다. 원자력의 위험성에 대해서는 대부분의 국민이 인식하고 있고, 원자력의 대안이 존재하며, 탈핵은 이미 세계적 추세라는 사실도 인식하고 있다.

이러한 변화는 많은 정치인의 생각에도 변화를 가져왔다. 국회에는 탈핵에너지전환 국회의원모임이 결성되었고, 제1야당은 원전안전특위를 구성하여 이 문제를 다루고 있다. 부산 지역의 원자력에 대한 여론 변화는 고리원전 1호기 폐쇄 결정이라는 그동안 불가능해 보였던 성과를 이루기도 하였다. 에너지 전환 문제는 적어도 일부 지역에서 가장 중요한 선거 이슈가 되었다. 그러나 이것은 시작에 불과하다. 이러한 에너지 전환을 바라는 국민의 소망은 앞으로 더 커져갈 것이다. 2017년 대선에서도 이 문제는 큰 이슈가 될 것으로 짐작된다. 다행히 대선 후보로 거론되는 사람들 중 상당수가 에너지 전환에 관심을 두고 있다. 2017년 대선에서 찬핵과 탈핵의 대결 구도가 만들어질 것인지 그리고 '탈핵 대통령'이 탄생할 수 있을지 지켜볼 필요가 있다.

네트워크 가족, **혈연은 아무 장점이 되지 않는다**

한기호(한국출판마케팅연구소장)

공패空貝가족은 겉모양은 멀쩡해 보이지만 알맹이가 비어 있는 상태인 텅 빈 조개껍데기 같은 가족을 일컫는다. 가족끼리 관심과 대화조차 없는 것을 말하기 위해 등장한 조어이다. 이와 비슷한 뜻으로 '바퀴벌레 가족'도 있다. 가족이 모두 바퀴벌레처럼 제 방으로 스며들고는 대화가 없는 가족을 말한다. 과거에는 가족 하면 무조건 안정된 느낌을 주었다. 거실에 모두 모여 TV를 보며 단란하게 대화를 나누는 가족이 표준 가족처럼 여겨졌다. 그러나 가족마저도 개인을 감싸주지 못하는 세상이 되면서 더 이상 가족은 단란함의 표상이 되지 못하고 있다.

덕분에 1인 가족이 급격하게 늘어나고 있다. 행정자치부가 2016년 10월 6일에 발표한 「2016년 9월 주민등록 인구 통계 현황」에 따르면 주민등록상 세대로 등록된 전체 2,121만 4,428세대 중에서 1인 가구는 738만 8,906세대로 34.8%에 달했고, 전체의 3분의 1을 넘어섰다. 이어서 2인 가구가 452만 1,792가구(21.3%)로 2위, 4인 가구는 397만 1,333가구(18.7%)로 3위를 차지했다. 3인 가구는 391만 8335가구(18.5%)로 4인 가구와 엇비슷했다.

【한 번도 만나지 않은 사람을 더 그리워하는 시대】

이제 1인 가구가 대세가 되고 있다. 그로 인해 개인의 삶이 달라지고 있다. 김난도 교수와 서울대 소비트렌드분석센터가 펴낸 『트렌드 코리아 2017』(미래의창, 2016)에는 '1코노미'(1인+ economy)와 '얼로너aloner'라는 신조어가 등장했다. 무엇이든 혼자 하는 사람들이 늘어나고 있음을 알려주는 이야기다. 혼자 밥 먹는 '혼밥족', 혼자 술을 마시는 '혼술족' 등 '혼자' 즐기는 문화가 대세가 되고 있다.

이런 현상을 알리며 김난도 교수 등은 "침체된 소비 시장에 '자발적 고립'을 통해 무엇이든 '혼자 하기'를 선호하는 이들을 겨냥한 상품과 서비스들이 잇달아 큰 인기를 얻으며 침체된 시장에 새로운 활로를 열어줄 것"이라는 전망과 함께 "오늘날 사람들이 인정하는 나의 공간은 이전의 'my home'에서 'my room(방)'으로, 이제는 'my phone(스마트폰)'으로 그 영역이 현저히 좁아지고 있다. 이런 보편적인 자발적 고립 양상이 비단 1인 가구에서뿐만 아니라 다인 가구 구성원, 다시 말해서 사회 전체로 확산되고 있다"고 지적했다.

여기서 말하는 룸은 '지구방'이다. "손에 손 잡고 벽을 넘어서 우리 사는 세상 더욱 살기 좋도록" 만드는 '지구촌'의 시대가 아니라 각자의 방에서 세계와 마주할 수 있는 세상이 되었다. 누구나 반 평의 공간이라도 자기만의 공간에서 자신의 컴퓨터로 인터넷망에 연결하면 모든 일을 해결할 수 있다. 그곳에는 시장과 도서관과 사교클럽이 모두 존재한다. 그러니 혼자 살아도 아무 문제가 되지 않는 세상이 되었다.

그러나 이제 그런 방마저 필요 없는 세상이 되었다. 어느 자리에 있더라도 손 안의 컴퓨터인 'my phone'만 있으면 모든 것을 해결할 수 있다. 2016년 여름은 유난히 더웠다. 사람들은 집에 있지 않고 커피숍으로 몰려들었다. 그곳에서 노트북을 켜놓고 일하는 이들이 많았다. 그들은 폭염을 피할 수 있었을 뿐만 아니라 누진제도로 크게 오른 전기세를 절약할 수 있는 효과마저 누릴 수 있었다. 그들은 바로 옆자리에 앉아 있었지만 바라보는 곳은 완전히 달랐다.

콜린 엘러드는 『공간이 사람을 움직인다』(더퀘스트, 2016)에서 완전한 개인 맞춤형으로 만들 수 있는 '전자 벽'의 등장으로 말미암아 "당신과 내가 같은 물리적 공간에 있으면서도 각자 전혀 다른 풍경을 보는 것이 가능"해졌다고 말했다. 그곳에서는 "각자의 성격과 기호, 그리고 씁쓸하게도 구매 이력에 따라 다른 풍경이 펼쳐지는 것"이라고 했다. "모바일 데이터 수집, 생체 인식을 위한 내장 센서 네트워크, 가상현실과 증강현실"을 비롯한 기술이 인간의 삶을 혁명적으로 뒤바꿔놓고 있다는 것이다.

공간의 확장은 인간의 삶을 변화시켜왔다. 미야자키 마사카쓰는 『공간의 세계사』(다산초당, 2016)에서 "5000년 인류사를 단숨에 파악하는 여섯 번의 공간혁명"이 존재했다고 말한다. 여섯 번의 공간혁명은 기원전 5,000년경 건조 지대 큰 강 유역에서 거대한 농업공간 형성, 2,500년 전 유목민이 이끈 유라시아의 여러 지역 세계 형성, 1,400년 전 이슬람 제국에서 시작된 유목민과 상인에 의한 유라시아의 통합, 500년 전 대항해 시대 이후 대양이 대륙을 잇는 대공간과 자본주의를 바탕으로 한 근대 체제의 형성, 200년 전 유럽을 중심으로 철도와 증기선에 의해 형성된 자본공간, 20년 전 인터넷을 바탕으로 형성된 전자공간 등이다.

처음에 인간은 강 주변에 모여 살며 농업혁명을 일으켰다. 다음에는 말을 타고 다니며 다른 나라를 정복하면서 새로운 도시를 건설했다. 그래서 두 차례의 도시혁명이 일어났다. 그다음에는 배를 타고 바다로 진출했다. 콜럼버스부터 시작한 '대항해'로 지표의 70%를 차지하는 해양공간을 역사 속으로 끌어들였다. 산업혁명 이후에는 철도와 증기선을 이용한 상품의 대량 수송이 가능해지면서 자본주의가 발흥했다. 마지막으로 인터넷의 등장 때문에 전자(정보)혁명이 발생했다.

이로 말미암아 사생활을 보호하고 안전을 보장하던 전통적인 벽은 사실상 허물어졌다. 이제 미국의 미래학자 앨빈 토플러가 『제3의 물결』에서 세계화에 의해 부富는 지구 상의 어디에서나 창출할 수 있으며, 사이버 공간에 축적될 것이라 예측한 세상은 실제가 되었다. 개인이 어느 자리에서나 스마트폰으로 세계와 연결하는 세상이 도래한 것이다. 이러한 공간혁명으로 가족이 반드시 함께 살아야 하는 이유가 사라졌다. 가까이 있어 늘 마주하는 사람보다는 멀리 떨어져 있으면서 한 번도 만나지 않은 사람을 더 그리워하는 경우가 늘어나기도 한다.

【핵가족에서 네트워크 가족으로】

공패가족이 한부모가정보다 더 위험하다고 말하는 이들이 없지 않다. 아버지가 없거나 어머니가 없어도 대화가 있고 서로 뭔가 관심을 갖고 살면 크게 문제가 되지 않는다고 말이다. 어쩌면 이제 가족은 부담만 가는 존재가 되어버린지도 모른다. 『나는 형제를 모른 척 할 수 있을까』(원제 『형제리스크』, 히라야마 료 외, 어른의시간, 2016)에서는 새롭게 대두한 사회문제로 '형제 리스크'를 제시했다.

"미혼이나 고용 불안정으로 자립하지 못하고 기댈 가족도 없는 '형제'가 늘고 있다. 일본 남성의 30%, 여성의 20%가 '생애 미혼'인 시대를 맞이했고, 비정규직 비율은 40%가 넘는, 수입이 불안정한 사람도 많다. 과거에는 가족과 회사가 일본 사회의 안전망이었지만, 이러한 안전망이 없는 형제는 부모가 죽은 후 누가 보살필 것인가? 이제는 부모의 부양뿐만 아니라 형제의 부양과 미래를 생각하지 않으면 안 되는 시대가 다가온다. 동 세대이기 때문에 형제 부양은 부모보다 더 오래 해야 한다. 저출산이 더욱 진행되는 가운데 자신의 자녀가 집안 내에서 유일한 차세대가 되는 경우도 많고 내 자녀가 삼촌이나 숙모, 고모의 장래도 책임져야 하게 될지도 모른다."

다음의 지적까지 듣고 보면 이제 가족제도 자체가 사라질지도 모른다는 우려가 현실화되고 있는 듯하다. "일본 사회가 현역세대 여러 명이 노인 1명을 부양하는 '기마전형'에서 1명이 1명을 부양하는 '목말형'으로 이동하는 대간병시대를 맞이하고 있다는 것은 이미 알고 있는 바이다. 형제수가 줄어들고, 만혼 비혼화가 진행되면서, 형제 중 누군가가 부모 간병으로 삶이 피폐해져 버리면 힘의 균형은 무너진다. 다른 사람의 힘도 최대한 빌리면서 형제간에 긴밀하게 소통을 해나가면서 얼마나 원활하게 '목말형' 간병을 헤쳐나갈 것인가. 이것은 곧 이후 형제가 서로 돕는 원조로 이어지는 시금석이 될 수 있을 것이다."

이런 세상이 되자 가족이란 이제 서로가 알 수 없는 존재로 전락하고 있다. 『가족이라는 병』(살림, 2015)의 저자인 작가 시모주 아키코는 「가족을 맹신하지 마라」(『2016년의 논점 100』, 문예춘추)에서 "가장 잘 안다고 자부하고 있는 가족은 오해 위에 성립되고 있는지도 모른다. 가족의 단란함이라는 환상을 그리고 그 그림에 맞도록 서로가 각자의 역할을 연기하고 있다고도 말할 수 있지 않을까? 아버지, 어머니, 형제, 자매라는 가족 내의 위치를 정하고 깊이 들어가지 않고 그저 편하게 같은 고치에 둘러싸여 있다. 그 관계는 개인의 집합이 아니라 가족이라는 단체인 것이다"라고 말하고 있다.

작가는 가족이라는 것이 그 자체만으로 선하게 보이는 것이 이상하다고 주장했다. 오히려 가족 안에서 개인은 경시되고, 억눌려 있는 것은 아닐까 하는 질문을 던졌다. 가족이 개인을 속박하고 있다고도 보았다. 작가는 같은 글에서 "가족이라는 같은 집에 살고 있는 인간도 한 사람 한 사람 개인이다. 쌍둥이라고 해도 성격과 사고방식이 다르다. 개인으로서의 자유는 헌법상에도 보장되어 있다. 가족 사이에도 역할이 아니라 한 사람 한 사람 서로를 인정하고 이해하는 마음을 가져야 한다"고 말했다. 이제 가족이라 해서 "자신의 물건이나 소유물이라고 착각"하다가는 바로 쪽박을 찰 수도 있는 세상이 되었다.

tvN이 개국 10주년을 기념하여 제작해 2016년 9월에 방영한 특집 다큐멘터리 〈판타스틱 패밀리〉 4부작은 같은 맥락에서 지금 이 시대 가족의 진정한 의미를 되묻는 한편, 과거의 익숙한 가족 관계가 해체되면서 새로운 가족 관계가 구축되고 있는 현실을 제대로 보여준 프로그램이었다.

로봇이 가족이 될 수 있을까라는 질문을 던진 1부 '마이 SF 패밀리'에 이어 2부 '신상 패밀리'에서는 1인 가구, 부부이면서 따로 사는 LAT Living Apart Together 가족, 90대의 스승과 60대의 제자가 모녀처럼 사는 가족, 여러 사람이 함께 사는 셰어하우스 등을 새로운 모습의 가족 유형으로 제시했다. 부부일지라도 따로 살기 때문에 관계를 오래 유지하는 모습뿐만 아니라 공동의 목적을 가진 사람들이 모여 사는 셰어하우스의 모습까지 보여준 것은 가족이라는 정체성 자체가 흔들리고 있음을 증명했다. 피를 나눈 진짜 생물학적 가족의 모습을 그린 3부 '블러드 패밀리'에서는 경제적 독립을 하지 못해 어쩔 수 없이 부모와 사는 캥거루족과 노년의 초입에 다다른 돌싱의 남자가 치매 노인을 모시는 노노부양 가족, 은퇴하고 연금으로 생활하는 부모와 높아지는 월세 부담 때문에 부모와 함께 모여 살지만 독립적인 공간을 구축하고 비용도 따로 부담하는 변형된 대가족의 모습 등을 그렸다. 3부만을 놓고 보면 전통적인 가족은 이제 모두에게 '짐'이 될 수밖에 없다.

마지막 4부 '마이 판타스틱 패밀리'에서는 일본에서 새롭게 등장한 '신삼대 가족'의 한 모습을 보여줬다. 한국에서 사는 일본인 남편과 한국인 아내는 연극 연출자이다. 유학 중 만나 결혼한 부부는 '이혼'이라는 이야기도 쉽게 꺼낼 정도로 항상 다투며 산다. 같은 일을 하기에 서로 잘 통할 수 있을 것 같지만 오히려 그것이 걸림돌이 된다. 서로 바쁘게 살다 보니 아이들을 돌봐주는 문제에서도 힘들어한다. 부부가 함께 각자의 공연을 올리게 되자 아이들을 돌봐주는 이들은 일본에서 달려온 전문직 조부모다. 그들은 잠시 일을 놓고 손자 손녀와 놀아줄 뿐만 아니라 자식 부부의 중요한 문제에도 조언을 아끼지 않는다.

『2020 시니어 트렌드』(사카모토 세쓰오, 한스미디어, 2016)에서는 '신삼대 가족'을 소개하고 있다. 제2차 세계대전 이전에는 3대가 함께 사는 대가족이었다. 그러나 급격한 경제성장이 이뤄지면서 핵가족 시대가 되었다. 일본 경제 성장의 주역인 단카이 세대(1947~1949년생)는 이제 모두 65세 정년을 넘겼다. 경제적 능력이 있는 그들은 '자녀 가족의 보살핌을 받는 노인'에서 '다른 세대를 보살피는 조부모'로 전환되고 있다. 신삼대는 "각 구성원이 자립한 개인으로서 서로 돕는 관계가 된다. 특히 조부모가 노력의 측면에서나 경제의 측면에서나 다른 세대를 돌본다는 특징이 있다. 그리고 서로의 사생활을 방해하지 않으면서 좋은 관계를 유지하기 위해 '가까운 곳에서 따로 살며' 이메일이나 모바일 메신저 등의 디지털 도구를 활용한다. 디지털의 활용이라는 의미에서도 '네트워크 가족'이다. 그들이 함께 살면 좋은 관계를 유지하기 어렵다. 이렇게 일본의 가족은 '핵가족'에서 '네트워크 가족'으로 전환되고 있다."

【혈연이 가족의 장점도 단점도 되지 않는 시대】

혈연관계가 아닌 사람들도 얼마든지 '네트워크 가족'이 될 수 있다. 공통의 관심을 가진 개인들이 디지털 기술을 이용한 새로운 커뮤니케이션을 통해 새로운 가족을 만들어내고 있다. 그 관계는 다양하다. 소셜미디어로 연결된 친구나 이웃과 소통하면 가족처럼 잘 지낼 수 있다. 이때 필요한 것은 확실한 연결 고리다. 평상시에는 늘 네트워크로 연결해 공통 관심사에 대한 이야기를 나누다가 한 달에 한두 번 직접 얼굴을 맞대고 인간적인 유대를 맺는다. 그런 일로 행복해지는 사람이 늘어나고 있다. 그런 면에서 이제 혈연이 가족의 장점도 단점도 되지 않는 시대가 되었다고 볼 수 있다.

우에노 지즈코는 『누구나 혼자인 시대의 죽음』(어른의시간,

2016)에서 "결혼을 하든 안 하든 누구나 혼자가 된다"고 말한다. 언젠가는 혼자가 될 수밖에 없는 개인은 "돈 부자보다 사람 부자"가 되어야 한다며 평상시에 꾸준히 우정과 신뢰를 쌓아서 자신만의 네트워크를 만들라고 충고한다. "인간관계는 하늘에서 떨어지는 게 아니"다. 평상시에 꾸준히 노력해야만 한다. 물론 가족이라면 금상첨화겠지만 가족마저도 늘 '타자'라는 생각만큼은 버리지 말아야 할 것이다.

II

정치/외교

검찰개혁, **문제의 원인과 근본적 개혁 방향**

금태섭(제20대 국회의원)

1990년대 이후 검찰개혁은 우리 사회의 '가장 시급한' 과제 중 하나였다. 진보 혹은 야권 성향 대선 후보들은 한 명의 예외도 없이 검찰개혁을 최우선적인 공약 중 하나로 내세웠다. 실제로 참여정부에서는 검찰개혁이 주요 국정 과제로 수행되기도 했다. 보수 혹은 여권 성향 대선 후보들도 빠짐없이 검찰개혁 방안을 공약 사항의 하나로 선정했다.

그러나 20여 년이 흐른 지금까지 검찰개혁의 완성은커녕 진전이 이루어지고 있는지도 의문이다. 1990년대 중반 의정부 법조비리, 대전 법조비리 사건에서 문제되었던 검사비리, 전관예우 현상은 2016년 진경준 전 검사장, 김형준 전 부장검사, 홍만표 변호사 사건으로 면면히 이어졌다. 검찰의 정치적 편향성은 날이 갈수록 악화되고 있다는 것이 중론이다. 논란이 벌어질 때마다 검찰은 뼈를 깎는 노력을 하겠다면서 '내부 감찰 기능 강화' '정치적 중립성 제고' 등의 방안을 반복해서 내놓고 있다. 그러나 얼마 지나지 않아 똑같은 사건이 벌어지고 다시 같은 말이 반복될 뿐 실질적으로 변하는 모습을 보여주지는 못했다. 왜 이렇게 바뀌지 않을까. 정파와 인물에 관계없이 검찰개혁을 외치고 국민 대다수가 지지를 보내는데도 전혀 변화가 없다.

필자는 그 이유가 검찰의 문제를 정확하게 진단하지 못하는 데 있다고 생각한다. 원인을 제대로 파악하지 못한 상태에서 처방이 앞서기 때문에 대증적인 효과나 바랄 수 있을 뿐 근본적인 치료에 이르지 못하는 것이다. 이 글에서는 검찰개혁이 달성해야 할 목표를 설정한 후에 우리 검찰이 안고 있는 문제점과 그로 인해서 생겨나는 병리적 모습 그리고 이를 치유하기 위한 문제 해결의 방향을 제시해보려고 한다.

【정치적 중립성과 민주적 통제의 가능성 & 청렴성】

제대로 된 검찰이 갖추어야 할 첫 번째 성격은 정치적 중립성이다. 누가 정권을 잡고 있든, 어떤 사람이 수사의 대상이 되든 같은 결론을 내릴 수 없다면 이미 그것은 정상적인 수사-소추 기관이라고 할 수 없다. 중립적 입장에서 객관적으로 범죄, 범죄자를 대하는 것은 검찰에게 기본적으로 필요한 소양이다. 그러나 정치적 중립성이 요구된다고 해서 민주적 통제의 가능성이 배제되어서는 안 된다. 참여정부 초기 (특히 '검사와의 대화'에서) 검찰의 정치적 중립을 위해서는 정치권력과 멀어지는 것이 필수적이라는 견해가 있었다. 이를 근거로 검사들은 검찰 인사의 독립, 즉 검찰총장이 독자적으로 검사들의 인사를 결정해야 한다는 주장을 하기도 했다. 그러나 검찰권은 어디까지나 행정권의 일부에 불과하며 선출권력인 대통령의 통제를 받아야 한다. 과거 수십 년 동안 문제가 되었던 군의 정치적 중립성을 생각해보면 쉽게 알 수 있다. 군이 정치적으로 중립을 지켜야 한다고 해서 군 인사를 전적으로 참모총장에게 맡겨야 한다는 의미가 되지는 않는다. 검찰권 행사가 객관적으로 이루어지되 선출권력에 의한 민주적 통제의 가능성은 (특히 인사를 통해서) 열려 있어야 한다.

검찰에 필요한 또 하나의 성격은 청렴성이다. 공적 조직이라면 어디나 당연히 청렴성이 필요하겠지만, 수사의 결론을 정하고 기소 여부를 판단하는 검찰에게는 고도의 청렴성이 요구된다. 실제 사건 처리에 영향을 주었는지 여부와 상관없이 부정의 외관이 생기는 것부터 막아야 한다. 이와 관련해서 문제가 되는 것이 전관예우다. 검찰 고위직 출신의 변호사가 수사 검사가 아닌 검찰 고위층과 만나서 사건에 대해서 의논하는 것은, 실제로 사건이 부당하게 처리되지 않았다고 하더라도 그 자체로 검찰의 신뢰도를 해치게 된다.

【문제가 드러나는 모습과 각각의 원인】

1. 검찰비리

일반의 관념과는 달리 검사가 개개의 사건 처리에 대해서 명확히 대가 관계가 성립하는 뇌물을 받는 경우는 흔하지 않다. 물론 언론 지상을 장식한 뇌물 사건들이 있었지만, 다른 공직에 비하면 상대적으로 적은 편이다. 그 이유는 무엇보다 검사들이 퇴직 후 변호사 개업을 하면 상당한 소득을 올릴 가능성이 있기 때문이다. 나중에 고소득을 올릴 가능성이 있는 상황에서 누가 보더라도 명백한 범죄를 저지르는 것은 합리적인 선택이 아니다. 오히려 문제가 되는 것은 직접적인 대가 관계가 아닌 직무 관련성이 느슨한 형태의 금품 수수다. 진경준 전 검사장이나 김형준 전 부장검사의 사례를 보면 보험 차원에서 회사 주식을 제공하거나 평상시에 술, 용돈 등을 대접하는 형태를 취하고 있다. 소위 말하는 '스폰서 검사'의 문제다.

앞서 본 것과 같이 검찰은 이러한 비리를 막기 위해서 주로 내부 감찰 강화를 제시한다. 그러나 이는 현상의 원인을 제대로 파악하지 못한 미봉책에 불과하다. 평상시에 술을 사거나 골프 접대를 하는 등 검사에게 잘 보이거나 '친해두는' 형태의 비리는 외국에서 찾아보기 힘들다. 예를 들어 미국이나 영국 등에서는 사업을 하는 사람이 검사들을 접대하는 현상 자체가 없다. 왜 한국에만 유독 이러한 형태의 비리가 존재하는가. 그 원인을 정확히 파악하는 것이 검사비리를 뿌리 뽑기 위한 첫걸음이다.

결론적으로 말하자면 우리 사회에서 검사비리가 만연한 것은 검찰의 권한이 지나치게 막강하기 때문이다. 우리 검찰은 범죄와 현장에서 부딪히는 경찰을 지휘하는 외에 전면적, 직접적으로 수사권을 행사한다. 세계 어느 나라에도 이런 권한을 행사하는 검찰은 없다. 더욱이 우리 사회에서는 유별날 정도로 사회적 논란이 되는 문제가 형사 절차를 통해서 해결되는 비율이 높다. 다양한 사회문제에 관여하고, 수사권과 수사지휘권 그리고 기소권까지 독점적으로 행사하고 있기 때문에 검사의 사회적 영향력이 크고 따라서 로비의 대상이 되는 것이다. 선진국에서의 검사란 경찰을 지휘하면서 법률적용에 대한 판단을 하는 역할을 한다. 범죄를 제외한 사회의 다른 문제에 관여하는 일이 적을 뿐만 아니라 직접적으로 수사권을 행사하지 못하기 때문에 일반인, 예를 들어 기업을 경영하는 사람이 접대를 할 이유가 없고 부패의 유혹도 적다. 스폰서 검사의 문제가 우리나라에 특유한 이유가 바로 이것이다.

2. 정치적 편향성의 문제

정치적 편향성의 문제도 마찬가지다. 대한민국에서 검찰의 중립성이 문제된 사건은 셀 수도 없을 정도지만, 대표적인 사례로 이명박 정부 시절 있었던 KBS 정연주 사장의 배임 사건을 보자. 정 전 사장의 혐의는 국세청과의 세금 소송 과정에서 승소할 수 있었음에도 불구하고 합의함으로써 KBS에 손해를 입혔다는 것이었다. 그런데 정 전 사장이 합의한 것은 항소심 재판부의 권유에 따른 것이었다. 논리적으로 볼 때, 만일 정 전 사장이 배임죄를 저지른 것이라면 판사들은 배임교사죄를 저질렀다는 것이 된다. 이 때문에 대부분의 검사들이 정 전 사장의 혐의가 인정되지 않는다고 판단한 것으로 알려졌다. 우리나라를 제외한 대부분의 국가에서 이런 때 국가권력이 영향력을 행사해서 정 전 사장을 기소하게 하려면 직접 수사를 담당하는 경찰과 수사를 지휘하는(법 적용의 문제를 따지는) 검찰, 두 개의 기관에 압력을 넣어야 한다. 그러나 수사와 기소가 동시에 검찰의 권한에 속하는 우리나라에서는 검사 1명만 포섭하면 그것이 가능하다. 그만큼 검찰의 정치적 편향이 쉬워지는 것이다. 즉 비리와 마찬가지로 정치적 편향도 결국은 지나치게 큰 권한이 검찰에 주어진 것에서 비롯된다.

3. 전관예우, 비정상적 수임료

홍만표 변호사의 사례에서 보듯이 전직 검사가 변호인으로 등장하는 사건에서 전관예우를 받고 그 대가로 비정상적인 고액의 수임료를 받는 현상도 사실 우리나라에 특유한 것이다. 이 경우에도 검찰은 대응책으로 감찰 강화, 전화 변론 금지 등 대증요법을 내세우지만 수십 년 동안의 역사가 말해주듯이 효과가 거의 없다.

전관예우의 근본적 원인은 우리 형사절차에서 정상적인 변론활동이 극히 위축되어 있기 때문이다. 형사소송에 대한 이론에 따르거나 실제 현실에 있어서나 가장 중요한 변론이 이루어지는 단계는 피의자가 조사를 받는 때이다. 이때 진술을 거부할지 여부, 답변을 한다면 어떤 답변을 할 것인지 결정하는 문제 등에 대해서 변호인이 피의자에게 충고를 하는 것은 형사 변론의 백미라고 할 수 있다. 검사, 경찰관 등 수사기관의 부당한 조사에 대해서 (예를 들면 같은 질문을 반복하는 것) 이의를 제기하는 것도 그에 못지않은 중요한 역할이다.

그런데 우리나라에서는 피의자 신문 과정에서 변호인이 피의자에게 충고를 하거나 혹은 수사기관의 신문에 이의를 제기하는 것이 실질적으로 금지되어 있다. 선진국에서는 이런 경우를 찾아볼 수가 없다. 가장 변호인의 도움이 필요한 단계에서 변론활동을 금지해놓으니까 결국 전관이 수사검사의 상사인 부장검사, 차장검사, 검사장 등을 찾아가서 음성적인 변론활동을 하게 된다. 그리고 성질상 공개되지 않고 은밀하게 행해지는 이런 변론의 대가로 상식적으로는 이해하기 힘든 고액의 수임료가 수수되는 것이다.

【문제 해결의 방향】

1. 검찰비리, 정치적 편향성

이들 문제의 원인이 권한의 지나친 집중에 있다면 그 해법은 분명해진다. 검찰의 권한을 축소하는 것이다. 우리나라를 제외한 거의 모든 국가와 마찬가지로 검찰이 직접 수사를 못 하게 하면 이런 문제의 발생 자체를 차단할 수 있다. 과도한 권한을 집중시켜놓고 감찰을 통해서 권한을 올바르게 사용하게 하려는 것은 본말이 전도된 것이다.

수사권을 박탈하는 방식으로 권한을 약화하고 수사 지휘와 기소라는 검사 본래의 임무에 충실하게 해야 한다. 형사절차에 부여되는 권한 중 직접 수사권은 경찰에, 수사지휘와 기소권은 검찰에 분배하는 경우 개인적인 부패 사건을 제외한 구조적인 비리의 발생 대부분을 미연에 방지할 수 있다.

2. 전관예우, 고액 수임료의 문제

전관예우와 고액 수임료를 없애기 위해서는 비정상적인 변론을 금지하는 방식이 아니라 정상적인 변론활동을 활성화하는 방향으로 나아가야 한다. 전관예우 문제가 너무 심각해지자 최근 대법관, 검찰총장 등 고위직 출신의 변호사 개업을 금지하는 방식이 대두되는데 정석이라고 보기는 어렵다. 다만 대법관, 검찰총장 출신이라고 하더라도 피의자가 조사받는 옆에서 변론활동을 하는 식으로 일반 변호인들과 같이 변론을 하게 해야 한다. 현재와 같이 일반 변호인들이 조사를 받는 피의자에게 조력을 하거나 신문 방식에 이의를 제기할 수 없도록 금지하면 고위직 출신 변호사들은 현직 검찰 고위직을 찾아가서 변론을 하게 되고 이것이 바로 전관예우의 근본 원인이 된다. 전화 변론 금지나 선임계 제출 없는 변론활동 금지만으로 전관예우를 막을 수 없다는 것은 홍만표 변호사 사건을 비롯해서 수십 년째 근절되지 않는 사건들이 웅변하고 있다. 정상적인 변론활동을 활성화하는 방식을 선택할 경우 변론이 공개리에 행해지기 때문에 합리적인 수임료 산정도 가능해진다.

【정상적인 크기의 권한으로 본연의 임무를 하는 검찰】

이상에서 본 것과 같이 검찰비리, 정치적 편향성, 전관예우 등 문제점을 해결하고 개혁하기 위해서는 검사의 권한을 축소하고 정상적인 변론활동이 가능하도록 길을 열어주어야 한다. 검찰의 막강한 권한을 그대로 둔 채 감찰을 강화하거나 전화 변론 금지 등 비현실적인 통제 방식을 동원하는 것은 거의 효과가 없다.

검찰개혁과 관련해서 고위공직자비리수사처(공수처) 신설이 거론되기도 한다. 지면의 한계상 상술하기는 어렵지만, 공수처 신설은 이론적·현실적으로 많은 문제를 안고 있다. 무엇보다도 공수처는 검찰이 막강한 권한을 가지고 있는 것을 전제로 그 권한을 올바르게 쓰도록 통제하는 방식이다. 그러나 하나의 기관에 비정상적으로 막강한 권한을 부여하고 다른 기관으로 하여금 통제하려는 것은 비합리적일 뿐 아니라 성공하기도 힘든 방식이다. 절대 권력은 절대 부패한다. 검찰개혁의 올바른 방향을 찾으려면 왜 유독 대한민국에서만 검찰개혁이 문제 되는지 생각해보아야 한다. 세계 어느 나라에도 공수처와 같은 기관은 없다. 선진국에 검찰비리의 문제가 없는 것은 그곳에 공수처와 같은 통제 기관이 존재하기 때문이 아니다. 그 나라 검사들이 정상적인 크기의 권한만을 갖고 본연의 임무만을 하기 때문이다.

핵무장,
국가생존과 통일을 위한 불가피한 선택

정성장(세종연구소 통일전략연구실장)

그동안 한국 정부와 대다수의 전문가들은 '한반도 비핵화'를 결코 포기할 수 없는 대북 정책 목표로 간주해왔다. 그러나 북한은 2009년 4월과 6월에 외무성 성명을 통해 북핵 6자회담에 "다시는 절대로 참가하지 않을 것"이며 "이제 와서 핵포기란 절대로, 철두철미 있을 수 없는 일로 되었다"는 강경한 입장을 표명한 후 지속적으

본고는 핵포럼 제3차 세미나(2016. 10. 12)에서 발표한 원고를 요약, 보완해 작성한 것이다.

로 핵능력을 발전시켜왔다. 특히 김정은 집권 이후 북한은 핵개발 의지를 더욱 공개적으로 드러내며 핵능력을 급속도로 고도화해왔다. 그 결과 북한은 향후 1~4년 내에 수소폭탄과 소형 핵탄두, 대륙간탄도미사일과 잠수함발사탄도미사일 및 핵추진 잠수함까지 실전 배치하게 될 것으로 전망되고 있다. 게다가 다수의 미국 핵 전문가들은 2020년에 북한이 50~100개 정도의 핵무기를 보유하게 될 것으로 예상하고 있다. 그렇게 되면 한국과 미국은 더욱 심각한 북한의 핵위협에 직면하게 될 것이다.

현재 박근혜 정부는 미국의 핵우산에 계속 의존하면서 대북 제재와 압박을 통해 북한의 핵포기를 이끌어내겠다는 입장이다. 그러나 북한은 핵실험에 대한 국제사회의 대북 제재를 핵능력을 고도화하는 데 반드시 거쳐야 할 '통과의례' 정도로 간주하는 것 같다. 유엔 안전보장이사회의 대북 제재가 북한 경제에 일정한 타격을 주기는 하지만 그 효과가 매우 제한적이어서 북한으로 하여금 핵포기를 고민하게 할 정도가 아니기 때문이다. 이 같은 상황에서 북한은 2017년에도 수소폭탄을 완성하기 위해 한두 차례 추가 핵실험을 강행할 가능성이 높다. 이처럼 현실은 '한반도 비핵화'에서 계속 멀어져가고 있기 때문에 이제는 '핵을 가진 북한'을 대상으로 우리의 안보 외교 대북 전략 패러다임을 전면적으로 전환하는 것이 필요하다.

【한국의 독자적 핵무장 필요성과 추진 방향】

김정은 정권이 자위적인 차원의 핵보유를 넘어서서 '핵강국'이 되는 것을 목표로 하고 있고 미국과 한국도 북한과의 협상에 대한 불신이 크기 때문에 6자회담을 통한 북한 비핵화 전망은 매우 어두운 실정이다. 이 같은 상황에서 한국 정부는 실현 가능성이 희박한 '북한 비핵화'보다 독자적 핵무장을 통한 '북한 핵위협의 관리'라는 좀더 현실적인 목표를 추구할 필요가 있다.

한국은 2014년에만 해도 약 78억 달러(약 9조 1,299억 원) 규모의 무기를 해외에서 구입함으로써 세계에서 무기를 가장 많이 수입한 나라가 되었다. 이처럼 한국이 핵무장을 포기한 상태에서는 북한의 핵위협에 따른 안보 불안감과 이를 해소하기 위한 막대한 군비 지출 때문에 남북관계의 안정적인 발전이 어렵고 경제적 부담이 갈수록 커질 것이 명확하다. 국제사회의 반대를 극복하는 것이 중요한 과제가 되겠지만, 상대적으로 개발비가 적게 드는 북한의 핵에 대해 한국이 훨씬 많은 비용이 들어가는 재래식 무기로 대응하는 '고비용 저효율의 국방 정책'을 이제는 핵무기를 기반으로 하는 '저비용 고효율의 국방 정책'으로 전환하는 것이 바람직하다.

한국은 2014년에만 약 9조 원 규모의 무기를 해외에서 구입했는데 핵무기 개발에는 그것의 9분의 1인 약 1조 원가량 소요되는 것으로 알려지고 있다. 그러므로 한국이 핵무기를 개발하면 해외 무기 구입 비용을 현저하게 줄임으로써 국방비를 상대적으로 절감하고 복지와 교육 등에 더욱 많은 예산을 투입할 수 있을 것이다.

남한이 북한의 비대칭 전력인 핵·미사일 위협에 대응하기 위해 지출하는 비용은 북측의 핵과 미사일 개발 비용의 10배 이상이나 되는 것으로 평가되고 있다. 그런데 인구 고령화와 초저출산으로 인해 경제활동 인구는 계속 줄어들고 부양 인구는 늘어나고 있다. 그리고 한국의 고속 성장 시대는 이미 끝나서 중속 성장에서 저속 성장으로 이행했으며 머지않은 미래에 마이너스 성장 시대로 접어들 가능성이 있다. 그러므로 한국도 이제는 핵개발을 통한 '경제적이고 효율적인 국방'을 모색할 필요가 있다.

2015년 4월 찰스 퍼거슨 미국과학자협회장이 비확산 전문가 그룹에 비공개로 회람한 「한국이 어떻게 핵무기를 획득하고 배치할 수 있는가」라는 제목의 보고서는 그동안 잘 알려지지 않은 한국의 핵무장 능력을 매우 상세하게 분석하고 있다. 퍼거슨 보고서는 특히 월성원전에 비축되어 있는 사용후 핵연료는 약 4,330개의 핵폭탄을 제조할 수 있는 분량이라고 지적하고 있다.

서균렬 서울대 원자핵공학과 교수도 한국의 핵보유 능력 관련 기술과 경제력 등을 보면 사실상 '6위권'이라고 주장했다. 그리고 한국은 대통령이 결단만 내리면 길어도 18개월 내에 핵무기를 개발할 수 있고 이후 수천 개까지 양산할 수 있는 핵물질과 기술을 충분히 가지고 있다고 지적하고 있다.

그동안 유엔 안전보장이사회에서의 대북 제재가 북한 경제에 부분적인 타격을 주기는 했지만 대체로 그것은 일시적이었고 결코 북한의 핵개발 의지를 꺾어버릴 정도로 감내하기 어려운 것이 아니었다. 미국의 핵우산이나 사드의 한반도 배치도 북한의 핵위협으로부터 한국을 완벽히 보호해주지는 못하며 북한의 핵능력 고도화를 막을 수 있는 것도 아니다. 그러나 남한의 핵무장으로 북한의 대남 핵우위가 붕괴되면 북한 지도부로서는 더 이상 대남 우위를 주장할 수 있는 분야가 사라지게 되고 주민의 적극적인 충성심을 이끌어낼 명분도 약화되기 때문에 사실상 남한의 핵보유를 가장 두려워하게 될 것이다.

따라서 북한이 국제사회의 반대에도 불구하고 또다시 핵실험을 강행하면 한국 정부는 '한국도 자위적 핵무장을 검토하지 않을 수 없다'라는 단호한 입장을 보이는 것이 바람직하다. 그리고 실제 핵무장 착수 여부는 나중에 결정하더라도 청와대에 북핵 대응 태스크포스를 구성해 한국의 핵무장 문제를 등을 비공개로 검토해야 할 것이다.

북한의 제4차 핵실험과 제5차 핵실험 후 실시한 각종 여론 조사에서는 국민의 과반수가 핵무장을 찬성하는 것으로 나타나고 있다.

북한의 제5차 핵실험 후인 2016년 9월 20일부터 22일까지 한국갤럽이 전국의 성인 남녀 1,010명을 상대로 실시한 여론 조사에서는 국민의 58%가 핵무장에 찬성하고, 34%는 반대하는 것으로 나타나 제 4차 핵실험 직후에 비해 핵무장 찬성율이 4% 증가했다. 새누리당과 국민의당 지지층은 각각 75%, 58%가 핵무기 보유에 찬성했고, 더불어민주당 지지층에서도 찬성(50%)이 반대(46%)보다 더 높게 나왔다.

핵확산금지조약NPT 제10조 1항은 "각 당사국은 당사국의 주권을 행사함에 있어서 본 조약상의 문제에 관련되는 비상사태가 자국의 지상 이익을 위태롭게 하고 있음을 결정하는 경우에는 본 조약으로부터 탈퇴할 수 있는 권리를 가진다. 각 당사국은 동 탈퇴 통고를 3개월 전에 모든 조약 당사국과 유엔 안전보장이사회에 행한다"고 규정하고 있다. 그러므로 북한이 또다시 핵실험을 강행하면 한국은 더욱 심각한 북한 핵위협에 직면하게 될 것이기 때문에 한국 정부는 그것을 근거로 '합법적으로' NPT 탈퇴를 통고하는 것이 바람직하다. 그리고 NPT 탈퇴 통고 3개월이 지난 후에 북한의 핵과 미사일 능력 고도화, 국민 여론 및 주변국의 입장 등을 고려해 적절한 시점에 핵개발을 추진해야 할 것이다.

우리 사회 일각에서는 한국이 NPT에서 탈퇴하면 국제사회의 심각한 제재에 직면하게 될 것이라고 주장하고 있다. 그러나 NPT는 탈퇴 권리를 보장하고 있기 때문에 탈퇴하면 제재를 받는다는 주장은 명백히 사실과 다르다. 과거 북한도 NPT에서 탈퇴했지만 그것 때문에 유엔 안전보장이사회의 제재를 받지는 않았다.

또한 일부 전문가들은 한국이 NPT에서 탈퇴하면 원자력발전소 가동에 필요한 농축우라늄을 국제시장으로부터 사 올 수 없게 되어 우리 전력 사용량의 약 30%를 차지하는 원자력발전소 가동이 곧 멈출 것이라고 주장하고 있는데 이는 사실과 다르다. 현재 가동 중인 원자로들에 핵연료를 한번 장전하면 기본적으로 1년 6개월은 가동이 가능하다. 그리고 현재 한국은 우라늄 정광을 7개국에서 구입해 4개 업체에서 농축한 것을 들여와 18~24개월 분량의 농축 연료를 비축해놓고 있기 때문에 당장 국제시장으로부터 농축우라늄을 사 오지 못한다고 해도 3년 정도까지는 원자로 가동에 전혀 문제가 없다. 또한 NPT에서 탈퇴한다고 해서 핵연료 수입이 중단되는 것은 결코 아니다.

【국제사회의 '용인' 가능성과 설득 방안】

현재 미국과 중국 등 주변국들은 한국의 핵무장에 대해 공식적으로 반대 입장을 표명하고 있다. 한국 정부도 핵무장에 대해 부정적인 입장을 표명하고 있는 상황에서 기존의 핵 보유국들이 핵비확산 체제에 손상을 가져올 한국의 핵무장을 나서서 지지할 이유가 전혀 없기 때문에 이 같은 입장 표명은 지극히 당연한 것이다. 그러나 그렇다고 해서 이 국가들이 모두 앞으로 한국의 핵무장을 막기 위해 적극적으로 제재에 나설 것으로 보는 것은 성급한 예단이다. 기존의 핵무장 국가 사례들과 현재의 한미 및 한중 관계를 고려하면, 만약 한국이 앞으로 핵무장을 본격적으로 추진할 경우 주변 강대국들은 어떠한 입장을 취하는 것이 그들의 국익에 부합하는지 냉정하게 평가한 후 '강력한 반대' '절제된 반대' '형식적 반대' '사실상 용인'의 대응 방안 중 초기에는 '강력한 반대'나 '절제된 반대'의 입장을 취했다가 곧 '형식적 반대'나 '사실상 용인'의 방향으로 전환할 가능성이 높다. 한국의 핵무장에 대한 주변국들의 '용인'을 이끌어내기 위해 한국 정부는 북한이 핵을 포기하면 우리도 핵을 포기하겠다는 '조건부 핵무장론'을 제시하는 것이 바람직하다.

그동안 북한의 핵무장에 대한 중국의 대응은 핵무장에 대해 반대하면서도 대화와 협상을 통한 북핵 문제 해결을 강조함으로써 공식적으로는 '절제된 반대'의 입장을 취했으나 북한의 핵실험 후 약 3~6개월이 경과하면 대북 제재 조치가 현저하게 완화되는 경향을 보여왔다. 중국으로서는 강력한 대북 제재로 북중 관계가 현저하게 악화되거나 북한 체제가 불안정해지는 것이 자국의 이익에 도움이 되지 않는다고 판단해 '절제된 반대' 또는 '형식적 반대' 입장을 취해온 것이다. 이와 마찬가지로 만약 한국이 핵무장을 추진한다면 미국은 초기에는 강력하게 반대하다가 한미관계가 현저하게 악화되는 것을 피하기 위해 곧 '형식적 반대'나 '사실상 용인'의 방향으로 나아갈 가능성이 높다. 이와 관련 2000년 초에 한국원자력연구소에서 극소량의 우라늄 분리실험을 한 사실을 2004년에 뒤늦게 안 미국이 유엔 안전보장이사회에 회부하겠다는 강경한 입장을 보였다가 한미 담판을 통해 'IAEA 의장결론'으로 종결지은 사례를 참고할 필요가 있다.

만약 한국이 핵무장을 하게 되면 북한의 대남 핵 우위는 순식간에 붕괴되고, 북한에게는 멀리 있는 미국의 핵이 아니라 가까이에 있는 남한의 핵이 직접적인 위협이 될 것이다. 그렇게 되면 북한이 더 이상 미국과 일본 본토를 겨냥한 중장거리 미사일 개발에 막대한 비용을 투입할 필요가 줄어들게 되어 미국과 일본 본토는 지금보다 더욱 안전해질 것이다. 그리고 한국이 핵을 보유하게 되면 미국 사드의 한반도 배치 필요성도 사라지게 되어 중국의 안보 환경도 개선될 것이다.

한국이 핵무장을 하게 되면 미국에 대한 한국의 군사 의존도가 줄어들어 국방 예산 감축 압박을 받고 있는 미국은 한국 방위에 대한 부담을 줄일 수 있게 됨으로써 현재보다 더욱 호혜적인 한미동맹을 유지할 수 있게 될 것이다. 또한 미중 패권 경쟁 구도에서 한국은 큰 자율성을 얻게 되어 상대적으로 더욱 균형적인 외교를 펼칠 수 있게 될 것이다. 뿐만 아니라 한국이 핵을 보유하면 남북한 간에 군사력 균형이 이루어져 한국 국민은 안보 불안감에서 벗어날 수 있다. 그렇게 되면 남북 대화와 교류 협력이 좀더 안정적으로 발전할 수 있게 될 것이다. 북핵 공포 때문에 폐쇄한 개성공단을 재가동하고 금강산 관광을 재개할 수 있을 것이다.

【핵무장 반대론자의 이념적 편향성과 핵무장의 과제】

김정은 집권 이후 북한의 핵능력은 급속도로 고도화되고 있지만 우리 사회 일각에서는 여전히 6자회담을 통한 북한 비핵화 방안에 집착하면서 북한의 핵위협에 대응하기 위한 한국의 독자적 핵무장 방안에 대해 '비현실적' '초현실적'이라고 주장하며 무조건 반대하고 있다. 그리고 그들은 미국이 한국의 핵무장을 '절대로' 용납하지 않을 것이고, 만약 한국이 핵무장을 하면 한국 경제는 파탄 날 것이라고 주장하고 있다. 그러면서 한국이 핵무장을 통해 얻을 수 있는 경제적, 안보적, 외교적, 남북관계에서의 이익은 전적으로 외면하는 편향성을 보이고 있다.

이제는 북한의 핵능력 고도화에 대한 효과적인 억지력 확보, 미국에 대한 지나친 군사 의존도를 줄이고 자주 국방을 실현하기 위한 수단, 미중 패권 경쟁이 심화되는 상황에서 한국의 외교적 자율성을 확대하기 위한 수단, 재래식 무기 위주의 '고비용 저효율의 국방 정책'을 '저비용 고효율의 국방 정책'으로 전환하기 위한 수단, 미국하고만 대화하겠다고 하는 북한을 남한과의 군사 대화 테이블에 나오게 하기 위한 수단, 안보에 대한 자신감을 바탕으로 안정적인 남북관계 발전을 추진하기 위한 기반, 통일 과정에서 외세의 개입으로 남북한이 다시 분단되는 상황을 막고 한국 주도의 통일을 가능하게 하는 기반 구축 차원에서 한국의 독자적 핵무장 문제를 진지하게 검토해야 할 시점이다. 물론 매우 호전적인 핵무장론도 있지만 그렇지 않은 입장도 있기 때문에 핵무장론에 대해 무조건 '대북 강경론'이고 '대결적 논리'라는 편견을 가지고 백안시하는 것은 결코 이성적인 태도가 아니다.

한국이 독자적 핵무장의 방향으로 나아가기 위해서는 무엇보다도 주변 강대국들의 '용인'을 이끌어낼 수 있는 정치精緻한 논리와 장기적인 국가생존 및 발전을 위해 일시적인 난관을 극복해낼 수 있는 자주적이고 결단력 있는 대통령이 필요하다. 그 같은 대담한 지도자야말로 실용주의적이면서도 호전적인 두 얼굴을 가진 북한의 김정은과 한반도 문제의 해결에 큰 이해관계가 없는 주변 강대국의 지도자들을 모두 협상의 테이블로 나오게 해 한반도 평화를 위한 대타협을 이끌어낼 수 있을 것이다.

한반도 비핵화, **솔로몬식 해법은 없는가**

추원서(동북아평화협력연구원 부원장)

2016년 들어 북한이 두 차례 핵실험을 강행함에 따라 한반도에서의 불안감은 고조되고 동북아 안보 지형은 크게 요동치고 있다. 한국과 미국은 물론, 유엔 등 국제사회는 북한이 핵을 포기하도록 하기 위해 제재 조치를 더욱 강화하며 압박하고 있지만, 오히려 북한은 연이은 미사일 시험 발사 등을 통해 자신들의 핵국가 지위 획득 의지를 불태우고 있다. 이러한 상황에 맞서 박근혜 정부는 국내 일각의 우려와 반대에도 불구하고 핵개발 자금 전용 가능성을 내세워 남북관계의 마지막 보루로 인식돼온 개성공단을 폐쇄한 데 이어, 북핵 위협에 대응한다는 명분으로 중국 등의 반발을 무릅쓰며 주한미군 내 사드 배치를 추진하고 있다. 강력한 대북 제재를 위한 외교전에 몰두하는 한편, 최첨단무기 도입을 가속화하고 있다.[1]

미국의 핵우산도 안심할 수 없어 전략무기 상시 배치 문제가 논의되더니, 최근에는 정치권과 학계 일각에서 자체 핵무장 주장마저 제기되고 있다. 이제 '한반도 비핵화'는 영영 실현할 수 없는 목표가 되고 만 것인가? 만일 그게 아니고 여전히 북한의 핵포기를 통한 한반도 비핵화가 포기할 수 없는 목표라면, 지금이라도 최선의 해법은 무엇인지에 대한 냉정한 검토와 대안 마련이 시급하다.

【북핵 문제 해결을 위한 대안들】

북핵 문제 악화의 원인에 대해서는 관점이 서로 다른 다양한 주장이 제기된다. 기본적으로 북한이 핵개발을 쉽게 포기하지 않는 이유는 남북한 간의 증대되는 경제력 격차에 따른 재래식 무기의 열세와 한미동맹의 군사력을 심각한 안보 위협으로 받아들이고 이

---

1) 한국 정부는 2017년도 국방 예산으로 약 40조 원을 책정하고 이 중 12조 원을 무기 도입비로 활용할 계획이다. 첨단 전력 강화를 위한 전술정보통신체계(TICN) 사업에 3,905억 원, K-2 흑표 전차 사업 3,645억 원, K-9 자주포 사업 6,031억 원, F-35A 사업 9,871억 원 등이다. (〈중앙일보〉, 2016년 9월 7일자)

에 맞서 나름대로 군사적 균형을 확보하기 위한 것이라고 보아야 한다.[2)]

북핵 문제의 본질은 국제사회가 북한의 강한 핵보유 의지를 포기시키는 데에 실패함으로써 지속적으로 북한과 큰 마찰을 빚고, 북한의 핵확산금지조약NPT 체제에 대한 도전으로 나타나는 점이다.

제1차 북핵위기 이후 지금까지 핵문제가 풀리지 않고 계속 악화된 것은 북한의 합의 위배와 같은 잘못이 있지만, 미국과 한국의 일관성을 결여한 지혜롭지 못한 대응도 빼놓을 수 없는 요인이다.[3)]

특히 제네바 합의 이행 과정에서 부시 정부가 클린턴 정부의 약속을 백지화하고(이른바 ABC), 북한을 '악의 축'으로 몰아세우며 북미관계를 원점으로 돌렸던 것과 이명박 정부의 대북 화해 정책의 기조 포기는 장기적 관점에서 볼 때 매우 아쉬운 결정이자 패착이라 아니할 수 없다.

그렇다면 지금까지의 시행착오를 교훈 삼아 이제라도 핵문제

---

2) 국내 일부 보수 세력은 여전히 북한이 한반도 적화통일을 목표로 하고 있다고 주장하지만, 사실 남북 간 체제 경쟁은 끝났다고 보는 것이 맞다. 남북은 군사력의 기초가 되는 인구와 경제력에서 현저한 차이를 보이고 있으며, 남한에는 세계 최강의 미군이 주둔하고 있고, 냉전 시기와 달리 북한의 남침 시 이를 지원할 국가가 없기 때문이다. 북한이 핵을 보유하려는 목표는 기본적으로 체제 유지에 있으며, 때로는 핵을 자신들이 원하는 목표를 달성하기 위한 협상 카드로 사용해왔다.

3) 2012년 2월 북한은 미국과 핵실험 중단 등을 골자로 한 '윤달 합의(Leap Day agreement)'를 했으나 그로부터 2주 후 북한은 이를 어겼다.

를 슬기롭게 풀어나갈 방도는 없는 것일까? 부시 행정부 이래 지금까지 북한 핵문제에 대해 미국이 취할 수 있는 선택으로는 ① 대화 및 협상 ② 대북 제재 ③ 핵보유 방치 ④ 비밀공작에 의한 정권 교체 ⑤ 군사 행동 등이 거론되어왔다(남궁영, 『강대국 정치와 한반도 : 미 중의 패권경쟁』(오름, 2016, 141쪽).

이 가운데 '대화 및 협상'은 2008년까지 지속되다가 2009년 이후 사실상 '전략적 인내'라는 이름하에 중단된 상태였고, 이로 인해 핵보유 방치라는 원치 않는 결과를 낳았다. '핵보유 방치' 카드는 원래 북한의 핵보유 문제에 주요 이해 당사자인 중국 등이 나서서 문제를 해결토록 하고, 미국 자신은 핵물질 수출을 차단하는 데 정책의 중심을 두는 방안이었으나 현실에 있어선 전혀 다른 결과로 나타났다.

'대북 제재'는 제1차 북핵 위기 이후 북한의 핵과 미사일 도발 때마다 유엔 차원 또는 미국, 한국, 일본 등이 양자 차원에서 제재 범위와 강도를 강화하며 꾸준히 시행하고 있는 방안이다. 제재를 통해 북한에 고통을 안겨줌으로써 스스로 핵포기를 결단케 하자는 데 목적이 있다.

'비밀공작에 의한 정권 교체'는 북핵 문제가 대화나 제재에도 불구하고 해결되지 않을 경우, 미국이 중국과 협력하여 김정은 정권을 교체하는 방안이다. 그러나 이 방안은 중국과의 협력이 필수적인 데다 북한 체제의 특수성이나 정치적 상황에 비추어 볼 때 현실성이

낫다. 어쩌면 2013년 말, 김정은이 고모부 장성택을 전격 처형한 것은 이러한 가능성을 차단하기 위한 예방적 조치였는지도 모른다.

마지막으로 고려할 수 있는 것은 바로 '군사 행동'이다. 이 방안은 제1, 2차 북핵위기 때 검토된 방안이지만, 북한의 4차 핵실험 이후 특히 많이 거론되는 방안이다. 주로 '선제공격'을 중심으로 논의되고 있으며, 북한의 대량 보복으로 인한 제2의 한국전 발발을 염두에 두어야 하기 때문에 리스크가 큰 방안이다.

한국 역시 나름대로 북핵 위협에 맞서 대책 마련에 부심하고 있다. 상당 부분이 한미동맹 등 미국과의 공동 보조를 통해 이루어지지만, 한국 나름대로는 ① 남북 대화 및 협력 ② 대북 제재 ③ 자체 방위 능력 강화 ④ 전술핵 재배치 ⑤ 자체 핵무장 ⑥ 북한 붕괴 유도 등을 검토할 수 있을 것이다. 이 가운데 박근혜 정부가 지금까지 취하고 있는 대응책은 고강도의 대북 제재와 함께 한미동맹을 기초로 한 미국의 확장 억제책에 기대면서 고가의 첨단 무기 도입을 통해 자체 방위 능력을 강화하는 방안이다. 특히 북한의 핵·미사일 위협을 무력화하기 위한 한국형 '3축 체계'의 조기 구축을 서두르고 있다.[4]

---

4) 당초 2020년대 중반에서 2020년대 초로 2~3년 앞당겨 추진코자 하는 한국형 3축 체계는 킬 체인, 한국형 미사일 방어체계(KAMD), 대량응징보복(KMPR)을 말한다. 킬 체인은 북한이 미사일 공격을 할 경우 미리 이동식 발사대와 고정 시설을 선제 타격하는 시스템이며, KAMD는 발사된 미사일을 공중에서 요격하는 방어 체계이고, KMPR은 북한의 지휘부를 직접 겨냥해 응징 보복하는 것이다.(〈중앙일보〉, 2016년 10월 19일자)

북한의 4차 핵실험 이후에는 개성공단 폐쇄 조치를 단행한 데 이어, 중국과 러시아의 반발을 무릅쓰며 주한미군 내 사드 배치를 강행하고 있다. 이 밖에도 인권 문제 제기 등 다양한 방법을 총동원하여 북한 자체의 붕괴를 유도하는 방안을 염두에 두고 있다. 북한 정권이 자발적으로는 핵을 포기하지 않으리라고 판단하고 있기 때문인 것으로 보인다.

또한 정치권 일부와 전문가 사이에서는 '전술핵 재배치'와 '자체 핵무장론'이 제기되고 있다. 먼저 미국의 전술핵 무기(소형 핵탄두, 핵지뢰 등)를 한국에 재배치해 대북 억지력을 확보하는 방안은 현재 미국이 항공용 폭탄을 제외한 전술핵 무기가 없는 데다,[5] 유사 시 미군이 핵폭격기나 핵잠수함 등 전략 자산의 전개를 통해 사실상 전술핵 재배치의 효과를 거둘 수 있기 때문에 실효성이 낮은 방안이다.[6] '자체 핵무장론'은 북한 핵을 인정하는 전제에서 출발하며 한국이 앞장서서 NPT 체제를 부정함으로써 미국이나 IAEA 등 국제사회의

---

5) 전술용 핵무기로는 항공용 폭탄과 핵지뢰, 핵어뢰, 155mm 포발사 포탄 등이 있는데, 미국은 항공용 폭탄을 제외하고는 거의 모두 폐기한 것으로 알려져 있다. 정성장, "북한의 핵능력 고도화와 한국의 핵무장·남북대화 문제", 세종연구소, 「정책브리핑」(No. 2016-24), 2016

6) 미국 정부 역시 반대 입장을 표명하고 있다. 성 김 미 국무부 대북정책 특별대표는 2016년 9월 13일 김홍균 외교부 한반도평화교섭본부장과 회담 뒤, "한미 양국 정상뿐만 아니라 군사 전문가들은 전술핵 재배치가 필요하지 않다는 결정을 내렸다"면서 '확장억제력 제공에 대한 우리의 흔들림 없는 공약들로 북한의 위협에 대응하는 데 충분하다'고 밝힌 바 있다. (〈중앙일보〉, 2016년 9월 14일자)

제재에 직면하게 되어 심대한 정치적, 경제적 타격을 자초할 가능성이 높다. 설사 난관을 극복하고 핵무장에 성공한다 하더라도 남과 북이 핵으로 맞서는 민족 공멸의 길로 나아가는 것이 과연 현명한 일인가에 대해서는 깊은 성찰이 필요하다.

일각에서는 트럼프 차기 미 대통령이 대선 유세 과정에서 한국의 독자적 핵무장을 용인할 가능성을 비추었다는 점에 기대하나, 미국의 차기 정부 역시 자국 이익의 관점에서 동북아 지역의 핵도미노를 초래할 가능성이 높은 핵무장은 용인하지 않을 것이다. 트럼프의 진의는 핵무장을 용인하는 것이 아니라 한국의 미군 주둔 비용 부담을 대폭 늘리라는 요구로 해석하는 것이 타당하다.

【북핵 문제의 해법 모색】

난마처럼 얽혀 있는 북핵 문제 해결을 위해서는 어떠한 해법이 바람직할까? 앞에서 적시한 방안들 중 한국 정부는 주로 강도 높은 제재에 집중하고 있는 반면, 미국에서는 대북 문제에 경험이 있는 전직 관료나 전문가 그룹을 중심으로 크게 두 가지 대안이 집중 거론되고 있다. 바로 '선제공격'과 '북미 대화'라는 극과 극의 대응 방안이다. 모두 북핵 위협의 심각성을 공유하고 있다는 공통점이 있다.

먼저 '선제공격' 방안이다. 이 방안은 과거 클린턴 정부가 제1차 북핵위기 때 시도하려다 중단한 바 있다.[7] 2016년 9월 16일에는 마이클 멀린 전 합참의장이 미국 외교협회CFR 토론회에서 전문가 17인이 공동으로 작성한 보고서를 소개하며 "북한이 미국을 공격할 능력에 아주 근접하고 미국을 위협한다면 자위적 차원에서 북한을 선제 타격할 수 있다고 본다"고 밝힌 것이 대표적이다(〈중앙일보〉, 2016년 9월 24일자). 또한 미국 측 북핵 6자회담 대표를 지낸 크리스토퍼 힐 전 미 국무부 동아시아태평양 차관보도 최근 〈미국의 소리VOA〉 인터뷰에서 "북한이 운반 가능한 핵무기를 완성하고, 그 운반 가능한 핵무기가 북한의 발사대 위에 서 있는 것을 본다면, 우리는 운명적인 결정을 해야 한다. 북한이 먼저 핵무기를 발사하도록 미국이 기다리고 있을 것으로 생각하지 않는다"고 언급한 바 있다. 아마도 미국 본토를 겨냥한 북한의 대륙간탄도미사일 확보가 레드라인이 될 공산이 크다. 이렇듯 선제공격은 미국이 느끼는 위협을 기준으로 자의적 판단해 실행에 옮긴다는 점에서 위험하며, 피해는 고스란히 남북한 국민에게 돌아간다는 점에서 한국 정부가 경각심을 가지고 대응해야 할 사안이다.

다른 하나는 '북미 간 대화'이다. 우선 멀린 등의 보고서가 눈길

---

7) 당시 윌리엄 페리 국방장관, 존 섈리캐슈빌리 합참의장 등 미 군부는 컴퓨터 시뮬레이션을 통해 전쟁이 발발할 경우, 최초 3개월간 미군 사상자 5만 2,000명, 한국군 사상자 49만 명은 물론 엄청난 숫자의 북한군과 민간인 사상자가 발생할 것으로 추산했고, 군비는 610억 달러를 넘어설 것으로 예상했다.

을 끈다. 동 보고서에는 북폭 주장만 담긴 게 아니라 전향적 협상 필요성도 제기하고 있기 때문이다. 이들은 "북핵 종식을 위한 마지막 기회는 차기 미 대통령에 있다"며 북핵 문제를 우선적으로 다룰 것을 촉구하면서 "북핵 동결을 중간 목표로 삼는 단계 협상론"을 제안하고 있다. 협상 초기에는 핵실험, 장거리미사일 발사 실험, 플루토늄 재처리, 우라늄농축, 영변원자로 가동 등 다섯 가지 중단 조치와 IAEA의 북핵 시설 사찰 재개가 필요하며, 협상 진전에 따라 한미가 대북 식량 지원을 재개하고 연합 군사훈련의 규모와 내용도 조정할 필요가 있다고 제언한다(〈중앙일보〉, 2016년 9월 24일자).

우드로윌슨센터의 제인 하먼 소장 역시 북미 대화에 힘을 싣고 있다. 그녀는 9월 30일자 〈워싱턴 포스트〉에 기고한 글에서 제재와 무력 과시로는 북한의 핵과 미사일을 포기시킬 수 없다면서 진정성 있는 대화를 통해 북핵 동결을 이루고, 이를 토대로 관계를 형성해 비핵화를 달성하는 해법을 제시한다. 또한 미국이 합동 군사훈련을 중단하고 '불가침조약'(한반도평화협정)을 체결해주는 대가로 북한이 대화에 나서도록 유연성을 보여야 한다는 지적도 곁들인다(〈중앙일보〉 2016년 11월 3일자) 이렇듯 다수의 대북 전문가들은 북핵 동결을 중간 목표로 삼는 단계적 해결책에 입장을 같이하고 있다.

2017년 1월 새로 출범할 트럼프 정부는 앞에서 설명한 두 가지 방안과 함께 당선인이 선거운동 기간 중 제시했던 대북 정책을 함께 테이블에 올려놓고 최선의 해법을 찾으려 할 것으로 예상된다. 지금까지 트럼프가 북한 문제 해법으로 제시하고 있는 언급은 2016년 9월 6일 버지니아 유세에서 밝힌 대로 '중국을 통한 해결'이다. 그동안 중국은 일관되게 대북 제재와 대화를 병행하자는 입장이었다. 핵동결과 NPT 복귀, IAEA 사찰 수용을 전제로 6자회담 내에서의 평화협정을 논의하는 방안을 미국에 제안했던 것으로 알려진다. 핵 폐기의 첫걸음은 '핵동결'부터 시작되어야 한다는 중국의 입장은 앞에서 대화를 통한 해법을 주장하는 다수 전문가와 맥이 닿는 방안이라 할 것이다.

【한국의 선택】

문제는 지금 한국의 입장과 전략이 전혀 보이지 않는다는 점이다. 미국 측 방안 중 한국이 동의할 수 있는 방안은 어떤 것이 있을까? 한국은 결코 '선제공격'에는 동의할 수 없다. 너무도 큰 피해가 예상되며 자칫하면 민족의 공멸로 이어질 수 있기 때문이다. 과거 북핵 문제의 악화 원인이 일관성과 인내심 부족 그리고 한국과 미국 정부 사이의 정책 불일치에 기인한다고 볼 때, 이번에 마련되는 해법은 미국과 중국 등 6자회담 참여국 모두가 수용 가능하고 함께 힘을 모을 수 있는 방안이어야 한다. 특히 중국의 적극적 참여를 유도할 수 있는 방안이 필요하다. 미국과 북한은 모두 남북관계의 개선 없이는 북미관계의 진전은 쉽지 않다는 사실을 잘 알고 있다. 제임스 클래퍼 미 국가정보국장이 2016년 5월 초 한국을 방문해 북한과 평화협정과 관련한 논의를 할 경우 한국이 어느 정도까지 양보가 가능한지 타진한 것에서 드러나듯 미국 역시 한국의 입장을 무시할 수 없을 것이다. 그렇지만 향후 대북 제재 국면이 어느 정도 진행되면 미국 정부는 새로운 시도를 할 가능성이 있다. 이때 한국 정부가 지금처럼 강력한 대북 제재만 외쳐서는 아웃사이더로 전락할 가능성을 배제할 수 없다. 따라서 변화하는 상황에 맞는 새로운 전략과 해법 마련이 시급하다.

답은 앞에서 지적한 북핵 문제의 악화 원인에 대한 냉정한 분석의 토대 위에 현실성과 실효성을 갖춘 최선의 대안을 찾는 것이며, 그것은 바로 '제재와 대화를 병행하는 방안'이다. 그러나 이 과정에서 한국의 비교 우위를 최대한 살려야 한다. 즉 미국이나 중국 등 국제사회와의 긴밀한 기술적, 외교적 협력 외에 남한만이 할 수 있는 역할을 찾아 시너지를 극대화해야 한다. 남북한은 같은 민족으로서 언어와 역사 그리고 민족적 정서를 함께한다. 한민족은 외부의 강요된 힘에 쉽게 굴복하지 않으며, 자존심과 명분을 중시한다. 북핵 문제 해결에서는 미국과 중국이 할 역할이 있고, 한국만이 할 수 있는 역할이 있다. 이를 위해서는 반드시 '남북관계의 개선과 복원'이 필요하다. 북한의 붕괴 가능성과 같은 희망 사항에 매달리지 말고 과거 대북 정책의 공과를 살펴 단점과 미흡한 점은 보완하되 그 기조는 화해 협력 정책으로 돌아가는 것이 바람직하다. 다만 그 수순과 방법은 미국 등 우방과 긴밀한 논의와 협력을 통해 완급을 조정할 필요가 있다.

한국은 현재 정치적으로 많은 어려움에 처해 있다. 그렇지만 오히려 과도기 새 정부가 국민의 의견을 잘 수렴하고 지혜를 모아서 비핵화 달성을 위한 해법을 찾아 실천에 옮긴다면 전화위복의 계기가 될 수도 있다. 첫걸음은 '북핵 동결'을 중간 목표로 삼는 단계적 해결책을 강구하되, 종착점은 신뢰 회복을 통해 '비핵화'를 달성하는 것이어야 한다. 이 과정에서 한미 합동 군사훈련의 조정, 평화협정, 북미관계 개선과 북미 및 북일수교 등 북한이 원하는 바를 일정 부분 수용하여 북한의 안보 환경을 개선해줄 필요가 있다. 한반도 비핵화의 열쇠는 바로 남북 간, 북미 간 신뢰의 회복에 있다는 사실을 거듭 강조하면서, 2017년에는 한반도에서 비핵화를 위한 대반전이 이루어지기를 기대해 마지않는다.

한반도의 트로이 목마, **사드**

정욱식(평화네트워크 대표)

한미 양국 정부가 2016년 7월 8일 종말단계 고고도미사일방어체계THAAD(이하 사드) 배치를 발표하면서 이 문제는 한국 국내뿐만 아니라 동북아 정세의 '태풍의 눈'으로 등장했다. 국내에선 찬반 주장이 격렬하게 부딪히면서 다른 이슈를 집어삼키는 '블랙홀'이 되었다. 국제적으로도 한국-미국-일본과 북한-중국-러시아의 대결 구도가 명확해지면서 '동북아 신냉전'이라는 표현이 언론 지면을 오르내렸다. 이러한 와중에 성주 주민들의 강력한 저항에 직면한 박근혜 정부는 사드 부지를 성주 중앙에 있는 성산포대에서 김천과 인접한 롯데 소유의 성주골프장으로 옮기겠다고 발표했다. 그러자 김천 시민들과 원불교 측의 반발도 격화되고 있다. 미국 대선에선 일반적인 예상을 깨고 도널드 트럼프가 당선되면서 사드 문제에 어떤 변화가 있을지도 초미의 관심이 모아지고 있다.

【사드와 급변하는 국내외 정세】

그렇다면 2017년에 사드 문제는 어떻게 전개될까? 2016년 10월까지만 해도 박근혜 정부와 새누리당 그리고 보수 언론은 사드 배치를 밀어붙이면서 이에 유보적이거나 반대하는 쪽에 '종북' '친중 사대주의'라는 딱지를 붙이곤 했다. 마땅히 내세울 업적이 없는 집권 세력으로서는 사드를 앞세운 '안보 프레임'으로 대선을 치르려고 한 것이다. 특히 한국인 최초의 유엔 사무총장 반기문을 대선 후보로 영입해, '북핵은 사드로 막고 사드로 초래되는 외교 문제는 반기문이 해결한다'는 대선 전략을 마련하려 했던 것으로 보인다.

집권 세력과 보수 언론의 사드 공세에 야권은 주춤했다. 더불어민주당은 '전략적 모호성'이라는 알쏭달쏭한 이름 뒤에 숨으려고 했고, 국민의당은 초기에는 '사드 반대'를 외쳤다가 시간이 지나면서 모호한 입장으로 돌아섰다. 정의당은 초지일관 반대 입장을 분명히 했지만 원내 소수당이라는 한계로 인해 큰 영향력을 행사하지 못하고 있다. 이로 인해 국회 비준 동의에 대해서도 한목소리를 내지 못했다. 이처럼 집권 세력의 총공세와 야권의 무기력이 맞물리면서 사드 체념론도 급격히 확산되는 듯했다.

그런데 2016년 10월 하순에 정치적 급변 사태가 발생하면서 사드 추진 동력도 급격히 떨어지고 있다. 최순실과 그 측근 세력이 국정 전반에 불법적으로 개입한 사실이 확인되면서 '박근혜-최순실 게이트'가 정국을 뒤흔들고 있는 것이다. 수많은 시민이 매주 주말마다 거리로 쏟아져 나와 '박근혜 하야'와 탄핵을 외쳤고, 거대한 민심에 화들짝 놀란 국회는 12월 9일 탄핵소추안을 가결시켰다. 이로 인해 사드 배치 결정의 한 주체인 박근혜는 직무정지를 당했고, 내년 상반기 중에 방을 빼야 할 처지에 몰렸다.

이에 반해 사드 부지로 결정된 성주와 김천의 투쟁 열기는 식을 줄 모르고 있다. 현장 투쟁의 주체는 크게 세 단위이다. 롯데 골프장으로 변경되었음에도 불구하고 투쟁의 촛불을 계속 밝히고 있는 사드배치철회 성주투쟁위원회, 롯데 골프장 인근에 있는 사드배치반대 김천시민대책위원회 그리고 롯데 골프장 인근에 성지가 있는 원불교 성주성지수호 비상대책위원회. 이들은 3자 연대체를 구성해 공사 강행 시 강력한 저항에 나설 뜻을 분명히 하고 있다. 이들과 연대하는 단체와 인사도 많고, 상당수 국민은 최순실의 검은손이 사드 배치 결정에도 영향을 미친 것이 아니냐는 의구심을 품고 있다.

변수는 나라 밖에도 있다. 우선 2017년 1월 20일 출범할 트럼프 행정부의 선택이 주목된다. 일단 트럼프는 개인적으로 사드를 비롯한 미사일방어체계MD '회의론자'에 가깝다. 돈은 엄청나게 많이 드는 반면에 그 효용성은 낮다고 보기 때문이다. 하지만 그가 소속된 공화당은 MD '신봉자'들 집합소다. 아웃사이더 트럼프와 공화당 주류의 입장이 어떻게 조율될 것인가가 1차적인 관건이다.

트럼프는 또한 러시아와의 관계 개선을 공언해왔다. 특히 블라디미르 푸틴 대통령과 개인적인 유대를 맺고 싶어 한다. 그런데 푸틴은 유럽 MD뿐만 아니라 동아시아 사드 배치에도 강하게 반대하고 있다. 이에 따라 새로운 국면에 접어들 미러관계도 한국 내 사드 배치에 어떤 형태로든 영향을 미칠 수밖에 없게 되었다.

반면 트럼프는 중국에 대해서 강경 기조를 예고하고 있다. 그는 미국 경제 위기의 주범을 중국으로 몰아붙이면서 "무역 전쟁에서 승리하겠다"고 장담하고 있다. 또한 트럼프는 중국이야말로 북핵 문제 해결의 적임자라고 주장한다. 중국이 강력한 제재와 압박에 나서면 북한도 굴복할 것이라고 보는 것이다. 이는 트럼프가 대중 관계에서 사드 배치를 카드화할 가능성이 높다는 것을 예고해준다. 무역 전쟁에서 중국의 양보를 강제하고 북핵 문제에서도 중국의 강력한 역할을 요구하는 지렛대로 사드 문제를 다뤄가지 않겠느냐는 것이다. 반면 중국은 트럼프의 사드 배치 강행 여부를 미중관계의 중대한 시금석으로 간주한다며 미국을 압박할 것이다.

강대국 관계에서 사드는 미러관계나 미중관계로만 국한되지 않는다. 중국과 러시아가 손잡고 미국을 설득 압박하는 구도가 만들어질 것이기 때문이다. 일단 시진핑과 푸틴은 트럼프를 상대로 담판 지으려고 할 것이다. '사드 배치를 강행해 중러 간의 전략적 결속을 감수할 것이냐, 아니면 사드 배치를 철회하고 우리와의 관계를 재설정할 것이냐'는 메시지를 전하면서 말이다. 이렇게 되면 트럼프 행정부는 사드 배치 문제를 재검토할 수밖에 없게 된다. 물론 재검토의 결과가 어떻게 나올지는 예단할 수 없다.

그것이 구실이든, 본질이든 사드 배치는 일단 북한을 겨냥한 것이다. 이에 따라 트럼프의 대북 정책의 향방도 중대한 변수가 될 수밖에 없다. 그런데 그의 대외 정책에서 가장 종잡기 힘든 분야가 바로 대북 정책이다. 대선 후보 시절에는 "김정은을 만나겠다"는 말을 여러 차례 했지만, 그의 외교안보팀이나 공화당은 북한과의 대화에 대단히 부정적이다. 이에 따라 트럼프 행정부의 대북 정책을 예측하기란 더욱 어려워지고 있다. 임기 초반부터 북한과 대화를 선택해 성과가 나오면 사드 배치의 시급성은 떨어지겠지만, 그 반대의 경우도 얼마든지 가능하기 때문이다.

북한이 어떻게 나올지도 큰 변수이다. 만약 북한이 추가 핵실험이나 탄도미사일 시험발사를 강행하면 한국과 미국에서 사드 배치론이 힘을 얻을 것이다. 반면 도발적 언행을 자제하면서 차기 미국 정부와 대화를 타진한다면 사드 배치 동력은 더욱 약화될 것이다.

【북핵에 무용지물인 사드】

사드 배치가 "한미동맹 차원의 결정"이라고 하는 만큼 한미관계도 중대 변수이다. 그런데 일단 사드 배치는 돈을 중시하는 트럼프의 동맹관과 '엇박자'가 난다. 한국에 배치하려는 사드는 일단 미국이 이미 구매해놓은 것을 갖다 놓겠다는 것이다. 트럼프로서는 '왜 우리 돈으로 산 걸 한국에 배치하려고 하느냐'는 반문을 하게 될 것이다.

이에 따라 트럼프는 한국에 상응하는 금전적 조치를 요구할 가능성이 크다. 한국이 사서 배치하라고 할 수도 있고, 최소한 '1+1', 즉 하나는 미국이 배치하고 하나는 한국이 구매하라고 요구할 수도 있다. 방위비 분담금의 대폭적인 인상을 요구하는 압박 카드로도 쓸 수 있고, 연간 100~200억 원으로 추산되는 사드 기지 운영 유지비를 방위비 분담금과는 별도로 내라고 요구할 수도 있다. 외교안보 사안들뿐만 아니라 한미 FTA 재협상 등 양국의 무역 관계에서도 사드를 압박 수단으로 삼을 수도 있다.

'탄핵' 이후 한국의 정치 상황도 중대 변수이다. 당초 한미 양국이 사드 배치 완료 시점을 2017년 8월에서 12월 사이로 잡으면서 야권이 효과적으로 대응할 수 있는 여지는 많지 않았다. 대선 이전에 사드 배치가 완료되면 정권 교체 이후에도 사드 철수를 추진하기란 녹록치 않을 것이기 때문이다. 하지만 2017년 대선은 12월이 아니라 6월 이내에 실시될 가능성이 높아졌다. 사드 배치 완료 이전이다. 이에 따라 대선 후보와 각 정당이 사드 문제에 어떤 입장을 내놓을지가 초미의 관심사 가운데 하나로 부상할 것이다.

이처럼 사드 배치는 그 방향을 예측하기 힘든 여러 가지 변수가 서로 얽혀 있기 때문에 쉽게 예단할 수 없는 문제이다. 그러나 우리의 운명을 알 수 없는 미래에 맡겨두는 것은 결코 현명하지 못하다. 사드 배치 여부에 따라 우리의 운명은 크게 갈릴 수밖에 없다. 세계에서 가장 강력한 공격 능력을 보유한 미국과 동맹국들이 상대방의 보복을 무력화할 수 있는 방어력까지 강해진다면, 그 상대국은 더 많은 핵무기와 미사일을 만들어낼 것이 불 보듯 뻔하다. 한반도와 동북아에서 식은땀 나는 군비 경쟁이 격화될 것이라는 의미이다.

한중관계는 수교 이래 최악의 상황에 빠져들고 북방 루트가 총체적으로 막히면서 한국의 경제 위기 탈출은 더더욱 어려워질 것이다. 중국은 사드 배치 '결정' 자체만으로도 한국에 대한 보복의 수위를 단계적으로 높이고 있다. 이는 사드 배치 '완료' 시 더 큰 보복을 예고해준다. 우리로서는 부당하다고 항의할 수 있겠지만, 사드를

'핵심 이익 침해'로 간주하고 있는 '그대로의 중국'부터 볼 줄 알아야 한다.

더구나 사드는 북핵을 막는 데 '무용지물'이다. 사드의 최대 사거리는 200킬로미터이고 요격 고도는 40~150킬로미터 사이이다. 사드를 성주골프장에 배치하면 대한민국의 심장인 수도권은 아예 방어권에 포함되지 않는다. 이는 국방부도 인정하는 바이다. 정부와 보수 언론은 그래도 사드 기지 반경 200킬로미터는 방어할 수 있다고 주장한다. 하지만 이것도 불가능하다. 유사시 북한이 이를 회피할 수 있는 방법은 얼마든지 있기 때문이다. 북한이 스커드 미사일을 사드 최저 요격 고도인 40킬로미터 아래로 떨어지게 쏘면 사드는 스커드를 잡을 수 없다. 노동이나 무수단 미사일을 사드의 최고 요격 고도인 150킬로미터를 넘어가게 쏴도 사드는 이 미사일들을 잡을 수 없다.

이에 반해 사드 배치는 더 큰 안보 위협을 불러온다. 한미 양국은 사드와 함께 배치될 X-밴드 레이더가 중국과 무관하다고 주장한다. 하지만 레이더라는 '기계'는 미사일의 '국적'을 따지지 않는다. 더구나 이 레이더는 종말 모드와 전진 배치 모드 사이를 신속하게 오갈 수 있게 업그레이드되고 있고 미국 전략사령부 및 태평양 사령부에서도 통제할 수 있다. 이에 따라 미중 간의 무력 충돌이 발생하고 이 레이더가 중국을 겨냥하게 되면, 한국은 미중 무력 충돌의 한복판으로 전락할 위험이 커진다. 제3자인 한국이 미국에 레이더 기지를 제공하는 셈이 되고 이는 국제법적으로 한국이 중국에 군사적 적대 행위를 하는 셈이 되기 때문이다. 중국이 유사시 사드 기지를 정밀 타격할 수 있다는 경고를 흘려들어서는 안 되는 까닭이다.

【사드, 선물 아닌 괴물임을 인식해야】

요약하자면, 사드는 북한, 중국, 러시아와의 관계를 총체적으로 악화시키면서 한국을 '지정학적 감옥'으로 인도하고 '지경학적 기회'는 집어삼키게 될 것이다. 이러한 진단이 기우가 아니라면 사드 문제를 스스로 풀겠다는 자세를 취하는 게 대단히 중요하다. 우선 성주와 김천 주민이 고립되지 않도록 연대를 강화해야 한다. 정부는 지역 문제로 국한하고 대다수 언론은 현지 투쟁을 외면하고 있다. 이에 맞서 전국 각지에서 함께 촛불을 밝히고 현지에도 자주 방문해야 한다. 투쟁이 장기화되는 만큼 재정적인 기여를 할 수 있는 방안도 강구해야 한다.

야권도 무기력에서 벗어나야 한다. 사드는 시간이 해결해줄 문제도, 피할 수 있는 성격의 문제도 아니다. 가령 정부가 공사를 강행하면 현지 주민들은 결사적으로 이를 막으려고 할 것이다. 이 과정에서 물리적인 충돌도 얼마든지 발생할 수 있다. 이에 대해 국민들은 야권의 입장과 해결책을 묻게 될 것이고, 대선 후보를 비롯한 인사들과 야당들이 어정쩡한 입장을 고수하면 많은 국민에게는 실망감을, 보수 진영에는 공세의 빌미를 제공하고 말 것이다.

사드는 '트로이의 목마'이다. 겉으로는 안보를 지켜주는 '선물'처럼 보이지만, 그 껍질을 벗겨보면 대한민국의 이익과 안전을 송두리째 위협할 '괴물'이 득실거린다. 우리가 지금까지와는 다른 미래를 원한다면 사드부터 막아야 할 까닭이 아닐 수 없다.

대한민국 국방의 **현주소**

김광진(함께여는미래 대표)

국회에 들어가 4년간 국방위원회에서 활동하면서 대한민국 군에 대한 많은 생각을 하게 되었다. 대한민국 정부 예산의 약 10%인 연간 40조 원의 예산을 집행하고, 65만 명의 장병이 먹고 자고 입는 생활을 영위하고, 부처 안에 사법·의료·건설·행정·치안·정보의 모든 기관을 갖추고 있으니 '소정부'라고 해도 부족함이 없다. 창군 이래로 많이 바뀌어왔지만 아직 아무것도 바뀐 것이 없어 보이기도 하고, 제도의 개선도 많이 이루었지만 아직 국민의 신뢰를 얻어내지는 못했다.

아직도 군대를 떠올리면 의문사, 인권 문제, 방산비리, 일본식 문화, 군사독재 이런 단어들이 먼저 떠오르는 것이 사실이다. 그럼에도 불구하고 지금 이 시간에도 국가 안보를 위해 땀 흘리는 65만 장병이 있다. 그 장병들의 헌신에 감사드리며, 그들이 국민으로서 의무를 다하기 위해서 헌신할 때 국가는 국가의 의무를 다할 수 있도록 하는 것이 국회와 시민의 역할일 것이다. 대한민국 병역의 현황과 사례를 중심으로 몇 가지 제안을 드리려고 한다.

【병무 정책】

1. 징병제

우리나라는 징병제를 채택하여 모든 성인 남성에 대해서 병역의 의무를 지우고 있다. 6·25 이후 36개월로 시작했던 군 의무 복무 기간은 1968년 1·21사태 때 39개월(해·공군)로 최대를 기록한 뒤, 점차 감소하여 2015년 현재 육군·해병 21개월, 해군 23개월, 공군 24개월에 이르고 있다.

2. 대체복무제도와 양심적 병역거부

우리나라 병역 대체복무제도는 대표적으로 산업기능요원 등이 있다. 그러나 기본적으로 징병제 국가인 우리나라에서는 대체복무제도는 신체가 허약하여 보충역 판정을 받았거나, 특수한 자격을 가지고 있는 자 등으로 대상이 한정되어 있고, 그 정원도 현역 군 정원에 비하면 매우 적은 편이어서 문턱이 높다.

또한 국제적 대체복무제도의 큰 축인 양심적 병역거부자에 대한 대체복무는 현행법상 허용되지 않고 있다. 현행 양심적 병역거부자는 대부분 1년 6개월의 징역형에 처해져 실형을 살고 있는 실정이며, 집행유예 사례도 많지 않다. 투명한 판별 장치의 설치와 운용은 말할 것도 없고 한국 정치 사회의 특성상 병역거부를 인정할 경우 '양심적 병역거부'의 범위를 어디까지 설정할 것인가가 가장 중요한 문제로 대두될 가능성이 높다. 이 경우 정치적 신념의 인정 여부와 인정 주체, 심의 결과 등에 대해서는 제도 도입 이후에도 상당한 논란과 대립을 가져올 가능성이 높아 보인다. 그러나 국내외적인 논의 현황을 볼 때, 향후 병역거부권 인정에 대한 정치 사회적인 논의는 불가피해 보인다. 아울러 이미 우리 정부에서도 이에 대한 제도 도입을 검토한 바 있는 만큼 좀더 구체적인 논의 방향을 모색할 필요성이 제기된다.

이에 따라 제도 도입에 대한 국민적인 합의를 도출하기 위해서는 제도 도입 여부에 대한 찬반 여부를 묻는 것에 그칠 것이 아니라 병역거부자에 대한 공정한 심의 방안, 병역거부의 범위 등 구체적인 사안을 논의하고 합의할 필요가 있다.

【병사 보상 및 처우 개선】

1. 급여

징병제를 채택한 우리나라에서 많은 청년이 병사로 입대하여 적은 보수를 받으며 국방의 의무를 다하고 있다. 최근 박근혜 대통령의 공약이었던 '병 봉급 2배 인상'에 따라 국방부는 2017년까지 군인 월급을 2012년 대비 두 배로 인상한다는 계획을 세웠다.

국방부는 '군인복지기본법'에 근거하여 2013년에 「제2차 군인복지기본계획(2013~2017)」을 수립하였다. 이 계획은 병사 복지, 전직 지원, 주거 보장, 가족 복지 등 7개 영역 77개 세부 과제로 구성되어 있는데, 이 중 병사 봉급 두 배 인상이 포함되어 있다.

2016년도 병사 봉급은 병장 기준 19만 7,100원으로, 2012년의 10만 8,000원에 비해 약 83% 인상되었다. 따라서 2017년도에 2012년도 기준 두 배를 달성하겠다는 국방부의 계획은 실현 가능할 것으로 판단된다.

문제는 병사 봉급이 이렇게 인상되더라도 여전히 최저임금에 훨씬 못 미치는 수준에 불과하다는 점이다. 이등병 월급이 두 배 인상된다고 해도 16만 3,000원인데, 이는 2016년도 최저임금의 13%

에 불과하다. 2016년도 최저임금은 시급 6,030원, 월 환산액 126만 270원이다.

2. 전역 후 보상(전역지원금)

박근혜 정부는 공약 사항으로 병사가 전역할 때 약 100~300만 원 수준의 지원금을 지급하겠다고 공언한 바 있다. 그러나 대통령에 당선되고 난 후 이 공약은 '병사의 월급을 적금처럼 적립하였다가 전역할 때 지급하는' 조삼모사식 정책으로 둔갑해버렸다.

또한 군가산점 부활이 논의되고 있는 가운데, 공무원을 준비하는 극소수의 군 전역자에게 혜택을 주는 군가산점보다 병역의 의무를 마친 모든 사람에게 공평하게 지급되는 전역지원금법은 군복무 보상의 형평성 차원에서도 우월한 것이다.

전역자들에게 300만 원씩 지원금을 지급하면 연간 1조 원의 예산이 필요하다. 얼핏 많아 보이지만, 내년도 정부의 복지 예산은 무려 116조 원에 달한다. 의지만 있다면 충분히 할 수 있는 일이다.

【사상 군인에 대한 예우와 보훈】

1. 의문사, 자살 군인에 대한 예우

연간 약 100명의 군인이 사망하는 가운데, 그중 절반가량인

50명 정도가 스스로 목숨을 끊는다. 군의 선진화를 말할 때 빼놓을 수 없는 기준이 의문사, 자살 군인 문제일 것이다. 지금도 군 의문사 사건으로 유족들이 사망 원인에 의문을 제기하며 시신 인수를 거부해, 현재 군 병원 등에서 10년 이상 냉동 보관 중인 시신은 수십 구에 이른다.

이들의 진짜 사망 원인을 규명하기 위해 노무현 정부 때인 2006년 대통령 직속으로 군의문사진상규명위원회가 설치되었고, 이후 4년간의 활동을 통해 신청 사건 총 600건 중 47명이 순직 인정을 받았다. 그러나 2009년 한나라당 신지호 의원이 '군의문사 진상규명 등에 관한 특별법 폐지법률안'을 발의하여 처리됨에 따라 2009년을 마지막으로 군의문사진상규명위원회는 활동을 종료하게 되었으며, 수백 건에 달하는 사건이 미제로 남았다.

【군 사법체계 개선】

1. 법보다 계급이 위, 군 사법체계

우리나라 국민 10명 중 8명은 군 사법체계가 불공정하다고 생각한다고 한다. 2014년 11월 26일 '민주적 사법개혁 실현을 위한 연석회의(민주사법연석회의)'가 발표한 국민 여론 조사에 따르면 현재 군 사법체계가 불공정하다는 여론이 76.7%로 압도적으로 높았다.

28사단 윤 일병 구타사망 사건을 계기로 국회에는 '군 인권개선 및 병영문화혁신 특별위원회'가 설립되었고, 여기에서 군 사법체계 개선의 문제도 논의되었다.

군의 엉망인 사법체계는 어제오늘의 일이 아니다. 지휘관들이 책임을 회피하기 위해 짜고 사망 시각과 진술서 등을 조작하고, 피해자를 회유·협박하여 사건을 축소하는 등 정식 기소 이전 단계에서부터 온갖 불법이 자행된다.

기소되어 정식 재판이 시작돼도 문제는 여전하다. 우리 군은 형사재판의 양대 축인 검찰과 법원을 '군검찰' '군사법원'이라는 이름으로 독점하고 있다. 수사와 기소를 담당하는 군검찰관도, 재판과 선고를 담당하는 군사법원 재판장도 모두 한 지휘관 아래에 있다. 별 두 개인 사단장 이상 지휘관들이 군 검찰관과 재판장, 주심 판사를 결정하고 구속이나 기소 여부를 지휘·감독한다. 이러니 부대에서 사고가 나면 지휘 책임을 지는 지휘관이 자신의 진급에 영향을 미칠 수 있는 사건을 은폐하거나 축소하려 들고, 사단장의 의도대로 수사·기소·재판·선고 전 과정이 영향을 받게 된다.

게다가 판결을 통해 형이 확정되어도 사단장이 '감경권'을 행사하여 마음대로 형을 깎아줄 수 있다. 이 감경권의 범위에는 제한이 없어서 이론적으로는 징역을 0년으로 줄이는 것까지 가능하다.

그리고 군사법원의 재판관들은 '판사' 자격을 가진 사람들이 아니다. '심판관'이라고 해서 법 공부를 해본 적도 없는 일반 군인 장교들을 사단장이 재판관 자리에 앉혀놓고 판결을 내리게 하는 기상천외한 제도가 지금의 군사법원에는 여전히 현재 진행형이다. 이에 이런 감경권을 제한하고, 심판관 제도를 폐지하는 등의 군사법원 개혁안을 담은 '군사법원법 일부개정법률안'을 대표발의하였지만, 국방부의 극심한 반대로 통과되지 못하고 있다.

윤 일병 사건을 계기로 만들어진 '군 인권개선 및 병영문화혁신 특별위원회'에서도 이러한 군 사법체계 개혁을 골자로 하는 결의안을 채택하고 국방부에 개선을 촉구하였지만, 국방부는 평시에는 감경권을 제한하고 군사법원을 군단급 이상으로 한 단계 올려서 설치하겠다는 선에서 마무리하겠다며 실질적인 개혁을 거부하였다. 군 지휘관이 군 사법체계의 전반을 사실상 지배하는 기형적인 구조는 이제 바뀌어야 한다.

【군 인권 보호 및 고충 처리】

윤 일병 사건을 계기로 군 인권 보호와 고충 처리에 대한 많은 논의가 시작되었다. 지금까지 군에서 사고가 터지면 군 지휘부들은 '일단 소나기만 피하고 보자'라는 생각으로 보여주기식 개선 대책만을 내놓고 실질적인 개선은 이루어지지 않는 측면이 많았다. 이에 일정 기간이 지나면 반복적으로 사고가 터지고, 또 보여주기식 대책을 내놓는 악순환이 반복되고 있다.

이에 대한 근본적 해결을 모색하기 위해서 많은 의원이 국방부 외부에 군 옴부즈만 제도를 두는 군인권법을 발의하였고, '군 인권 개선 및 병영문화혁신 특별위원회'에서도 이러한 제도 도입을 권고하였다.

상식적으로 엄중한 위계질서하에 있는 군 내부에서 일어난 인권 침해, 비리, 성폭력 등 사건에 대해서 피해자인 군인이 쉽게 문제 제기를 할 수 없음은 당연하다. 따라서 국방부 밖에 군인권보호관을 두어 이를 조사하고 권리를 구제하도록 하는 것이 타당하다는 것은 기본 상식이다. 그러나 국방부는 군에 대한 권한 침해 및 군 기밀 사항 보호를 이유로 이러한 개선안을 거부하였다.

결국 군인권보호관을 어디에 둘지를 정하지 못한 채 2015년 11월 25일 군인권법이 국방위원회를 통과하였다. 국방부의 격렬한 반대를 뚫고 어떻게든 법안을 통과시킨 것으로 일보 전진했다고 생각하기도 하지만, 어찌되었든 군인권보호관 설치 기관을 정하지 못했다는 점에서 반쪽짜리 법안이란 비판을 피할 수 없게 되었다.

우경화하는 일본 VS **우리 안의 식민사관**

이동준(기타큐슈대 국제관계학과 교수)

아베 신조 일본 총리에 대한 한국인의 평가는 대체로 부정적이다. 위안부 피해자에게 사죄 편지라도 보내자는 의견에 대해 "털끝만큼도 생각하지 않고 있다"고 잘라 말하는 그를 보면서 정나미가 떨어지는 인물이라고 느꼈을 이도 많을 것이다. 하지만 2012년 12월 정권 출범 후 줄곧 50%를 넘나든 내각 지지율이 말해주듯이 아베의 일본 내 정치 기반은 매우 탄탄하다. 대부분의 일본 유권자는 뭔가 불길한 느낌이 들기도 하지만 너무나도 당당하게 자기주장을 펼치면서 과감하게 행동하는 아베의 '결단력'과 '활력'에 박수를 보낸다. 이 추세라면 아베는 2021년까지 총리직을 유지하며 일본 역대 최장수 총리가 될 것이다.

아베 정권의 재등장 이후 일본 관련 언론 보도에서 눈에 띄게 늘어난 것은 일본의 우경화 행보에 대한 비판이다. 아베 자신의 도발적인 발언은 물론이고, 일본 각료들의 야스쿠니 신사 참배와 '고노담화' 검증 행위, 헌법 재해석을 통한 집단적 자위권 행사의 용인, '미일 방위협력의 지침' 개정, 미사일방어체계 강화 등은 일본의 우경화 경향을 방증한다. 아베 정권의 이러한 공세적 우경화 행보는 과거 일제의 침략주의 노선과 오버랩되면서 일본이 군국주의로 회귀하는 것 아니냐는 우려로 이어진다. 더욱이 이런 우려는 아베 정권이 침략과 식민 지배의 그릇된 역사를 왜곡해 정당화하는 역사수정주의적 태도를 취하는 것과 맞물려 배가된다.

【역사 다시 쓰기에 골몰하는 일본】

아베의 역사관은 '해방' 70주년 담화에 상징적으로 노출되어 있다. 2015년 8월 14일 저녁 아베는 일본의 '전후' 70주년을 기념해 발표한 특별 담화에서 "러일전쟁이 식민지 지배하에 있던 많은 아시아, 아프리카 사람들에게 용기를 북돋웠다"고 말했다. 일본이 황

인종의 보호자로서 서구의 침략을 막아내고 아시아의 독립을 이루기 위해 전쟁을 일으킬 수밖에 없었다는 '대동아사관大東亞史觀'을 떠올리지 않을 수 없다. 이 주장을 그대로 받아들이면 일본의 한반도 침략과 식민 지배는 한국을 서구의 위협으로부터 지켜주기 위한 정당한 행위가 된다. 아베 정권이 그토록 외쳐온 '전후 체제로부터의 탈각脫却'이 다름 아닌 역사수정주의에 기초한 것임을 여실히 말해주는 대목이다.

대다수 한국인이 받은 모욕감은 필설로 옮기기 어려울 정도였다. 일본의 침략과 억압으로부터 '해방'됐다고 믿어온 한국인은 과거형 사죄를 통한 '물타기'와 '유체이탈' 화법, 궤변으로 얼룩진 아베 담화에 분개하지 않을 수 없었다. 아베 담화는 교묘한 언설로 짜여 있지만, 한국인의 민족적 자존과 명예를 송두리째 능멸하는 것이었다. 아베 담화에 대한 국제사회의 평가도 거의 냉소에 가까웠다.

다만 예외가 있었다. "일본은 전후 70년 동안 평화와 민주주의, 법치에 대한 변함없는 약속을 보여줬으며 이런 기록은 모든 국가의 모델이 되고 있다." 퇴행적인 아베 담화에 대해 미국 정부만큼은 칭찬을 아끼지 않았다. 더욱 놀라운 일은 당초 단호한 듯했던 한국 정부 또한 미국의 눈치라도 살피는 듯 끝내 어정쩡하게 물러섰다. 이런 모욕을 당하고도 "아쉽다" "좀더 지켜보겠다"라는 '대인배적' 아량을 보일 정도로 한국 정부는 떳떳한 것일까. 왜 한국 정부는 면죄부나 다름없는 외교적 수사로 아베의 망발을 얼버무리려 한 것인가.

아베 담화에 대해 한국 정부가 보인 태도야말로 한일관계가 아직도 일본이 주도해온 '전후' 프레임에서 벗어나지 못하고 있다는 것을 말해준다. 우리의 '해방' 70년은 2015년 12월의 위안부 '담합'이 생생하게 말해주었듯이 일본의 '전후' 70년 프레임에 의해 또다시 압도된 것이다. 더욱 심각한 문제는 이런 아베의 역사관이 아베 개인만의 것이 아니며, 더욱이 급조된 것이 아니라는 점이다.

【패하고도 패배를 인정하지 않은 일본】

일본은 제2차 세계대전에서 패했지만 패전이라고 부르지 않았다. 패전이라는 말 자체가 일본에서는 오랫동안 금기어에 가까웠다. 대신 일본은 '종전'이라고 애매하게 말해왔다. 무조건 항복을 요구한 포츠담 선언을 받아들이고 샌프란시스코 강화조약에 패전국으로서 서명했으면서도 패전을 부인하는 후안무치는 어떻게 가능했을까.

일본의 젊은 사회학자 시라이 사토시에 따르면 패전을 종전으로 바꿔치기하는 자기기만극이 벌어진 것은 뻔히 질 줄 알고도 전쟁으로 치달은 군국주의 세력이 패전의 책임을 지지 않은 채 전후에도 군림하는 것을 정당화하기 위한 술책이었다(白井聡, 『永続敗戦論 :

戦後日本の核心』, 東京:太田出版, 2013). 패전 직후 일시적으로 대두됐던 천황의 전쟁 책임을 일부 군부 강경파의 책임으로 떠넘기는가 싶더니 이것이 "천황 폐하에 정말 죄송하다"는 '일억총참회론一億總懺悔論'으로 발전하고, 결국 아무도 책임지지 않는 기만극으로 귀결된 것이다. 여기에 미군의 무차별 폭격과 인류 역사상 처음으로 원폭을 당했다는 피해 의식이 가미되면서 일본은 어느덧 가해자가 아니라 피해자로 둔갑했고, '평화주의'라는 허상이 이를 정당화하기에 이르렀다.

패하지 않았다고 믿게 되었으므로 일본의 전쟁 책임자들은 전후에도 일본의 정재계를 지배할 수 있었다. 이런 부조리한 현실은 미일 '합작'으로 만들어졌다. 냉전이 고개를 들자 미국은 소련, 중국에 대항할 하위 파트너로 일본을 선택했고, 일본의 군국주의자들에게 면죄부를 줬다. 한국과 대만이라는 전초기지가 공산주의에 맞서 일본을 지켜주는 가운데 일본은 반성은커녕 냉전에 편승해 경제성장을 구가했다.

어느새 '연합국이자 전승국'인 소련(러시아)과 중국보다 경제적으로 우위에 선 '전후' 일본은 전전戰前 체제를 답습하고 있는 스스로의 일그러진 모습조차 망각하기에 이르렀다. 일본으로선 유일한 승전국 미국에만 확실히 패전을 인정하면 될 일이었다. 그 대가로 한국을 포함한 아시아에 대해선 냉전의 논리에 기생해 축적한 자본으로 과거사를 봉인하고 패전을 부인할 수 있었다. 그 대표적인 사례가 바로 한일국교정상화로 성립된 이른바 '1965년 체제'였다.

이런 맥락에서 보면 아베가 표방한 '전후 체제로부터의 탈각'은 일종의 이중적인 자기기만에 해당한다. '전후' 체제에서 완전히 벗어나려면 미국에도 패전을 부인하는 뻔뻔함을 보이면서 대미 종속에서 벗어나야 한다. 하지만 아베가 선택한 것은 미국과 선을 긋기는커녕 오히려 미국을 등에 업고 다시 아시아와 맞서는 것이다. 이는 '전후' 체제의 탈각은커녕 노골적으로 '전후' 체제를 강화하려는 시도에 다름 아니다. 아시아에 대한 패전을 부인하기 위해선 지속적으로 미국에 의지할 수밖에 없고 대미 종속이 지속되는 한 패전의 늪에 점점 빠질 수밖에 없는 '전후' 일본을 시라이는 "영속 패전 永續敗戰"이라고 비꼬았다.

【'영속 식민'의 늪에서 벗어나지 못한 한국】

그러나 안타깝게도 일본의 어긋난 '전후'는 우리의 자화상이기도 하다. 해방 후 한일관계는 미국과 일본이 설정한 '전후' 질서의 하부 체제로서 기능했다고 해도 과언이 아니다. 한국은 해방의 전제 조건인 식민사관 극복에 실패했을 뿐 아니라 일제 군국주의 세력이 '전후' 일본을 설계했던 것처럼 식민 지배에 부역한 친일파가 해방 후에도 부와 권력을 유지했다.

사실 부일 협력 세력에게 1945년 8월 15일의 해방은 사망 선고였다. 하지만 그들은 냉전과 남북 분단, 한국전쟁을 거쳐 기사회생하더니 어느덧 애국자로 둔갑했다. 이런 의미에서 대한민국 정부가 수립된 1948년 8월 15일은 이들에게만큼은 그야말로 다시 찾아온 '광복'이었다. 친일 부역이라는 수치심은 반공주의에 희석되어 공격적인 권력 장악 수단이 되었다. 이들과 그 후손들이 상하이 임시정부의 역사성과 1945년 8월 15일의 해방과 광복을 애써 부인하면서 남한 단독 정부 수립일인 1948년 8월 15일을 유달리 강조하는 이유이기도 하다.

실제 대한민국 정부는 1948년 탄생 이래 단 한 차례도 일본에 식민 지배의 불법성을 확인하지도, 피해 보상을 요구하지도 않았다. '해방'이나 탈식민지화는 어디까지나 국내용 구호에 불과했지 일본을 향한 것이 아니었다. 오히려 한국 정부는 오랫동안 실질적으로 '해방'의 논리를 부인함으로써 미일이 주도하는 일본의 '전후' 체제에 편승해왔다. 시라이의 '영속 패전' 개념을 원용한다면 한국은 해방은커녕 '영속 식민永續植民'의 모순 구조 속에 스스로를 가둬왔다.

이런 가운데 한국과 일본의 전전戰前 세력, 즉 일본의 군국주의 세력과 한국의 친일파 세력은 반공이라는 슬로건하에 손을 맞잡았다.

불편했던 과거사는 북한과 중국, 소련이라는 공통의 적에 대항한다는 냉전의 논리와, 산업화라는 명목하에 모든 가치를 삼켜버린 경제와 자본의 논리에 의해 철저하게 봉인됐다. 과거사에 관한 한 한일 정부는 '공범' 관계였고, 이를 '전후' 체제의 막후 설계자 미국이 안전 보장과 미래 지향이라는 명분으로 적극적으로 조장해왔다.

하지만 일본이 주도해온 '전후' 체제는 1980년대 후반 냉전의 붕괴와 한국의 민주화 이후 중대한 타격을 받게 된다. '전후' 체제는 국제적 냉전 구조와 아시아에서의 일본 경제적 돌출성에 의해 가능했는데, 1990년 세계적 수준의 냉전이 붕괴되고 일본 경제가 '잃어버린 20년'을 겪으면서 급속도로 쇠퇴의 길을 걸었다. 이와 더불어 민주화한 한국의 민중이 깨어나 한일 양국 정부가 오랫동안 꽁꽁 봉인해온 기억의 '판도라 상자'를 열어젖히기 시작했다. '전후' 체제하에서는 일본에 의존할 수밖에 없었던 한국은 경제적으로도 일본과 대등한 관계를 만들어나갔다. '전후' 체제의 하청업자 신세를 면치 못했던 한국의 위상이 그만큼 높아진 것이다. 여기에 중국이 부상하고 미국의 안보 우산마저 힘을 잃으면서 동아시아의 지정학적 판도가 흔들리기 시작했다. 일본은 한일관계가 어긋난 이유가 한국이 "골대를 움직였기 때문"이라고 말하지만 좀더 근본적인 이유는 한국이 일본이 군사적·경제적 위협으로 간주하는 중국과 친하게 지내기 때문이다.

이런 가운데 등장한 아베의 역사수정주의는 그동안 일본이 구가해온 왜곡된 '전후'를 어떻게든 존속시켜보겠다는 발버둥에 가깝다. 그 배경에는 물론 중국과 북한이라는 위협에 대응해야 한다면서 동맹국들에게 선택을 강요한 미국의 전략적 의도가 내재되어 있다.

【우리 안의 식민사관과 냉전사관부터 걷어내야】

일본의 '전후' 체제에 안주해온 한일관계의 앞날은 매우 아슬아슬하다. 왜냐하면 어떻게든 '전후'에 남고 싶어 하는 일본의 인식이 시대착오적일 뿐 아니라, 특히 아베 정권은, 조바심 때문일까, 한국에 대해 거의 안하무인일 정도로 오만한 태도까지 보이기 때문이다. 아베의 잇단 도발적 발언에서도 확인되듯이 일본의 '전후' 세력은 한반도 식민 지배에 대해 기존의 '합법부당론'보다도 후퇴한 '합법정당론'을 노골적으로 표방하고 있다. 아베 정권이 한국인 징용자와 위안부 피해자에 대해 철저하게 그 '강제성'을 부인하는 것은 식민 지배가 합법적이었을 뿐 아니라 도덕적으로도 정당했다는 왜곡된 역사관을 반영한 것에 다름 아니기 때문이다. 이 같은 일본 '전후' 세력의 인식은 탈식민지화를 갈망해온 한국의 민족주의와 충돌할 수밖에 없다.

"서둘러 군비를 정비해 …… 캄차카와 오키나와를 빼앗고 ……

조선을 압박해 인질과 공물을 바치도록 하고, 북으로는 만주를 할양받고, 남으로는 대만, 루손 제도(필리핀)를 취해야 한다." 아베가 정신적 지주라고 공언해온 요시다 쇼인은 저서 『유수록幽囚錄』에서 이렇게 선동했다. 이토 히로부미, 야마가타 아리토모 등 그의 제자들은 테러 행위도 불사하며 권력을 잡고 이를 하나하나 실행에 옮겨나갔다. 2015년 아베 정권이 메이지유신 산업화의 상징이라면서 은근슬쩍 세계문화유산 목록에 끼워 넣은 쇼카손주쿠는 요시다 쇼인과 그 제자들이 한반도 침략을 기획한 지휘소였다.

스스로 조슈인長州人의 적통이라고 자부해온 아베가 잇달아 표출한 '한국 무시'의 태도는 결코 외교적 실수가 아니다. 역사수정을 향한 집요한 아집의 결과이다. 지극히 자기중심적이고 모순으로 점철된 일본의 '전후' 사관은 끊임없이 적을 만들어야 유지될 수 있는 냉전의 부산물이었다. '평화주의'에 포장되어 정체를 숨겨온 이 부산물은 이제 아베 정권에 의해 역사수정주의로 표출되고 있다. 침략주의의 본래 모습을 숨긴 채 '봉건제 국가를 하룻밤에 합리적인 근대국가로 만든 메이지유신'을 높게 평가하는 이른바 '시바 료타로 사관'에 푹 빠져온 탓일까. '전후' 일본에서 살아온 일본인들은 아베 정권의 폭주를 묵인하고 있다.

결국 한일관계는 일의대수一衣帶水이지만 갈 길이 멀다. 왜곡된 일본의 '전후' 사관마저 각성시키고 치유해 안고 가야 하는 힘든 싸움

일 수밖에 없게 됐다. 그 실마리는 물론 우리 안의 식민사관과 냉전사관을 걷어내어 스스로를 '해방'시키는 일부터 시작돼야 할 것이다.

아베 정권과 박근혜 정권이 2015년 말 위안부 문제를 '불가역적'으로 덮어버렸다고 해서 비정상의 한일관계가 하루아침에 정상화될 리가 없다. 오히려 한일관계를 과거처럼 무슨 '특수한 관계'로 만들어보겠다며 윽박지르고, 그렇게 하는 것이 마치 정상화라고 주장하는 것이야말로 시대착오이자 그릇된 망상이다. 오히려 진정한 한일관계의 정상화는 일반적인 국가 간 관계가 그렇듯이 적극적으로 협력하면서도 갈등할 수도 있는, 특히 원칙을 세워 따질 것은 철저히 따져 시간이 걸리더라도 개선해나가야 하는 관계이지 않을까.

영국 브렉시트가 **몰고 온 후폭풍**

김덕원(KBS 영국 런던 특파원)

브렉시트Brexit 이후 런던에서 펼쳐진 두 가지 장면을 소개할까 한다.

| **장면 1** | 2016년 6월 24일. 전 세계를 강타한 충격파의 진원지인 영국 런던의 하늘은 잔뜩 흐려 있었다. 몰려온 먹구름은 고층 건물을 짓누르듯 위압적이었고 흩뿌리는 빗줄기를 피해 런던 시민은 무거운 출근길을 재촉해야 했다. 이날 새벽녘 브렉시트 국민투표에

서 약 4% 차이로 탈퇴가 결정된 상황. 세계적 다국적 기업과 금융 관련 기업이 몰려 있는 런던의 카나리워프의 아침 공기는 어느 때보다 무겁고 침울해 보였다. 아침 일찍이지만 인터뷰에 응해준 굳은 표정의 일부 시민은 직장생활을 제대로 할 수 있을지, 일자리가 남아 있을지 모르겠다며 불안감을 감추지 못했다. 브렉시트 결정으로 앞으로 소속 회사가 프랑스 파리나 독일 프랑크푸르트로 옮겨 갈 가능성이 높아졌다는데 계약직인 자신이 계속 채용돼 함께 갈 수 있을지, 터전인 런던을 벗어나 외국 생활을 제대로 할 수 있을지 걱정이라고 말했다. 브렉시트 후폭풍에 대한 걱정으로 새벽잠을 설친 런던 시민들의 고단한 하루는 이렇게 시작됐다.

| **장면 2** | 브렉시트 결정 이후 넉 달이 지난 10월 7일. 우려와 달리 그동안 안정을 찾으며 순항을 해왔던 런던 금융가가 다시 출렁였다. 이번엔 영국 집권 보수당의 전당대회가 열린 버밍엄에서 들려온 소식 때문이었다. 브렉시트 결정 이후 총리에 오른 테리사 메이가 유럽연합 탈퇴 의향서를 내년 3월 이내에 공식 접수할 것이라고 밝혔다. 리스본 조약 50조를 발동할 계획이고 이에 따라 유럽연합과 탈퇴 협상을 본격적으로 시작할 것이라고 말했다. 테리사 메이 총리의 계획대로라면 2019년 3월 말이 되면 영국은 유럽연합과 결별하게 된다. 브렉시트 결정 국민투표 이후 언젠가 나올 수밖

에 없었던 당연한 소식이었지만 이 뉴스의 여파로 파운드화는 여지없이 곤두박질쳤다. 파운드당 1.2607달러에서 1.1841달러까지 떨어졌다. 31년 만에 최저 기록이었다. 넉 달 전 유럽연합 탈퇴를 결정한 이후 17%나 하락하면서 정점을 찍었다.

브렉시트 국민투표 이후 영국의 정치, 경제, 사회는 예상과 달리 빠르게 안정을 찾는 듯했지만 조용했던 수면 위의 모습과 달리 수면 밑에서는 거대한 소용돌이가 만들어지고 있었다. 그런데 이 변화는 브렉시트로 인해 시작되었다기보다는 그 이전부터 준비돼왔으며, 단지 브렉시트를 통해 수면 위로 떠올랐을 뿐이라는 진단도 있다. 고립주의, 자국 이기주의, 국수주의를 넘어 반세계화의 물결이 바로 그것이다. 세계화에 대한 저항에서 시작됐을 수도 있는 반세계화의 움직임. 우리는 앞으로 어떻게 대비하고 준비해야 할까?

【브렉시트 이후 영국 경제】

브렉시트 결정 이후 영국 경제는 예상보다 나쁘지 않았다. 영국의 주식시장(FTSE 100 지수)은 브렉시트 국민투표 당일 약 6%가량 폭락했지만 이후 회복세를 보였고 10월 10일에는 한때 사상 최고치를 돌파하면서 12%나 급등했다. 일부 기업은 투자를 늘리기도 했다. 영국 최대 제약사인 글락소스미스클라인은 영국 내 운영 중인 9개 제조 공장 가운데 신규 의약품 개발을 위한 3개 공장을 증설하고 제품 품질 향상에 2억 7,500만 파운드, 우리 돈 약 4,000억 원을 투자하기로 결정했다. 이렇게 되면 약 3,000개의 일자리가 창출될 것이라는 전망도 나왔다. 맥도날드도 영국 내 25개의 매장을 새로 만들고 기존 매장의 영업 시간도 연장할 계획이라고 발표했다. 이를 통해 2017년 말까지 5,000개의 일자리가 만들어질 것이라고 예상했다.

이런 분위기 속에 2분기 경제 성장률은 0.6%, 실업률은 4.9%로 예상보다 좋았다. 영국 경제의 기초가 얼마나 튼튼한지를 보여주는 대목이라는 자화자찬성 분석도 나왔다.

그러나 영국의 유럽연합 탈퇴 협상이 본격화되면 사정은 달라지리라는 분석이 대체적이다. 실제 실물 지표로 나타나지 않지만 영국 경제와 사회에 대한 불확실성은 갈수록 높아지고 있다. 인력시장 조사 업체인 피콘이 성인 3,000명을 대상으로 조사한 결과에 따르면 63%가 고용 불안정성을 느끼고 있다고 한다. 브렉시트 이전인 5월에 이루어진 조사에서 39%가 고용 안정성에 위협을 느낀다고 답했던 것에 비교하면 불안감이 약 1.6배 증가한 것이다. 영국의 〈파이낸셜 타임스〉는 브렉시트 이후인 6월 28일과 29일 소매상점 방문 고객 수가 지난해 같은 기간에 비교해 약 11% 감소했다는 스프링보드의 자료를 인용 보도했다. 물론 방문한 모든 고객이 제품을 구매하지 않고 소비자들이 온라인 쇼핑을 이용할 수도 있지만 어찌됐든 소비의 위축을 걱정하게 만드는 대목이다. 또 부동산 경매시장 역시 지난해보다 위축되는 등 소비, 고용, 부동산 측면에서 브렉시트의 악영향은 서서히 본모습을 드러내고 있다고 전문가들은 진단한다.

브렉시트는 유럽 경제, 더 나아가 전 세계 경제에도 악영향을 줄 수 있다고 전문가들은 진단한다. 국제통화기금IMF은 10월 4일 발표한 보고서를 통해 브렉시트로 인한 불확실성은 특히 선진국 경제성장의 가장 큰 위협 가운데 하나라고 밝혔다. 영국과 유럽연합의 정치적, 경제적 불확실성은 투자와 고용의 걸림돌이 되기 때문이다. 이에 따라 선진국 성장 전망치는 2016년 1월 2.1%에서 1.9%(4월), 1.8%(7월)로 떨어지더니 결국 1.6%까지 낮아졌다고 IMF는 밝혔다.

【브렉시트 이후 영국 내 반세계화 움직임】

브렉시트로 인해 무엇보다 우려되는 것은 반세계화 물결이 아닐까 싶다. 브렉시트가 영국에 들어온 이민자 때문에 일자리를 빼앗겼다고 생각하는 영국인의 반감에서 시작된 만큼 영국 정부는 곧바로 외국인에 대한 빗장 걸기에 나서고 있다. 섬나라 영국은 프랑스나 독일보다 이민자 유입이 훨씬 적었지만 그럼에도 영국인이 이민자들로 인해 느꼈던 압박감은 더 컸던 것 같다. 한 해 영국에 들어오는 이주 노동자는 30만 명 정도. 이들이 영국의 일자리와 복지를 빼앗아 가고 있다고 보수 정치인들이 주장하면서 영국인들이 동요하기 시작했고 결국 브렉시트로 이어진 것이다.

팔을 걷어붙인 영국 정부가 내놓은 첫 번째 방안은 영국 내 기업인에게 외국인 종업원 명단을 작성시키는 것이었다. 영국 내 기업들이 전체 직원 가운데 외국인은 몇 명이고 그들은 누구인지 작성하게 한 뒤 공개하게 한다는 내용이다. 영국인을 고용할 수 있음에도 외국인을 고용하고 있는 기업을 공개함으로써 망신을 주기 위한 정책이라고 영국 언론은 분석했다. 이 정책은 기업들의 반발과 언론 비판 등 악화된 여론으로 며칠 만에 철회됐다. 그러나 전문가들은 브렉시트 국민투표를 등에 업은 영국 보수당 정부의 이민자에 대한 빗장 걸기 정책은 모양을 달리해 좀더 집요하게 진행되리라고 단언한다.

영국 정부는 최근 외국 학생들에 대한 비자 발급 조건을 좀더 강화할 것이라고 밝혔다. 그런데 더 자세히 들여다보면 영국 정부는 브렉시트 국민투표 시행 이전부터 유럽연합을 제외한 외국인 학생들의 체류 조건을 까다롭게 만들어왔다. 과거 외국인 학생들은 졸업 후 2년 동안 남아 일자리를 찾을 수 있었고 취업되면 취업비자로 변경도 할 수 있었다. 그러나 이 정책은 2012년 4월에 완전 폐지됐다. 현재 외국인 학생들은 비자 기간이 끝나기 전에 공인된 고용자의 취업 제안을 받았을 경우에만 취업비자로 전환할 수 있다. 졸업 전에 취업을 못 하면 영국을 떠나야 한다는 얘기이다.

또 외국인 학생들은 학기 중에 공부와 일을 병행할 수 없다. 학생비자를 연장하고 싶으면 일단 본국으로 돌아가야 하고 그동안 무료로 제공되었던 병원 이용도 유럽경제지역European Economic Area, EEA 국가를 제외한 외국인 학생은 돈을 내야 한다. 외국인 학생비자 신청자는 의무적으로 1년에 150만 파운드의 의료보험비를 납부하는 법안도 시행 중이다. 외국인 학생에 대해 복지를 대폭 줄인 것이다. 이 때문에 꿈과 열정만 갖고 영국에 건너온 외국인 학생에게 최근 4~5년은 혹독한 시련의 시간이었다. 여기에 영국 정부가 외국인 학생에 대한 체류 조건을 더 강화하겠다고 하니 외국인 학생들은 기가 찰 노릇일 것이다.

영국 정부의 정책이 강화되는 가운데 영국 국민 사이에서는 외국인에 대한 적대적 감정이 커지고 있음을 확연히 느낄 수 있다. 한 프랑스인은 최근 런던 외각의 펍에서 영국인에게 심한 욕설과 함께 "너의 나라로 돌아가라"는 말을 들었다고 하소연했다. 이웃 국가 국민에게 증오감을 드러낼 정도이면 동유럽, 중동, 동양인에게는 오죽하겠느냐는 자조 섞인 말도 나온다. 브렉시트 국민투표 직후 한 폴란드인 어린이는 학교에서 돌아오는 길에 "폴란드 해충은 돌아가라"는 카드를 받아 들고 눈물을 흘리기도 했다. 2016년 7월에 발표된 영국 내무부 집계 결과에 따르면, 2016년에만 모두 5,468건의 혐오 범죄가 발생했다. 2015년 같은 기간에 벌어진 혐오 범죄 3,886건보다 41%나 증가한 수치이다. 이 가운데 79%가 다른 인종에 대한 범죄라고 한다. 브렉시트가 신사의 나라라는 영국의 이미지를 훼손시킬 수 있다는 우려가 나오는 대목이다.

유럽 곳곳에서 커지고 있는 분리 독립의 목소리 역시 브렉시트의 영향이다. 영국의 일원인 스코틀랜드는 2014년 실시했다 부결된 스코틀랜드 독립투표 카드를 다시 꺼내 들 태세다. 스코틀랜드의 65%가 유럽연합 잔류를 원하는 상황에서 영국이 유럽연합을 떠난다면 영국에 남아 있을 이유가 없다는 것이다. 더불어 스페인의 카탈루냐 지방이 스페인에서 분리 독립투표를 하려는 움직임을 보여 분위기가 예사롭지 않다. 영국발 브렉시트는 경제 문제를 넘어 그동안 잠재돼 있던 각국의 분리 독립 욕망에 불을 지피고 있다. 통합과 세계화의 시대에서 분열과 지역화의 시대로 전환점을 예고한 것 아니냐는 섣부른 진단도 나오고 있다.

한편 유럽에서는 유럽 안보의 중심축인 북대서양조약기구NATO를 탈퇴하자는 목소리에 힘이 실리고 있다. 나토는 냉전 시대에 소련에 대항해 만들어졌던 구시대적 유물이며 유사시 기동력도 떨어진다는 것이 명분이다.

그러나 좀더 들여다보면 미국과 영국이 주도해온 나토에 프랑스와 독일이 더 이상 남고 싶어 하지 않기 때문이라는 것을 알 수 있다. 그동안 프랑스의 입장에 반대해온 영국이 유럽연합을 탈퇴하게 되면 그 논의는 좀더 속도를 낼 것으로 보인다. 실제 2016년 9월 영국이 빠진 유럽연합 정상회의에서는 유럽군 창설의 전 단계인 유럽군 지휘부 설립 방안이 제안되기도 했다. 브렉시트는 세계 경제는 물론 안보 체계에서도 새로운 변화를 불러오고 있다.

【브렉시트의 영향에 대비해야】

한국의 영국 진출 업체들은 브렉시트 이후 영국의 변화에 대한 대응 방안 마련에 노력하고 있다. 영국이 유럽연합과 어떤 협상 결과를 내느냐에 따라 달라지겠지만 미리 준비하지 않으면 낭패를 볼 수 있기 때문이다. 먼저 영국이 유럽연합을 탈퇴하면서 그동안 상위법 대접을 받아오던 유럽연합 법 대신 영국법이 효력을 얻을 것으로 보인다. 이 가운데 하나가 금융 패스포팅passporting이다.

금융 패스포팅은 한 금융 기관이 유럽연합 회원국 또는 유럽경제지역 소속 국가 중 한 국가에서만 설립인가를 받으면 별도 인가 없이 유럽연합 시장에서 금융 서비스를 제공할 수 있도록 한 편리한 제도이다. 그런데 협상 결과에 따라서는 이 제도는 더 이상 효력을 발휘할 수 없게 된다. 즉 런던에서 설립인가를 받았더라도 앞으로는 유럽 대륙에서 또 설립인가를 받아야 한다는 것이다. 이외에도 지적 재산권 보호와 고용법 등에서도 상당한 변화가 예상된다. 영국을 비롯해 유럽에 진출해 있거나 진출을 계획하고 있는 한국 기업들은 앞으로 진행될 영국과 유럽연합의 협상 과정과 결과에 주목해야 한다.

앞서 언급했듯 브렉시트 이후 경제적 변화와 함께 반세계화의 움직임도 주시해야 한다. 세계적 흐름이었던 세계화의 시대가 끝나고 곳곳에서 나타나고 있는 반세계화가 세계적 대세가 될 수 있다는 진단이 나오고 있다. 세계 각국은 통합과 연대 대신 지역과 민족적 특징, 색깔을 강조하며 자국 이기주의, 보호주의에 좀더 몰입할 수 있다. 이는 브렉시트를 통해 더욱 가속화되고 있다고 보인다. 세계에 진출하고자 하는 우리에게 반세계화에 대한 준비가 필요한 이유이다.

III

경제/과학/환경

다시, 규제란 **무엇인가**

김공희(한겨레경제사회연구원 연구위원)

신자유주의의 다른 이름이 규제철폐다. 신자유주의 옹호자들은 규제가 경쟁을 제한해 자원배분을 왜곡하고 경제의 효율성을 떨어뜨린다고 보기 때문이다. 경쟁 제한이라는 측면에서 보면 국가가 국유 기업을 소유함으로써 특정 산업을 직접 통제하는 것만 한 게 없다. 전력, 수도, 철도, 우편 등의 경우처럼 말이다. 따라서 규제를 없애자는 주장은 곧장 국유 기업을 민영화하자는 주장으로 연결된다. 이렇게 보통 규제란 정부규제를 일컫지만, 민간 영역 내부의 다양한 자율적 규제장치(예컨대 노사 간의 관행 같은)를 없애는 것도 규제철폐의 범위에 포함되곤 한다.

【규제는 '손톱 밑 가시?'】

박근혜 정부가 그간 보였던 일련의 정책 행보도 결국 '규제철폐'라는 키워드로 정리할 수 있을 정도다. 규제를 "손톱 밑 가시"라고 부른다거나 "규제는 암 덩어리" 같은 표현을 보면 규제에 대한 그들의 반감은 지나치다 싶을 정도다. 이러한 반反규제 기조는 공무원이나 공공기관 직원의 고용 조건을 유연화하는 것으로 연결되었고, 이런 움직임은 민간 영역으로까지 이어져 마침내 해고 요건과 취업규칙 변경 요건을 완화하는 '양대 지침'으로 실현되었다. 정말로 규제는 있어서는 안 될 '암 덩어리'일까? 그것은 나쁘기만 한 것일까? 아니, 그보다 먼저, 규제란 무엇일까?

이 마지막 질문에서 출발해보자. 그런데 불행히도 그에 대한 대답은 실망스러울 것이다. 규제에 대한 많은 논의가 있어왔지만 그에 대한 명확한 정의는 없다. 많은 경우에 그것은 민간 영역에 대한 정부의 개입 정도로 여겨지지만, 보통 규제를 철폐하자는 이들이 모든 정부 개입을 없애자고 하지는 않는다. 예컨대 그들은 기업이나 개인에 적용되는 세율이 너무 높다고 볼멘소리는 해도 조세제도

자체를 없애자고는 하지 않는다. 정부가 일을 하는 데는 돈이 들고 그 돈을 조달하는 주된 창구가 조세제도다. 즉 정부규제에 적대적인 이들도 일정 정도의 정부 활동, 곧 정부 규제의 필요성까지 부정하지는 않는 것이다.

둘째, 위와 같은 규제 개념의 모호성은 부분적으로는 규제가 그에 대한 사회적 합의 수준을 반영한다는 데서 기인한다. 어떤 규제가 바람직한가 여부, 나아가 어느 정도까지가 바람직한가의 문제는 결국 사회의 구성원들이 그 규제를 어떻게 보느냐에 달려 있다는 것이다. 이 점은 여러 나라를 비교함으로써 쉽게 이해할 수 있다.

다음 그림은 세계경제포럼WEF이 매년 내놓는 나라별 경쟁력 지표의 일부다. 이 지표는 12개 부문에 걸쳐 100여 항목으로 구성되어 있다. 〈그림1〉은 이 중에서 '정부규제에 따른 부담' 항목의 순위를 나타낸다. 이는 "당신의 나라에서, 기업이 정부가 내세우는 여러 요건(허가, 규제, 보고 등)을 충족시키는 것이 얼마나 부담스럽습니까?"라는 질문에 대한 설문 조사 결과로, 규제 부담이 적은 나라일수록 높은 순위를 차지한다. 여기서 중요한 것은, 이 항목의 순위가 규제의 양이나 정도를 나타내는 게 아니라는 사실이다. 이것은 주어진 규제가 해당국에서 받아들여지는 방식을 표현한다.

이를테면 우리나라의 순위가 조사 대상이 된 138개국 중 105위이고 사회주의 체제인 중국이 21위라는 것을 보고, 우리나라가 중

〈그림 1〉 2016~2017년 정부 규제에 따른 부담

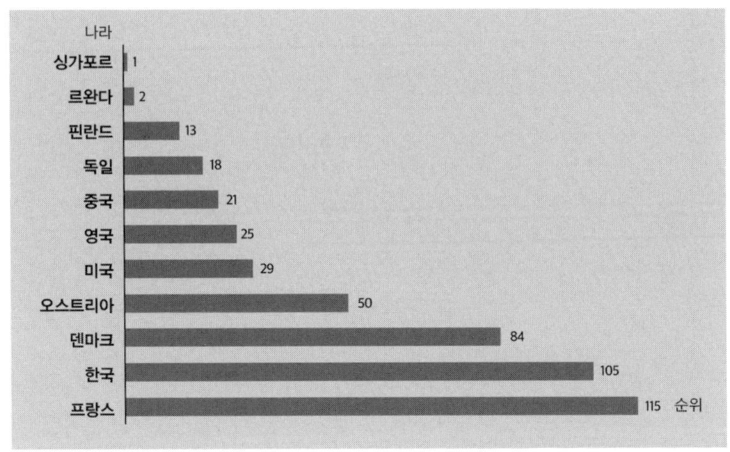

자료 출처: 2016~2017년 세계경제포럼 나라별 경쟁력 지표

국보다 기업 및 가계의 행위에 대한 정부의 규제가 훨씬 많으리라고 결론지을 수는 없다는 것이다. 독일은 어떠한가. 흔히 독일은 신자유주의에 반대되는, 정부의 역할이 상대적으로 강조되는 '라인Rhein형 자본주의'의 전형으로 꼽힌다. 그런데도 이 독일이 신자유주의와 규제철폐를 앞장서 실천했던 영국이나 미국보다 순위가 높다는 것은, 그만큼 독일에서는 다른 나라들에서는 성가신 규제로 여겨질 법한 것들이 당연한 것으로 받아들여지고 있음을 방증한다.

셋째, 규제란 경제의 발전 수준 그리고 정치의 발전 수준을 반영한다. 흔히 오늘날 규제철폐를 주장하는 일부 극단적 자유주의자들이 자신들의 '원조'로 꼽곤 하는 애덤 스미스가 규제 철폐와 자유무

역을 주장한 것은 잘 알려져 있다. 그러나 여기서 스미스가 없애야 한다고 말한 규제는 전근대적 규제, 곧 소수 특권자의 이익을 보호하는 봉건적 규제일 뿐이다. 이러한 규제의 제거는 곧 왕과 소수의 귀족이 주인인 정치 체제의 소멸을 의미한다. 그 폐허 위에 스미스는 근대적인 공화국의 건설을 꿈꾸었고, 이 새로운 체제에서는 다수 인민의 이익을 증진시키는 새로운 규제 체계가 필요함을 역설하기도 했다.

요컨대 '어떤 국가'냐에 따라서 규제의 성격이 달라진다는 얘기다. 우리나라의 경우에도, 1980년대 이래 경제를 '자유화'하자는 주장, 즉 국유 기업을 민영화하고 산업과 금융에 대한 정부의 규제를 없애자는 주장이 하나의 '진보적' 입장으로 자리매김할 수 있었던 것은 한국전쟁 이후 장기간에 걸친 (군사)독재 체제라는 배경 덕분이었다. 이러한 입장은 경실련 같은 일부 진보적 시민운동 단체에서부터 미국에서 유학한 젊고 유능한 관료들에 이르기까지 공유되고 있었다. 그런 의미에서 1998년 출범한 최초의 '야당' 정권인 김대중 정부가 '규제개혁위원회'를 발족시키면서 본격적인 규제철폐에 나선 것은 (굳이 '신자유주의'와의 관련성을 떠올리지 않더라도) 우연이 아니다.

【국가 기능이 발달할수록 규제는 늘어난다】

하지만 지난 20여 년 동안 우리의 역사에서 보았듯이, '규제철폐'란 그냥 구호 내지는 이데올로기일 뿐이고 실제로는 기존의 불합리한 규제, 소수의 이권만을 보호하는 규제, 그래서 경제의 효율성을 저해하는 규제가 사라진 자리는 합리적이고 경제의 효율성과 공정성을 높이는 새로운 규제로 채워지지 않으면 안 된다. 그런 의미에서 어떤 이들은 '규제철폐deregulation'란 사실은 '재규제reregulation'일 따름이라고 갈파하기도 했다.

일반적으로 자본주의 경제가 발달함에 따라 국가의 역할은 커질 수밖에 없다. 이 또한 여러 나라를 비교해보면 명확해진다. 국내총생산GDP 중에서 국가에 돌아가는 몫, 즉 조세와 각종 사회보장기여금이 얼마나 되느냐(이 비율을 '국민부담률'이라고 부른다)를 국가 역할의 크기를 나타내는 지표로 삼을 수 있겠다. 왜냐하면 이 돈은 국가가 사람을 고용하고 각종 사업을 벌이는 데 필요한 물질적 근거이기 때문이다. 흔히 '선진국클럽'이라고 부르는 경제협력개발기구OECD 가입국의 국민부담률 평균치가 35% 안팎이다. 우리도 1996년 이래 OECD 회원국이지만 국민부담률은 25%도 안 된다. 따라서 앞으로 우리나라의 국가 활동은 지금보다 50%가량 늘어야 OECD 평균 수준에 미치는 것이다. 그 과정에서 그만큼 규제는 양

〈그림 2〉 OECD 국가들의 2013년 국민부담률(단위 : %)

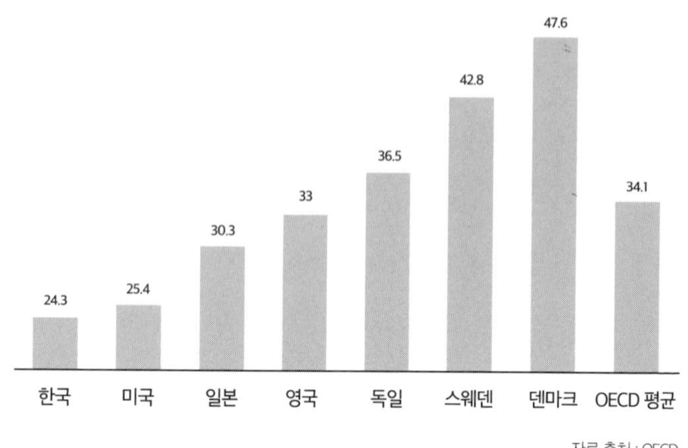

자료 출처 : OECD

적으로뿐 아니라 질적으로도 고양되지 않을 수 없을 것이다. 물론 이것은 결코 저절로 벌어지지 않는다.

넷째, 규제란 상이한 물질적 이해관계를 갖는 사회세력 간의 투쟁, 곧 계급투쟁의 문제다. 이 점은 우리나라에서 규제철폐가 본격화된 김대중 정권 초기에 전국경제인연합회(전경련)가 「IMF체제 조기극복을 위한 핵심 규제개혁과제」(1998. 3)라는 제목으로 작성한 정부 제출용 문건을 보면 잘 드러난다. 산업 입지, 금융·세제, 경쟁촉진, 인력·노사 등의 분야별로 제시된 70대 개혁 과제 중에는 장애인 의무고용제 폐지, 생리휴가제 폐지, 노동자들의 쟁의권 제한 등과 같이 탈법적인 것도 들어 있기 때문이다. 이러한 사례는 규제의 개별 항목 하나하나가 자본주의 사회의 양대 계급인 자본가와 노동자 간의 계급투쟁의 요소임을 명확하게 보여준다. 물론 전경련이 생리휴가제 등을 없애려고 하는 것은, 그 이전에 이미 생리휴가제가 도입되어 우리 사회의 건전한 상식으로 자리 잡고 있었다는 뜻이기도 하다. 따라서 생리휴가제 폐지를 위한 전경련의 시도는, 앞서 언급한 규제의 사회적 성격('사회적 합의 수준을 반영한다')을 다시금 강조하는 동시에 그러한 합의가 사회의 주요 세력 간 힘관계의 변동에 따라 얼마나 쉽게 뒤집힐 수 있는지를 잘 보여준다.

규제의 계급투쟁적 성격 그리고 규제를 둘러싼 사회적 합의가 매우 취약할 수도 있다는 것은, 재벌 등 자본가 계급의 규제철폐 요

<표 1> 전경련이 보는 여성고용으로 인한 추가부담

항목	내용
근로시간 제한	· 야업(夜業) 및 휴일 근로 금지, 시간 외 근로 제한으로 인력 활용의 효율성 저해
산전후 휴가	· 60일간 유급 휴가 · 임신 중 경이(輕易)한 근무로 전환 · 업무 공백과 임금 지급 등 이중 부담
생리 휴가	· 1개월 1일 유급 휴가
수유 시간 제공	· 1일 2회, 30분
직장 보육시설	· 보육시설 설치, 보육수당 지급에 따른 시설 운영비 및 인건비 부담

자료 출처: 「IMF체제 조기극복을 위한 핵심 규제개혁과제」(1998. 3), 106쪽.

구가 2008년 이후 보수 정부하에서 오히려 더 격렬해졌다는 사실에서도 방증된다. 다시 세계경제포럼 경쟁력 지수의 '정부규제에 따른 부담' 항목을 보자. 앞서 밝혔듯, 이 항목은 실제 규제의 정도를 객관적으로 표시하는 게 아니라 해당국 자본가들과 경제·경영 전문가들이 주관적으로 느끼는 규제의 수준을 보여준다. 따라서 상이한 나라를 비교하는 것보다는 같은 나라에 대해 상이한 시점을 비교하는 게 더 유의미할 수 있다.

현재 이 부문에서 우리나라는 105위로 세계 최하위 수준이지만,

〈그림 3〉 우리나라의 '정부 규제에 따른 부담' 순위와 점수 추이

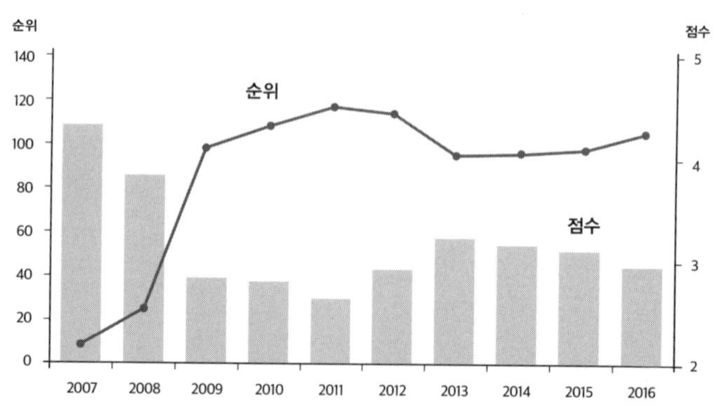

자료 출처 : 세계경제포럼 나라별 경쟁력 지표, 각 연도

이 지표는 "당신의 나라에서, 기업이 정부가 내세우는 여러 요건(허가, 규제, 보고 등)을 충족시키는 것이 얼마나 부담스럽습니까?"라는 질문에 피설문자들이 1~7까지의 숫자로 답한 자료에 의거해 산출된다. 점수가 높을수록 부담 정도가 낮아진다.

늘 이랬던 것은 아니다. 아래 〈그림 3〉에서 보듯, 이 순위가 100위 안팎으로 밀려난 것은 이명박 정부가 완전히 자리 잡은 2009년부터고, 그전에는 2007년 8위, 2008년 24위로 상당히 높은 편이었다. 규제의 완화와 철폐 움직임이 가속화된 보수 정부하에서 그에 대한 요구가 더 높아진 것, 달리 말해 규제가 너무 많다는 불만이 역사상 그 어느 때보다도 높아졌다는 것은 무엇을 의미하는가?

앞서 밝혔듯 이 순위는 객관적인 규제의 양을 나타내는 게 아니다. 그것은, 한국의 자본가들과 그들로부터 자금 지원을 받는 일부 '전문가'가 과거엔 감히 '규제'라고 생각하지도 않았던 것까지 완화되거나 아예 철폐될 수 있는 규제라고 간주하게 되었음을 의미할 따름이다. 2016년 초에 정부가 강행한 이른바 '양대 지침'은 그 정점을 이룬다. 이를 통해 사실상 기업은 아무 이유 없이 노동자를 해고할 수 있게 되었는데, 이것은 어떻게 보더라도 현대 노동법의 일반적인 정신에 부합하지 않는다.

다섯째, 규제는 언제나 경제적 이익의 사회세력 간 재분배를 야기한다. 어쩌면 바로 이것이, 규제를 둘러싸고 그렇게도 갈등이 많은 직접적인 이유일 것이다. 물론 개인의 재산권을 신성불가침의 최고 가치로 두는 소수의 극단적 자유지상주의자들을 빼면, 국가의 그러한 재분배 기능 자체를 부정하는 사람이 많진 않다. 하지만 재분배의 방향과 대상, 방식을 둘러싸고 갈등이 끊이지 않는다. 우리나라의 경우 이런 갈등은 정부의 낮은 신뢰도 때문에 더욱 첨예하다.

따라서 정부 정책의 공정성과 투명성을 높이려는 노력이 많이 필요하다. 더욱이 앞으로 우리는 정부의 역할이 지금보다 50% 이상 강화되어야 하므로 이를 가능하게 하기 위한 전제 조건으로서 정부의 신뢰도를 높이는 작업은 더욱 절실하다. 그랬을 때 정부는 경제 전체의 생산성을 높이기 위해 그리고 모든 시민을 위한 공공재인 경제의 '공정성'을 높이기 위해 특정한 경제 행위를 촉진하거나 억제하는 인센티브로서 규제를 적극적으로 사용할 수도 있을 것이다. 물론 국가가 유능할수록 같은 기능을 수행하는 데 필요한 규제의 양은 적을 것이다.

【올바른 규제 위한 시민의 엄격한 감시 필요】

끝으로, 규제가 갖는 국제적인 측면에 대해 간략히 지적한다. 규제가 야기하는 재분배는 때로는 오늘날 세계 경제의 제국주의적 성격을 드러내기도 한다. 가장 대표적인 예가 지적재산권이다. 오늘날의 지적재산권 제도란 특정한 지식이 역사적으로 어떻게 형성되어 왔는지보다 그것을 누가 먼저 식별하고 등록하느냐를 더 중요시하는 것 같다. 그렇다 보니 선진국의 기업들이 남아시아나 아프리카 등지에서 수천 년간 벼려진 지혜가 깃든 곡물 품종이나 약품 같은 것들을 지적재산으로 등록해, 이들 지역으로부터 거액의 '사용료'를 받는 기막힌 일이 벌어지는 것이다. 돌이켜보면 이러한 규제야말로 스미스가 철폐해야 한다고 강하게 주장한 봉건적 규제와 닮아 있다. 따라서 규제철폐를 좋아하는 자유무역주의자가 맨 먼저 없애자고 주장해야 할 규제가 바로 이런 것들이다.

지금까지 본 대로 한 나라의 규제란 그 나라의 정치, 경제, 사회의 발전 정도를 종합적으로 반영한다. 역사적으로 특정 개인과 집단의 이권 보호를 목적으로 한 '나쁜' 규제도 있었지만, 현대의 민주공화제하에서 중립성을 표방하는 정부는 경제와 사회의 고른 발전과 효율성 제고를 위해 규제를 사용한다. 물론 이러한 기능의 원활한 작동을 위해서는 시민의 엄격한 감시가 전제되어야 하며, 최근 들어 이러한 요구는 글로벌 차원에서도 강하게 제기되고 있다.

임금차별 해소를 위한 **스웨덴 모델의 교훈**

채진원(경희대 후마니타스칼리지 비교정치학 교수)

저성장, 저출산, 고령화, 양극화, 취업난 등 날로 악화되는 경제 위기로 인해 많은 사람이 한숨을 쉬며 답답해하고 있다. 그 해결책으로 노동시장의 구조개혁이 논의되는 것은 자연스럽다. 정부와 정치권은 오래전부터 노동개혁의 방향에 대해 논의하고 있지만 국민적 합의를 이루지 못하고 있다. 정부와 새누리당은 노동시장의 유연화를 목표로 노동개혁을 주장하는 반면, 야당은 노동개혁 이전에 경제민주화를 목표로 재벌개혁을 주장하고 있다. 정규직과 비정규직의 임금 격차 해소 방향에 대해서도 새누리당은 대기업과 정규직이 기득권을 양보하는 '임금의 중향 평준화'를 주장하는 반면, 야당은 모든 노동자를 대기업 정규직처럼 대우하는 '임금의 상향 평준화'를 주장한다.

노동개혁이 필요한 이유는 무엇일까? 그 이유는 많다. 그중 핵심적인 이유를 두 가지만 언급하면 다음과 같다. 첫째는 '헬조선론'과 '흙수저론'으로, 좌절감에 빠진 청년들이 사회구성원으로 살아갈 수 있도록 돕기 위해서다. 둘째는 소득 불평등의 원인이 되고 있는 비정규직의 임금 차별을 해소하기 위해서다. 물론 첫째와 둘째는 서로 긴밀히 연결되어 있다.

청년들은 스스로를 연애, 결혼, 출산, 취업, 주택, 인간관계, 희망을 포기하고 사는 '7포 세대'라 자조하고 있다. 또한 그들은 '헬조선, 지옥불반도'라는 섬뜩한 신조어를 만들며 희망을 버리고 있다. 헬조선은 지옥이라는 뜻의 헬hell과 조선朝鮮의 합성어로 "한국이 지옥에 가깝고 전혀 희망이 없는 사회"라는 의미이다. 청년들은 이런 말들을 청년 실업, 청년 비정규직 문제 등 정부 정책에 대한 불만, 경제적 불평등, 과다한 노동시간 등 아무리 노력해도 가난에서 벗어날 수 없는 가혹한 현실 그리고 일상의 불합리함을 고발하기 위해 사용하고 있다.

헬조선론이 회자되는 배경에는 구직에 어려움을 겪고 있는 청년들이나 일자리는 구했지만 비정규직으로 고용 불안과 상대적 저임금에 시달리는 청년 노동자들, 덧붙여 위계적인 직장 문화에 거부감을 느끼는 청년 직장인 대부분이 보통의 노력을 넘어선 '노오력'(노력보다 더 큰 노력을 하라는 신조어)을 해봐도 자신이 원하는 지위 상승이 사실상 불가능하다는 비관적 인식이 있다. 특히 '금수저론' '은수저론' '흙수저론'으로 회자되는 것처럼, 부모의 경제 수준에 따라 자식의 위치가 정해짐으로 청년들 자신의 노력만으로 미래를 바꾸기가 사실상 어렵다는 비관적 인식이 크다.

청년들이 헬조선론을 거부하지 못하고 수용할 수밖에 없는 현실은 앞서 노동개혁이 필요한 이유에서 둘째로 언급한 바와 같은 문제 때문이다. 즉, 정부와 정치권이 청년 실업의 배경이자 소득 불평등의 원인으로 작동되고 있는 노동시장의 양극화의 문제, 즉 정규직과 비정규직의 임금 격차 문제를 실질적으로 해결하기 위한 대안을 내놓지 못하고 있다는 것이다. 정치권이 '청년기본소득' 등과 같은 재분배로 문제의 본질을 회피하거나 '노동개혁'이냐 '재벌개혁'이냐 그리고 임금의 중향 평준화냐 상향 평준화냐라는 탁상공론으로 허송세월하고 있기 때문이다.

【소득 불평등 원인인 비정규직 구하기】

〈표 1〉은 2016년 3월에 국제통화기금IMF이 발표한 「아시아의 불평등 분석」 보고서 자료 중 일부이다. 이 자료에 따르면, 한국의 상위 10% 소득 집중 속도가 아시아 주요국 중에서 가장 빠르다. 소득 불평등 정도도 미국을 제외하고 가장 높다. 우리나라에서 소득 상위 10%가 전체 가계 및 개인 소득에서 차지하는 비중은 2012년 현재 44.9%로 아시아에서 가장 높다. 즉, 한국은 소득이 높은 상위 10%가 평균적인 서민 가정에 비해 4.5배나 많은 소득을 올려 아시아에서 가장 불평등한 나라가 되었다.

<표 1> 상위 10% 소득집중도 국제 비교

연도	1995년	2000년	2008년	2012년	증감(%p) (1996~2012년)	증감률(%) (1995~2012년)
미국	40.6%	43.1%	46.0%	47.8%	7.3%p	18.0%
한국	29.2%	35.8%	43.4%	44.9%	15.7%p	53.8%
싱가포르	30.2%	38.1%	43.6%	41.9%	11.7%p	38.7%
일본	34.0%	37.2%	40.9%	40.5%	6.5%p	19.1%
영국	38.5%	41.0%	42.0%	39.1%	0.6%p	1.6%
프랑스	32.4%	33.1%	32.6%	32.3%	△0.1%p	△0.3%
뉴질랜드	32.6%	31.2%	30.0%	31.8%	△0.1%p	△2.5%
호주	29.1%	31.3%	29.3%	31.0%	1.9%p	6.5%
말레이시아	27.0%	22.5%	24.9%	22.3%	△4.7%p	△17.4%

자료 출처: IMF, 2016,「아시아의 불평등 분석」

이 같은 한국의 수치는 1995년 29.2%에서 18년 후인 2012년 현재 16%포인트나 상승했다. 이해 비해 한국의 소득 상위 1%가 전체 소득에서 차지하는 비중은 같은 기간 5%포인트 늘어난 12%로, 싱가포르(14%)에 이어 2위를 보였다. 한국에서 소득 상위 1%의 증가폭보다 소득 10%의 증가폭이 더 커진 것은 민주화 이후 경제성장의 과실이 상위 1%뿐만 아니라 상위 10%에게도 돌아갔음을 의미한다. 또한 이것은 경제성장의 과실이 상위 10%에 쏠리면서 하위 90%의 소득 분배가 거꾸로 악화되었음을 의미한다. 이 보고서는 한국이 아시아에서 가장 소득 불평등이 심한 원인에 대해 정규직과 비정규직의 임금 차별 등으로 분석하고 있다. 전체 노동력의 3분의 1을 차지하는 비정규직이 겪는 임금 차별로 인해 소득 불평등이 심화되었다

〈그림 1〉 소득 상·하위 10% 임금 격차 추이

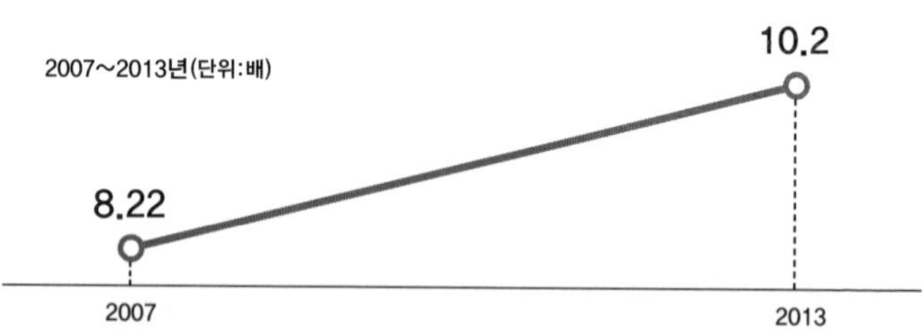

(단위:원)	상위 10% 연 총급여	하위 10% 연 총급여
2013	113,000,000	11,040,000
2007	95,360,000	11,600,000

자료 출처: 이인영 의원실(2015. 7. 10)

<표 2> 광주 현대·기아차 노동자 임금격차

고용형태		평균연봉
광주공장	정규직	1억 원
	사내하청	5,000만 원
1차 협력사		4,700만 원
1차 협력사	사내하청	3,000만 원
2차 협력사		2,800만 원
2차 협력사	사내하청	2,200만 원

자료 출처: 한국노동연구원(2014년 기준)

는 것이다. 그렇다면 한국에서 소득 상·하위 10% 노동자의 임금 격차는 얼마나 될까?

〈그림 1〉은 더불어민주당(전 새정치민주연합) 이인영 의원이 2015년 7월 10일 공개한 자료이다. 이것은 2007~2013년 국세청 근로소득 백분위 자료를 근거로 소득 상·하위 10% 노동자의 연평균 임금 격차가 2007년 8.22배에서 2013년 현재 10.2배로 더욱 증가했음을 보여준다. 〈표 2〉는 한국노동연구원이 조사하여 발표한 2014년 현대·기아자동차 협력업체 평균연봉 현황이다. 광주공장 정규직이 1억 원, 광주공장 사내하청이 5,000만 원, 1차 협력사 4,700만 원, 1차 협력사 사내하청 3,000만 원, 2차 협력업사 2,800만 원, 2차 협력업사 사내하청 2,200만 원 수준이다. 대기업 정규직과 2차 협력사 사내하청 간의 연봉은 약 5배 차이가 난다.

그렇다면 소득 상위 10%는 과연 누구일까? 더불어민주당 윤호중 의원실이 낸 보도자료(2015년 9월 9일자)에 따르면 2014년 기준 상위 10%의 근로소득자란 연봉 6,700만 원 이상인 봉급쟁이들인데 이들의 숫자는 169만 2,022명에 달한다. 이들은 대부분 은행과 보험사 등 금융 회사와 삼성그룹, 현대자동차그룹, 롯데그룹 등 재벌계 대기업 그리고 한전과 공사 등의 공기업에 근무하는 정규직 직원과 현장 노동자 그리고 임원급 경영자들이다. 이들은 대체로 민노총이 있는 대기업 직원과 금융노조, 전교조가 있는 교원, 공공노조가 있는 공공기관과 진입 규제로 보호된 의사, 변호사 등의 전문직이다.

그렇다면 '헬조선'의 늪에서 허우적거리는 청년들과 소득 불평등의 원인으로 임금 차별을 받고 있는 비정규직을 구제하기 위해서는 무엇을 해야 하는 것일까? 그에 대한 답은 당연히 비정규직의 임금 차별을 시정하기 위한 노동개혁을 단행하는 것이다. 하지만 앞서 언급한 것처럼, 정부와 정치권 그리고 재계 및 노동계는 재벌개혁 대 노동개혁, 임금의 중향 평준화 대 상향 평준화의 팽팽한 대결 구도 속에서 국민적 합의를 이뤄내지 못한 채 문제를 더욱 악화하고 있다. 비정규직의 임금 차별을 개선하기 위해서는 소득 상위 1%와 소득 상위 10%에 경제적 과실이 집중되어 하위 90%의 소득분배를 악화하는 만큼, 노사가 모두 대타협을 통해 재벌개혁과 노동개혁을 동시에 할 수 있는 합리적인 타협안을 찾을 필요가 있다.

【임금 차별 개선을 위한 스웨덴 모델】

비정규직의 임금 차별을 시정하기 위해 재벌개혁과 노동개혁을 동시에 추진하는 과제는, 자본과 노동 간의 배타적 이익이 충돌함과 동시에 상층자본(재벌)과 상층노동(이른바 귀족노조, 정규직 조직노동)이 담합하여 중하층 자본과 비정규직 노동을 수탈하는 복잡한 균열선이 있어 문제 해결이 매우 까다롭고 어렵다. 따라서 이것에 성공한 사례를 참조하는 것이 실수를 줄일 수 있다. 스웨덴의 노동개혁 모델을 참고할 필요가 있다.

소련 공산주의와 독일 나치주의라는 양극단으로부터 벗어나 제3의 길The Middle Way을 천명한 스웨덴 사회민주노동당(이하 사민당)은 노조의 전폭적 지지를 업고 1932년 집권에 성공하였다. 하지만 1935년까지 스웨덴 경제는 노사 갈등으로 인한 총파업, 직장 폐쇄가 이어지면서 그야말로 중증 환자가 되어 있었다. 사민당은 노사정 대타협을 위한 대장정에 돌입했다. 사민당은 자신의 지지 기반인 노조에 "기업이 없으면 국가 경제가 없고 일자리도 없어진다"라고 쓴소리를 하였고, 파업을 계속한다면 "어쩔 수 없이 법을 만들어 노조의 파업을 금지시키겠다"고까지 경고하였다. 반대로 기업에도 "노조와 기싸움 하지 말고 타협에 임해달라"고 요청하면서 그렇지 않을 경우 국가가 나서서 직장폐쇄금지법을 만들겠다고 경고했다.

사민당은 양쪽을 설득한 끝에 1938년 '살트셰바덴 협약'이라는 노사정 대타협을 이끌어냈다.

스웨덴 사민당과 노사는 이 대타협을 기초로 스웨덴 모델이라 통칭되는 '렌-마이드너 모델Rehn-Meidner Model'을 창조했다. 그것의 핵심 원리는 다음과 같다. 노조는 자본 측에 고임금을 자제하는 대신 고용 안정과 초과 이윤의 일부를 공동 주식으로 전환하는 임금노동자기금 정책을 요구했다. 자본 측은 노조에게 고용 안정과 공동 주식을 주는 대신 고율의 법인세를 정부에 제공했다. 정부는 고율의 법인세와 노동자의 재산세 수입을 기반으로 노동자와 사회적 약자에게 재취업을 위한 재교육, 재훈련, 고용보험 등 광범위한 사회복지를 제공했다. 또한 정부는 연대임금을 제공할 수 없는 경쟁력 없는 한계기업에 구조조정 또는 재생할 수 있는 금융과 행정을 지원함으로써 성장과 분배의 선순환을 조직했다.

연대임금은 노사가 중앙 교섭을 통해 동일 업종 내 저임금 기업의 임금 상승을 촉진하고, 고임금 기업의 임금 상승을 억제해 노동자 간 임금 격차를 줄이는 제도를 말한다. 즉, 동일 업종에 대해 대기업과 중소기업이 동일한 수준의 임금을 지급하는 것으로 대기업은 임금을 동결하고 중소기업의 임금을 대기업 수준으로 끌어올리는 제도이다. 경쟁력이 없는 한계기업의 구조를 조정하여 임금의 상향 조정이 가능한 기업으로 재생시키는 한편 한계기업에서 해직된 노동자들을 정부가 고용보험으로 훈련시켜 재취업을 도모하는 제도이다.

임금노동자기금도 역시 대기업과 중소하청, 비정규직 간의 임금 격차를 해소하기 위해 기업의 초과 이윤을 공동의 주식으로 분배하는 제도로 제시되었다. 이는 기업의 초과 이윤의 20%를 신주로 발행하여 노조가 소유하도록 한 제도이다. 신주의 20%를 노조가 계속 소유할 경우, 20~30년 지나면 모든 기업이 노조의 소유가 될 수 있다고 보았다. 물론 이것은 자본 측의 강한 반대로 당초 계획대로 실천되지는 못했다.

【스웨덴 모델의 교훈과 우리의 과제】

스웨덴 모델의 교훈은 노동자의 임금 격차 해소를 목표로 하는 정당이 집권한 후 노사정 대타협을 기반으로 동일 노동, 동일 임금에 기반한 '연대임금제도'와 '적극적 노동시장 정책' 그리고 산업민주주의와 경제민주주의에 기반한 '임금노동자기금 정책'을 수립하여 기업의 소유 지배 구조를 민주화하는 데 성공적 사례를 보여준 점이다.

그동안 한국에서도 임금 격차의 해소를 위해 스웨덴 모델을 적용해보자는 정책 제언과 시도가 이미 있었다. 노무현 전 대통령은 2005년 7월 5일 청와대에서 열린 '대-중소기업 상생협력 점검회의'에서 일부 대기업과 중소기업의 공동 직업 훈련 사례를 보고받고 "그런 협력이 임금 분야까지 확대됐으면 좋겠다"며 "연대임금제와 같은 대-중소기업 노동자 간 협력 방안을 검토해보라"고 지시한 바 있다. 또한 박원순 서울시장은 2016년 10월 17일 '근로자이사제 운영에 관한 조례' 제정 기념 토크콘서트에서, "근로자이사제 조례 제정이 한국 사회 갈등을 푸는 열쇠가 될 것이고 미래 경쟁력을 확보하는 하나의 날개가 될 것이다"라고 언급하면서 근로자이사제의 민간 기업으로의 확대를 제기했다.

빈곤층으로 전락한 비정규직 노동자를 중산층으로 복원하기 위해서는 '동일 노동, 동일 임금'의 원칙 아래 중소하청 노동자의 임금을 대기업 노동자의 80%에 해당하도록 보장하는 '한국형 연대임금제도'와 '한국형 임금노동자기금'을 제도화할 필요가 있다. 이러한 정책 노선은 복지를 노사정의 대타협이라는 정치 과정에 대한 이해 없이, 세금 걷기라는 행정의 결과로 단순하게 이해하는 좌우 복지 포퓰리즘과 달리, 고용 안정과 산업 혁신을 통한 경제성장이 증세와 복지로 선순환되도록 한다는 점에서, 실질적인 복지를 위한 기본 전제인 '기업민주주의의 실현'에 충실한 노선이라는 점에서 큰 의미가 있다.

제4차 산업혁명 **프레임에서 벗어나자**

차두원(한국과학기술기획평가원 연구위원)

• 2016년 1월 세계경제포럼은 제4차 산업혁명을 정보통신과 전자기술 등 디지털 혁명(제3차 산업혁명)을 기반으로 물리적 공간, 디지털적 공간 및 생물공학 공간의 경계가 희미해지는 기술융합의 시대로 정의했다[1]. 이후 제4차 산업혁명이란 단어는 우리나라 과학과 기술, 산업 분야뿐만 아니라, 정치, 경제, 산업, 노동, 교육 등 거의 모

1) "The Future of Jobs : Employment, Skills and Workforce Strategy for the Fourth Industrial Revolution", World Economic Forum, 2016. 1.

든 분야의 키워드가 되었다. 마치 우리나라 모든 분야의 정책들을 제4차 산업혁명 시대의 권력과 패권을 잡기 위해 재설계하지 않으면 안 될 것 같을 정도다.

사실 제4차 산업혁명의 개념이 처음 등장한 것은 아니다. 앨빈 토플러는 1980년 발간한 『제3의 물결』에서 제1의 물결은 농업혁명, 제2의 물결은 산업혁명, 제3의 물결은 정보혁명으로 주장하고, 1950년대 선진국을 중심으로 정보화 사회가 출현했다고 기술했다. 또한 2006년 우리나라를 방문했을 때에는 제4의 물결을 속도와 공간의 혁명으로 정의하고 생물학과 우주산업을 패러다임 전환의 핵심 동인으로 설명하며, 한국의 미래는 한국 내부와 인접 국가의 변화 속도에 어떻게 대응하느냐에 달렸다고 강조했다.[2] 앨빈 토플러뿐만 아니라 미래학자인 제러미 리프킨도 2011년 발간한 『제3차 산업혁명』(민음사, 2012)에서 에너지원을 산업혁명의 동인으로 제1차는 증기기관, 제2차는 전기, 제3차는 재생에너지와 인터넷의 결합으로 설명하기도 했다.[3]

어떻게 보면 2016년 1월 세계경제포럼이 제시한 제4차 산업혁명은 앨빈 토플러와 제러미 리프킨이 이야기한 내용과 그다지 차별

---

2) "제4의 물결온다", SBS 뉴스, 2006. 12.

3) Jeremy Rifkin, *The Third Industrial Revolution: How Lateral Power is Transforming Energy, the Economy, and the World*, St. Martin's Press, 2011.

성은 없는 듯도 하다. 그러나 과거 제4차 산업혁명 관련 이야기들이 미래기술 혹은 미래사회의 모습이었다면, 이제는 관련 기술과 서비스들이 우리 생활 속에 들어오고 있다는 차이가 있다. 예를 들면 세계경제포럼은 2000년대 후반 세계 경제위기를 기점으로 SNS, 무선인터넷, 스마트 디바이스 확산과 함께 전 세계로 확산된 공유 경제와 P2P Peer to Peer 플랫폼, 초연결 사회를 가능하게 한 사물인터넷 등을 포함했고, 당시에는 미흡했던 컴퓨팅 파워와 데이터 처리 능력 등 기술적 제약을 극복하고 본격적인 상용화가 시작된 로봇과 인공지능 등을 제4차 산업혁명의 동인으로 포함했다.

이러한 기술들의 발전과 함께 세계경제포럼에서 강조한 것은 기술발전에 따른 인간의 일자리 문제다. 미국, 일본 등 15개국의 370

〈그림 1〉 제4차 산업혁명의 단계적 동인

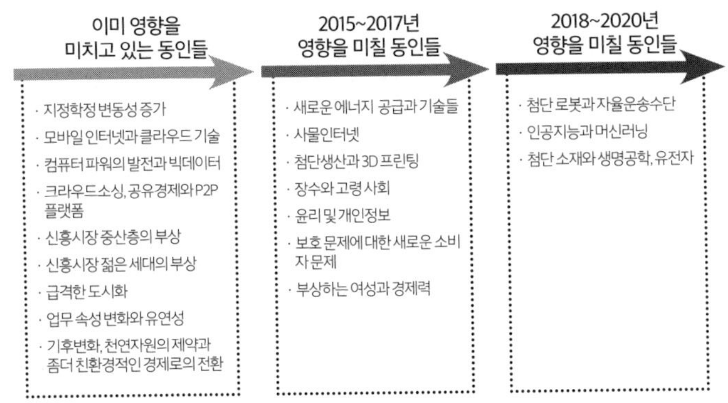

자료 출처 : "The Future of Jobs-Employment, Skills and Workforce Strategy for the Fourth industrial Revolution", World Economic Forum, 2016. 1.

개 기업 인사담당 임원을 대상으로 조사한 결과 2020년까지 총 710만 개의 일자리가 사라지고 200만 개의 일자리가 창출되어 총 510만여 개 일자리 감소한다는 것이다. 직종별로 살펴보면 사무와 행정, 생산, 건설, 디자인, 스포츠, 미디어, 법률, 시설과 정비 업종 등의 고용이 감소하고 비즈니스와 경영, 컴퓨터와 수학, 건축과 엔지니어링 등의 업종이 증가한다고 전망했다. 더구나 2016년 3월 구글 딥마인드의 알파고가 이세돌 9단을 4 대 1로 이기는 장면을 직접 지켜본 우리나라에서 제4차 산업혁명의 여파는 다른 나라들보다 더 클 수밖에 없었다. 이러한 내용들을 종합해보면 세계경제포럼이 정의한 제4차 산업혁명의 핵심은 새로운 기술들의 등장과 그것들이 경제사회에 미치는 영향에 대해 과학기술사회학Science Technology and Society적 관점에서 접근했다고도 볼 수 있다.

【제4차 산업혁명의 파괴력】

제4차 산업혁명 기술의 대표 사례 가운데 하나인 스마트 팩토리를 살펴보자. 현재까지도 많은 생산업체들이 노동자를 로봇으로 교체하지 못하는 이유는 기술적 경제성의 한계 때문이다.[4] 그러나 최

---

4) Angelo Young, "Industrial Robots could be 16% Less Costly to Employ Than People by 2025", *International Business Times*, 2015. 2. 11.

근 인공지능과 로봇 기술의 비약적인 발전으로 비용 대비 효과가 부각되면서 로봇의 인력 대체가 단순 반복 작업 등 특정 직무 영역에서 한정적으로 진행되었던 과거와 달리 산업과 고용 구조 전반에 걸쳐 적지 않은 영향을 미치기 시작했다. 리싱크 로보틱스Rethink Robotics가 개발한 로봇 박스터Baxter의 가격은 2만 5,000달러, '로봇 민주화'를 모토로 설립한 스타트업 오토마타Automata가 개발한 6축 로봇 에바Eva의 가격은 3,000달러다.[5] 3년간 주당 평균 40시간을 사용할 경우, 박스터의 시간당 운영 비용은 4.32달러로 미국 연방정부 최저 시급인 7.25달러의 60%수준으로 전일제 노동자를 고용하는 것과 같다.[6]

실제로 2016년 독일 스포츠 용품 업체인 아디다스는 1993년 저임금 노동력을 활용하기 위해 운동화 생산 라인을 모두 중국과 베트남으로 이동한 지 23년 만에 독일로 복귀했다. 중국과 베트남 인건비가 상승한 측면도 있지만, 로봇 운영 비용과 스마트 팩토리 구축을 위한 관련 기술 수준도 함께 상승했기 때문이다. 스마트 팩토리 구축을 위해 독일 정부, 아헨공대, 소프트웨어, 센서 업체 등 20

---

5) "Automata aims to 'Democratise Robotics' with $3,000 Six-Axis Robot", *Dezeen Magazine*, 2015. 1. 21.

6) Duhamel et al., "Rethink Robotics - Finding a Market" Stanford CasePublisher 204-2013-1, 2013. 5. 20.

개 이상의 기업과 협력했다. 홈페이지를 통해 고객이 스타일, 디자인, 깔창, 외피, 색상, 신발끈 등의 디자인과 소재를 선택하면 3D 프린터와 로봇 등을 활용해 고객 맞춤형 제품을 생산한다. 연간 40만 켤레 생산이 가능하지만 소요 인력은 단 10명으로 같은 물량을 만들기 위해 기존에 필요하던 600명의 인력의 60분의 1만 필요하다. 생산에서 배송까지 걸리던 시간을 6주에서 24시간으로 단축했을 뿐만 아니라, 불필요한 재고를 감축하는 등 제조와 유통 비용의 혁신이 가능하다. 이제 공장은 공장이 아니라 제4차 산업혁명 기술들

〈표 1〉 스마트 팩토리 핵심 9개 기술

기술	요구 사항
빅데이터와 분석	스마트 팩토리에서 생성되는 데이터를 활용, 해석해 다양한 의사결정에 활용
자율 로봇	지능이 향상된 로봇을 활용해 단순 작업을 넘어 다양한 역할을 수행
클라우드	방대한 데이터를 처리하고 다수의 기계를 지원
시뮬레이션	빅데이터, 클라우드 등을 활용하여 제조 프로세스 시뮬레이션 실시
산업용 사물인터넷	탑재형 디바이스와 센서 등을 활용해 모든 장비가 실시간으로 통신과 컨트롤이 가능
적층가공 (3D 프린터)	주문 제작, 특수 제품 등의 소량 생산에 활용
증강현실	각종 의사결정, 생산성 향상, 교육 훈련 등에 활용
사이버 보안	통신 네트워크에 대한 보안 문제 해결
수직·수평적 시스템 통합	기업 내부, 외부 모든 데이터를 수직·수평적으로 연계 활용

자료 출처: "Industry 4.0 : The Future of Productivity and Growth in Manufacturing Industries", The Boston Consulting Group, 2015. 4.

이 집약된 스마트 생산의 허브, 즉 에코시스템으로 진화하고 있는 것이다.

스마트 팩토리는 리쇼어링reshoring 정책의 의미도 변화시켰다. 과거 해외 공장을 본국으로 복귀시켜 중산층 일자리 만드는 데 일조하겠다는 것이 리쇼어링 정책의 핵심이었다. 그러나 스마트 팩토리 기술과 결합하면서 작업장에서 일하는 직접일자리 창출의 기여도는 낮아지고 있다.

아마도 앞으로 생산성과 고용의 탈동조화는 더욱 가속화되고, 리쇼어링을 당한 후진국 등의 국가는 점점 실업 문제에 시달릴 듯하다. 제4차 산업혁명 핵심 기술들이 집약된 스마트 팩토리의 예를 보아도, 기업뿐만 아니라 국가와 개인의 부와 직업에도 연계되어 관련 기술의 소유와 활용이 부와 주도권을 결정짓는 이른바 로보틱스 디바이드robotics divide의 출현을 부정하긴 힘들다.[7)]

【제4차 산업혁명과 한국의 현실】

이미 제4차 산업혁명 핵심 기술들은 연구실을 벗어나 시장에 진출하는 등 글로벌 기업들을 중심으로 새로운 시장을 형성하고 시장

---

7) 차두원, 「로봇發 소득격차, 어쩔텐가 : 로보틱스 디바이드, 소득 불균형 해결할 사회적 논의 필요」, 차두원의 럭키백, 머니투데이, 2015. 7.

을 선점하기 위한 경쟁이 벌어지고 있다. 카셰어링 업체로 2009년 설립된 우버의 기업 가치는 80조 원에 육박해 현대자동차 시가총액인 37조 원의 두 배를 넘어섰고, 2008년 설립된 룸셰어링 업체인 에어비앤비 기업 가치도 30조 원으로 세계 1위 호텔 체인인 힐튼을 뛰어넘었다. 이들은 단순히 비즈니스를 넘어 이제는 도시 교통과 도시 재생 정책에도 영향을 미치고 있다. 또한 안전에 대한 논란에도 불구하고 2016년 8월 싱가포르에서는 자율주행 택시 시범 운행이 세계 최초로 시작되었다. 구글, 우버, 벤츠 등 기존 자율주행 차량 업체들을 제치고 누토노미라는 스타트업이 이룬 작품이다. 이렇듯 인공지능, 전기동력원, 카셰어링 비즈니스 모델과 결합된 자율주행차는 본격적으로 우리 생활 속으로 들어오고 있다. 그러나 현재 우리나라에서 우버와 에어비앤비의 비즈니스 모델은 불법이고, 전국에 9대의 자율주행차가 시험 운행하고 있을 뿐이다. 현재 우리나라 제4차 산업혁명 관련 기술 수준의 단면이다.

2016년 스위스 최대 은행인 UBS가 세계경제포럼에 제출한 보고서를 보면 고민이 더 커진다.[8] 전 세계 139개국 가운데 우리나라 기술 수준은 23위, 제4차 산업혁명을 수용할 수 있는 순위는 25위,

---

8) Bhanu Baweja, Paul Donovan, Mark Haefele, Lutfey Siddiqi, Simon Smiles, *"Extreme Automation and Connectivity : The Global, Regional, and Investment Implications of the Fourth Industrial Revolution"*, UBS, 2016. 1.

교육 시스템은 19위다. 그러나 노동시장 유연성은 83위이며, 성인 학습 의지는 OECD 국가 가운데 꼴찌 수준이다.

문제는 정부와 기업 모두에 있다. 정부의 5년 정권 기간에 따라 지식경제, 혁신경제, 녹색경제, 창조경제 등으로 경제 정책을 바꾸다 보니 중점적으로 육성하기 위한 성장 동력도 함께 달라지고 있다. 당연히 일관성 있는 지속적인 연구 개발이 불가능하고 결국 단기 성과에만 매달려 혁신적인 성과 창출 환경 마련이 불가능한 실정이다.

기업들도 과감한 분야에 연구 개발 투자를 하지 않는 빠른 추격자 fast follower의 전형적 형태를 벗어나지 못하고 있다. 2014년 9월 〈이코노미스트〉는 우리나라 기업들이 보유한 현금을 GDP 34% 수준인 4,400억 달러(약 475조 원) 규모로 언급하며 지나친 현금 보유가 경제의 활력을 잃게 하는 이른바 케인스의 '절약의 패러독스Paradox of Thrift'에 직면할 수 있음을 경고했다.[9] 우리나라 기업들은 여전히 IMF 경제위기와 세계 경제위기에 대한 학습 효과로 현금에 집착하고 있다는 것이다. 이미 전 세계 기업이 제4차 산업혁명 시대의 기술 주도권을 잡기 위해 오랜 기간 연구 개발을 시작했으나, 우리나라는 이제 막 그들이 추진하는 연구를 쫓아가고 있다. 패스트 팔로어 습성을 아직까지도 버리지 못하고 있는 것이다. 기업들은 해외에서 드

9) "Corporate Saving in Asia-A$2.5 trillion problem", *The Economist*, 2014. 9. 27.

〈표 2〉 정부의 경제 정책 및 주요 성장 동력의 변화

구분	지식경제 (국민의정부)	혁신경제 (참여정부)	녹색경제 (MB정부)	창조경제 (박근혜 정부)
정책 기조	IT 강국 벤처산업 육성	국가과학기술혁신체계(NIS) 구축과 국가균형발전	경제와 환경의 조화, 균형성장	일자리 중심의 창조경제
신성장 동력산업 (주력 기술)	**차세대성장산업(6T)** · IT(정보기술) · BT(바이오기술) · NT(나노기술) · ET(환경기술) · CT(문화기술) · ST(우주기술)	**차세대 성장동력** · 지능형 로봇 · 지능형 홈네트워크 · 미래형 자동차 · 디지털콘텐츠/SW솔루션 · 차세대 반도체 · 차세대 전지 · 디지털 TV/방송 · 바이오 신약/장기 · 차세대 이동통신 · 디스플레이	**신성장동력** · 3대 분야 17개 신성장동력 - 녹색기술산업(6개) - 첨단융합산업(6개) - 고부가서비스산업(5개) (2012년 9월 신성장동력 평가보고대회에서 위의 17개 기술에 셰일가스, 전력저장장치, K-POP 전용 공연장을 추가)	**9대 국가전략 프로젝트** · 인공지능(AI) · 가상·증강현실 · 자율주행차 · 경량소재 · 스마트시티 · 정밀 의료 · 탄소자원화 · 미세먼지 저감·대응 기술 · 바이오 신약

자료 출처:「차두원, 김윤종, 박근혜 정부 과학기술 정책 구조 및 방향성」, 한국 정책학회 보고서, 2013. 12. (수정 보완)

론, 자율주행차, 로봇 등 혁신적 제품과 서비스에 대한 발표가 되면, '우리도 관련 기술을 가지고 있다, 연구 개발을 하고 있다'는 식의 발표를 끊임없이 한다. 그러나 실제 수준은 상용화에 미치지 못한다. 당연히 혁신은 본래의 의미를 잃은 채 일반명사화되었고, 조직원들은 오히려 혁신에 대한 면역력만 높아져 혁신의 본질인 파괴력은 낮고 과거 모방형 혁신들만 창출하는 게 우리의 현실이다.

그러다 보니 1990년대 이후 우리의 경제를 주도할 새로운 먹거리 기술은 거의 찾아보기 힘들다. 5대 수출 상품에 가운데 최근 경제 기여도가 높았던 스마트폰은 삼성 갤럭시 노트7 단종 사태가 벌

어지면서 삼성전자와 부품 업체뿐만 아니라 거시경제에도 타격을 줄 것으로 예상된다. 2012년까지 세계 1위를 달리던 조선업도 중국 업체의 추격과 무리한 해양플랜트 수주 등으로 결국 구조조정이 시작되었다.

이미 2015년 이후 우리나라 경제성장률은 0%대에 머물고 있다. 많은 투자와 오랜 시간이 걸리는 기초연구의 중요성을 알고 있으면서도 응용 연구 중심으로 패스트 팔로어형 연구 개발을 추진하다 보니 기술 종속이 심화되고 외부 충격에 약할 수밖에 없는 구조다. 클라우스 슈밥이 자신의 저서에서 제4차 산업혁명을 이끄는 주요 혁신들을 물리학(무인 운송수단, 3D 프린팅, 로봇공학, 그래핀(신소재)), 생물학(유전학, 합성생물학, 유전자 편집)이라는 기초연구 관점에서의 메가트랜드와 이제는 모든 분야에 공기처럼 적용되는 디지털(사물인터넷, 블록체인) 기술로 분류한 이유도 마찬가지일 것이다[10].

뒤늦은 감은 있지만 2016년 2월 정부는 규제를 기존 포지티브 방식에서 네거티브 방식으로 전환하기로 선언했다. 자율주행차를 예를 들면 정부는 2016년 5월 제5차 규제개혁장관회의 및 민관합동 규제개혁점검회의에서 네거티브 방식을 적용해 시험 운행 지역을 전국으로 확대하기로 결정했다. 그 결과 2016년 11월 15일부터

10) 클라우스 슈밥, 『클라우스 슈밥의 제4차혁명』, 새로운현재, 2016. 4

자동차관리법 시행규칙이 개정되어 일부 교통약자 구역을 제외한 전국 도로에서 시험운행이 가능해졌다. 그러나 현재 실제도로에서 시험주행을 하고 있는 자율주행차는 이제 막 시험주행을 시작한 9대가 전부다.[11)]

언론, 학계와 산업계에서는 우리나라 규제가 심해서 혁신적 기술이 나오지 않는다고 이야기한다. 그러나 정말로 혁신적인 제품과 서비스는 관련 규제가 없는 것들이다. 과연 우리나라에서 이러한 것들이 얼마나 탄생했을까? 규제가 풀렸다고 반드시 기술이 발전하는 것은 아니란 이야기다. 사라진 규제에 상응할 만한 기술을 기업들이 개발해줘야 규제해소도 그 가치를 발하고, 우리 국민도 새로운 기술을 활용할 수 있다. 기술 혁신의 속도는 절대 정부나 국회가 따라잡지 못하고 기업이 주도하는 것은 당연하다.

【무엇이 문제일까?】

우리나라가 제4차 산업혁명의 주도권 확보를 위해서는 정부와 민간 기업, 그리고 사회가 함께 나서야 한다. 무엇보다 먼저 장기적인 정부 정책 추진을 위한 기반 마련이 필요하다. 예를 들면 핀란드

---

11) 차두원, 「가속 페달 밟는 美 자율주행차 정책: '미연방 자율주행차 정책 - 도로 안전 차세대 혁신 가속화' 보고서 보니」, 차두원의 럭키백, 머니투데이, 2016. 10.

는 정부의 미래비전 수립을 법률로 의무화하여 새로 집권하는 정권은 15년 후 미래사회를 예측하는 전략 보고서를 국회에 제출하도록 법제화하였다. 총리실 주관으로 부처별 미래 전략을 종합하고 국가 중장기 전망과 정책 가이드라인 등을 포함한 미래 보고서는 국무회의 승인 후 국회에 제출하면, 국회와 정부는 지역미래포럼을 공동 개최하여 여론 수렴 과정을 거친다. 특히 1992년 특별위원회 형식으로 설립된 미래위원회는 1999년 제2기 파보 리포넨 내각 출범 이후 2000년 상설화하여 국가 전략 조감도, 부처 간 협력 여부 등을 파악하여 정부 예산 배정을 심의하고 정책 이행 여부를 모니터링한다.[12)]

기업도 마찬가지다. 이제는 말로만이 아닌 실제로 패스트 팔로어를 벗어나 글로벌 마켓을 형성하고 주도할 수 있는 새로운 기술과 서비스에 과감히 도전하지 않으면 안 된다. 어느새 파괴적 혁신이란 단어가 사라지고 있다. 제4차 산업혁명의 기술들은 이미 빅뱅 파괴 혁신 기술로 진화하고 있다. 스마트 디바이스의 출현 이후 등장한 혁신의 유형으로 제품이 출시되자마자 이른 시간 내에 새로운 시장을 형성하고, 기존의 시장을 완전히 대체해버리는 새로운 형태의 혁신 유형이다. 점차 빨라지는 기술 발전, 소프트웨어와 하드웨

---

12) 차두원, 안혜린, 전유정, 「과학기술정책 철학 정립을 위한 제언」, KISTEP Issue Paper 2012-19, 2012. 12.

어의 오픈소스와 공유 문화는 파괴적 혁신을 넘어 새로운 시장을 만드는 동시에 기존 시장을 신속하게 대체할 수 있게 했다.[13)]

최근의 대표적인 카셰어링 서비스 업체인 우버도 하나의 사례다. 이미 영국과 미국에서 일부 택시 회사가 우버 때문에 폐업할 정도로 기존 시장을 파괴했고, 이제는 직접 자율주행차를 개발하고 자율주행차 셰어링 서비스를 시작하는 등 빠른 행보를 보이고 있다. 자율주행차뿐만 아니라 로봇, 인공지능 등 대부분 제4차 산업혁명 기술들은 빅뱅파괴 혁신 기술에 속한다. 이들은 단순히 시장에서 기존 기술 대체에 그치지 않고, 경제사회, 인간 일자리와 직업의 변화 그리고 인간 노동 방식에도 영향을 미치는 기술들이기 때문이다. 빅뱅파괴 혁신을 주도하는 기술들은 짧은 시간 내에 상당한 경제적 부가가치를 창출할 수 있고, 새로운 시장의 형성에 기여할 수 있는 전략으로 급진적인 시장의 지배를 원하는 기업과 CEO에게는 유용하다. 그러나 같은 분야에 빅뱅파괴 혁신을 준비하는 후발 주자가 속속히 등장하고 있기 때문에 항상 이들을 대비하기 위한 전략이 매우 중요하다.[14)] 그러나 아직까지 우리나라는 사물인터넷, 스마트 팩토리,

---

13) 차두원, 김서연, 『잡 킬러 : 4차 산업혁명, 로봇과 인공지능이 바꾸는 일자리의 미래』, 한스미디어, 2016. 7.

14) Larry Downe, & Paul Nunes, *Big Bang Disruption : Strategy in the Age of Devastating Innovation*, Penguin Group, 2014. 7.

자율주행차, 로봇과 인공지능, 빅데이터 등 그 어느 기술도 주요 선진국과 하이테크 기업들의 수준을 따라가지 못하고 있다.

모든 산업혁명은 기술사와 인류사의 거대한 파동이다. 거대한 파동에는 반드시 기존 기득권 그리고 규제와의 충돌과 타협은 마치 1800년대 산업혁명 시대 러다이트 운동과 같이 절대 필요한 과정이다. 마찬가지로 새로운 혁신에는 반드시 충돌이 따르고 기존 세력과의 협력과 논의가 필요하다. 그러나 우리나라의 현실을 살펴보면 디지털 헬스케어는 의사협회 등의 반대에 부딪혀 수년째 상용화가 가로막혀 있고, 우버와 에어비앤비 등의 글로벌 셰어링 서비스는 기존 유사 서비스 단체 등의 반대에 서비스를 활용할 수 없다. 새로운 혁신을 수용해 또 다른 발전을 도모하기보다 우리나라는 기득권을 지키기에 급급한 게 사실이다.

세계경제포럼이 발표한 제4차 산업혁명 관련 기술과 서비스는 우리나라 시장과 사회에서 활용할 수 없다 보니 혁신이 혁신을 낳는 특성이 발생할 환경이 쉽게 형성되지 않는다. 당연히 세계적으로 논의되고 있는 경제, 사회, 노동, 교육 등에 혁신적 기술이 미치는 영향도 다른 나라의 이야기만 할 수밖에 없다.

【제4차 산업혁명 프레임워크에서 벗어나야】

세계경제포럼에서 제4차 산업혁명의 동인들로 소개한 기술과 서비스 등을 주도하는 국가들과 기업들이 제4차 산업혁명을 염두하고 연구개발에 나선 것은 아니다. 그러나 2016년 세계경제포럼 개최를 기점으로 우리나라는 새로운 시대를 맞이해야 한다는 제4차 산업혁명 혁신의 강박증이 생겨났다. 아마도 앞으로 제4차 산업혁명이란 단어는 모든 정책 설계와 수립, 목표 설정의 키워드일 것 같다.

그동안 우리나라는 디지털 기술 중심의 제3차 산업혁명 시대에는 패스트 팔로어 형태로 해외 선진국을 그나마 잘 좇아갔다. 그러나 선진국과 글로벌 기업 들이 제4차 산업혁명 관련 기술에 이미 막대한 자본과 우수한 인력, 오랜 기간 기초기술과 상용화 기술을 연구하고 투자한 결과 시장 선점 경쟁을 하고 있는 상황에서 이제막 관련 기술 개발을 시작한 우리는 어떻게 대응해야 할까? 과연 제4차 산업혁명 기술들을 또다시 패스트 팔로어 형태로 뒤좇아 가는 것이 타당할까?

글로벌 하이테크 업체들의 행보는 더욱더 빅뱅파괴적이다. 우버는 카셰어링 업체를 넘어 자율주행차, 하늘을 나는 자동차 개발을 시작했고, 일론 머스크 주도로 진공튜브와 자기장을 활용해 시속 1,200킬로미터 수준으로 이동할 수 있는 하이퍼루프를 개발하고 있는 하이퍼루프원은 이미 아랍에미리트 두바이에 처음으로 상업 라인 건설을 계획하고 있다. 새로운 블루칩으로 떠오른 우주산업에는 테슬라 모터스 창업자인 일론 머스크가 세운 스페이스X, 아마존 창업자 제프 베조스의 블루 오리진 등의 업체가 본격적으로 뛰어들었다. 과거 냉전 시대 미국과 소련의 군비와 기술 경쟁을 중심으로 1차 우주 경쟁이 촉발됐다면, 이들의 경쟁은 화물 운송, 여행, 광물 채취, 인터넷 확산 등 구체적인 비즈니스 모델을 가진 2차 우주 경쟁의 시대에 진입했다.[15)]

그들은 막대한 자본과 뛰어난 인력을 중심으로 우리가 걸어갈 때 뛰어간다. 기술 획득도 자체 개발 틀을 벗어나 가장 빠른 혁신의 방법인 인수합병을 보편적으로 활용하는 등 기술 기반 스타트업과 대기업과의 상생 에코시스템도 활성화했다.

시간이 흐를수록 기술 발전 속도는 무서울 정도로 빨라지고 있다. 산업혁명의 단초가 된 기술 출현 시기를 보면, 1차의 동인이었던 증기기관에서 2차 전기기관의 등장에는 86년, 2차에서 3차 정보통신으로 넘어가는 데는 99년이 걸렸지만, 3차에서 4차로 넘어가는 데는 47년밖에 걸리지 않았다. 그리고 제1, 2차 산업혁명의 단초가 에너지원이었다면, 제 3, 4차는 초연결 사회를 지향하고 있다.

---

15) 차두원, 「우주 화물운송·여행… 민간 개방으로 '우주산업 新르네상스」, 조선비즈, 2016. 6. 13.

현재 우리나라 과학과 기술, 산업, 고용, 노동, 교육 등 거의 모든 분야에서 4차 산업혁명 시대에 대비한 대책에 고심하고 있다. 관련 부처뿐만 아니라 거의 지자체들도 동참하고 있다. 마치 새로운 정권의 키워드가 등장했을 때의 모습과 유사하다. 제4차 산업혁명이 버즈워드일지는 시간이 지나봐야 알겠지만, 그동안 분야별 추진했던 정책들을 돌아보기에는 적절한 기회다. 5년 단위로 경제정책과 과학기술정책 키워드가 변하느니, 앞으로는 지속적으로 4차 산업혁명을 경제 키워드로 삼는 게 어떻겠냐는 의견도 있다.

그러나 단순히 제4차 산업혁명에 동참하기 위해서가 아니라 미래의 대한민국을 위해서는 세계경제포럼이 규정한 제4차 산업혁명 기술과 서비스 프레임워크에 갇혀서는 안 된다. 미국 하이테크 기업이 주도하는 로봇과 인공지능, 역시 미국 공유 경제 기업이 주도하는 차량과 공간 공유 등 비즈니스와 자율주행 자동차, 독일이 주도하는 스마트 팩토리, 모든 분야의 다크호스로 등장한 중국 등의 기술 개발을 무작정 쫓아간다면, 결국 우리가 오랜 시간 충분히 반복적으로 경험한 패스트 팔로어의 비극만이 반복될 것이다.

제4차 산업혁명을 주도하거나 다음 혁명을 주도하기 위해 중요한 것은 무엇보다 혁신을 선도하기 위한 도전 정신과 튼튼한 혁신의 기반인 기초연구다. 제4차 산업혁명 주도국과 기업은 이미 제3차 산업혁명 시대에 제4차 산업혁명 시대의 기술과 서비스 개발과 상용화를 준비해왔듯이 우리나라도 제4차 산업혁명의 개별 기술 개발 중심 전략에서 벗어나 인류의 삶을 변화시킬 새로운 도전적 기술을 개발하기 위해 준비해야 한다. 또한 기초연구 활성화를 통해 기술 상용화를 좀더 용이하게 하고 실제 상용화되었을 때도 경제적 이익을 취하고, 다음 단계의 혁신을 원활하게 유도할 수 있는 기반을 마련해야 한다. 그러나 도전 정신과 기초연구는 투자한다고, 정책을 추진한다고 성공할 수는 없다. 과학과 기술 분야뿐만 아니라, 생산 가능 인구 감소, 노령 인구 증가에 따른 부양 부담의 증가, 저출산율 등에 대비해 평생학습이 가능한 교육, 유연성 있는 노동 시스템 등 경제사회에 대한 문제 해결도 더 늦기 전에 고민해야 할 시기이다.

이를 위해 정부와 기업은 민첩한 경로를 통해 기존 시장을 파괴하는 새로운 혁신으로 글로벌을 대상으로 한 시장을 형성하고 선점하기 위한 기술 개발을 위해 무엇보다 혁신과 이를 위한 변환 능력을 갖추어야 한다. 물론 개인에게도 기술 발전 속도만큼 빠른 직업과 삶의 변화에 대응하기 위한 능력은 제4차 산업혁명 시대의 필수 조건이다.

노동 그리고
공공부문 성과연봉제

이권능(복지국가소사이어티 연구실장)

최근 몇 년 동안 노동 분야는 어느 분야보다도 뜨거웠다. 특히 2016년은 정부가 성과연봉제를 공공부문에 전면적으로 확대 적용함으로써 온 나라가 들썩거렸다. 표면화된 사회 갈등은 언제나 저변에 원리와 원칙 들 사이의 충돌을 깔고 있다. 노동이 갖는 인간적, 사회적 속성은 성과연봉제가 기반하는 원리와 원칙과 직접적인 충돌을 일으킨다. 현재 우리나라의 노동과 임금은 유럽 선진 복지국가에서의 그것들과 바로 이 차원에서 핵심적으로 다른 모습을 드러내고 있다. 특히 공공부문에서의 노동과 임금은 이 차원에서 특별한 모습을 보이기에, 공공부문에서의 성과연봉제는 이 틀 안에서 논의될 필요가 있다.

【트러블메이커 성과연봉제】

성과연봉제는 '성과에 따른 임금의 차등적 배분'을 가장 큰 특징으로 한다. 동일 그룹 내에서 일하는 사람들 사이에 임금상의 차이가 생기는 것은 어찌 보면 자연스러운 일이다. 문제는 무엇을 기준으로 차이를 결정하는가에 있다. 성과급은 노동의 유무형의 성과를 기준으로 하고, 연공급은 취업 기간을, 직능급은 능력이나 역량을 그리고 직무급은 하는 일의 중요도나 가치를 기준으로 한다. 따라서 성과연봉제는 글자 그대로 이해하자면 노동자가 제공한 노동의 성과를 기준으로 임금수준을 차등적으로 정하고 이를 1년을 단위로 지급하는 임금제도라 할 수 있다.

박근혜 정부는 집권 초기부터 공공부문의 개혁을 최우선 과제로 삼아 일련의 작업을 해왔고, 그중 하나가 호봉제를 성과연봉제로 바꾸는 것이었다. 기존의 호봉제는 연공급을 중심으로 하기 때문에 생산성이 낮고 동기 유발이 미흡하며 유능한 인재 확보도 어렵다고 비판하면서, 성과연봉제를 공무원, 공공기관, 교원 등 모든 공공부문의 종사자에게 적용하려 했다. 그러나 공공부문의 성과연봉제는 많은 사례와 연구가 보여주듯이 이미 실패로 판명이 난 임금제도이다.

예를 들어, 미국은 세 차례나 성과급을 도입했다가 폐기했다. 1978년 성과급을 처음 도입했다가 1984년 폐지했다. 1981년 미국 감사원의 보고서에 따르면 당시 성과급을 적용받은 직원의 75%가 성과급이 동기부여 효과가 없다고 응답했다. 두 번째 도입은 1989년에 이뤄졌지만, 성과 평가에 대한 불신과 노력에 비해 보상이 부족하다는 불만으로 1993년에 폐지됐다. 2001년 9·11 테러를 계기로 국가안전개인성과시스템이라는 세 번째 성과급 제도를 70만 명 이상의 국방부 직원에 적용했다. 하지만 국방부 직원 대부분이 새로운 성과급 제도에 불만을 품었으며 오히려 동기부여와 사기에 악영향을 미쳤다는 미국 감사원의 결론과 함께 2009년에 폐지됐다.

최근에는 성과연봉제의 실패가 민간부문에서도 뚜렷하게 나타났다. 특히 과거 성과급을 앞다투어 받아들였던 GE나 마이크로소프트 같은 글로벌 기업들은 지금에 와선 성과급을 포기하고 있다. 성과급은 조직 내 결속 및 협력을 약화해 전체 차원에서의 생산성을 하락시켰으며, 조직의 시너지 효과를 미비하게 만들거나 오히려 감소시켰고, 지속적으로 평가 기준을 둘러싼 갈등을 유발했기 때문이다.

【노동의 인간적 의미를 말살하는 성과연봉제】

성과연봉제의 실패는 그냥 일어나는 것이 아니라 필연적인 것이다. 특히 노동이 인간의 내면적 차원에서 갖는 특성을 고려하면 노동과 성과연봉제 사이의 불협화음은 명확하다. 모든 인간은 자신에게 필수불가결한 유무형의 재화(서비스, 제도 등을 포함)를 생산하는 육체적·정신적 활동, 즉 노동 없이는 살아갈 수 없다. 인간의 생존과 적응에 반드시 필요한 필수재를 생산한다는 점에서 노동은 인간에게 애초부터 결부된 것이다. 비록 현대에는 필수재를 직접 생산, 소비하기보다는 노동을 통해 얻은 임금을 통해 필수재를 확보할지라도, 이는 결국 필수재의 직접적 생산을 대체하는 과정일 뿐이다.

이런 맥락에서 노동은 인간적 삶을 구성하는 핵심 요소가 된다. 노동은 생존과 적응을 가능하게 하기에 인간은 노동 자체에서 즐거움을 느끼고 인간적 삶의 의미를 찾게 된다. 성과연봉제는 바로 이 측면을 파괴하는 결과를 낳는다. 성과연봉제는 일상의 노동을 단지 성과만을 쫓는 것으로 한정한다. 성과가 모두에게 골고루 돌아가면 문제가 덜 생기겠지만, 언제나 성과상의 서열이 정해지고 뒤처진 사람들은 이중의 고통을 받게 된다. 성과를 내야 한다는 강박관념에 고통받고 인간에게 주어진 노동의 욕구를 충족시키지 못할 수도 있다는, 즉 해고당할 수 있다는 두려움에 고통받는다.

노동이 갖는 내면적 측면에서의 또 하나의 의미는 자아실현과 관련된다. 인간은 성년 이전의 보육과 교육 그리고 다양한 경험을 통해 자신의 정체성을 형성한다. 경우에 따라서는 노동 현장에서 뒤늦게 정체성을 만들기도 한다. 이렇게 형성된 자아는 자신이 좋아하거나 자신이 잘할 수 있는 영역에서 일자리를 찾고 그곳에서의 노동 과정을 통해 매일 실현되는 것이 가장 이상적인 경로이다. 그리고 실제 유럽 선진 복지국가에서는 이 경로를 최대한 많은 국민에게 제공하기 위해 교육, 재교육, 노동, 고용 등의 분야에서 다양한 정책을 편다.

하지만 이는 우리나라에서는 통용되지 않는 이론적 주장일 뿐이다. 오늘날 우리나라 국민 대부분은 노동이 자아를 형성하거나 형성된 자아를 실현하는 것이라 여기지 않는다. 그보다는 단지 돈을 벌기 위한 수단으로 생각하고 그렇게 번 돈으로 자아실현을 위한 별도의 활동을 한다. 하루 24시간 중 '돈을 위한 노동'에 가장 많은 시간을 할애함에도, 대부분의 국민은 노동 속에서 삶의 의미를 찾거나 자아실현 등을 하지 못하고 있는 것이다.

성과연봉제는 이런 현실을 더욱 악화하고 회복할 수 없게 만드는 결정타이다. 성과를 기준으로 함께 일하는 노동자들에 등급을 매기고 임금을 차별적으로 제공하는 성과연봉제는 노동을 철저하게 '돈을 위한 노동'으로 전락시킨다. 당장의 임금이 성과에 의해 좌우되고 그 성과라는 것이 사용자의 이익에 직접적으로 결부된 것이라면, 대부분의 노동자는 직장에서의 노동 과정을 통해 자아를 실현할 꿈을 꾸기 어렵다. 자아가 떠나버린 노동 현장에서 남는 것은 돈밖에 없고, 돈을 버는 것이 목적이 되어 주객전도가 일어난다.

【노동의 사회적 속성을 최소화하는 성과연봉제】

'돈을 위한 노동'을 야기하는 성과연봉제는 노동의 사회적 속성도 왜곡한다. 일반적으로 임금이란 노동자가 노동의 대가로 사용자에게 받는 반대급부를 의미한다. 그러나 '노동의 대가' 또는 '반대급부'라는 측면만을 가지고 임금을 제대로 이해할 수 없다. 임금체계는 노동이 갖는 사회적 측면, 즉 다른 사람들과의 관계 맺기를 담아내지 못하기 때문이다.

인간은 자기만의 공간에서 혼자만의 힘으로가 아니라 타인과의 소통과 협업 속에서 자신이 원하는 것을 달성한다. 그리고 타인과의 이런 '주고받음' 자체가 자기 삶의 일부가 된다. 그런 의미에서 인간은 사회적 동물이며, 이런 속성이 가장 잘 발현되는 장소가 바로 노동이 일어나는 작업장이다. 성과연봉제는 임금의 이러한 사회적 의미를 담아내지 못할 뿐만 아니라 오히려 해친다. 이 임금체계는 노동자들 사이의 협업이나 협동을 저해하고 상호 간의 소통을 최소화하며 과도한 내부 경쟁으로 인해 노동자를 개별화하고 다른 노동자들로부터 담을 쌓도록 만든다. 결국 성과연봉제하에서는 사회적 의미가 발붙일 곳이 없게 된다.

노동은 작업장 내에서만 아니라 외부에서도 타인과의 관계 맺기를 가능하게 해준다. 나 자신은 한 영역에서 특정의 재화를 생산한다. 그리고 그 생산물만으로는 인간적 삶을 살 수 없고, 타인들이 다른 영역에서 노동을 통해 생산한 재화와 서비스를 소비해야 한다. 인간적 삶의 영위를 위한 이런 의존관계는 상호 간에 생겨나고 이를 통해 우리 국민은 서로가 서로에게 암묵적인 관계 맺기를 하고 있다. 이 차원에서 보면 결국 노동은 단지 자신이나 사용자만을 위한 것이 아니라 더 나아가 우리 자신을 위한 것이다. 이것이 바로 노동이 갖는 전국 단위에서의 사회적 연대의 고리이다.

많은 사례와 연구는 성과연봉제가 눈에 보이거나 단기적인 성과만을 추구하게 만들고 그 결과 생산물의 질이 하락된다고 말한다. 질의 하락은 타인에게 피해를 주게 되고 자신과 타인 사이의 불신을 조장하게 된다. 또한 성과연봉제는 '돈'을 목적으로 삼기 때문에 자신과 직간접적으로 연결된 타인의 삶에 중요한 역할을 한다는 의미를 점차 퇴색시킨다. 뿐만 아니라 성과는 오로지 자신의 노력과 능력에 의한 것이고 임금은 그것의 반대급부일 뿐이며 노동과 임금은 단지 자신과 회사 사이의 개별적인 것이라 여기게 만든다. 즉 철저한 부정적 의미의 개인주의가 판을 치게 되는 것이다.

성과연봉제의 이런 효과들은 결국에는 노동이 낳을 수 있는 사회적 연대의 고리를 약화한다. 노동은 개인주의의 부정적 측면을 넘어 노동의 결과물 자체가 타인의 인간적 삶에 긍정적인 영향을 주고 그것을 통해 각각의 구성원은 서로가 연결되어 사회적 연대의 끈을 갖게 되는 것인데, 이런 측면이 이해되지 않거나 무시당하게 되며 더 나아가서는 필요 없는 것으로 오인받게 된다.

【공공부문의 속성에 반하는 성과연봉제】

노동의 인간 내적 속성과 사회적 속성은 공공부문과 강한 친화성을 띤다. 공공부문에서의 노동은 시장 원리에 기초한 민간부문에서의 그것과는 다른 모습으로 나타난다. 우선 공공부문 노동은 모든 국민을 대상자로 하며 반드시 소비해야 하는 그래서 충분히 소비하지 않는다면 큰 불편과 불행을 느낄 수밖에 없는 재화를 대상물로 한다. 한국전력의 노동자들은 특정 개인만이 아닌 모든 국민이 반드시 필요로 하는 전기를 생산한다. 한국수자원공사에서 생산하는 물도 국민 모두에게 필수불가결한 것이다. 행정 서비스 또한 비록 행정구역별로 나뉘어 있긴 하지만 종합적으로 보면 모든 국민에게 반드시 필요한 것이다.

이런 점에서, 공공기관이 생산하는 재화와 서비스는 충분히 생산되어 적절히 소비되는 것 자체가 '모든 국민이 동일하게 갖는 이익'이라는 특징을 갖는다. 따라서 공공부문에서 노동을 한다는 것은 전 국민에게 이익을 제공하는 셈이 된다. 바로 이 점에서 공공부문의 노동은 노동의 사회적 속성을 더욱 잘 발현할 수 있는 장이 된다. 구성원들의 기본적인 삶을 위한 재화와 서비스를 생산하며, 이것들이 공유됨으로써 구성원들을 서로 연결해주고, 서로가 서로에게 도움이 되는 사회적 망을 형성하도록 해준다. 국민이 내는 세금은 공공부문의 노동자들의 임금이 되거나 임금을 받을 수 있는 조건들을 형성하는 데 쓰이고, 이들의 활동을 통해 구성원들 사이에 보이지 않는 '연대의 고리'가 맺어지는 것이다. 이 고리가 강할수록 더욱 강력한 사회적 자본을 갖추게 되며 이는 공동체의 유지, 발전에 밑거름이 된다.

하지만 성과연봉제는 공공부문 노동의 이러한 사회적 기능을 최소화하는 결과를 가져온다. '연대의 고리'를 맺는 작업은 개인 혼자서만 할 수 있는 것이 아니라 해당 조직의 구성원들의 협동과 협업을 통해 이뤄진다. 뿐만 아니라 외부와의 소통을 통해서도 만들어지는데 이는 국민에게 정보를 투명하게 공개하고 생산과정에 국민이 참여할 수 있도록 개방함으로써 이뤄진다. 이는 지방자치가 공고한 유럽에서는 이미 일상적으로 실현되고 있는 바이기도 하다.

성과연봉제는 이런 작업들을 막아서는 걸림돌이 된다. 협업이나 협동 그리고 주민들의 참여 등은 측정하기가 어려울 뿐만 아니라 측정하더라도 특정 개인에게만 성과로 줄 수는 없기 때문이다.

동기 유발의 측면에서도 성과연봉제는 공공부문에서 실패하게 된다. 성과연봉제 도입의 핵심적 근거 중 하나가 성과에 의거해 임금을 책정함으로써 공공부문 노동자들의 동기를 유인할 수 있다는 것이다. 하지만 이 동기 유발은 공공부문 종사자들의 특성에 의해 필연적으로 실패하게 된다. 공공부문 종사자들은 앞서 제시한 노동의 사회적 속성을 실현하는 것에 우선적인 가치를 부여하는 경향이 매우 강하다. 이들은 다른 사람들에게 유익한 업무를 수행함으로써 성취감을 느끼고 그렇게 해야 한다는 책임감을 갖고 있다. 성과연봉제는 이런 성취감과 책임감에 낮은 점수를 부여하고 재무적 수익의 형태에 높은 점수를 주므로, 오히려 공공부문에 고유한 동기의 유발을 가로막는다. 이런 측면에서 영국의 성과연봉제 연구자 매킨슨의 보고서는 성과주의 임금체계가 영국 내 공공부문 노동자들에게 동기를 부여하는 데 실패했으며, 효과적이지 못했고 신뢰할 만하지 않다는 평가를 내렸다.

더군다나 공공부문에서 생산되는 재화와 서비스는 소비자가 국민인 관계로, 순수한 손익계산의 차원에서 보면 공공부문의 수익은 국민의 손해가 된다. 즉 공공기관이 수익이 높으면 높을수록 국민은 손해를 보게 된다. 올해 한국전력의 수익은 사상 최고치를 기록한 반면, 국민들은 전기요금 폭탄을 맞았다. 성과연봉제가 적용된다면, 한국전력의 종사자들의 성과는 높게 나타나는 반면 국민은 불만만 쌓이게 된 것이다. 이런 사실을 자각하는 공공부문의 노동자들은 국민을 위해 일한다는 자신들의 정체성을 버리고 국민에게 위해가 되는 일을 하기란 쉽지 않다. 이런 점들로 인해 세계노동기구ILO는 성과연봉제는 제도 수용자인 근로자 대표 조직과의 합의를 통해 도입되어야 하고 공공서비스 본연의 목적에 반할 수 있어 불필요하다고 지적했다.

【공공부문의 속성을 제대로 실현할 새로운 개혁의 필요성】

현재 우리나라에서 공공부문의 노동이 개혁 대상으로 지목되는 것은 공공부문이 공동체 내에서 필연적으로 가질 수밖에 없는 속성을 제대로 발현하는 데 실패했기 때문이다. 성과연봉제는 이 고유 속성의 발현을 오히려 더 막을 뿐이다. 따라서 지금 필요한 개혁은 공공부문의 속성이 반영되는 노동의 조건을 마련하는 것이어야 한다. 내적인 협업을 강화하고 외부와의 상시적 연결을 가능하게 하는 제도 마련이 더 시급하며 이를 반영하는 인사관리 시스템과 이에 기초한 임금체계가 들어서야 하는 것이다.

그래야 공공부문의 노동자들로 하여금 공익을 실현한다는 사회적 소명의식과 책임의식을 갖게 만들 수 있고, 나아가 그것을 자신들의 노동 관련 정체성 또는 직무 관련 정체성으로 정립할 수 있다. 이것이 선결돼야 공공부문 노동자들은 지금의 부정적인 모습에서 탈피하여 좀더 적극적인 활동의 동기를 가지게 되며, 그 결과로 공공서비스의 질은 향상되어 국민의 신뢰도와 만족도는 올라갈 수 있다. 그리고 이렇게 확립된 국민의 변화는 우리 사회를 더 나은 국가, 삶의 질이 더욱 보장되는 국가로 나아가는 중장기적인 변혁의 초석이 될 것이다.

과학 정책이 **없다**

이정모(서울시립과학관장)

1960년 대한민국 인구는 2,500만 명이었으며 1인당 GDP는 80달러 그리고 GDP 성장률은 2.2%였다. 20년 후인 1980년 인구는 3,800만 명으로 늘고, 1인당 GDP는 1,630달러, GDP 성장률은 21.8%에 이르렀다. 인구와 경제 규모가 비약적으로 증가하였다.

한국 경제가 비약적인 성장을 하는 데 과학과 기술이 매우 중요한 역할을 했다는 것은 대부분의 전문가들이 동의하는 바다. 특히 선진국의 기술을 효과적으로 도입하고 잘 활용하였다는 것이 핵심 요소였다. 국내 과학과 기술 활동이 경제 발전에 과연 직접적인 기여를 했느냐에 대해서는 논란과 비판적인 시각이 많지만 국내 과학과 기술의 지원 없이 급속한 경제 발전이 가능했으리라 보기는 어렵다.

하지만 외국 기술의 도입과 추격에 의존한 경제 발전은 거기까지였다. 다시 20년 후인 2001년 우리나라 인구는 4,700만 명으로 늘었고 1인당 GDP 역시 8,920달러까지 늘었지만 경제성장률은 3%에 불과했다. 1970년대와 1980년대까지만 해도 연평균 9% 이상이던 경제성장률은 2011년 이후 3% 수준으로 고착되었다. 2016년 현재 대한민국의 인구는 5,080만 명이며, 1인당 GDP는 2만 7,000달러에 달해 전 세계 28위에 올라 있지만 올해 GDP 성장률은 2.6% 정도에 불과하다. 한국 경제는 성장 동력을 잃은 것이다. 앞으로의 성장도 국내 과학과 기술의 역량에 의존해야 한다면 우리에게는 과연 여기에 합당한 경제 정책이 있을까?

【과학과 기술 정책의 진화】

우리나라는 1960년대 후반에 들어서야 현대 과학과 기술에 본격적으로 도전하기 시작한다. 우리나라 전통 과학과 기술에는 이렇다 할 만한 것이 거의 없었고, 일제강점기의 과학과 기술의 잔재는 매우 빈약했으며, 그나마 한국전쟁으로 철저하게 황폐해졌다. 그야말로 과학과 기술의 불모지에서 새로운 정책을 도입해야만 했다.

우리나라의 과학과 기술 정책은 1959년 원자력연구소의 설립과 함께 시작된다. 1966년의 한국과학기술연구소KIST의 설립은 한국 과학 기술계에 일대 획을 긋는 사건이었다. KIST는 산업계가 필요로 하는 과학 기술을 국내에서 직접 개발하기 위한 최초의 현대적 연구 기관이다. 이듬해인 1967년에는 과학 기술 정책을 수립하고 지원하기 위해 과학기술처가 독립적인 행정부처로 탄생하였다. 과학 기술 발전의 기본법인 '과학기술진흥법'이 제정된 것도 바로 이 때다.

1971년에는 고급 과학 기술 두뇌 양성기관인 한국과학원KAIS(현 한국과학기술원)이 설립되었다. 이와 함께 1968년에 시작된 해외 과학 기술자의 국내 유치가 본격화되었다. 1974년에는 대덕연구단지 개발에 착수하였으며, 1970년대 후반에 들어서면서 전문 분야별 정부출연 연구소들이 급격히 설립되기 시작하였는데, 이 연구소들의 목적은 중화학공업의 육성을 뒷받침하는 것이었다.

1980년대에 들어서자 정부는 첨단 분야의 기술에 관심을 돌리기 시작한다. 1982년부터 과학기술처는 특정 연구 개발 사업을 추진한다. 이 사업의 목적은 첨단 분야의 핵심 기술을 개발하는 것이다. 또 국가 연구 개발 사업은 과학기술처에 머물지 않고 다른 부처로도 확산되기 시작했다. 한편 체신부는 1980년대 후반부터 미래 핵심 기술인 정보 기술을 개발하기 위한 사업을 추진한다.

1980년대에는 민간 연구 조직도 크게 확대된다. 1976년에는 48개에 불과했던 기업부설 연구소가 1988년에는 500개, 1991년에는 1,000개를 넘어섰으며, 2003년에는 1만 개에 육박했고, 2015년에는 총 3만 5,288개에 이른다.

민간 연구 조직이 확대되는 데는 세제, 금융, 정부 구매, 산업재산권, 표준화와 같은 기술 개발을 유도하는 제도의 마련이란 준비가 있었기 때문에 가능했다. 또한 국제표준화도 도입되었다. 1970년대 후반부터 시작된 기술 도입 자유화 조치가 확대되었고 1984년에는 드디어 기술 도입이 허가제가 아니라 신고제로 전환되었다. 그리고 1987년에는 물질특허 제도가 도입되어 무역 마찰을 최소화하게 되었다. 또한 과학고등학교(1983년)와 과학기술대학교(1984년)의 설립이 이어졌다.

1990년대 이후에는 과학기술부뿐만 아니라 산업자원부, 정보통신부 등 다양한 부서가 국가 연구 개발 사업에 참여하였다. 이때야 비로소 창의적이고 장기적인 연구에 대한 지원이 늘어났다. 1992년에서 2001년까지는 특정 제품과 기반기술 분야에서 세계 일류 수준의 기술력을 확보하기 위해 과학기술부 등 7개 부처가 참여하여 '선도기술개발사업G7 Project'을 수행하였다. 이후 다양한 거대 프로젝트가 진행되었다.

참여정부에 들어서면 과학 기술 정책의 패러다임이 선진국 추격형에서 기술혁신 주도형으로 바뀐다. 국가기술혁신체제NIS를 구축하여 주요 정책 간의 연계를 강화했으며, 투자 확대뿐만 아니라 투자 효율성을 중시했다. IT라는 울타리에서 벗어나 다양한 분야에서 성장 동력을 발굴하였다. 그리고 국민 참여형 과학문화 운동이 본격적으로 전개된 시기도 이때다.

그러고는 갑자기 이렇다 할 과학 기술 정책이 사라지고 만다. 박근혜 정부의 과학 정책을 살펴보자.

【저성장 시대의 과학 정책】

미래창조과학부는 최근 『10년 후 대한민국 : 미래이슈 보고서』와 『10년 후 대한민국 : 뉴노멀 시대의 성장전략』이란 보고서를 잇달아 발간했다.

2015년 8월에 나온 『10년 후 대한민국 : 미래이슈 보고서』는 10년 후의 관점에서 우리나라를 상상한 것이다. 10년 후의 관점에서 가장 중요하게 생각하는 10대 이슈에는 (1) 저출산·초고령화 (2) 불평등 (3) 미래 세대 삶의 불안정성 (4) 고용불안 (5) 국가 간 환경영향 증대 (6) 사이버 범죄 (7) 에너지 및 자원 고갈 (8) 북한과 안보·통일 문제 (9) 기후변화 및 자연재해 (10) 저성장과 성장 전략 전환이 포함되어 있다.

이슈들의 발생 가능성과 우리 사회에 미칠 영향력을 평가해보면 10대 이슈 대부분은 발생 가능성이 높고 영향력이 큰 것으로 나타났다. 다만 '북한과 안보·통일 문제'는 발생 가능성이 낮으나 영향력은 큰 것으로 나타났고, 10대 이슈에 포함되지 않은 '디지털 경제'와 '초연결 사회'는 발생 가능성이 높고 영향력도 큰 것으로 나타났다.

미래창조과학부는 2016년 4월 발간된 『10년 후 대한민국 : 뉴노멀 시대의 성장전략』에서 세계는 저성장이 일상화되는 '뉴노멀New Normal' 시대에 진입했다고 진단했다. '뉴노멀'은 2008년 세계 금융위기 이후에 등장한 새로운 세계 경제 질서를 일컫는 말이다. 금융위기 이후 나타나고 있는 저성장, 저물가, 저금리, 높은 실업률이 뉴노멀로 논의되고 있다.

IMF는 2015~2020년 선진국의 잠재성장률을 연평균 1.6%로 전망했다. 이것은 글로벌 경제위기 이전의 2.25%에 훨씬 못 미치는 수준이다. 신흥국도 마찬가지다. 같은 기간 신흥국의 잠재성장률도 연평균 5.2%에 그칠 것으로 내다보았다. 미래창조과학부는 제4차 산업혁명 시대에 더 치열해진 국가 간 경쟁 속에서는 단순히 양적 투입을 늘리는 것만으로는 효과를 내지 못할 것 같은데 과연 우리가 무엇을 어떻게 해야 우리가 GDP 3만 달러로 진입할 수 있을지 고민하고 있다. 그 결과가 바로 이 보고서다.

미래창조과학부는 우리 경제가 어려움을 겪는 이유를 분석했다. 첫째는 추격형 전략으로 인한 주력 산업의 한계다. 우리는 지난 30년간 반도체, 스마트폰 등 첨단 정보통신기술ICT 제품을 비롯하여 자동차, 철강, 석유화학, 조선 등의 분야에서 빠른 속도로 선진국을 추격하면서 우리 경제를 성장시켰다. 하지만 이제 중국 같은 신흥국이 비교우위를 점하면서 그 한계를 드러내고 있다. 둘째는 수출 주도형 경제의 한계다. 연평균 12.5%로 성장하던 세계교역 증가율은 세계 금융위기 이후 1.2%로 크게 떨어졌다. 세계 교역 시장의 침체는 수출 주도형인 우리 경제에 어려움을 줄 것이다. 이외에도 대기업 중심의 산업 생태계, 생산 기지 해외 이전에 따른 국내 고용 악화, 저부가가치 위주의 서비스산업이 우리의 경제를 어렵게 하고 있다.

미래창조과학부는 저성장을 극복하기 위한 세 가지 전략을 제시했다. 첫째는 기존의 주력 사업을 인공지능과 ICT에 결합해 첨단화하는 것이다. 주력 산업과 ICT는 이미 세계 선두 수준이므로 충분히 가능하다고 주장한다. 둘째는 지금은 다소 경쟁력이 부족하지만 향후 경제성장의 디딤돌이 될 수 있는 유망 산업을 일으켜 신성장 엔진으로 삼자는 것이다. 90점에서 95점으로 오르기는 어렵지만 50점에서 90점 되기는 쉬운 일이라는 논리를 들었다. 보고서가 제시하는 대표적인 예는 의료 바이오산업이다. 셋째는 글로벌 서비스산업의 육성이다. 일자리 부족이 우리의 가장 큰 문제이니까 일자리 창출에 기여도가 높은 서비스산업에 집중하자는 것이다. 헬스케어 서비스, 핀테크 기술을 적용한 금융서비스, 전자상거래를 예로 제시했다.

【과학 정책이 없다】

여기까지 읽은 독자들은 이미 눈치챘을 것이다. 그렇다. 박근혜 정부의 미래창조과학부의 보고서 어디에서도 과학 정책을 찾아볼 수 없다. 그저 불황 타개책이 있을 뿐이다. 마치 부동산 경기 부양 정책 보고서를 읽는 기분이다. 과학 정책에 대한 기본 원칙이 없는 것처럼 보이기도 한다. 추격형으로는 안 된다고 하면서 '한국형 알파고' 같은 분야에 무계획적으로 거액을 투자하겠다는 발표가 즉자적으로 이뤄진다.

과학과 기술 정책이란 한 나라의 과학과 기술을 어떠한 전략과 정책으로 개발할지에 관한 국가 정책이다. 영어로는 STPScience & Technology Policy라고 부른다. 과학 지식을 축적하여 학문을 발전시키고 산업 기술을 개발하여 경제 발전의 기반으로 삼기 위해 각종 정책을 수립하고 지원하는 것을 말한다. 자본주의 사회에서는 지식

축적과 기술 발전은 대학과 기업이 알아서 해야 할 것 같지만 그것은 불가능하다. 지구 어디에도 온전한 자본주의는 없다.

민간은 과학 기술에 과감히 투자하지 못하기 때문이다. 여러 가지 이유가 있다. 우선 과학 기술에 투자해서 과연 성과를 얻을 수 있을지 확실하지 않다. 과학이란 실패의 연속이기 때문이다. 과학자들은 매일 실패한다. 가설을 세우는 데 실패하고, 관측과 관찰 그리고 실험에 실패하며, 데이터를 분석하는 데 실패하고, 심지어 논문을 써서 발표하는 데도 실패한다. 실패를 반복하다가 어쩌다 한 번 성공하는 게 과학이다. 민간은 당연히 투자를 망설이게 된다. 특히 순수과학은 연구의 성과를 모든 사람이 거저 사용할 수 있다. F=ma나 $E=mc^2$과 같은 연구 결과에 어떻게 특허를 내줄 것인가? 내가 투자해서 얻은 결과를 다른 사람도 마음대로 쓸 수 있는 곳에 민간은 투자하기 어렵다. 하지만 기초과학 연구는 필요하다. 그래서 정부의 정책적인 지원이 필요하다.

가장 큰 이유는 역시 돈이다. 과학과 기술의 개발에는 막대한 자금이 필요한데 개별 연구 기관이나 기업은 그것을 감당할 수가 없다. 그리고 민간이 얼마 되지 않는 자금을 각자 투자할 때 중복과 편중이라는 문제가 발생한다. 이것을 정부가 정책적으로 조정해야 한다. 그리고 과학과 기술은 간접적인 분야에도 영향을 미치는 공공재적 성격이 있으며 군사 장비처럼 정부가 주도해야만 하는 경우도 있다.

【21세기형 과학 정책】

많은 분야에서 규제철폐와 개혁을 요구한다. 정작 규제를 해야 하는 안전 분야에서는 규제를 풀어서 세월호 사건을 일으키는 정부가 규제 대신 최대한의 자율과 위험 감수를 보장해야 하는 과학 분야에서는 오히려 과학자에 대한 압박을 강화하고 있다. 우리나라의 GDP 대비 정부 연구 개발비는 세계 1위 수준이다. 한 해에 20조 원이 넘는 예산을 쏟아붓고 있다.

그럼에도 불구하고 우리나라 기초과학이 이 모양인 것은 선진국에 비해 '경제 발전' 분야에 집중돼 있기 때문이다. 우리는 지금 당장 따 먹을 과실만 좇고 있는 것이다. 또한 정부 연구 개발 사업에 참여하고 있는 무려 6만 5,000명에 달하는 학생연구원들은 최저임금에도 못 미치는 임금을 받고 4대보험의 적용도 받지 못한다. 이것이 한국의 과학 정책이다.

공공 영역에서 과학자에게 안정적인 직장과 연구 기반을 최대한 마련하고 연구 자율성을 주고 실패하는 연구를 촉진하는 것만으로도 우리의 과학은 발전할 수 있다.

성공 신화에서 벗어나 당당하게 실패할 수 있는 분위기를 만드는 것이 바로 정부의 과학과 기술 정책이어야 한다. 이를 위해서는 정책 결정 과정에 참여하는 전통적인 관료를 줄여야 한다. 대신 과학의 생리를 이해하는 과학자들이 과학 정책 수립에 참여하고 자원을 분배하도록 해야 한다. 그것이 정부가 해야 하는 과학 기술 정책이다.

옥시 사태로 본 **한국 사회**

최예용(환경보건시민센터 소장)

'단군 이래 최대의 환경참사', '세계 최초의 바이오사이드 사망 사건' '안방의 세월호'. 가습기살균제 사건을 일컫는 말들이다. 2011년 봄 7명의 산모와 1명의 성인 남성이 원인 미상 호흡곤란으로 대학병원 응급실에 실려와 4명이 사망해 정부가 역학조사를 통해 가습기살균제가 원인임을 밝혀냈다. 제품 사용자들에게서 폐가 딱딱해지는 폐섬유화를 주요한 증상으로 하는 폐손상 피해를 비롯해 천식, 비염, 폐렴, 피부질환, 간질환과 태아 사망, 암 발생 등 다양

〈그림 1〉 가습기살균제 사건 개요

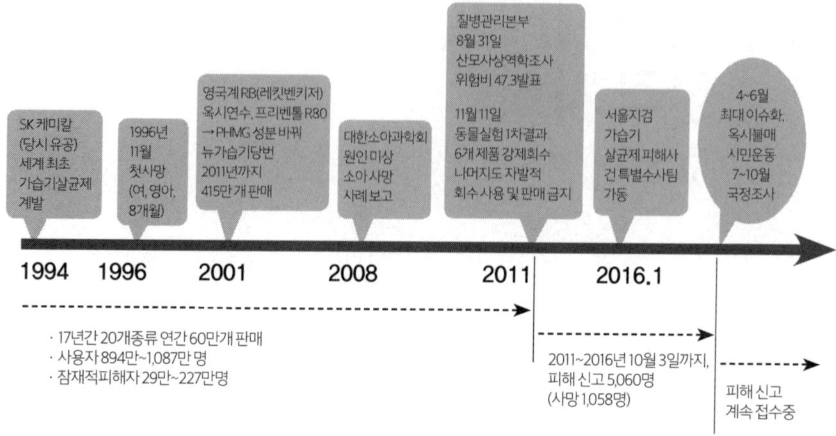

한 건강 피해가 제기되고 있다. 5년이 지난 2016년 11월 30일 무려 5,226명이 피해 신고를 했고 그중 20.9%인 1,092명이 사망했다. 생활용품으로 1,000명이 넘는 사람이 사망했다는 게 도무지 믿기지 않는 일인데, 앞으로 얼마나 더 많은 피해자들이 나올지 알 수 없는 상황이다.

【가습기살균제 참사의 교훈】

대한민국 인구의 20%가량인 1,000만 명이 사용한 것으로 추산되는 가습기살균제는 1994년 SK케미칼(당시 유공)이 처음으로 '가습기메이트'라는 이름으로 제품을 내놓은 것을 시작으로 대기업과 다국적 기업들이 앞다투어 24여 종의 제품을 내놓으며 2011년까지 무려 719만 개나 팔렸다.

많은 사람이 가습기살균제 참사를 '안방의 세월호'라고 부르는 데 공감을 표시한다. 세월호 사건은 짧은 시간 동안 배가 바닷속으로 침몰하며 304명의 아이들과 승객들이 스러져가는 끔찍한 현장을 수많은 국민이 텔레비전으로 고스란히 지켜보며 몸서리치는 충격을 받았고 그 여파가 지금도 계속되고 있다. 가습기살균제 참사는 1994년 제품이 처음 나왔을 때부터 2011년 말 정부의 조사 결과로 사건이 알려질 때까지 17년 동안 그리고 이후로도 한동안 전국의 수백만 가정의 안방에서 어린아이와 산모 그리고 노인 들이 가습기에서 뿜어져 나오는 농약이자 독극물인 살균제에 노출되었다. 짧게는 수일 또는 수주일 만에 길게는 몇 달 또는 몇 년 동안에 폐가 서서히 굳어가면서 숨을 쉬지 못하고 눈과 피부 등 몸의 각종 장기가 망가져가는 고통을 겪었다. 세월호가 침몰하며 승객들이 물속에서 숨을 못 쉬는 고통 속에 스러져갔듯 안방에서 시민들이 살균제라고 하는 독극물의 고통 속에 스러져갔던 것이다.

이렇게 세월호와 가습기살균제 사건의 발생 과정은 다르면서도 같은 특징을 보였는데, 정작 사건 발생 이후의 해결 과정은 하나도 다르지 않고 고스란히 똑같다. 아무도 제대로 책임지지 않았고 유족과 피해자 들은 거리로 내팽개쳐졌다. 지금도 마찬가지 상황이다. 지난 5년 동안 광화문 네거리에서 셀 수 없는 기자회견과 일인 시위를 했다. 세월호 피해자들의 텐트 농성장이 차려진 이후 같은 공간에서 종종 열리는 두 참사 피해자들의 외침은 동병상련이란 말 외에 달리 설명하기 어려운 안타까운 모습이었다.

'안방의 세월호'라는 표현처럼 가습기살균제 피해가 발생한 가장 많은 경우는 집이고 안방이다. 가습기라는 가전 기기가 주로 겨울철에 잠자는 방에서 사용되기 때문이다. 사람들이 외부 활동을 멈추고 편히 쉬는 곳, 부부와 가족의 따뜻한 잠자리가 있는 곳이 안방이다. 안방에서 누구도 의심하지 않았던 범인에 의해 '조용하고 은밀하게' 그리고 '오랫동안' 벌어진 대규모 살인 사건이 바로 가습기살균제 참사다. 범행은 17년 동안 아무도 눈치채지 못한 상태에서 계속되었다.

가장 먼저 사망한 희생자는 1996년 11월에 나왔다. 1994년 11월 판매 이후 2년 만이다. 희생자는 생후 8개월의 여자아이였다. 돌도 채 지나지 않은 영아였다. 이후 최근까지 거의 매달 사망자가 나왔다. 특히 이 사건이 알려진 2011년 5월에는 무려 30명이 사망해 월별 사망자가 가장 많았다.

2012년 상반기와 2013년 1년 동안 전국의 피해자들을 찾아다니며 피해 환경 조사를 진행했다. 2012년에는 정부가 조사를 하지

〈그림 2〉 가습기살균제 사용인구와 잠재적 피해자 추산과 피해신고와의 비교

가습기 살균제 사용자 18.1~22% ※4,941만 명(2010년 인구)

→ 894만~1,087만명

질병관리본부, 2011년 발표전 일반인구 대상 사용자 조사 결과, 도시거주 일반인구의 37.2% 가습기 사용, 18.1% 가습기살균제 사용 경험(2012 전병학&박영준 한국환경보건독성 학회지 논문) → 18.1% × 4,941만(2010년 인구) = 894만 명

서울대 보건대학원 직업환경건강 연구실 2015년 12월 전국 성인 남녀 1,000명 ARS-RDD 여론조사 결과 (조사기관 리서치뷰) → 22% 가습기살균제 사용 경험 있다×4941만 = 1,087만명

2010년 인구를 기준으로 한 추산으로 여기에 중복되지 않은 1994~2009년 16년간의 사용자 및 피해자는 제외되었음.

가습기살균제 고농도 노출자 및 피해자

3.3~20.9% → 29만~227만 명

옥시 측이 호서대에 의뢰한 노출평가 실험 결과, 60번 중에서 2번이 고농도 → 894만 명 × 2/60 =29만 명

서울대 2015년 12월 여론조사 결과 → 가습기살균제 사용 중 건강피해 경험 20.9% × 1,087만 = 227만 명

피해신고자 5,060명 (사망 1,058명)

잠재적 피해자의 0.2~1.7%

2016년 10월 31일 현재

않아 한국환경보건학회 차원의 조사였고 2013년에는 질병관리본부의 정부 조사였다. 그때 여러 피해자의 안방을 들어가봤다. 바로 가습기살균제 살인 사건의 현장이었다. 특히 가습기살균제 참사가 벌어진 안방은 겨울철의 안방이었고 어린아이와 산모 들이 함께 있던 곳이었다. 2016년 들어 60~70대의 노인 피해자들에 대한 신고가 부쩍 늘었지만 작년까지만 해도 전체 사망 피해자의 절반가량이 3세 이하의 영유아였고 30대 산모 여성이었다. 영유아가 있는 가정의 겨울철 안방 풍경은 엄마가 아이를 안고 따뜻한 바닥에 요를 깔

고 자고 아빠는 침대에서 자거나 늦게 들어와 거실 소파에서 자는 경우가 많았다. 추운 겨울이라 창문과 방문을 꼭 닫고 겨울밤을 난다. 바로 그러한 안방에서 살인 범인 가습기살균제는 공범 가습기를 통해서 뿜어져 나왔고 방바닥을 향해 내려앉았다.

아이가 콜록거리고 감기 기운이 있는 상황이라면 부모들은 가습기와 가습기살균제를 자주 찾았고 자주 틀었다. 가습기살균제는 아이와 가족의 건강 상태를 악화시켰지만 부모들은 아무것도 알지 못했다. 병원에서 습도 조절을 잘하라는 말에 따라 가습기를 더 자주 찾았고 가습기살균제를 빼먹지 않고 꼬박꼬박 챙겨서 사용했다. 아이와 가족의 상태는 더 나빠졌고 악순환은 거듭되었다. 급기야 가족 중 한 사람이 호흡곤란으로 쓰러져 119 구급차에 실려 가 응급실에서 사경을 헤매는 상황으로 악화된다.

그런데 아뿔사 살인범은 한 명이 아니었다. 안방에만 있는 것도 아니었다. 환자가 실려 간 병원 곳곳에도 살인범은 도사리고 있었다. 응급실에도 중환자실에도 그리고 입원실에도 가습기가 돌아갔고 가습기살균제가 사용되었다. 많은 환자의 진단명에 '특발성' 또는 '상세 불명'이란 말이 형용사처럼 따라붙었는데 이는 원인을 알지 못한다 또는 여러 가지 원인이 있어 특정하지 못한다는 말이다. 원인이 아니 범인이 바로 코앞에 있었지만 그 누구도 범인임을 눈치채지 못했고 살인범은 그렇게 17년 동안 태연하게 범행을 저질렀다.

【가습기살균제의 진짜 범인, 대기업】

가습기살균제라는 살인 제품을 만든 진짜 범인은 대한민국에서 내로라하는 대기업이 많았다. 그리고 지구촌 시장에서 이름이 알려진 영국과 독일 등 유럽의 다국적 기업들이었다. 한국의 대기업들로는 SK그룹의 SK케미칼, 롯데그룹의 롯데마트, 삼성그룹의 삼성물산이 만들고 운영하던 홈플러스, 신세계그룹의 이마트, LG그룹의 LG생활건강, GS그룹의 GS리테일 등이다. 유럽의 기업으로는 옥시를 인수해 옥시싹싹을 팔아 가장 많은 피해자를 낸 영국의 옥시레킷벤키저와 영국에서 가장 큰 슈퍼마켓으로 홈플러스를 소유했던 테스코 그리고 홈키파로 유명한 독일의 헨켈이 있다.

한국의 경우 밀폐가 잘되는 아파트 거주환경, 온돌 문화, 병원에서의 권유 등으로 인구의 37.4%가 가습기를 사용했고, 유명 대기업과 다국적 기업이 나서서 제품을 만들어 대대적인 신문, TV광고로 판매해 인구의 18.1%가 가습기살균제를 사용했다. 여기에 유럽과 달리 바이오사이드(살생물제)의 안전 관리 제도가 마련되지 않아 국내 기업은 물론 유럽 기업도 가습기살균제 제품을 만들어 팔았다.

가습기살균제라는 제품이 한국에서만 대규모로 만들고 소비된 것은 사실이지만 제조 과정은 최소 8개 국가의 외국 기업이 개입해 있는 국제적인 문제였다. 이 중 5개가 유럽계 기업이다. 유럽 기업이 관련된 제품으로 인한 사망자는 2016년 3월까지 신고된 제품별 사망자 193명의 67%인 129명이나 된다. 전체 판매량 719만 1,804개 중에서 유럽 기업이 관련된 5개 제품(옥시, 홈플러스, 엔위드, 세퓨, 헨켈)의 판매량도 485만 3,960개로 68%를 차지한다.

유럽은 1998년부터 바이오사이드, 즉 농약이 아닌 살생물제에 대해 제품의 안전 입증을 판매할 국가의 정부에 제시해야 하는 관리 지침을 시행했다. 때문에 옥시레킷벤키저, 테스코, 헨켈 등의 유럽 기업이 유럽에서라면 만들지도 팔지도 못했을 제품을 한국에서는 제품의 안전을 입증할 의무를 지킬 필요가 없어 위험한 제품 판매로 수많은 사상자를 낸 명백한 '이중 기준double standard'의 문제이다. 다국적 기업들이 선진국과 후진국의 안전 규제 차이를 악용한 것이 이중 기준인데, 1984년 미국의 농약 회사 유니언 카바이드가 인도에서 일으킨 보팔 참사가 대표적인 사례다. 한국에서는 일본에서 들여와 엄청난 산업재해를 일으킨 후 중국으로 이전한 원진레이온 사건이 대표적 사례이다.

2011년 사건이 알려졌지만 피해 대책과 사건에 대한 조사는 5년 동안이나 이루어지지 않고 방치되었다. 2016년 초 갑작스러운 검찰의 수사로 옥시레킷벤키저가 김앤장과 함께 서울대학교 등 대학교수를 매수해 동물 실험 증거를 조작하고 은폐한 사실이 드러나면서 큰 사회문제로 떠올랐다. 피해자와 시민단체 들이 옥시 제품 불매 운동을 전국적으로 벌였고 총선으로 여소야대가 된 정치권은 국정조사를 실시했다. 하지만 여전히 사건의 실체는 제대로 드러나지 않고 있다.

검찰은 5월 8일 서울대학교 조 모 교수의 구속을 시작으로 제조사 임직원과 연루된 전문가 12명을 업무상 과실치사, 수뢰 등의 혐의로 구속했다. 이 과정이 이루어진 2016년 5월과 6월 가습기살균제 사건은 한국 사회에서 최대의 사회문제가 되면서 언론을 달구었다.

검찰이 5년여 동안 가만히 있다가 갑자기 강도 높은 수사를 실시한 이유에 대해, 새로 부임한 서울지검장의 의지가 컸다는 설명과 정권에 부담스러운 문제를 변화시키고 총선을 유리하게 하려 했다는 이야기가 있다. 하지만 피해자들과 환경보건 단체의 지속적인 문제 제기가 이어졌고, 엄청난 수의 사망자와 피해자가 드러나 더 이상 외면할 수 없었을 거라는 점이 더 설득력이 있다.

사건에 대한 제조사들의 은폐와 왜곡 그리고 정부의 소극적 대응으로 잊혀가던 사건의 흐름을 반전시킨 것이 검찰 수사임이 분명하지만 다음과 같은 한계도 크다. 정부부처의 책임을 묻지 않았고, 옥시레킷벤키저의 외국인 임직원 및 영국 본사에 대한 수사를 하지 못했으며, 제품의 안전성을 제대로 파악하지 않은 채 처음으로 시장에 출시했고, 전체 제품의 90% 이상의 원료를 공급한 SK를 수사하지 않았다는 점 그리고 정부가 인정하는 피해자가 여럿 나왔음에도 유

〈그림 3〉 가습기살균제 사건 관련 각 분야와 역할

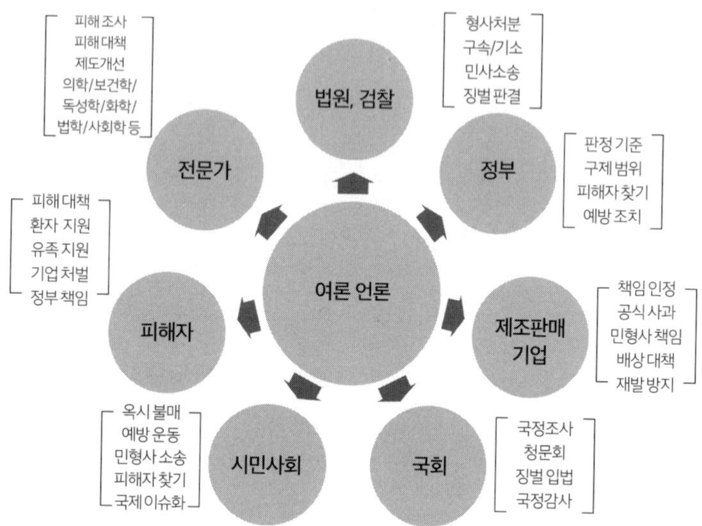

독 물질인 CMIT/MIT 제품 제조 판매사에 형사책임을 묻지 않았다는 점이 그것이다.

진상 규명, 피해 대책, 재발 방지라는 문제 해결이 요원하다. 특별법을 통해 피해자 찾기와 피해 대책을 마련해야 하고, 징벌적 처벌법과 집단소송제도가 도입되어야 유사한 피해의 재발을 방지할 수 있다. 의학과 독성학이 사건의 실체를 드러내는 데 중요한 역할을 했지만 미나마타병과 원진레이온의 경우처럼 가습기살균제 사건의 총체적인 해결은 사회학과 법학을 중심으로 한 사회과학의 시각이 필요하다. 사회적인 해결책이 필요하다는 말이다.

시간이 지나면서 다시 가습기살균제 사건이 잊혀가고 있다. 국회 국정조사는 뚜렷한 성과를 내지 못한 채 마무리되었고 피해자들은 다시 거리로 나서고 있다. 시민들은 제2의 가습기살균제 사건이 발생하지 않을까 걱정하고 '우리 집은 안전한가'라며 생활 화학제품의 안전 문제에 불안감을 감추지 못한다. 방향제, 물티슈, 정수기, 에어콘과 공기청정기의 필터, 치약 등의 생활용품에서 안전 문제가 불거져 나오고 있다.

【가습기살균제 사건이 남긴 교훈】

가습기살균제 참사는 아직 제대로 해결되지 않고 있지만 다음과 같은 교훈을 남기고 있다. 첫째, 가습기살균제와 같이 실내에서 분무되어 사용자의 호흡기로 노출되는 스프레이 제품에 대해 호흡독성 안전자료 제출을 의무화하여, 일반 공산품이 아니라 안전허가를 받아야 판매할 수 있도록 제도화하는 등 생활화학제품에 대한 안전관리를 철저히 해야 한다.

둘째, 가습기살균제 참사와 같이 어린이와 산모 및 노인 등 우리 사회가 가장 적극적으로 보호해야 할 생물학적 사회적 약자의 생명과 건강을 위협하거나 다수의 소비자 건강피해를 발생시키는 경우

천문학적 징벌금을 내도록 하는 징벌처벌제도를 도입해 산업계가 제품안전을 최우선으로 여기도록 해야 한다.

셋째, 자체단체별로 독성센터 혹은 중독센터와 같은 기구를 설립해 생활제품의 이용과정에서 나타나는 건강피해사례에 대해 조기에 대처하고 정보를 취합해 큰 사고를 예방하는 체계를 갖추어야 한다.

넷째, 기존의 수질,대기,폐기물과 같은 매체중심의 환경정책을 인간과 생태계의 건강을 기준으로 하는 '환경보건'으로 정책적 패러다임을 전환해야 한다.

다섯째, 옥시불매시민운동이 가해기업의 책임인정을 이끌어내고 피해대책을 마련토록 했듯 소비자운동과 환경운동이 활발한 시민사회가 중요하다.

여섯째, 가습기살균제 사건은 전문가의 사회적 책임과 역할에 대해 큰 경종을 울렸다. 앞으로 의학, 보건학, 독성학, 법학, 사회학 등 각 분야 전문가들이 모여 가습기살균제 사건의 발생원인과 해결과정 그리고 사회적 교훈에 대해 지속적으로 조사연구하는 체계를 갖추어야 할 것이다.

일곱째, 가습기, 정수기, 공기정화기 등의 생활제품은 환경정책과 환경운동의 실패한 산물이라는 점을 자각해야 한다.

한국 농정개혁 **방향에 관한 소고**

이용기(영남대 식품자원경제학과 교수)

WTOWorld Trade Organization 체제가 출범한 1990년대 중반은 한국 농업 발전사에서 가장 큰 전환점이었다. 시장개방이 급속히 확대되고 세계 농업개혁이 본격적으로 추진되면서 한국 농업은 전례 없는 위기와 시련을 맞기 시작했기 때문이다. 꾸준히 성장하던 농업은 이 시기에 들어서면서 갑자기 성장을 멈춰 섰다. 당시 20조 원에 이르던 농업 부가가치(명목)는 20년이 지난 지금까지 26조 원 수준에 머물고 있다. 사실상 제자리인 셈이다. 같은 기간 국가 전체 GDP(명목)가 3.6배 이상 성장했다는 점을 고려하면 농업 부문이 받은 충격의 크기를 짐작할 수 있다. 성장 정체는 특히 토지집약적 재배업 분야에서 심각하게 나타났다. 농산물 가격은 하락 또는 침체되는데 투입 요소 가격은 계속 상승세를 이어온 결과이다.

농업 성장의 정체는 농가소득에 직접 영향을 주었다. 1995년 1,047만 원이던 가구당 농업 소득은 2014년에도 1,030만 원이었고, 작년에 겨우 1,126만 원이 되었다. 20년 동안 농업 소득은 전혀 증가하지 않았다는 의미이다. 거의 같은 수준을 유지하던 도농 간 소득도 급격히 격차가 벌어지기 시작하여 지금은 도시 대비 농가소득 비율이 62%까지 하락했다. 한국농촌경제연구원KREI의 농업전망 보고서에 따르면 10년 후(2025)년에는 이 비율이 47%까지 추락할 것으로 예측하고 있다. 양극화 문제는 농업 내에서도 깊어져 대농과 중·소농 간은 물론 품목 간(자본·기술집약적 품목과 토지집약적 품목) 소득 격차도 커지고 있다. 노령화 현상도 심화되어 농촌은 이미 지난 2000년 초고령 사회로 접어들었고 65세 이상 노인 인구가 40%에 육박하고 있어 농촌 사회의 활력과 생산성 저하는 물론 농업 구조조정이 지연되는 요인이 되고 있다.

【경쟁력 중심 농업정책의 한계】

오랜 기간 보호주의에 익숙해 있던 한국 농업이 준비 없이 맞이한 시장개방과 농업개혁의 충격은 살펴본 바와 같이 매우 컸다. 정부는 자유주의 농정으로의 점진적 전환을 꾀하면서 위기 극복을 위해 다각적인 노력과 정책 변화를 시도해왔다. 핵심은 저비용, 고효율의 경쟁력 향상 정책이었다. 기술 개발, 기계화와 자동화, 구조조정, 경지 정리, 인력 양성 등을 위해 막대한 예산을 투입했다. 그 결과 농업 생산성이 향상된 것은 사실이다. 지난 20년 동안 노동생산성과 토지생산성은 각각 2배와 1.6배 향상되었다. 그럼에도 여전히 농업과 농촌이 살아나지 못하고 있는 것은 이런 노력이 국제경쟁력 향상으로까지 이어지지는 못했기 때문이다. 정책의 한계를 드러낸 것이다.

경쟁력 중심 정책이 한계를 가질 수밖에 없는 데는 한국 농업이 안고 있는 몇 가지 현실적 이유가 있다.

첫째, 소농 구조의 한계이다. 우리의 영농 규모는 1헥타르 미만 영세 농가가 69%를 차지하고 2헥타르 미만 농가가 86%나 된다. 3헥타르 이상 농가는 8%에 불과하다. 농가당 평균 경지 면적은 1.5헥타르로 선진 대국은 물론 유럽의 작은 나라들보다도 훨씬 작다. 이런 소규모의 영농 구조가 단기간 내에 변할 가능성은 희박하다. 농업은 기본적으로 토지집약적 산업이다. 수직농장vertical farm, 스마트팜 등 첨단 기술이 발달한다 해도 농경지 자원이 부족해서는 경쟁력을 갖추는 데 한계가 있을 수밖에 없다. 우리가 북미나 유럽, 오세아니아 등의 농업 선진국을 따라잡기 어려운 이유도 여기에 있다.

둘째는 노령화 문제이다. 65세 이상 고령 인구가 40%에 달하는 농촌에 기술 혁신 등을 통한 경쟁력 향상은 쉬운 과제가 아니다. 경쟁력 중심 정책은 자본력과 기술 수준을 갖춘 소수의 대농과 부농, 첨단 기술을 적용할 수 있는 젊은 세대와 축산이나 시설 채소 등에 적합한 정책이다.

세 번째로는 그동안 강한 농업 보호 정책 속에서 농업 선진국들과의 경쟁력 격차가 크게 벌어져 있다는 점이다. OECD 연구에 의하면 우리나라의 생산자지지추정치Producer Support Estimate, PSE 비율은 49%, 국내외 가격차를 보여주는 명목보호계수Nominal Protection Coefficient, NPC는 1.9로 최고 수준이다. 보호 수준이 높다는 것은 그만큼 경쟁력이 약하다는 반증이다. 이런 격차를 단기간의 노력으로 따라잡는 것은 한계가 있을 수밖에 없다. 우리가 노력하는 만큼 경쟁국도 계속 앞서 달아나기 때문에 격차를 줄이기가 더욱 어려운 것이다.

우리 농업이 안고 있는 이런 구조적 한계에도 불구하고 그동안 경쟁력 중심 정책에만 매달려왔기 때문에 WTO 출범 후 20년이 경과했는데도 농업 현실은 여전히 제자리걸음이다. 국가의 식량(곡물) 자급률도 23%까지 떨어졌다. 정책적 대응이 잘못된 것이다.

이제 농정의 기본 틀을 바꿔야 한다. 우리의 농업 환경은 많이 변했다. 과거 폐쇄경제하에서 농가들은 생산만 하면 됐다. 상대적으로 많은 인구를 보유한 나라로서 국내 시장은 생산된 농산물을 소화하기에 충분했다. 과잉생산이 되면 정부가 알아서 수매도 해주었다. 공급은 스스로 수요를 창출해내던 시절이었기 때문에 생산은 곧 농가소득 증가와 농업 성장으로 이어졌다. 하지만 이제 그런 시대는 갔다. 국내 시장은 지구촌 곳곳에서 들어온 수입 농산물로 넘쳐나고, 국산 농산물은 이들과 치열한 경쟁을 피할 수 없게 되었다. 공급이 넘쳐나는 공급 과잉의 시대가 된 것이다. 과잉생산에 대해 정부가 할 수 있는 시장간섭도 WTO가 정한 농업보조총액Total Aggregate Measurement of Supports, AMS 한도(1조 4,900억 원) 내에서 이루어져야 한다. 시장개방과 공급 과잉의 시대에 문제는 수요이다. 수요 측에서 해결의 단초를 찾아야 한다.

【국산 농산물 총수요 확대 정책】

그간의 경험을 통해 우리는 경쟁력 중심 정책만으로는 농업과 농촌이 제대로 살아나지 못한다는 사실을 확인했다. 수요가 문제인 공급과잉 상황에서 국산 농산물에 대한 강력한 수요 진작 정책이 핵심 농정의 다른 한 축으로서 동시에 추진되어야 한다. 그래야 농업이 다시 성장 동력을 회복하고 농업 소득이 증가하여 도농 간 소득 격차를 줄여나갈 수 있다.

먼저 민간 소비 부문에서의 수요 진작이다. 그동안 로컬푸드, 직거래 등 소비 촉진을 위한 다양한 정책을 벌여오긴 했지만 실효를 거두지는 못했다. 이제 좀더 체계적이고 종합적인 수요 창출 정책을 적극적으로 시행하여야 한다. 지역 단위로 지자체와 농협이 중심이 되어 농촌과 도시 소비자를 직접 연결하는 상시적 도농 상생 유통 시스템을 확고히 구축할 필요가 있다.

둘째, 식품산업을 통한 수요 확대이다. 우리나라 식품산업(식품가공업, 외식업)은 연간 매출액 규모가 170조 원에 이른다. 뿐만 아니라 국민소득 증가와 수출 지원 정책에 힘입어 빠른 속도로 성장하고 있다. 이런 식품산업이 농업을 견인하면서 동반 성장할 수 있는 정책이 적극 추진되어야 한다. 30% 정도에 불과한 국산 농산물 사용 비율을 대폭 높이고, 가공식품 개발 등 식품산업과 농업을 연계할 수 있는 다양한 정책 대안이 적극적으로 모색되어야 한다. 최근 발효되어 농산물 수요를 잠식하고 있는 '김영란법'의 보완도 시급히 이루어져야 한다. 식품 이외의 일반 기업도 국산 농산물 수요 창출에 기여할 수 있는 정책이 추진되어야 한다. 시장개방의 최대 수혜자는 (수출) 기업이다. 30대 재벌 그룹만 참여해도 국산 농산물 수요가 크게 확대될 수 있다. 농촌 지역과 연계한 그룹 차원의 필요 농산물 구매, 상생 마케팅, 무역 이익의 재분배 제도 도입 등 다양한 방안을 강구할 수 있을 것이다.

셋째, 정부의 구매 수요를 늘려야 한다. 중앙정부와 지자체를 포함한 공공기관의 수요, 군수용, 학교 급식용 등의 국산 농산물 소비를 적극 확대해야 한다. 나아가 국민 건강 증진을 위한 복지 정책과 농업을 연계하는 정책을 도입해야 한다. 미국의 영양지원프로그램 Supplemental Nutrition Assistance Program, SNAP이 좋은 예다. 저소득 소외 계층이나 어린이, 청소년, 부녀자와 노인 등 사회적 약자에 대한 건강 및 영양을 지원해주는 복지 정책을 국산 농산물 수요 확대를 위한 농업 정책과 연계하는 것이다. 미국은 농무성 예산의 80% 정도를 이 사업에 투입함으로써 자국산 농산물 수요 확대에 크게 기여하고 있다. 미국 농정의 특징이다. 세계 농산물 수출 1위국이 이런 정책을 시행하고 있는 것은 우리에게 큰 시사점을 주고 있다.

마지막으로 해외 부문에서의 수요 창출이다. 먼저 수출을 내실화해야 한다. 그동안 정부는 농식품 수출 확대 정책을 적극 추진해왔지만, 이것이 농가소득이나 농업 성장으로 이어지지는 못했다. 수입 농산물을 이용한 가공식품 수출이 중심이었기 때문이다. 이런 방식의 수출은 늘어날수록 수출 기업과 외국 농업만 살찌울 뿐 국내 농업은 더 위축될 수밖에 없다. 농업을 위한 정책이 아니라 기업을 위한 정책을 해왔던 셈이다. 수출을 통해 농업 성장을 견인하고 농가소득을 늘릴 수 있는 수출 구조로 바꿔나가야 한다. 원료 농산물 중심의 수출, 국산 농산물을 원료로 한 가공식품 수출을 늘려야 한다. 농산물 수출을 늘린다는 명분으로 대기업을 농업으로 진입시키려는 시도 역시 농가들의 수출 시장을 잠식하는 결과를 초래할 뿐이다. 수출 못지않게 수입 관리도 중요하다. 수입 급증으로 농업 분야 무역수지 적자가 농업 GDP에 맞먹는 엄청난 규모에 달했다. 이런 상황에서 농업이 제대로 살아나리라는 기대는 불가능한 것이다. 시장개방 시대에 수입 증가는 당연하다는 인식부터 불식해야 하고, WTO 규범이 허용하는 범위 내에서 수입 관리를 철저히 해야 한다. 할당관세 남용의 문제, 역진적 관세 구조의 문제, 보따리상들의 농산물 밀반입 문제 등 국내 농산물 시장을 잠식하는 모든 수입 관리 제도를 총체적으로 재정비해야 한다.

【종합적인 직불제 확대 개편】

수요 진작과 함께 또 다른 핵심 정책 축은 직불제 개편이다. 직불제는 WTO의 시장 지향적 농업개혁 과정에서 대안적 정책 수단으로 확산되기 시작했다. 농가소득 지원과 농업의 공익적 기능 제고를 위한 중요 정책 수단이다. 우리나라에도 여러 형태의 직불제가 시행 중이지만 중심은 쌀 직불제와 밭 농업 직불제이다. 이 두 직불제에 대한 개편이 우선 필요하다. 쌀은 구조적 공급 과잉 문제를 안고 있다는 점 그리고 밭 농업은 안정적인 소득이 보장되지 못하고 있다는 점이 개편 방향에 고려되어야 한다.

현행 쌀 직불제는 목표가격에 연계된 변동직불금 부분으로 인해 강한 가격 지지 효과가 나타나고 있다. 약정수매제를 폐지하고 직불제를 도입하긴 했지만 여전히 시장 왜곡 효과가 강해 WTO의 감축대상 보조Amber Box로 분류된다. 쌀 소비가 급격히 감소하고 있는데도 생산이 잘 줄지 않는 원인도 여기에 있다. 쌀시장의 공급과잉이 장기화된 데에는 다른 이유도 있다. 40만 9,000톤의 쌀이 매년 최소시장접근Minimum Market Access, MMA 명목으로 수입되고 있어 부담을 주고 있다. WTO의 관세화 조치를 20년간 유예한 대가다. 또 반복되는 정부의 시장격리 정책 역시 공급과잉 구조에 한몫하고 있다.

따라서 쌀 직불제의 개편 방향은 수급 균형을 통해 시장가격을 회복시키면서 농가소득을 보장해줄 수 있는 방안을 모색하는 것이 관건이다. 몇 가지 방안을 생각해볼 수 있다. 먼저 생산 중립적인 고정직불의 지급 단가(100만 원/ha)를 소득 보장에 필요한 적정 수준으로 상향 조정하고 변동직불금은 폐지하는 방안이다. 소득은 안정적으로 보장하되 생산은 농가의 자율적 의사에 맡김으로써 수급이 시장기능에 의해 자동으로 조절되도록 하자는 것이다. 이때 수급 상황에 따라 직불제 대상 면적을 탄력적으로 조정할 필요도 있을 것이다. 둘째, 현행 제도의 틀은 유지하되 변동직불금에 일률적으로 적용되는 목표가격과 시장가격의 차액 지원율(85%)을 영농 규모에 따라 차등 적용하는 방안이다. 중·소농은 지원율을 좀더 높이고 대농은 낮추자는 것이다. 면적 기준으로 지급되는 현행 직불제는 대농에게 유리한 제도이며 대농에 의한 생산 증대 효과가 크게 나타나고 있다. 따라서 규모의 경제economy of scale 이익이 생기고 경쟁력을 갖춘 대농일수록 상대적으로 낮은 지원율을 적용함으로써 생산 억제와 함께 소득 재분배 효과도 거둘 수 있을 것이다.

이 밖에 지역 간 가격 편차에서 오는 지불액 불균형 해소를 위해 쌀 가격의 전국 평균 산지가격 산정 방식을 개선해야 하며, 목표가격을 정하는 방식도 재검토되어야 한다. 그동안 직불제 도입 취지에 반하여 수시로 시행했던 시장격리용 수매는 직불제 개편과 함께 없어져야 하며, 일시적인 풍작으로 가격이 폭락할 경우에만 극히 제한적으로 사용해야 한다. 이 같은 제도 개선은 변동직불금에 소요되는 재정 지출과 쌀 수매로 인해 발생하는 막대한 매입 및 재고 관리 비용을 절약할 수 있을 것이다.

밭 농업은 기계화, 자동화율이 낮은 품목이 많기 때문에 농가의 소득 안정 측면에서 직불제의 역할이 중요하다. 현행 밭 직불제의 지불단가(40만 원/ha)를 상향 조정하여 논 농업과의 균형을 유지하여야 한다. 또 논에 쌀 이외 작물(사료나 식량 작물)을 재배할 경우 지급되는 직불금(50만 원/ha)을 적정 수준으로 인상함으로써 쌀의 생산조정 효과를 얻을 수 있도록 해야 한다. 밭 농업 직불제의 경우에도 영농 규모나 품목의 특성에 따라 지급 단가의 차이를 둠으로써 소득 균형을 유지해야 한다.

직불제는 농가의 소득 지원 외에도 농지 보존, 다원적·공익적 기능 제고와 직결되어 있다. 그렇기 때문에 논과 밭 모든 농경지를 대상으로 종합적으로 이루어져야 하며 품목 간에도 합리적 균형이 유지되어야 한다. 나아가 직불제 개선을 통해 생산 농가들의 상응하는 책임도 강화해야 한다. 유럽연합식 상호준수의무cross compliance 제도를 도입하여 환경 보존, 전원적 경관 유지, 식품 위생 등 다양한 공익적 서비스 혜택을 담세자인 국민에게 제공할 수 있어야 한다.

【농업·농촌의 중요성과 존재 가치】

시장개방으로 인한 공급 과잉 시대의 정책 기조는 달라져야 한다. 지금은 수요가 문제인 시대다. 중·소농이 절대 다수를 차지하고 노령화가 심화된 한국 농업의 특성을 고려할 때 공급 측의 경쟁력 중심 정책만으로는 농업을 변화시킬 수 없다. 강력한 수요 진작 정책이 체계적·종합적으로 함께 시행되어야 하고 직불제 확대 정책이 병행되는 농정 패러다임의 변화가 요구된다. 그래야 한국 농업은 다시 WTO 이전의 성장 동력과 도농 간 소득 균형을 회복할 수 있을 것이다.

농업의 역할과 존재 이유에 대한 국민적 이해와 인식 변화도 매우 중요하다. 경제적 측면만 보면 농업은 GDP 비중 1.9%인 작은 산업이다. 하지만 5,000만 국민의 건강과 영양, 생존을 책임지는 안보산업이다. 환경 보존과 자연 경관 유지, 생물 다양성과 자연 생태계 유지, 지역 균형 발전과 국토 보존 등 다양한 공익적 서비스를 제공하고 있다. 그렇기 때문에 농업은 국민과 국가를 위해 존재하는 국가 존립의 기초산업인 것이다. 이것이 북미나 유럽의 선진국이 농업을 중시하는 이유이기도 하다. 농업, 농촌의 중요성과 가치에 대한 이런 인식의 변화가 바탕이 될 때 새로운 정책 패러다임이 성공을 거둘 수 있을 것이다.

10년 후 농가소득이 도시의 47%까지 추락한다는 KREI의 암울한 전망이 현실화되도록 내버려두어서는 안 될 것이다. 그래서 정책적 변화가 반드시 필요하다. 경쟁력 향상, 수요 진작, 직불제 확대 등 3대 정책이 중심축이 되어 농업, 농촌의 지속가능한 발전을 담보할 수 있는 농정의 큰 밑그림을 다시 그려나가야 한다.

Ⅳ

사회/문화

성소수자
혐오의 추억-너머

남웅(행동하는성소수자인권연대 공동운영위원장)

'혐오'가 시대의 키워드로 부상했다는 이야기가 나온 지도 몇 년이 지났다. 상식 밖의 논리에 코웃음을 쳤지만, 비상식이 집단적으로 조직되는 상황은 당혹스럽기만 했다. 이제 혐오의 맨얼굴은 사회의 모세혈관까지 잠식해 들어왔다. 거리 위의 동성애 반대의 몸짓부터 정치권의 민감한 화두에 오르내리기까지 동성애는 혐오의 대상이고 누군가를 모욕하기 좋은 도구로 유통된다.

【혐오의 추억】

성소수자는 여느 소수자를 향한 혐오의 수사들보다도 말초적인 단어로 장식되었다. 혐오 논리로 차별을 선동하는 이들은 성소수자가 사회 곳곳을 갉아먹으며 동성애를 전염시킨다고 주장한다. 성적 보수주의로 무장한 보수 기독교와 보수 언론의 동성애 편집증은 성소수자를 '동성애'로 축소했고, 다시 '항문성교'로 도려냈다. 하지만 반대로 성소수자는 차별금지법과 지자체 인권 사업들을 반대해야 하는 대표 키워드로 왜곡되어 집중포화를 맞았다. 인권을 방패삼아 (혐오)표현의 자유를 금지하고 단죄하는 무법 집단으로 지목되기도 했다. 혐오스럽기에 두렵지만 얕잡아 짓밟아야 하는 존재의 이름, 바로 성소수자였다.

일상부터 거시 정치의 언어까지 '동성애'는 혐오와 등치되다시피 했다. 저들은 자신의 입을 더럽히며 동성애를 부정했다. 특히 세를 키우던 혐오 선동은 이명박 정권 들어 진보 정치가 후퇴하는 분위기 속에 상승 곡선을 그리더니 박근혜 정권이 들어서면서 본격적인 궤도에 오른 모습을 보였다. 혐오는 보수 우익 집단의 유용한 리볼버였다. 혐오의 세력화는 당장 정치권에 압력으로 작용했다. 2016년 총선만큼 동성애가 언급된 유래가 없다. 통합진보당이 축출된 이후 공격의 키워드는 '좌빨'에서 '동성애'로 옮겨 온 모양새였다. 동성애를 지지하느냐는 질문이 국회의원들과 후보를 향했고, 동성애는 발화조차 힘겨운 금기의 언어가 되었다. 총선 직전 보수 정치인들은 동성애 지지 여부를 표심을 흐트러뜨리는 칼날처럼 사용해 상대의 경력을 들쑤시며 깎아내리기도 했다.

하지만 투표함이 열리고, 동성애 지지 여부는 표심과 별개의 사안이었음이 드러났다. 동성애는 정쟁의 가십거리처럼 소모된 셈이다. 외려 기함을 한 것은 동성애 반대를 공약으로 들고 나온 기독자유당이 2.64%라는 사상 최고치의 지지율을 보인 점이었다. 수치상 한 줌의 지지율이지만, 수십만 명으로 계산되는 표심은 혐오가 조직된 집단성을 기반으로 행해진다는 것을 다시금 확인시켜준다.

관료 사회마저 성소수자 혐오의 압력에서 자유롭지 않았다. 성소수자 인권 사업을 파기하고 보호 제도를 폐지하면서 공직자들이 드는 이유는 '반대 민원'이었다. 공공기관에서 혐오는 집단 민원이었다. 아니, 집단 민원은 관료 집단 스스로 성소수자를 차별하기 위한 명분이요 불쏘시개였다. 2015년 여성가족부는 '대전시 성평등 기본조례'에 압력을 넣어 성소수자를 지원하고 보호하는 조항을 삭제케 했다. 이에 질세라 법무부는 '비온뒤무지개재단'의 사단법인 설립 허가 신청을 불허했다. 보편적 인권을 다루는 법무부에 해당 단체는 법인 설립 허가 대상이 아니라는 것이 이유였다.

성소수자라는 특수성이 보편적 인권에 해당하지 않는다는 잘못된 선 긋기는 지자체에도 넘쳤다. 2015년 말 서울시립청소년미디어센터는 청소년 성소수자가 주최하는 행사를 대관 거부하는가 하면, 같은 해 서울시청은 성북구 장수마을이 지역 성소수자 단체들과 기획한 전시를 불허하기도 했다. 2014년 서울시민 인권헌장을 모욕적으로 폐기한 사태는 이제 너무도 유명하다. 성북구 역시 지역 보수 교회의 압력으로 청소년 성소수자를 대상으로 진행하는 '청소년 무지개와 함께 지원센터' 사업을 불용했다. 이는 인권 도시를 표방하는 지역들이 인권이라는 허울 좋은 미명 아래 성소수자들을 어떻게 배제하고 있는가를 보여준다. 여기에 질세라 2016년 7월 헌법재판소는 "항문성교나 그 밖의 추행을 한 사람은 2년 이하의 징역에 처한다"는 군형법 제92조의 6 기타추행죄를 합헌 판결함으로써 동성애 처벌을 사실상 정당하다고 못 박았다. 입법부와 행정부, 사법부 3권분립의 국가권력이 성소수자 혐오의 일치단결을 보여줬다.

중앙정부와 지자체에는 반성소수자 인사들이 공직에 안착했다. 새누리당의 추천으로 선임된 조우석 KBS 이사는 성소수자 인권활동가의 경력을 비아냥거리며 동성애를 더러운 좌파로 참칭하는가 하면, 국가인권위원회에는 최이우 목사를 비롯, 성소수자 혐오 발언을 시시때때로 했던 인물들이 비상임위원으로 올라갔다. 이들을 중책에 올린 데에는 보수 여당과 정부의 지원이 혁혁했다. 반성소수자 인사들이 공직을 차지하는 사태는 정부와 국회가 제도 안팎의 성소수자 차별 선동을 방관하고, 저들 스스로 성소수자 차별 선동을 수행하며 성소수자 혐오가 일상으로 자리 잡는 데 기여한다.

2010년 드라마 〈인생은 아름다워〉 방영을 반대하는 집단들이 '며느리가 남자라니'라는 희대의 구호를 들고 나온 이래, 성소수자 코드가 들어간 문화 콘텐츠에 대한 반대 여론과 검열 압박도 높아졌다. 실제로 동성 간 스킨십이 들어가거나 동성애 코드가 들어간 방송들은 주의와 경고 등 징계 처분을 받기 일쑤였다. 성소수자와 관련된 각종 활동이 악성 혐오 민원으로 취소되는 사례는 하루 이틀이 아니다. 최근에는 문화관광부가 한복 착용자의 고궁 무료 입장 이벤트에 지정 성별에 맞는 한복으로 제한하여 젠더 표현을 검열하고 나섰다. 한복 검열 사건은 더 이상 사회·문화적 검열이 특정 공간의 성소수자에게만 해당되는 문제가 아니며, 공공장소의 시민에게 표현의 자유를 제한하고 박탈하는 결과로 이어짐을 단적으로 보여준다.

공직에 반성소수자 인사가 자리를 차지하고 검열이 강화되었다면, 아래로부터는 혐오의 표현이 난만한다. 집단의 혐오 표현 기저에는 보수 기독교와 보수 언론이, 보수 정치인의 커넥션이 있다. 거리 위의 집회부터 방송과 언론, 사회 서비스와 정책 개입에 이르기까지 다차원적인 선동은 대기의 혐오 농도를 높인다. 이들의 집단

행동은 지자체를 압박하고 혐오 여론을 조성한다. 최근에는 반성소수자를 주장하는 전문가 집단이 대두되었다. 법조인뿐 아니라 의료 전문가와 언론인, 정치인에 이르기까지 전문가 조직이 양성되었다. 이들은 보수 기독교와 보수 언론, 보수 정치세력의 인적 동원과 지원을 등에 업고 출판과 강연, 방송 프로그램을 가리지 않고 활동한다. 심지어 이들은 국회 토론회, 대형 교회의 기도회 등에 동원되며 네트워크를 만들고 반성소수자 담론을 구축한다.

일찍이 박근혜 대통령은 '비정상의 정상화'를 주창했다. 그리고 예의 언급은 반동성애 논리를 비롯한 사회적 소수자의 편견을 강화하고 이를 차별하는 정책들에 곧잘 오버랩되었다. 하지만 대통령의 행적이 외려 '비정상적'이었다는 사실이 만천하에 드러난 지금, 혐오 논리와 반동성애 세력화야말로 국정농단의 작품이 아닌지 의문을 품게 한다. 물론 타인에 대한 혐오와 선 긋기가 대중을 선동하고 규율하기 좋은 기득권의 지배 전략이라는 점을 재고하면 혐오와 국가의 커넥션은 박근혜 정권에만 해당하는 문제가 아니다.

국가의 방임과 조력 아래 혐오의 조직화는 성소수자의 삶을 저해해왔다. 우선적으로 '동성애는 에이즈의 주범'이라는 고릿적 구호가 회귀했다. 의료 기술의 발전과 질병에 대한 인식 변화에도 불구하고 이들은 기존의 논리를 그대로 가져다 썼으며, 감염인에 적용되는 복지 예산이 국민 혈세로 운용된다고 선동하여 성소수자와 관련된 제도가 결국 '빨갱이'와 연결된다는 논리를 밀어붙였다. 더불어 근래 대두된 '전환치료'는 동성애가 후천적으로 발생한 정신 질환이라고 주장한다. 전환치료는 특히 청소년 성소수자에게 집중되는데, 가족들로 하여금 청소년 성소수자의 성적 지향과 성별 정체성을 치료 대상으로 인식케 하여 치료를 강요하고, 그 과정에서 당사자들을 폭력에 노출시킨다.

일탈과 위반의 대상으로 청소년 성소수자를 낙인찍으면서 이들을 사회 안전망으로부터 배제하는 사회의 태도는 국가의 정책과 무관하지 않다. 이미 2015년 교육부의 성교육표준안은 동성애 등 성소수자 교육을 막고 나선 바 있다. 이는 국가가 청소년의 성적 자기결정권을 제한하고 막는 것이나 다름없다. 자연스레 청소년 성소수자는 금기의 대상이 되고 침묵에 부쳐지며 음지로 밀려난다. 혐오의 악순환은 20~30대 HIV/AIDS 감염률 증가의 문제와 연결되며 혐오의 불길에 기름을 붓는다. 성소수자 혐오 세력과 국가의 성적 보수주의가 성소수자 인권을 개미지옥으로 몰아넣는 형국이다.

【혐오 너머, 평등한 사회와 성소수자 시민권 상상하기】

그간의 혐오와 차별 선동을 거칠게 나열한 것만으로도 숨이 찬다. 하지만 차별의 논리를 머리로 판단하는 것과 달리 피부로 경험하는 혐오와 차별은 당사자의 일상에 수치와 모욕의 누적으로 전달된다. 제도적으로 보장되지 않는 성소수자의 일상은 불편을 감수하고 더러 2등 시민의 열등을 이겨내야 함은 물론, 성소수자 혐오가 성소수자 당사자들의 심신을 황폐하게 만든다. 제도적 보장은커녕 공공장소에 자신을 드러내지도 말라고 반대하는 것은 성소수자들을 시민 취급 하지 않겠다는 위협이다. 남성 동성애자들의 섹슈얼리티가 공론화되기는커녕 혐오 공격 아래 쉬쉬되는 만큼 HIV/AIDS 예방과 성적 권리의 이야기는 요원하다. '전환치료'라는 단어 아래 청소년 성소수자는 가정 폭력에 노출되고, 사회로부터 탈락할 확률이 높아진다. 2014년에 나온 「한국 LGBTI커뮤니티 사회적 욕구조사」에 따르면 청소년 성소수자의 자살 시도가 46%에 육박한다고 한다. 혐오는 그 대상이 되는 청소년 성소수자, 질병 당사자에 대한 이야기를 금기시함으로써 사회적 소수자의 존재를 삭제한다. 음지의 구렁에서 나오기는 요원하다. 차별은 자존감에도 영향을 미친다. 자존감이 낮아지면 내가 받는 차별 감수성도 낮아지기 마련이다. 소수자 커뮤니티에서도 소외되기 쉬운 인권 사각지대의 구성원들에게 차별은 인식하기조차 어렵다. 차별의 경험을 이야기한다고 하더라도 들어줄 사람과 이를 해결할 기반이 없다면 냉소와 자괴를 하기 쉬운 것이 현실이다.

하지만 혐오에 맞선 의식화의 과정과 수위를 달리하는 투쟁이 계속된다. 혐오의 뿌리를 찾고, 혐오 대상으로 호명되었던 성소수자들이 제 언어를 찾으면서 우리는 일상에서 발음하지 못한 경험을 '차별'이라고 부를 수 있게 되었다. 다행히 한국 사회의 성소수자들은 SNS와 미디어를 활용하여 경험을 나누고, 경험을 나눌 언어를 만들어내고 있다. 누구와 함께 차별에 맞서야 하는지를 인식하며 연대의 경험을 축적하고 차별에 맞선 투쟁들을 감각적인 언어로 만들어낼 수 있게 되었다.

물밀 듯 쏟아졌던 혐오 선동에 성소수자 인권운동이 능동적으로 대처하기는 어려웠던 것이 객관적인 평가일 것이다. 기실 성소수자 커뮤니티가 양질의 성장을 했고, 그만큼의 집단적 자존감도 높아졌다. 하지만 높아진 자존감과 외부의 혐오는 끊임없이 충돌했고, 계속되는 불협화음은 공동체의 지속적인 소진과 신경쇠약으로, 자조적 냉소와 회피로 나타났다. 하지만 공동의 피로가 임계점에 오른 시점에서 최근 혐오 세력의 뒷배가 되었던 정부와 보수 정치세력의 부패와 국정농단의 맨얼굴이 드러난 상황은 하나의 전환점을 시사한다.

성소수자들에게 역시 대통령 퇴진 요구는 단지 대통령 하나를 바꾸자는 의미만이 아니다. 변화의 국면에 이른 지금 시점은 여느 사안들만큼이나 성소수자 인권을 위한 한 차원 높은 각성이 요구된다. 혐오 너머, 성소수자의 담론을 만들고 공고한 연대를 행동으로 보여줘야 한다는 요구가 대두되고 있다. 몰릴 대로 몰렸지만, 그동안 성소수자들은 자신의 언어를 찾고 같이 싸울 동료와 전선을 그렸다. 성소수자들은 반동성애를 주장하는 집단이 세월호 진상 규명과 이주 노동자들에 대한 제도적 보장을, 노조 활동을 반대한 이들임을 알고 있다. 이들은 기득권의 지지를 등에 업고 보수 정권의 행동대장과 나팔수를 자임하며 사회의 부조리를 문제 삼고 비판하는 행동들을 낙인찍었다. '몸통'의 실체가 드러난 이후, 연대를 넓히며 저들을 포위하는 것은 이제 시민사회, 소수자로 낙인찍힌 이들이다.

행동을 계획하고 실행하는 것은 성소수자 운동의 정치적 역량을 높이고 제도를 만들고 의제를 확산하는 것이다. 이는 당신과 내가 같이 사는 세계를 고민하고 상상하는 시도이다. 앞서 동성애가 사회질서를 무너뜨리고 전염시킨다는 성소수자 혐오 세력들의 논리는 거꾸로 해석할 필요가 있다. 성소수자들은 어디에든 존재하고 인간의 존엄과 평등한 권리를 요구하며 자신의 존엄한 삶이 보장받을 수 있도록 사회 변화를 그리고 실천한다. 이는 민주주의의 새로운 국면, 새로운 민주주의를 구축하는 과정에 참여하기 위해 우리가 동등한 시민권을 요구하며 공적 정치의 장에 함께하는 것이다.

변화의 외침들을 묶어내고 정치화하는 과정은 이전보다 더욱 중요해진다. 그만큼 성소수자 의제를 나눌 수 있는 정당·정치인과 소통 채널을 만들고, 평등한 사회를 위해 성소수자로서 요구해야 하는 제도적 변화를 구체적으로 모색하는 것이 과제로 부상한다. 혐오 세력의 반대 항목에 오르내린 차별금지법 제정은 성소수자 인권과 평등한 시민권을 위해 마련되어야 할 기본적 주춧돌이다. 더불어 군형법 제92조의 6 동성애 처벌법, 'HIV/AIDS를 다른 사람에게 전파하는 행위'를 금지하고 형사처분하는 에이즈 예방법 전파매개 행위 금지 조항은 동성애자 군인과 HIV/AIDS 질병 당사자의 성적 권리와 평등권을 위해하는 대표적인 법조항이다. 이들 조항의 삭제를 요구하는 것 또한 성소수자의 존엄을 제고하고 인권을 논하기 위한 필수 과제이다. 나아가 동성 결혼과 가족구성권은 성소수자를 동등한 시민으로 자리매김시키고 다양한 시민 결합의 모델을 제도적 차원에서 상상할 수 있는 계기가 될 것이다.

【연대의 감각, 공동체의 삶을 설계하고 투쟁했던 집단의 경험】

제도 변화를 모색하고 인권을 보장하는 법조항을 요구하는 것은 성소수자의 인권을 수면 위에 올리는 시도이다. 하지만 우리는 기억해야 한다. 제도적 투쟁과 커뮤니티의 정동은 분리할 수 없으며, 분리되어서도 안 된다는 것을 말이다. 제도의 변화를 상상하기 위한 동력은 혐오에 맞서고 차별 선동을 넘어선 연대의 감각이자 공동체의 삶을 설계하고 투쟁했던 집단의 경험이다.

그런 점에서 제도 변화는 성소수자 인권의 바로미터가 될 수는 있을지언정 전부로 대표될 수는 없다. 혐오는 정치세력화된 집단 권력으로 드러나지만, 저마다 인식의 혈관에 스며 있는 오랜 관성이기도 하기 때문이다. '혐오의 추억'은 혐오의 종말을 선언하는 것이기보다는 성소수자 혐오를 평가하고 이에 대응할 수 있는 근육과 거리를 확보한 지점을 말한다. 그렇다면 고려할 것은 손가락이 가리키는 먼 숲보다도 숲을 이루는 풀과 나무, 인권의 환경일 것이다. 인권의 숲을 만들기 위해서는 제도를 숙의하는 과정이 중요하고, 그 과정에 이 사회를 살아가고 있는 성소수자의 구체적인 이야기가 담겨야 함은 물론이다.

사회구성원으로서 성소수자의 권리를 요청하는 것은 성소수자로서 일할 권리, 정치적 의사를 표현하고 관계를 맺으며 행복을 추구할 권리를 말한다. 이는 곧 나의 몸, 나의 정체성을 다시 읽고 타인과의 관계를 확장해나갈 것을 요청하는바, 우리는 음지화된 언어들, 게토의 욕구들을 관계의 가능성으로 드러내고 몸과 몸의 결속과 쾌락을 보장하는 실천을 모색해야 한다.

국민의 건강권 보장을 위한 **보건의료정책**

정초원(복지국가소사이어티 연구원)

최근 보건의료정책을 둘러싼 가장 큰 논란은 의료민영화다. 이명박 정부 시기에는 영리법인 병원 허용, 원격의료 및 병원의 영리적 부대사업을 확대하는 내용의 의료법 개정 등이 전면 추진되었다가 의료민영화를 우려한 촛불정국에 막혀 실패하였다. 박근혜 정부는 의료민영화에 대한 반발을 의식하여 '투자 활성화 대책'이라는 미명으로 포장해 이명박 정부 당시 폐기된 정책들을 재추진하고 있어 많은 논란을 야기하고 있다.

2017년 예산에서도 공공의료 부문의 예산은 축소되는 반면, 원격의료 등 의료 산업화 부문의 예산은 대폭 증액되었다. 그럼에도 불구하고 정부는 "국민건강보험이 잘 되어 있으니 의료민영화는 유언비어다"라고 항변하며 논란을 잠재우려 애를 쓴다. 그러나 속내를 살펴보면 보건의료 영역에서 공공의 역할을 약화하고 민간(자본)의 영리 추구 비중을 높여 국민의 건강을 위협하고 있음이 명백히 드러난다.

【보건의료정책의 원칙】

'건강'은 국민의 인간다운 삶을 보장하기 위한 가장 기본적인 조건이다. 건강에 관한 가장 권위 있는 기관인 세계보건기구WHO는 건강(질병이나 장애가 없는 것뿐만 아니라 신체적, 정신적, 사회적 안녕의 상태)이 하나의 기본권으로서 모든 사람에게 차별 없이 적용되도록 규정한다. 우리나라 역시 헌법 제36조 제3항에서 "모든 국민은 보건에 관하여 국가의 보호를 받는다"라고 명시함으로써 국민의 건강한 삶을 보장하는 것이 국가의 의무이자 국가에 요구할 수 있는 국민의 권리임을 밝히고 있다.

이런 이유로 복지 선진국의 보건의료 부문은 영리를 추구하는 시장의 손에 맡기기보다는 공익의 보장자인 국가에 의해 주도되고 있다. 그렇다면 현재 우리나라 정부가 추진하고 있는 보건의료정책은 헌법상 보장된 국민의 건강권을 제대로 실현하고 있는가? 정부의 말대로 현행 건강보험 체제하에서 민영화가 가져올 위험은 걱정하지 않아도 되는가? 현행 보건의료정책의 구체적인 내용을 살펴볼 필요가 있다.

의료 영역은 국민의 건강권을 다루는 분야이므로 공공성에 의거해 돌아가야 한다. 즉, '모든' 국민은 '건강과 직결된 모든 영역'에서 '최소의 비용'으로 '양질의 서비스'를 받을 수 있어야 한다. 국민들이 의료민영화에 반대하는 것은 본질적으로 영리를 추구하는 민간자본들이 의료 영역에 깊게 침투할수록 공공성이 훼손되기 때문이다. 또한 건강보험이 보장하는 비중이 줄어들수록 영리 추구 영역이 확대되어 공공성이 줄어들기 때문이다. 따라서 정부가 추진하는 일련의 정책이 국민 건강권에 미치는 영향은 위 기준을 바탕으로 평가해야 한다.

【최근 우리나라 보건의료정책의 현황과 문제점】

1. 재정 체계 : 낮은 공공 의료비로 인한 국민 부담 증가

현재 우리나라 보건의료정책의 재정은 주로 국민건강보험 제도가 담당하고 있다. 국민건강보험 제도는 전 국민을 포괄하는 유일

무이한 보편적 사회복지 제도라는 긍정적 평가를 받고 있다. 그러나 속내를 살펴보면 부실하기 짝이 없다. 제도 도입 초반에 강제 가입에 대한 저항을 줄이기 위해 설계한 '저부담·저급여·저수가(낮은 보험료, 낮은 보장률, 낮은 의료수가)'의 구조가 고령화와 늘어나는 수요의 흐름을 따라가지 못하고 있는 것이다.

2015년 국민 인식도 조사에 따르면 건강보험이 있음에도 불구하고 응답자의 88.1%가 민간 의료보험에도 가입해 있다고 대답하는 등 명성에 비해 건강보험에 대한 국민의 체감도는 낮다. 그 이유는 낮은 보험료율로 인한 낮은 보장률이다. 전체 의료비 중 건강보험이 충당하는 비율을 나타내는 보장률을 보면 2014년 기준 63.2%로, 2007년 65%에 비해 낮아졌다. 이로 인해 국민 개개인이 부담해야 하는 비율은 35%에서 36.8%로 더 늘어났다. 특히 국민들이 오롯이 부담해야 하는 비급여 항목에 대한 진료비의 경우 지난 10년간 연평균 10%씩 증가하여 건강보험 보장률의 증가율을 훨씬 웃돌았다. 이에 비해 국민이 부담하는 건강보험료는 낮은 수준이긴 하나 계속해서 높아졌다. 반면 국고 지원금은 매번 법적으로 규정된 비율을 준수하지도 않고 심지어 내년 예산에서는 삭감되었다. 그 결과 국민이 느끼기에 건강보험 제도는 보험료만 늘어날 뿐 의료비 부담을 제대로 경감시키고 있지 못한 것이다.

이뿐만이 아니다. 건강보험 제도는 의료 접근성과 질병 치료에 국한되어 질병의 예방, 재활, 건강 증진 서비스 등 직접적인 치료와 연관되지 않는 건강 영역에 대해서는 취약하다. 즉, '의료서비스' 중심으로 설계되어 '건강권 보장' 차원의 서비스는 보장이 이루어지고 있지 않다. 이는 단순히 질병이 없는 상태만을 말하는 것이 아니라는 WHO의 건강 개념에도 어긋난다. 가장 의료비 부담이 높은 만성질환을 예방하기 위해서도 생활 습관 개선, 선행 만성질환 관리와 같이 일상생활에서의 건강 습관이 중요해지고 있는 상황에서 건강보험은 제대로 된 역할을 하고 있지 않은 것이다.

보건의료 재정의 80% 이상을 차지하는 건강보험 제도가 이처럼 부실한 가운데 건강보험 기금과 정부 지원을 합한 공공 재정 전체를 국제비교를 통해 살펴보면 심각성은 더 커진다. 2013년 우리나라 경상의료비(보건의료서비스와 재화의 소비를 위해 국민 전체가 1년간 지출한 금액) 98.3조 원 중 약 절반가량인 54.9조 원이 공공 재원이고 나머지는 다 민간에서 부담했다. 특히 입원과 외래의 경우, 우리나라의 공공 재원은 각각 61.6%, 55.4%로 절반을 겨우 넘어서는데 비해 OECD 평균은 각각 88%, 79.1% 수준에 이른다.

이처럼 공적 영역의 역할이 미진하여 우리 국민은 민간 보험 시장으로 내몰리고 있다. 민간 보험은 사기업의 성격상 이윤 추구를 본질로 하며 가입자의 보험료에서 운영비와 영업 이익을 충당해야 하기 때문에 높은 보험료가 책정된다. 실제로 2015년 월평균 건강보험료가 14만 5,000원 정도인 데 비해 민간 보험은 30만 8,000원 정도로 2배 이상 높았다.

보험료가 높을수록 저소득층은 의료서비스의 울타리 밖으로 밀려날 수밖에 없다. 특히 건강보험에서 제대로 보장해주고 있지 않은 건강서비스는 주로 돈 있는 사람들이 이용할 수 있는 민간 인프라에 의해 충당된다. 결국 영리적 성격의 민간 자본이 건강권에 개입할수록 '모든' 국민에게 제공되어야 할 '건강과 직결된 모든 영역'에 대한 의료서비스에 '돈' 이라는 장벽을 만들어 의료의 공공성을 저해하는 것이다.

2. 의료서비스 제공 체계 : 의료민영화 의혹의 가중

우리나라 전체 의료 기관 중 공공 의료 기관이 차지하는 비율은 2013년 기준으로 5.7%, 공공 의료 병상 수는 9.5%에 불과하다. 의료서비스의 90% 이상이 민간에 의해 국민에게 공급되고 있는 것이다. 그러나 우리나라의 병원들은 민간 병원임에도 불구하고 상업적 행위가 금지되어 있고(제주도 및 경제자유구역을 제외하고) 수익 배당 등을 통해 외부로 유출하지 못하고 병원에서 번 돈을 병원 운영에만 재투자하도록 규제됨으로써 영리적 성격이 제약되어 있다. 그러나 이명박 정부에 이어 박근혜 정부가 추진하고 있는 투자 활성화 정책들은 이 빗장을 풀고 영리적 목적을 가진 투기 자본들에게 유인의 손길을 보내고 있다.

문제의 정책들은 바로 2013년 발표한 '제4차 투자 활성화 대책'에 담긴 병원의 '영리 자회사' 및 '원격의료' 허용이다. 먼저 전자를 살펴보면, 병원들이 주식회사 형태의 자회사를 설립해 이윤 추구 활동을 하고 영업을 통해 번 돈을 민간 투자자들에게 배당할 수 있도록 허용하는 것을 말한다. 특히 자회사의 경우, 병원이 할 수 있는 부대사업(주차장, 장례식장 등)을 넘어서서 목욕장업, 숙박업, 여행업, 수영장업, 식품 판매업 등과 같은 상업적 성격의 사업 운영도 가능하도록 만들었다. 모병원인 의료법인과 자회사 간 투명한 거래가 전제되지 않는 가운데 사실상 병원에 영리 추구 활동의 우회적인 통로를 열어주는 셈이다.

이에 대해 정부는 자법인의 직접적 의료 행위 금지, 자법인 수익 투자 제한, 부당 내부 거래 제한 등이 담긴 가이드라인을 통해 차단 장치를 마련해놨다고 반박하지만 의료법이 아닌 일반 기업처럼 상법의 적용을 받는 영리 자회사의 사업을 어디까지 규제할 수 있을지 불분명한 상황에서 이윤 추구를 목적으로 하는 민간 투기 자본의 유입을 막을 장치가 부재한 것이 현실이다.

'원격의료 허용' 역시 문제가 많다. 현재 정부는 거동이 불편한 어르신이나 교통이 불편한 산간벽지 지역의 주민 등 주요 의료 취약 계층에게 의사-환자 간 원격의료를 허용하는 내용을 담은 의료법 개정을 추진하고 있다. 현행법에 따르면 의사 – 의사 간 원격의료를 허용하고 있는데, 예를 들어 의료 취약 계층에 대해서는 공중보건의사가 있는 현지 보건지소와 전문의사 간 원격의료를 통해 환자를 진료할 수 있도록 되어 있다.

환자와의 직접적인 원격의료를 허용하지 않은 것은 의사 – 환자 간 지속적인 대면 접촉이 있어야 진료의 정확성과 신뢰성이 보장되기 때문이었다. 또한 의사들의 과잉 진료 유인이 큰 행위별 수가제하에서 직접적인 방문보다 시간, 장소의 구애를 덜 받기 때문에 진료의 남용이 발생할 수 있다. 또한 전문인이 동반되지 않은 상태에 있는 환자와의 원격의료는 기기 오작동, 잘못된 정보 전송 등으로 인해 부작용이 크고 이 경우 책임이 환자에게 전가된다.

이런 여러 이유로 인해 제19대 국회를 통과하지 못하고 법안이 폐기되었으나 대상을 축소하여 제20대 국회 때 재발의되었다. 그러나 정부는 아직 원격의료의 법적 근거가 되는 의료법 개정이 국회 발의 상태임에도 불구하고 2014년부터 시범 사업을 강행하고 2017년 예산에서는 확대 편성(보건복지위에서 대폭 삭감)하는 등 국회와 시민사회의 동의 없이 밀어붙이고 있는 상황이다.

삼성 등 주요 대기업 역시 법 개정에 관계없이 원격의료 기기 사업을 이미 전면적으로 추진하고 있다. 이런 상황을 보면 정부와 대기업 간 원격의료를 둘러싸고 결탁이 이루어졌기 때문이 아니냐는 의혹이 짙다. 즉, 원격의료 사업 자체가 국민의 건강권을 위해서라기보다는 대기업에 특혜를 주기 위한 사업이라는 것이다.

이 밖에도 제4차 투자 활성화 정책에는 의료법인 간 합병 허용, 법인약국 허용 등 자본력이 큰 대기업을 위한 규제완화가 대거 포함되어 있었지만 시민사회의 반발로 보류된 상태이다. 사회진보연대의 「의료법인 자회사 허용의 수혜 기업은?」이라는 보고서에 따르면 영리 자회사 및 원격의료 허용을 필두로 한 투자 활성화 정책이 차병원 그룹에 특혜를 줄 가능성이 높다고 보고 있다. 게다가 차병원 그룹에는 국정 비선실세로 논란의 중심에 선 최순실 일가와 박근혜 대통령이 단골인 차움병원이 속해 있다는 점에서 특혜 논란을 더 가중시킨다.

위와 같이 박근혜 정부의 투자 활성화 정책은 의료라는 영역에 민간 자본, 특히 대기업을 중심으로 하는 영리적 자본을 대거 끌어들이는 효과를 야기할 것이다. 정부는 이에 대해 건강보험 당연지정제와 전 국민 건강보험 의무 가입을 훼손하는 것이 아니기 때문에 그리고 의료서비스 영역에서 영리법인을 직접적으로 허용하는 것이 아니기 때문에 의료민영화가 아니라고 반박한다.

그러나 의료민영화에 대한 우려의 핵심은 국민의 건강권이 시장의 논리로 이윤을 추구하는 민간 자본의 손에 의해 훼손당하는 것이다. 지금과 같이 불충분한 건강보험 제도하에서 자회사가 추진하는 각종 서비스는 소득에 따른 건강 관리의 편차를 야기할 것이다. 게다가 건강보험의 보장성을 악화하는 것이 민간 병원이 만들어내는 비급여임을 감안하면 민간 자본의 힘이 커질수록 건강보험 또한 약화될 것이 분명하다.

또한 이미 민간 병원인 모법인 의료병원은 자회사를 통해 그동안 규제로 못 했던 영리 추구 행위에 몰두할 가능성이 높다. 원격의료 역시 지금과 같은 상황에서는 건강권은 더 불안해지고 기업 배불리기만 초래하게 될 것이다. 결국 이 정책들로 인해 현행 건강보험 제도는 더 약화되고 소득에 따라 건강 수준은 불평등해지며 국민 대다수의 건강권은 더 불안해지는 결과가 발생할 수 있다. 이 경우 건강보험 당연지정제와 전 국민 건강보험 의무 가입이 국민의 건강권을 얼마나 보장할 수 있겠는가.

【국민의 건강권 보장을 위한 보건의료정책의 방향】

결국 지금 추진하고 있는 투자 활성화 정책은 국민의 건강권을 침해할 가능성이 높기 때문에 전면 재검토해야 한다. 민간 자본은 본질적으로 수익성을 추구할 수밖에 없다. 그러나 건강권을 국민 모두에게 형평하게 보장하기 위해서는 단기적인 손해가 나더라도 감수해야 한다. 물론 장기적으로 보면, 국민 모두에게 건강권이 제대로 보장될수록 노동생산성이 높아지기 때문에 국가 발전에도 기여하는 것 또한 분명하다. 그럼에도 불구하고 일차적인 목적은 인간의 존엄성에 근거한 건강권 자체이다. 이는 공공 병원이 재정적인 손해를 보더라도 유지해야 하는 이유이기도 하다.

이런 측면에서 가장 중요한 것은 국민건강보험 제도의 역할을 강화하는 것이다. 전 국민이 동 제도에 참여하고 있기에 장기적으로 지금의 불합리한 저부담 – 저급여 – 저수가 체제를 개선해야 한다. 현재 20조 원에 이르는 막대한 기금 흑자를 바탕으로 일차적으로 보장성을 확대하는 동시에 OECD 평균 대비 60%에 불과할 정도로 지나치게 낮게 책정되어 있는 건강보험료도 올려야 한다.

2017년 예산에서 삭감되어 비판받고 있는 국고 지원금 역시 법적으로 준수된 비율을 준수해야 한다. 특히 국고 지원금은 소득에 따라 누진적으로 부과되는 세금이 재원이기 때문에 보편적인 보건의료서비스하에서 국고 지원금이 많아질수록 소득 재분배 효과도 커지는 긍정적인 외부 효과도 낼 수 있다. 그리고 이를 바탕으로 꾸준히 보장성을 확대해야 한다. 의료서비스의 질 향상이 전제될 경우 수가 인상도 고려해봄 직하다.

이와 더불어 필요한 것은 의사와 환자 간 지속적인 관계를 보장할 수 있도록 주치의제와 같은 의료 전달 체계의 개편이다. 원격의료로 의사와 환자를 더욱더 떨어뜨려놓는 것이 아니라 지속적인 대면 접촉을 통해 쌓인 정보 및 유대감을 바탕으로 상시적인 건강 관리를 가능케 하는 것이다. 이를 위해서는 주치의가 될 1차 의료 기관을 거쳐야 2차, 3차 병원에 갈 수 있도록 절차를 단계적으로 규정함과 동시에 주치의제에 참여할 수 있도록 1차 의료 기관의 의사들을 유인하는 보수 체계의 개편, 가장 시급하게 다뤄져야 하는 만성질환의 관리를 효과적으로 수행할 수 있도록 의사들에 대한 좀더 심화된 교육 등이 전제되어야 할 것이다.

이처럼 제도 자체의 정비도 중요하지만 더욱더 필요한 것은 국민의 건강권 보장에 대한 국가 전체적인 고려이다. WHO를 통해 국가들이 합의한 건강권은 신체적, 정신적, 사회적 측면에서의 총체적인 보장이다. 실제로 WHO에서는 건강을 결정하는 데에 노동시장, 교육 체계, 정치 제도, 기타 문화적·사회적 가치가 큰 영향을 미친다고 보고 있다.

이는 건강보험 제도를 필두로 한 보건의료정책에 한정 짓지 않고 경제, 노동, 교육, 환경, 문화적인 측면에서의 포괄적인 노력을 필요로 한다. 실제로 소득 양극화가 심각해질수록 건강권의 격차도 벌어진다. 소득 수준이 높은 곳의 만성질환자 수와 낮은 곳의 만성질환자 수가 차이 나는 것은 단지 보건의료정책만으로 국민 전체의 건강권을 보장하는 데에 한계가 있음을 말하고 있다.

대표적 복지 선진국인 스웨덴의 공중보건정책에는 사회 참여,

경제·사회적 보장 등까지 포괄적으로 규정되어 있다. 따라서 지금 정부가 해야 할 일은 기업 특혜를 주기 위한 의료민영화가 아니라, 공공성에 기반을 둔 국민의 건강권에 관한 총체적인 고민이다.

마을공동체
어떻게 회복할 것인가

이승훈(공릉청소년문화정보센터장)

필자는 한 마을의 청소년센터에서 일한다. 마을교육공동체를 꾸려가는 활동가이다. 작은 마을에서 마을 사람들과 더 나은 세상을 꿈꾸며 함께 일한다. 필자는 "더 이상 이 위험한 체제에서 방향을 급격히 선회하지 않고는 공멸하는 것 아닌가?" 하는 두려움을 안고 있다. 하지만 나라를 바꿀 수 있는 힘은 내게 없고, 나 개인만 바뀌어서도 해결되는 문제가 아니기에 나와 우리 마을 사람들은 우리가 사는 골목의 작은 변화를 꾸려가기 시작했다.

마을공동체에 대한 관심은 전국적으로 확산되고 있다. 중앙정부와 지방정부, 시민사회와 제도권, 진보와 보수, 수도권과 농어촌 할 것 없이 마을공동체 관련 정책과 운동이 펼쳐지고 있다. 우리가 살아왔던 도시, 경쟁 방식에 대한 반성과 대안으로서 마을을 재발견하고 있는 것이다. 그런데 우리가 회복하고자 하는 마을은 과거에 우리가 경험했던 그 마을일까? 아니면 새롭게 건설해야 할 미래 지향적인 어떤 것일까? 어느 드라마에서처럼 1988년의 쌍문동으로 돌아가 앞집, 뒷집, 옆집 서로의 시시콜콜한 삶을 엿보며, 끈끈한 마을공동체를 회복한다면 우리는 행복할 수 있을까? 또 오랜 세월을 경제적 생산성과 경쟁, 발전이라는 획일적 가치로 무장되어 달려왔는데, 모두가 잊고 살아왔던 마을공동체의 가치를 우리가 이제 와서 어떤 방법으로 회복할 수 있을까?

【불안과 절망의 시대에 더욱 중요해진 마을공동체】

불확실하고 절망적인 미래에 대한 두려움은 소수의 것이 아니다. 절망과 불안은 저변에 퍼져 있다. 청소년 시설인 우리 센터에 오는 초등학교 4학년 학생들이 "커서 직업을 가질 수 없을 것 같아 걱정된다"는 말을 자주 한다. "내 꿈은 건물주인데 아빠가 노력하지 않아요"라는 우스갯소리는 씁쓸하기만 하다. "엄마가 꿈을 자꾸 물어보는 건 빨리 돈 벌어 오라는 소리로 들려요"도 같은 씁쓸함을 안겨준다. 강요된 진로 교육은 어른의 불안을 청소년에게 전이시키고 있다. 빨리 성공하라고 암묵적으로 가르치는 진로 교육은 대부분의 청소년을 너무 현실적으로 만들고, 또 쉽게 주눅 들게 한다. 진로 교육이 넘치는 세상이지만 아이러니하게 부모님의 최대 고민은 갈수록 내 아이가 무기력해진다는 것이다.

아이들은 왜 이렇게 무기력해졌을까? 환경의 오염, 지진, 정의롭지 않은 사회구조, 인구절벽, 저성장 게다가 고용 없는 성장, 지속 가능하지 않을 것 같은 환경, 높은 집값, 교육의 실패, 정치의 부패, 높은 자살률, 빠른 퇴직 그리고 긴 노후, 1대 99의 불평등……. 헬조선이라는 표현은 정확하다. 어쩌면 무기력 현상은 불안과 절망적 불평등에 대한 마지막 저항일 수 있다.

마을공동체는 약자를 위한 것이어야 한다. 사실 우리는 대부분 약자다. 2016년 어느 날 교육부 정책기획관이라는 나 씨는 1대 99의 시대임을 말했고, 99의 대중을 개돼지로 표현했다. 1 대 99의 사회에서 우리는 부자가 되고, 강자가 되기 위해 마을공동체를 꿈꾸는 것이 아니다.

우리는 99도 살 만한 세상을 만들어가는 노력을 해야 한다. 왜냐면, 바로 나와 내 아이가 99이기 때문이다. 그러나 우리는 항상 1을 욕망하고 강자가 되려 한다. 강자의 연대를 비판하면서도 99의 자리 또한 부정한다. 강자의 담합, 그들의 이너서클에서 만들어내는 사회 규약을 무작정 인정한다. 1은 계속해서 뭉치고, 99는 갈라진다. 대중은 북한 이탈 주민, 다문화가정, 정규직, 비정규직, 전라도, 경상도, 고급 아파트, 임대 아파트 등등으로 서로를 구분하며 분열한다. 과연 우리에게 울타리 높은 공동체가 더 많이 필요할까? 우리가 회복하고, 만들어가야 할 마을은 울과 담이 낮고, 약자도 살 만한 문화와 공기가 있는 곳이 아닐까? 우리는 신뢰의 사회적 자본을 내가 살고 있는 마을 골목에서, 아파트 단지에서, 내 자녀의 학교 공동체에서 만들어내야 한다.

내 자녀를 1의 좁은 자리로 계속해서 밀어 넣으려 해봤자 소용없는 세상이다. 아무리 노력한다고 해도, 흙수저다. 그러나 99에 있을 수밖에 없기 때문에 좌절할 것인가? 아니다. 우리는 흙수저로 태어난 99도 당당하고 행복한 공동체로서의 마을을 만들어가는 노력을 멈추어서는 안 된다.

어둠이 깊으면 새벽이 오듯이 사람들의 절박한 절망과 불안은 반대로 변화를 도모하려는 이들에게는 새로운 기회가 되고, 꿈틀대는 동력이 되고 있다. 마을의 회복을 우리의 미래라고 생각하고 말하는 이들은 아직 소수지만, 급속도로 늘어나고 있다. 일부 시민사회에서 주장하던 마을 만들기 운동은 이제 중앙정부, 지방정부 할 것 없이 앞다투어 마을공동체 회복을 외칠 정도로 확산되어 있다.

이런 확산에도 어떤 이들은 여전히 '마을'은 유행이며, 곧 유행이 지나면 '마을공동체' 정책이 사라지리라고 예측한다. 부정적 예측 이유 중 하나는 아직은 살 만하기 때문일 수도 있다. 우리 사회의 절망은 저변에 퍼지고 있지만 기성세대, 수도권, 기득권층은 이 절망을 가장 늦게야 체감할 수 있을 것이다. 그러나 그들이 절망을 체감할 때 대안과 해법을 찾기에는 이미 너무 늦은 것이다.

또 마을공동체 정책은 우리가 당면한 여러 문제를 실제로 해결할 수 있는 대책으로 대중을 설득하지 못하고 있다. 선언, 구호, 이벤트 정도로 인식되고 있는 듯하다. 따라서 마을공동체 정책에 대한 시민의 폭넓은 지지를 받기 위해서는 진행된 활동의 성취를 구체적으로 해석하고 시민의 눈높이에 맞춰서 보여주는 노력을 해야 할 것이다. 주민이 체감할 수 있는 일정 정도의 성취는 정책의 신뢰도를 높이고, 마을공동체 활동가들의 활동 폭을 넓혀줄 수 있을 것이다. 그리고 작은 주민 모임 양성 프로그램을 지원하는 활동 이외에도 마을 사람들이 모일 수 있는 공간 구축과 전문 활동가 배치, 교육공동체 지원, 마을협동조합 설치 지원 등에 과감한 정책적 투자를 해서 시민이 체감할 수 있는 모형을 선보였으면 한다.

행정기관들이 자칫 "마을공동체를 적은 비용으로 빠른 시간 내에 회복하겠다"는 효율성과 성과주의에 빠진다면 마을공동체 문화는 회복할 수 없을 것이다. 오히려 과감한 투자와 느린 문화적 변화를 상상했으면 한다. 좀더 과감한 상상과 도전이 필요하다.

마을공동체 초기 정책은 지역사회 중간조직을 만들고, 작은 재정을 주민들에게 직접 분배해서 주민의 참여를 이끌어내는 데 주된 관심을 두었다. 초기 전략은 성공적이었다. 충분하지는 않지만 다수의 주민조직과 활동가를 발굴하는 성과를 거두었다. 이제 서울의 경우 자치단체마다 마을공동체 분야, 사회경제 분야, 마을교육 분야의 중간조직이 각각 출현하고 있다. 그런데 마을의 활동가들이 충분히 확대되지 못한 상태에서 중간지원조직이 늘어나다 보니 한 사람의 주민 활동가가 여러 분야에 중복 등장하고, 다양한 마을일에 끌려다니면서 지쳐가는 모습을 쉽게 볼 수 있다. 중간지원조직이 생긴 이상 각자의 성취를 만들어 존재의 이유를 증명해야 하는 구조이기 때문이다. 중간지원조직의 필요를 완전히 부정하는 것은 아니지만 중간지원조직을 확대하는 것보다는 작은 동 단위의 커뮤니티 공간을 마련해서 주민 활동을 통합적으로 지원하는 노력이 더 중요하다.

우리 사회는 아직도 동 단위에서 주민이 편하게 주인 되어서 이용할 수 있는 시설이 절대적으로 부족하다. 마을에서 일하다 보면 다른 사람들에게 유익을 끼치려는 좋은 뜻을 가진 사람들을 자주 만나는데 이들이 뜻을 제대로 펼치지 못하는 가장 큰 이유는 함께 모일 수 있는 공간의 부족이다.

이런 마을 공용의 공간은 예전 우물터 같은 공간이다. 사람들이 모이고, 서로를 알아가고, 필요를 채우며 함께 아껴 쓰고, 나눠 쓰면서 좋은 삶을 가꾸는 곳 말이다.

【마을공동체는 마을교육공동체를 바탕으로 만들어가자】

마을공동체 정책은 동 단위의 좁은 행정구역에서 상상하고 시도해야 한다. 대도시에서 자치구 단위만 해도 삶의 여건이 천차만별이고, 공간이 너무 넓어서 같은 지역에 거주하는 사람일지라도 하나의 공동체로의 감성을 지니기 힘들다. 좁은 마을 단위에서 사람들은 공동의 어려움을 경험하고 있다. 자녀를 같은 학교나 어린이집, 유치원에 보내는 학부모이기도 하고, 방과 후에 어디서 돌봄을 받아야 하나, 학교 등굣길은 안전한가 하는 비슷한 문제를 경험하고 있는 동질 집단은 공동체를 꾸리기에 좋은 여건이 된다.

파편화된 사람들이 이웃들과 가장 쉽게 손을 잡게 될 때는 경험적으로 아이들을 위한 활동에서였다. 마을공동체 회복의 이유도 다음 세대인 어린이와 청소년에게 행복하고, 지속가능한 사회를 물려주기 위한 노력일 것이다.

한 사람이 이웃과 공동체 그리고 마을과 우주를 인식하게 되는 가장 큰 계기는 자녀를 잉태하면서부터이다. 유아 자녀를 둔 부모들이 육아 모임을 꾸리는 것은 의지적 선택이 아니라 연약한 자녀를 잘 보호하기 위한 절실한 욕구에 따른다. 옛날에는 아이들을 가족과 마을이 함께 돌보고 키웠다. 하지만 오늘날은 엄마에게 양육의 모든 부담이 넘어갔다. 그러니 육아와 관련한 서비스가 넘쳐나게 되었다. 그러나 본능적으로 새로운 생명을 잘 보살피고자 하는 엄마의 마음은 좋은 이웃을 갈구하게 된다.

그런 이유로 육아공동체에 관심이 있는 사람들을 연결하는 일로 마을교육공동체를 가장 손쉽게 출발시킬 수 있다. 협동조합 어린이집, 마을 어린이도서관, 공동육아 증진 사업 등을 활성화해서 공동체를 경험하게 할 수 있다. 작은 공동체를 경험하면서 경쟁적인 가치가 아닌 작고, 소박하고, 건강한 것들에 매력을 느끼게 되고, 내 아이에서 출발했지만 마을공동체를 돌보는 책임감 있는 시민으로 변한다.

경제적으로 취약한 지역의 학교를 중심으로 마을교육공동체를 만들고 청소년들의 삶의 질을 개선하겠다는 정부의 정책 사업이 있었다. 교육복지투자우선지역 지원사업이라는, 한 번에 부르기 어려운 긴 이름의 사업이다. 2002년에 시작했으니 벌써 10년이 훌쩍 넘었다. 시간이 지나면서 사업의 이름은 교육복지우선지원사업으로 바뀌었다. 그 내용도 점차 변화되어 이제 어려운 학생을 직접 돕는 사업이 되었다. 이 사업은 마을교육공동체를 만들어 취약 계층 청소년의 삶의 질을 개선하겠다는 목표를 제시하고 있었고, 그 전략으로 마을과 학교의 전면적 협력을 추구했다.

마을교육공동체를 목표로 한 교육복지투자우선지역 지원사업이 시작되던 비슷한 시기에 기적의도서관 운동이 일어났다. 방송국과 도서관 전문가, 건축 전문가 들이 모여서 당시에는 상상하기 힘든 어린이도서관 모델을 탄생시켰고, 많은 사람에게 매우 매력적인 프로젝트로 다가왔다. 그래서 많은 지자체가 기적의도서관 유치 경쟁에 뛰어들었다.

하지만 기적의도서관같이 소중한 교육 인프라는 아쉽게도 가난한 마을에서 먼 신도시에 생겨났다. 기적의도서관뿐 아니라 공공도서관, 공공 청소년문화의집과 수련관, 체육 시설 등의 많은 공공시설은 다 그랬다. 땅값이 싼 곳을 찾아가느라 교통이 불리한 산에 있든지, 반대로 접근성이 유리해야 한다면서 모든 인프라가 잘 갖춰진 도심에 자리 잡았다. 그러다 보니 가난한 마을에서 청소년이 이용할 수 있는 공간은 학교와 공부방이라 불리는 지역아동센터 그리고 주민의 힘으로 만든 작은 도서관과 사회복지관이 전부인 경우가 많다.

교육복지투자우선지역 지원사업을 비롯해서 가난한 마을에 마을공동체 만들기, 주민공동체 사업 등으로 마을의 힘을 키우겠다는 정책과 정부의 예산 지원사업이 확대되고 있다. 하지만 모두 짧은 기간 한시적 지원에만 그치고 있다. 마을의 힘을 키우겠다는 사업들이 한두 해 짧은 기간 지원한 이후에 그 효과를 증명하라 하고, 조급하게 자립, 자생하라는 요구를 하고 있는 것이다. 물론 이런 작은 경제적 지원만 가지고도 엄청난 변화를 만들어내고 있는 감동적인 마을 사례가 있기도 하다. 하지만 낙후된 지역의 문제가 모두 그렇게 간단히 개선될 수 있는 것이 아니다. 가뭄으로 쩍쩍 갈라지는 논바닥에 몇 바가지의 물을 부었다고 해갈되지 않는다. 우물을 파든지, 물을 실어 나를 파이프라인을 건설해야 한다.

마을의 변화를 생각하는 사람들이 함께 모일 수 있는 공용의 공간을 새롭게 만드는 일부터 상상해보았으면 좋겠다. 물론 건축 비용도 많이 들고, 매년 운영비도 들어간다. 그리고 아무리 훌륭한 생각을 모아서 새로운 공용의 시설을 만든다고 해도 잘 운영될 수 있는가는 별개의 문제이기도 하다. 하지만 가난한 마을에는 공부방, 신도시에는 도서관이라는 사회적 인프라의 격차는 해소되어야 하는 것이 아닌가. 마을공동체에는 좀더 과감한 투자가 필요하다.

공간이 운동을 한다. 공동체를 위한 공간은 마을 안에 새로운 담론과 문화, 일꾼들을 만들어낼 것이다. 공간은 주민을 성장시키고, 성장한 주민들과 함께 마을을 공동체로 성숙되게 할 것이다.

【마을공동체를 회복시키는 새로운 우물터】

마을공동체를 살리는 우물터는 도서관일 수도 있고, 청소년센터, 복지관일 수도 있겠다. 주민센터가 될 수도 있고, 학교, 아파트 지하 공용 시설이 될 수도 있겠다. 하지만 이 우물터는 이왕이면 사람들이 매력을 느끼고 찾아올 만큼 규모 있고, 제대로 잘 지어진 미래 지향적인 새로운 건물이었으면 한다. 새로운 개념의 마을공동체 거점 공간 모형을 지혜를 모아 설계해보길 제안한다. 영국에는 아이디어 스토어라는 도서관이면서 주민의 편의 시설, 문화 시설이 융합된 공동체 시설이 있다. 국내에서는 공릉청소년문화정보센터가 있다.

공릉청소년문화정보센터는 공공 도서관과 청소년문화의집이 우연히 하나의 건물에 들어서면서 청소년도서관이라는 독특한 시설이 되었다. 청소년 시설이지만 유아부터 할머니까지 모든 세대가 공유할 수 있는 공간이다. 물론 청소년을 최우선시하고 있다. 청소년들이 방과 후와 주말에 여러 활동을 하고 있고, 공공 도서관이 있어서 늘 누구나 책을 읽고 빌리고 수다를 떨면서 이용할 수 있다. 위치도 마을 깊숙이 들어와서 청소년, 주민과 손쉽게 만나 친근한 기관이 되었다. 또 어린이와 청소년을 중심에 둔 마을교육공동체를 꾸려서 마을의 변화를 점진적으로 일궈내고 있다. 공릉청소년문화정보센터는 우연의 산물이었지만 마을의 교육력을 살리는 귀중한 우물터가 되고 있다. 또 우리 센터는 마을에 일을 할 사람, 아이디어, 공공 서비스, 재정을 실어 나르는 파이프라인 구실을 하고 있다.

전국 곳곳에 공릉청소년문화정보센터보다 잘 기획된 공간을 상상하고 지어보자. 청소년과 시민의 의견을 모으고, 공동체와 관련한 전문가, 예술가, 교육 전문가, 공공 건축 전문가, 진로 체험과 자유학기제를 고민하는 교육부와 관련 부처, 지자체가 함께 힘을 모아서 새로운 상상을 해보자. 이와 같은 새로운 마을의 우물터를 마을 교육력이 약화되었다고 이야기하는 전국의 10개 지역에 우선 만들어 보자.

이 시설은 어쩌면 청소년 활동 시설 중 하나인 청소년문화의집의 현대적 모델이 될 수도 있을 것이다. 마을공동체를 살리고, 문화를 일구는 도서관의 새로운 역할 모형을 제시해줄 수도 있을 것이다. 청소년 이용 시설인 공공 도서관과 청소년 활동 시설이 융합될 때 마을교육을 담아낼 수 있는 전혀 새로운 그릇이 탄생할 것이다. 이름은 '청소년 기적의 도서관'도 좋고, 청소년센터, 문화의집 그 무엇이 되어도 좋다. 다만 새로운 이 시설은 청소년이 살 만한 마을교육 생태를 만드는 거점, 좋은 삶을 가꾸는 마을 사람들의 만남의 우물터가 되게 만들어가자.

광주광역시 광산구의 한 초등학교에서는 마을 주민들이 자유롭게 이용할 수 있는 커뮤니티 공간을 마련했다. 학생 수가 줄면서 생겨난 유휴 교실을 주민과 나눠 쓰기로 한 것이다. 학교는 보통 마을 중앙에 있어서 걸어서 올 수 있는 위치에 있다. 특히 대도시의 학교는 더욱 그렇다. 학부모들은 자원봉사로 공간을 운영할 수 있다. 학교 안에 특정한 공간에서 주민들이 모이고, 독서 모임을 하고, 관계 맺고, 회의를 하고, 마을 활동을 상상한다. 자연스럽게 마을과 학교의 만남이 생기면서 학교가 마을공동체의 구심체 역할을 회복할 수 있다.

경기도의 한 고등학교에서는 학교협동조합이 매점을 운영한다. 학생과 학부모, 주민이 매점 운영과 관련된 여러 가지 상황을 공유하고 학습한다. 자연스럽게 학교는 공동체와 사회적 경제를 학습하는 장으로 변모된다.

마을 주민 공동의 필요를 채우기 위한 '마을협동조합'을 제도화해보는 건 어떨까? 협동조합법이 생기면서 다양한 분야의 협동조합이 생겨나고 있지만 자생력이 크지 않다. 협동조합을 만드는 데 드는 시간과 비용, 노력도 일반 주민이 감당하기에는 적지 않다. 다양한 마을 주체들이 손쉽게 생산자가 되고, 마을 순환 경제를 가동시키기 위해서 마을 공동의 생산-소비 플랫폼을 제도화해보면 좋겠다. 농업협동조합법과 같이 마을협동조합법을 만들어서 마을별 특성을 담은 공동체 경제를 활성화할 수 있으면 한다. 주민들의 생산품을 위탁 판매하거나, 마을 공용 시설을 자치단체로부터 위탁 운영하는 주체가 될 수도 있겠다.

【정부는 마을의 활력에 투자하고, 마을 주민은 스스로 문화를 형성】

마을공동체를 회복하기 위한 인프라는 중앙정부와 지방정부의 몫이어야 한다. 주민들이 직접 할 수 없다든가 직접 하는 것이 바람직하지 않다는 것은 아니지만, 정책적으로 마을공동체 회복을 기획하려 한다면 그 몫은 정부가 책임져야 한다.

텅 비어 있거나 1년에 몇 번 사용하지 않는 시골의 마을회관 같은 시설들을 보면서 우리는 마을 공용 공간이 있어도 별 소용이 없는 예산 낭비이리라는 부정적 예측을 한다. 하지만 시골보다 훨씬 더 인구가 밀집된 도시 공동체에 마을회관은 꼭 필요하다.

문턱이 낮게 잘 기획된 마을공동체 공간은 주민을 불러 모으게 될 것이고, 주민에게 활력을 불어넣게 될 것이다. 각자도생하려는 도시 속에서 마을 이웃들이 모이는 것만으로 이미 큰 성공이라고 할 수 있다. 사람들이 모여서 책 읽고, 영화 보고, 수다 떨고, 마을 잔치 하고, 마을 회의를 꾸리고, 어린이와 청소년을 위한 예술 교육과 작은 프로그램을 궁리하고 실천하다 보면 마을공동체는 조금씩 회복될 것이다.

돈이 없다는 말은 하지 말자. 4대강 사업, 부자 감세, 미르재단,

K스포츠재단을 보라. 우리에게 돈이 없는 것이 아니다. 새로운 사회로 전환하려는 의지가 없을 뿐이다.

우리가 정말 회복코자 하는 마을공동체라는 것은 무엇인가? 도시에서 마을로의 전환은 국가에서 마을, 개인에서 마을공동체, 경쟁에서 상생, 발전에서 지속가능, 경제적 가치에서 인간적 가치, 크고 화려한 것에서 작고 소박한 것의 중요성을 인정하는 사회로 전환하는 것 아닐까?

그러나 아직 "마을공동체를 왜 그리고 어떻게 회복해야 하는지?"는 우리 사회 공동의 담론으로 성숙되지 않았다. 게다가 정부의 태도는 항상 이중적이다. 성과급제, 선별적 복지 정책 등으로 한 공동체 속 이웃들을 차별적으로 대한다. 서로를 갈라놓는 정책을 과감하게 확대하고 있다. 정부뿐 아니라 마을공동체의 필요를 절감하는 시민들조차 한편으로는 공공 영역에까지 침투한 무한 경쟁 시스템을 긍정하기도 한다. 마을공동체의 담론이 점차 확산되고 있지만 경쟁적 세계관의 지배는 훨씬 더 강력해지고 있다. 참 혼란스럽다.

담론이 성숙되기 전에 마을공동체 정책이 확산되고 있지만 어쨌든 전환적 가치에 대한 성찰이 필요한 시기다. 또 그 전환적 가치를 마을공동체 정책에서 녹여내야 할 것이다.

거대한 **정치 격랑 앞에 선 한류**

조창완(차이나리뷰 편집장)

지금은 꾸지 않지만 어릴 적부터 하늘을 나는 꿈을 꾸곤 했다. 몸의 기운을 모으면 날아오르고, 그 긴장을 풀지 않으면 남들이 걸을 때 나는 날아서 세상을 내려다볼 수 있었다. 반면에 한 번쯤은 있을 법도 한데, 추락하는 꿈은 꾸지 않았다. 끝도 없는 우물에 추락하는 꿈 같은 것 말이다. 하지만 현실에서는 이 추락을 본격적으로 체험하는 것 같다. 이명박 정부와 박근혜 정부를 겪으면서 혼란의 끝이 어디인지 모르겠는데, 브렉시트나 트럼프의 당선 등 세계가 겪는 혼돈의 끝을 모르겠다. 역사로 보면 연산군을 만난 조선 시대 백성이나 혼군을 만난 중국 왕조 말기의 백성들의 혼돈을 가늠할 수 있다는 느낌이다.

【개념조차 정리되지 않은 한류】

그 혼돈 가운데 한류 역시 서 있다. 한류는 아직도 세계에서 명확히 정리되지 않은 단어다. 한류韓流는 중국 내 한국 대중문화의 유행을 짚어낸 〈북경청년보〉 기사(1999. 11. 19)가 그 발원지라는 말도 있고, 한국 문화체육관광부가 낸 대중음악 음반의 제목에 쓰였다는 말도 있다. 〈북경청년보〉의 기사는 1993년 방송된 한국 드라마 〈질투〉로 시작된 한국 대중문화의 인기가 1997년에 방송된 〈사랑이 뭐길래〉로 정점을 찍고, HOT나 젝스키스 등 대중음악까지 확산되는 상황을 인식하는 것에서 시작됐다.

필자는 1999년부터 2008년까지 톈진과 베이징에서 거주했는데, 중국 내 한류의 흐름을 잘 볼 수 있었다. 이후 한류는 고비가 있었지만 〈대장금〉으로 정점을 찍었고, 이후에도 〈별에서 온 그대〉나 〈태양의 후예〉로 여전히 맹위를 떨치고 있다. 아직 영화에서는 좋은 사례가 없지만 동방신기, 슈퍼주니어, EXO로 이어지는 아이돌 중심의 음악도 여전히 큰 인기가 있다. 귀여니나 김하인의 가벼운 소설로 시작된 출판계의 한국 문화도 실용서, 동화책 등으로 확장되며 나름대로 존재감을 느끼고 있다.

시장으로 한류를 봤을 때 일본과 중국이 차지하는 비중은 상당하다. 한국콘텐츠진흥원이 발표한 자료를 보면 2014년 한국 콘텐츠 수출 총액(52억 7,351만 달러) 가운데 일본(15억 9,700만 달러), 중국(13억 4,100만 달러)이 차지하는 비중이 57.4%를 차지해 상대적으로 높다. 하지만 지역적으로는 동남아는 물론이고 멀리는 남미대륙까지 한류가 확산됐다. 영역도 게임이나 싸이로 대표되는 혼성문화로 확산됐다. 한류의 영향은 산업과도 연결됐다. 한국에 대한 이미지는 화장품, 성형 등으로 확대됐다.

그러면서 한류에 대한 다양한 오해와 편견도 낳았다. 우선 한류를 지나치게 오만하게 인식하는 경향도 생겼다. 정부가 한류를 의도적으로 'K컬처'나 창조경제 같은 방향으로 키우기 시작했다.

그런데 이런 정부의 사고는 자칫 한류에 악영향을 줄 수 있다. 중국 내 한류는 사드 배치 같은 정치적 사안으로 큰 위협에 처해 있다. 정치 풍자가 사라진 후 〈개그콘서트〉 같은 프로그램이 그 영향력을 잃듯이, 정부의 문화에 대한 개입은 자칫 부작용을 불러일으킬 수 있다.

가장 중요한 것은 한류를 자연 그대로 살려둬야 한다는 것이다. 한 명의 스타는 만 명이 경쟁하여 탄생한다. 아이돌을 꿈꾸는 이들은 글로벌 오디션 캐스팅으로 0.3%가 살아남는다. 이들은 7~8년 트레이닝 과정을 거치면 0.03%가 남고, 다시 프로듀싱과 프로모션을 통해 0.01%가 남으니 만 명 중에 하나만이 스타가 될 수 있다는 것이다. 양궁이나 골프에서 우리나라 선수들이 두각을 나타내듯 흥을 좋아하는 민족성을 가진 한국에서 그런 난관을 통해 얻어진 스타들이기 때문에 세계에서도 통하는 것은 당연한 이치다. 그런데 이런 구도에서 정부의 개입은 좋은 작용을 하기보다는 나쁜 바이러스로 작용할 가능성이 크다.

중국에서 한류 문화는 작은 지류다. 양쯔 강은 한 곳에서 만들어진 것이 아니다. 진사 강, 자링 강, 츠수이허 유역 등 수많은 수원이 모여서 만들어진 것이다. 이 강들에도 수많은 이야기가 담겨 있다. 중국 내 한류도 마찬가지다. 한국 드라마는 중국의 수많은 드라마 장르 가운데 트렌드 드라마의 영역에서 한 부분을 차지했다. 또 오락 프로그램이 인기를 끌 무렵에는 〈아빠 어디가〉나 〈런닝맨〉 〈나는 가수다〉 등이 포맷 판매의 방식으로 영향력을 발휘했다. 영화에서는 〈수상한 그녀〉가 〈20세여 다시 한 번〉으로 리메이크되어 큰 인기를 끌기도 했다. 각기 다른 모습으로 잘 기획됐기 때문에 성공적으로 자리 잡을 수 있었다.

【한류의 방향이 중요】

그런 측면에서 한류의 방향도 중요하다. 다양한 강이 큰 줄기를 만나면 하나로 합쳐지듯이 대중문화 자체의 영역과 산업 전체의 영역의 앞날도 내다봐야 한다. 우선 가장 먼저 당면한 일은 큰 강의 흐름을 파악하는 것이다. 중국에서 콘텐츠 유통 환경의 변화는 그 속도를 가늠하기 힘들었다. 우리나라가 거쳐왔던 것을 생략하는 일도 많다. 가령 비디오카세트테이프(VHS)의 시대를 건너뛰고 CD나 DVD 시대를 지나, 지금은 IPTV 시대에 도착했다. 신용카드 시대가 없이 곧바로 온라인 결제(알리페이, 위챗페이)가 됐고, 내비게이션을 거치지 않고 이동전화 내비게이션 시대로 온 것을 봐도 알 수 있다.

이런 환경은 문화콘텐츠 시장에서 상당히 긍정적인 영역이다. 젓가락 하나하나를 전 중국에 배송해 14억 개를 팔 수 없지만, 좋은 콘텐츠는 12억 명에 달하는 중국 이동전화 이용자나 IPTV를 통해 곧바로 전달될 수 있기 때문이다. 〈태양의 후예〉가 텔레비전이 아닌 인터넷 기반의 콘텐츠 제공자인 아이치이를 통해 20억 뷰를 달성했다는 것만 봐도 이런 상황을 보여준다. 중국인도 이제 콘텐츠를 사용할 때 돈을 낸다는 인식이 확산되고 있다. 유료 다운로드는 물론이고 우리 돈으로 5,000원에서 2만 원까지 책정된 영화 시장이 급성장하는 것도 이런 배경이 있기 때문이다. 때문에 좋은 콘텐츠 기획에 대한 요구는 갈수록 커지고 있다. 아이치이와 경쟁하는 수많은 콘텐츠 제공업자가 있고, 그들은 한국을 주유하면서 좋은 기획을 찾고 있다.

이런 과정에서 우리나라가 중국에 배울 점이 분명히 있다. 우선 회사나 영역 간의 배타적 습성을 버려야 한다. 해외 코리아타운에서 겪는 가장 아픈 사례는 한국 사람끼리 경쟁하다가 결국은 공멸하는 사례다. 베이징의 코리아타운인 왕징에서도 잘되는 영역에 우후죽순처럼 파고들었다가 공멸하는 사업이 많은데, 콘텐츠 산업도 그러한 예다. 반면에 중국인은 서로의 영역을 인정하고, 업체 간의 시너지를 만드는 부분에서는 탁월한 능력을 보인다. 콘텐츠의 영역도 마찬가지다. 해외 합작 경험이 많은 SM엔터테인먼트 김영민 대표는 "중국에서 오디션 프로그램을 협력할 때, 시청률 1위를 다투는 저지앙위성과 후난위성 계열사가 합작하고, 여기에 탄센트 같은 콘텐츠 회사가 참여하는 것을 보고 놀랐다. 한국으로 보면 KBS와 MBC 프로덕션, 유니버셜, SK텔레콤이 합작하는 셈인데 이런 게 가능하다는 것에 놀랐다"고 말했다.

또 다른 하나는 대중문화의 공존을 중시하는 자세도 필요하다. 중국 문화의 유행인 한류는 아직도 미미하다. 최근 산둥 미디어가 만든 〈랑야방〉이 국내 케이블방송에서 방영되어 인기를 끌고, 양꼬치 등 중국 음식도 대중적으로 인기를 끌면서 우리 곁에 다가오는 등 긍정적인 흐름도 있지만, 아직 우리 곁에 있는 중국 대중문화는 극히 미미하다. 이를 아는 엔터테인먼트사들은 발빠르게 중국이나 일본 멤버를 영입하는 방식으로 대응했다. 쯔위, 차오루, 한경 등의 아이돌 멤버들이 그것을 말해준다. 하지만 이런 수준에서의 교류는 뭔가 부족함이 있다.

한류가 중국, 일본뿐만 아니라 남미 등 세계로 뻗어나간 것은 어떤 목적성이 있기보다는 열정을 갖고 만든 것이 소비자의 숨은 욕구와 만났기 때문이다. 또 한국 문화가 가진 특수성과 더불어 가족애, 형제애 등 보편성을 잘 조화시킨 것이 큰 작용을 했다. 더불어 한 지역을 타깃으로 하기보다는 자기 콘텐츠가 세계 1위가 될 수 있는가를 고민한 결과물이었기 때문에 가능했다. 한류 전문가로 활동하는 고정민 홍익대학교 경영대학원 교수는 "영국의 팝 음악이나 오페라가 미국을 만나서 큰 흐름을 이뤘듯이, 한국의 콘텐츠나 기획이 중국의 자본 등을 만나서 융합하면 아시아의 할리우드나 브로드웨이가 되는 것도 어렵지 않다"고 말한다.

【한류, 한국의 마지막 생존 키워드】

한류는 우리가 가진 마지막 생존의 키워드가 될 수 있다. 한국 경제 발전의 일익을 담당했던 전자나 자동차, 석유화학 등은 이제 미래 경쟁력을 거의 잃어가고 있다. 급감하는 수출 감소가 그것을 보여준다. 그런 영역을 대체할 수 있는 드문 분야 가운데 하나가 한국 문화산업이다. 〈태양의 후예〉는 이미 그 자체로 1조 원 이상의 순수한 매출에 도달했고, 한국에서 포맷을 수출한 〈아빠 어디가〉도 비슷한 수준의 매출에 도달했다. 우리의 좋은 콘텐츠가 중국에서 유통될 때, 그 가치는 10배에서 20배까지 확대된다는 게 전문가들의 분석이다. 또 한류는 한국의 이미지나 한국 연예인의 이미지가 확대되어 비즈니스에도 큰 영향을 줬다. 〈별에서 온 그대〉로 인해 김수현의 인지도가 급성장했고, 그를 모델로 한 CJ푸드빌의 뚜레쥬르 중국 사업도 큰 성장을 기록한 것이 이를 증명한다. CJ 중국본사를 16년째 이끌고 있는 박근태 회장은 "앞으로를 꾸미고, 먹고, 놀고의 3고 시대라고 할 수 있는데, 한국은 충분히 경쟁력을 가지고 있다"고 장담하는 것도 이런 이유다. 문화산업은 관광산업 등과도 연계되기 때문에 일반 제조업을 대체할 수 있는 가능성이 크다.

또 한류가 경제나 산업 전반에 미치는 영향도 적지 않다. 향후 산업의 지형은 사물인터넷IOT 시대를 넘어 만물인터넷Internet of Everything, IOE 시대로 간다는 게 일반적인 전망이다. 결국 이런 시대에 모든 상품에는 문화가 접목되고, 이런 흐름을 주도하는 자만이 살아남는 시대가 된다. 블룸버그 혁신지수 1위나 국제전기통신연합ITU 정보통신기술 발전지수 1위 달성이 보여주었듯이 한국인의 민족성을 보여주었던 대중문화 한류는 이런 초연결 시대에 최적의 모습이다. 이 때문에 문화산업을 이동전화나 게임 등의 테스트베드로 만들려는 경향이 뚜렷하다.

하지만 변수도 적지 않다. 사드 문제로 인해 한중 콘텐츠 교류는 큰 위기를 맞았다. 중국은 지금까지 구두 지시로 한국 콘텐츠산업을 제어했지만, 상황에 따라서는 더 노골적인 방식으로 한류를 막아버릴 가능성이 있다. 필자는 2016년에 세 차례 중국 각 도시에서 진행된 한중도서전의 실무를 담당했다. 난창, 충칭, 난징에서 진행된 자리를 통해 책에서 전자책, VR 콘텐츠까지 다양한 판권이 교류되는 의미 있는 자리였다. 하지만 9월에 진행된 난징 행사부터는 분위기가 심상치 않았다. 개막식 행사 등이 사라졌다. 이후 중국이 한국 책에 대한 도서관납본허가를 제한하면서 분위기가 냉랭해졌다. 방송 쪽에서 들리는 아우성은 더 크다. 수많은 합작 프로젝트가 삐걱대기 시작했고, 위험성이 커가는 만큼 신규 프로젝트 발굴은 사실상 불가능해진 상태다. 물론 중국 정부는 밖으로 제재를 말하진 않는다. 하지만 한국 내 다양한 행사에서 주한 중국대사관이나 관료들을 찾아보기 힘들어지고 있다. 결국 중국의 정치 요소를 고려하지 않은 정부가 문화나 경제까지 발목을 잡았다.

그런 점에서 필자가 한류에 관해 16년 전에 쓴 글 「중국의 韓流, 그 흐름과 막힘」(《창작과 비평》, 2000, 겨울)의 이야기는 여전히 유효

하다. "중국에서 한류도 1980년대 중국을 풍미하다가 사라졌던 인도 문화와 같은 운명일까. 가장 다른 것 중의 하나는 인도가 정신문화 등 비물질적인 요소로 중국에 찾아든 반면, 한류는 중국인들 스스로가 가장 중시하는 경제적인 요소와 더불어 각종 마케팅 기법이 함유된 문화 상품과 함께 접근한다는 점이다. 다만 정체성도 뚜렷하지 않고, 고집해야 할 우리만의 것도 없이 시류에 따라 부유하는 지금의 한류가 분명한 제 위치를 찾지 못한다면, 대하大河에 휩쓸려 버릴 수 있는 가능성 역시 크다."

평창,
기우인가 재앙인가

정윤수(한신대 정조교양대학 교수)

국가의 통치 행위는 이념과 제도의 물리적 실천만이 아니라 일상의 생활문화와 장르적 예술문화 전반을 포함한 문화 전반에 걸쳐 권력 주체의 정치적 지향과 그에 필요한 대중에 대한 효과적인 통제를 목표로 전개된다. 여기서 '통제'는 대중의 행위를 강제된 규범 아래 물리적으로 제압하는 것만을 뜻하는 게 아니라 특정한 가치와 방향을 제시하여 '동원'하는 것을 포함한다.

【국가와 스포츠 메가이벤트】

스포츠는 국가의 적극적인 대중 동원의 대표적인 정치 수단으로 꼽힌다. 특히 기성 제도 정치에 대한 환멸, 장기적 경제 불황과 이에 따른 사회적 불안, 이를 대체할 만한 제도 안팎의 민주적 정치 운동 역량의 수준이나 그 대중적 감수성의 미비 등이 복합적으로 나타나는 상황에서 이 정치 수단은 강력한 선전의 장으로 활용되어 왔다. 권력적 영웅의 역사적인 출현, 그에 따른 극우적 정치 신념의 과감한 문화 선전, 이를 현실적으로 확인하고자 하는 상당한 수준의 대중 동원 등은 스포츠 메가이벤트라는 기제를 활용하게 되며 이에 대중은 일정하게 순응하거나 심지어 적극적으로 가담하는, 일종의 '수동 혁명'의 가능성이 상존한다. 이는 그람시의 개념인데, 그는 "곧 모든 국가는, 국가의 가장 중요한 기능 중의 하나가 거대한 인구 대중을 특정의 문화적, 도덕적 수준(또는 형태), 다시 말하여 생산력 발전을 위한 요구, 따라서 지배계급의 이익에 부응할 수 있는 수준으로까지 끌어올리는 데 있는 것"[1]이라고 강조한다.

1988년 서울올림픽이 증명하듯이, 전후 제3세계에 출현한 비정상적 독재 국가에서 이런 현상이 두드러지는데 독재 국가의 강력

1) 안토니오 그람시, 『그람시의 옥중수고 2』, 거름, 1999, 305쪽.

한 극우적 지향과 스포츠 국가주의가 결합하여 스포츠를 통한 '과민족화 프로젝트'가 종종 관철된 바 있다. 이 과민족화 프로젝트는 "정당성을 결여한 전체주의 국가, 또는 반근대적 독재 체제에 대해 대중이 감정적 애착을 갖도록 선동하는 감정의 정치"[2]라고 말할 수 있는데, 민족에 대한 감정적 애착에 과도한 정치 선전의 요소를 결합하여 이를 현 국가권력 체제에 대한 애착으로 동일시시키려는 문화 정치를 뜻한다고 하겠다.

【위기의 평창올림픽】

2018평창동계올림픽(이하 평창올림픽)은 기본적으로 이러한 속성으로 추진되고 있는 스포츠 메가이벤트다. 그러나 그 정치적 영향력은, 이른바 '박근혜-최순실 게이트'로 인하여 파산 지경에 이른 듯하다. 물론 그 이전에도 올림픽이라는 스포츠 메가이벤트로 국민을 특정한 정치적 방향으로 동원하는 것은 서서히 막을 내리고 있다. '동계' 올림픽이라는 계절적 요소와 실수투성이 대회 운영에 수준 낮은 개막식으로 비난을 받은 2014인천아시안게임 이후, 평창올림픽에 대한 대중적 관심은 좀처럼 일어나지 않고 있다. 여기에 국가

---

2) 유선영, 「과민족화 프로젝트와 호스티스영화」, 『국가와 일상: 박정희 시대』, 공제욱 편, 한울, 2008, 334쪽.

의 근간을 뒤흔드는 '박근혜-최순실 게이트'가 터졌고, 그들의 핵심 공략 대상이 바로 평창올림픽이었음이 드러나면서, 올림픽을 통한 정치적 대중 동원이나 책략은 완전히 실패할 것으로 예측된다.

그럼에도 중앙정부의 강력한 정치적 선전에 의한 메가이벤트 대신 지방정부들이 저마다의 이유로, 때로는 중앙정부에 맞서가면서까지, 특정 도시 중심으로 메가이벤트를 추진하려는 욕망은 좀처럼 포기하지 않을 것으로 보인다.

1980년대 이후, 메가이벤트는 세계적인 도시들의 장소 마케팅 수단으로 활용되어왔다. 해당 지역의 문화적 자원을 이용한 지역 개발 전략으로 지역의 고유성을 기반으로 하여 지역의 자원과 정체성을 상품화하는 것을 장소 마케팅이라고 부르는데 이는 단순히 해당 지역의 자연, 역사, 문화자원을 홍보하거나 관광객을 유치하여 관광산업 활성화를 꾀하는 수준에 그치지 않고 중화학 중심의 기존 산업 구조에서 벗어나려는 21세기 도시 개발의 중요한 전략이 되고 있다.

우리의 경우 지방자치제도가 실시된 이후, 즉 1990년대부터 전국의 도시마다 장소 마케팅이 수립되고 그 전략으로 지역 상징물 및 랜드마크 조성, 지역 인물의 아이콘화 및 전설·민담·설화 등의 문화콘텐츠화, 크고 작은 축제와 이벤트 기획으로 나타나고 있다. 특히 메가이벤트는 지역 인지도 및 이미지를 제고하는 효과를 기대할 수 있고 개최 과정에서 다양한 기반 시설 투자를 이끌어내어 지역의 성장력을 높이는 전략이라고 인식되어왔다. 그러나 지방자치단체가 과다 유치 및 개최 경쟁을 벌인다는 점, 개최가 발생시키는 긍정적 효과만 부각한다는 점, 경기장 등의 건설 비용 및 사후 활용 방안의 미흡으로 막대한 재정 부담을 야기한다는 점, 사회문화적 갈등과 환경 파괴 등을 수반한다는 점 등의 비판이 계속 제기되어왔다.

요컨대 20세기에 스포츠 메가이벤트가 지닌 두 가지 효과, 즉 냉전 질서의 패권을 과시하려는 제국과 신생 독립국가의 민족적 의지의 과시라는 국민국가의 정치적 효과 및 메가이벤트를 통해 인프라 건설 등의 경제적 효과는 21세기의 변화된 조건에 따라 그 두 측면의 효과가 의심받는 상황이다.

【올림픽의 변화된 조건들】

21세기 들어 개최된 올림픽의 국내 지상파 방송의 평균 시청률(닐슨코리아 집계)을 살펴보면 2000년 시드니올림픽 34.2%, 2004년 아테네올림픽 31.5%, 2008년 베이징올림픽 32%, 2012년 런던올림픽 23.1%로 나타났다. 2016년 리우올림픽의 경우 KBS1은 10.5%, MBC는 5.3%, SBS는 4.3%였다. 전반적인 하향 추세가 뚜렷한데, 특히 리우올림픽의 저조한 시청률에 대해 '밤낮이 뒤바뀌는 시차 때문'이라는 의견이 없지 않았다. 그러나 대체로 높은 시청률을 기록한 개최지 역시 시차 문제는 동일했다. 런던은 한국 시간으로 새벽 5시에 개막했고 2004년 아테네 개막식은 심야 시간대였는데도 시청률은 31.5%였다. 이 개막식 시청률 추이는 시차가 아니라 올림픽에 대한 관심의 변화를 일차적으로 보여준다. 시드니의 34.2%가 런던의 23.1%를 거쳐 리우에 이르러 10% 안팎에 머문 것은, 올림픽 그 자체에 대한 인식의 변화를 단적으로 보여주는 사례다.

한국갤럽이 역대 스포츠 메가이벤트마다 조사한 것을 참조해보자. 2004년 아테네올림픽 폐막 직후 '한국인이 본 제28회 아테네올림픽' 자료를 보면 "올림픽에 좋은 성적을 염원하는 국민들은 밤잠을 설치며 응원을 하느라 생활 리듬이 깨지는 경우도 많았다"고 적고 있다. 그러나 런던과 소치, 리우에 이르러 이렇게 '생활 리듬'이 깨질 정도로 올림픽을 보는 사람은 크게 줄었다. 위 자료를 보면, 아테네올림픽 중계로 인해 '생활이 즐거워졌는지' 문의한바 '더 즐거워졌다'의 응답률이 무려 77.5%로 나타났다. 리우올림픽 폐막과 관련해 실시한 같은 조사에서 55% 정도가 '더 즐거웠다'고 답했고 36%는 '그렇지 않았다'고 답했다. 4년마다 실시한 이 조사의 같은 문항, 즉 올림픽을 통해 '생활이 즐거워졌는가'라는 유의미한 질문에 대한 응답률은 2004년 아테네올림픽 78%, 2010년 밴쿠버동계올림픽 89%, 2012년 런던올림픽 84%였으나, 2014년 소치동계올림픽 후에는 67%로 하락했고 2016년 리우올림픽에 이르러서는 가장 낮은 수치를 기록했다.

냉전 시기 강대국이나 신생 독립국가가 올림픽을 통해 부국강병의 국민국가 건설 신드롬을 만들었던 20세기와 달리, 21세기에는 '온 국민의 열망을 담아 성황리에 치르는' 올림픽 패러다임이 작동하지 않고 있다. 일정 규모 이상의 국가에서는 올림픽을 사회 인프라 구축의 계기로 삼는 일도 줄이고 있다. 오히려 막대한 재정을 투입해 인프라를 개발하고 건설하는 일이 올림픽 이후 적자와 파산으로 이어지는 '저주'가 되고 있다.

그럼에도 2018평창동계올림픽 개최 결정 과정에서 현대경제연구원은 그 '경제 유발' 효과가 64조 원이라고 추정했다. 2010년의 G20(주요 20개국) 서울 정상회의 때 한국무역협회 국제무역연구원은 직접 효과 2,667억 원에 간접 효과 31조 80억 원 등 총 31조 2,747억 원의 경제적 효과가 발생한다고 발표했다. 심지어 한국무역협회 대전·충남본부는 G20 경제 효과를 무려 450조 원이라고 발표하기도 했다. 대구경북연구원은 2011대구육상선수권대회에 대해 생산유발 효과 5조 5,876억 원에 부가가치가 2조 3,406억에 이른다고 발표한 바 있다. 이러한 수치들은 1976년 몬트리올올림픽, 1992년 바르셀로나 올림픽 등이 과잉 투자로 도시 재정이 파산에 이른 것이나 2010년 동계올림픽을 개최한 밴쿠버가 최소 5조 원의 적자를 봤으며 1998년 동계올림픽 개최지였던 일본의 나가노가 극심한 경기 침체에서 벗어나지 못한 상태 등을 외면하고 '단순 능동형 계산'에 의존한 것이다.

무엇보다 20세기의 '국민'은 21세기에 이르러 '시민'이 되었고, 더 일상적이고 다채로운 문화에 자신의 감각과 이념과 정서를 투사한다. 물론 박태환이나 김연아가 최고 성적을 냈을 때는 기꺼이 박수를 치지만, 그것이 반드시 '국위선양' 때문은 아니다. 지겹고 고된 훈련을 견뎌낸 젊은이들에 대한 격려의 성격이 더 강하다.

올림픽에 대한 열망은 국민국가적 국위선양이 아니라 개인화되고 문화화되는 추세다. 국제올림픽위원회IOC도 이러한 추세를 면밀히 읽고 '2020 어젠다'를 발표했다. 그 핵심은 올림픽이 더 이상 개발도상국의 대규모 국책 사업이 될 수 없다는 것이다. IOC는, 특히 1개국 1도시가 과중한 압력을 받으며 겨우 올림픽을 치른 뒤에 파산하는 상황을 개선하기 위해 두세 개 나라 혹은 서너 개 도시가 공동으로 개최를 하거나, 하계올림픽은 대략 50조 원, 동계올림픽은 대략 20~30조 원의 비용을 투입하는 등 무분별하게 환경을 파괴할 정도로 재정을 쏟아붓는 행위를 조절하는 방향으로 선회하고 있다.

특히 스포츠 콘텐츠의 능동적 소비자인 도시의 젊은 생활자들이 올림픽 같은 메가이벤트의 국가 순위에 대한 관심이 다양한 스포츠 문화 콘텐츠로 이동하고 그 수용 과정도 '온 국민'이 함께 모여 텔레비전의 콘텐츠를 일방향적으로 수용하는 게 아니라 모바일 환경의 지극히 개인화된 모니터 안에서 여러 콘텐츠를 향해 분산되고 그 지속 시간도 점점 짧아지는 경향이 나타난다. 올림픽을 둘러싼 전반적인 환경과 감수성의 변화를 수용자 측면에서 잘 보여주는 것이 인터넷 서비스다. 생중계를 독점하다시피 한 지상파의 올림픽 특수는 거의 사라지고 하이라이트를 서비스하는 포털이 2012 런던 올림픽 이후 크게 두드러졌다.

【기우인가 재앙인가】

이런 전반적 변화에도 불구하고, 게다가 '박근혜-최순실 게이트'에도 불구하고, 평창올림픽의 무모한 도전은 멈추지 않을 것으로 보인다. 이 대회의 개막식 총감독을 맡은 송승환은 "세계로 뻗어나가는 한류와 우리의 전통문화"를 보여주겠다고 했는데, 이 말조차 새로운 세기의 언어는 아니다. 국가가 주도하는 신자유주의 문화산업이 '경쟁력 있는 한류 문화 상품의 세계 진출'이라는 명분 아래, '상품'으로서의 '한국적인 미'와 이념으로서의 '한국적인 아름다움'이라는, 일종의 뒤집힌 '오리엔탈리즘 문화 상품'으로 전락하고 있다. 특별히 자국의 역사적 기원과 문화적 시원을 강조하고 그 주제에 따라 다양한 퍼포먼스를 펼친다는 것도 국수주의를 넘어 문화적 파시즘의 그림자마저 느끼게 한다.

마루야마 마사오에 따르면 내셔널리즘은 "자국의 위신이나 영광을 높인 과거의 지배자나 장군 – 이른바 민족적 영웅 – 의 현창으로 발현된다. 내셔널리즘은 그런 전통의 미화를 매개로 하여 로맨티시즘romanticism에 가까이 간다. 전통이 민족의 신화적 기원에까지 소급하는 경우(건국신화의 강조 등)는 특히 그러하며, 그럴 경우에는 사명 관념과 결부되어 울트라 내셔널리즘의 양상"[3]을 띠게 된다고 말했다. 같은 맥락에서 마크 네오클레우스는 "신화적 과거에 대한 찬양은 기껏해야 머나먼 과거에서 긁어모은 케케묵은 상징을 채용한 것으로 보일지도 모른다. 그럼에도 불구하고 이것은 파시스트 이데올로기의 핵심"[4]이라고 지적했다.

이른바 '국민적 관심'도 저조하고 '동계'라는 기후의 제약도 심한 마당에 '박근혜 – 최순실 게이트'마저 터지면서 평창올림픽은 우리가 치른 그 어느 메가이벤트보다 더 힘겹게 진행될 것으로 보인다. 이를 일거에 만회하기 위하여 조직위원회는 오히려 더 '국민

---

3) 마루야마 마사오, 「내셔널리즘, 군국주의, 파시즘」, 『현대정치의 사상과 행동』, 한길사, 1997, 331쪽.

4) 마크 네오클레우스, 『파시즘』, 이후, 2002, 152쪽

통합'을 강조할 것이고 개막식 같은 행사에서 '울트라 내셔널리즘'을 과장되게 표현할 것으로 예측되는바, 그런 점에서 더욱더 평창 올림픽은 기우를 넘어 재앙이 될 공산이 커지고 있다.

영화, 외국 자본 유입에 **어떻게 대응할 것인가**

김혜선(영화칼럼니스트)

2016년 여름부터 초가을까지 한국 영화의 기세는 상당했다. 5월 개봉한 〈곡성〉을 시작으로, 〈부산행〉 〈인천상륙작전〉 〈터널〉 〈덕혜옹주〉가 뒤를 이으며 여름 극장가를 뜨겁게 달궜다. 9월 개봉한 〈밀정〉까지 흥행에 성공했기에 8, 9월 한국 영화 극장 점유율은 70%에 육박했다. 그중 눈에 띄는 두 영화가 있다. 680만 관객을 불러 모은 나홍진 감독의 〈곡성〉과 750만 관객에게 선택받은 김지운 감독의 〈밀정〉이다. 〈곡성〉은 할리우드 직배사 20세기 폭스가 순제작비 80억 원을 투자해 제작, 배급했다. 〈밀정〉 역시 할리우드 직배사인 워너 브라더스가 제작비 140억 중 순제작비 100억을 투자하고 배급한 작품이다. 사실상 한국 영화가 아니라 '할리우드 영화'에 가깝다. 두 작품의 성공으로 할리우드 직배사들은 향후 한국 영화 제작 프로젝트에 더욱 자신감을 얻는 모양새다. 하지만 이를 지켜보는 한국 영화계에는 긍정과 염려가 오간다. 할리우드의 로컬 영화 전략이 과연 한국 영화계의 제작 지형에 건강한 긴장감과 다양성을 선사할까? 한국 영화 자체는 경쟁을 통해 공생할까 아니면 잠식될까? 한국 영화계는 이 변화를 어떻게 맞이할지 한창 고민 중이다.

【산업화가 정착한 한국 영화시장, 외국 자본 유입 용이】

할리우드 스튜디오들은 사실상 2000년대 후반부터 수익 시장 구조의 현격한 변화를 맞이했다. 북미 극장 매출이 정체기에 접어들고 부가 판권 시장은 축소되는 상황이 이어졌다. 반면, 해외 시장의 비중은 오히려 해마다 증가했다. 아시아-태평양 박스오피스가 특히 급성장세를 보였다. 북미와 유럽, 중동, 아프리카 박스오피스 규모를 넘어선 것이다. 그중 중국 시장은 2015년 68억 달러의 매출을 올리면서, 아시아 시장의 절반을 차지하게 됐다. 2017년에는 북미 시장의 규모도 넘어서서 세계 최대 극장 매출을 올릴 것으로 예측되고 있다.

그렇다면 중국과 인접한 한국은 어떤가. 한국 영화시장의 총 관객수는 2013년 이후 매년 2억 명을 돌파하고 있다. 그 가운데 외화를 제외한 한국 영화 연간 관객 수도 2012년 이후 매년 1억 명을 넘어섰다. 2016년 역시 무난히 1억 명을 넘을 것으로 예상된다. 만들어내는 면도 없지 않지만, 1년에 1,000만 관객 영화도 2~3편씩 꾸준히 등장한다. 한류 문화로 인해 중국 관객의 한국 영화에 대한 인지도도 낮지 않기 때문에 아시아 시장 내에서의 순환 구조도 만들 수 있다. 한국 영화 시장은 할리우드에 꽤 매력적인 수익 시장이 된 것이다.

할리우드 메이저 스튜디오들이 최근 소재 고갈을 고민하는 상황 역시 한국 영화 로컬 제작 전략을 부추긴다. 소설이나 만화를 영화화해서 슈퍼히어로물이나 시리즈물을 만들고, 이를 리메이크, 리부트, 프리퀄(전편), 시퀄(속편)로 늘여오고 있지만 사실상 북미 관객은 갈증을 느끼고 있다. 이런 상황에서 연출력을 인정받는 한국 감독과의 작업은 아시아 시장을 개척하는 것은 물론 해당 작품의 판권을 보유해서 할리우드식 리메이크를 할 가능성도 열어놓게 된다. 그간 〈엽기적인 그녀〉 〈올드보이〉 〈장화, 홍련〉 등이 할리우드와 인접 국가들에서 화제성과 영향력을 증명하며 리메이크된 선례도 있다. 할리우드 스튜디오들 입장에선 새롭고 대안적인 라이브러리 구성이 필요하던 차에, 한국 영화 제작 초기 단계부터 참여함으로써 원소스멀티유즈의 재산을 얻을 수 있으니 확실한 실익이 있다는 판단이다.

한국 영화 시장이 '산업화가 정착한 시장'이라는 점도 할리우드 자본의 접근을 허용한다. 대기업의 진입으로 전산화된 입장 수익 집계, 돈의 흐름을 볼 수 있는 회계 관리 시스템 등이 갖춰져 있다. 할리우드 자본의 흐름도 예상할 수 있는 시장이란 얘기다. 심지어 〈곡성〉 〈아가씨〉처럼 모험적인 소재의 영화에 600만, 400만 이상의 관객이 기꺼이 지갑을 열고, SNS에 영화평을 줄줄이 다는 적극적인 관객층까지 보유하고 있다. 한국 영화 시장은 여러모로 안정적이고 튼튼한 시장으로 여겨지는 추세다.

더불어 과거엔 할리우드가 그리 비중 있게 보지 않았던 자국 영화들이 종종 제작비가 수십 배 높은 할리우드 작품들을 압도하며 흥행한 영향 또한 크다. 이 때문에 할리우드도 제작비가 훨씬 적게 드는 로컬 영화의 제작에 더 관심을 기울이게 된 것이다. 현재 자국 영화 박스오피스 점유율이 압도적인 국가는 인도, 일본, 한국, 프랑스, 러시아, 독일, 스페인 등이다. 이들 국가에서 할리우드의 로컬 영화 제작이 이루어지고 있으며, 한국은 특히 〈곡성〉과 〈밀정〉이 성공한 2016년을 기점으로 할리우드 자본의 유입이 더 활발해질 조짐이다.

워너 브라더스와 20세기 폭스는 지난 10년간 한국 영화시장 직접 투자에 대한 예측과 분석을 해왔다. 20세기 폭스의 경우 할리우드 스튜디오들 가운데 로컬 프로덕션에 가장 적극적이다. 2008년 로컬 제작사 폭스 인터내셔널 프로덕션을 설립해 10여 개국에서 50여 편의 로컬 영화를 제작해왔다. 그중 성과를 거둔 4~5개 나라에 집중하는 중이다. 8년 전부터 세 차례(〈런닝맨〉 〈슬로우 비디오〉 〈나의 절친 악당들〉) 제작, 투자한 한국 영화의 흥행 참패 끝에 〈곡성〉으로 열매를 거둔 FIP 코리아는 이제 궤도에 올랐다. 차기작으로는 〈대립군(가제)〉을 선보인다. 임진왜란 당시 도망간 선조 대신 백성을 지키기 위해 고군분투하던 세자 광해군과 백성들 사이에 고된 군역을 대신해주던 '대립군'을 소재로 한 이야기다. 〈말아톤〉의 정윤철 감독이 연출을 맡았고 이정재, 여진구 등이 캐스팅됐다. FIP 코리아는 향후엔 연간 4~5편의 한국 영화를 제작하겠다는 입장이다.

워너 브라더스 역시 해외 여러 나라에서 합작 영화를 만들거나 현지 영화에 직접 투자하는 로컬 프로덕션을 운영해왔다. 한국 내에서 20세기 폭스의 행보를 보며 조심스럽게 움직이더니, 지난해 워너 브라더스 코리아 로컬 프로덕션 팀을 신설했다. 첫 번째로 제작한 한국 영화 〈밀정〉의 성공 이후엔 발빠른 행보를 드러내고 있다. 이병헌, 공효진 주연의 〈싱글라이더〉와 〈신세계〉 박훈정 감독의 신작 〈V.I.P〉, 〈아저씨〉를 연출했던 이정범 감독의 신작 〈악질경찰〉을 이어서 개봉할 예정이다. 워너 브라더스 역시 이 영화들을 포함, 연간 5편의 한국 영화를 제작하겠다고 밝혔다.

이들 외에도 세계 최대 동영상 스트리밍 서비스인 넷플릭스 역시 봉준호 감독의 신작 〈옥자〉의 제작비 5,000만 달러(약 577억 원)를 전액 투자했다. 2017년 넷플릭스를 통해 공개되며 국내 극장 개봉도 논의 중이다. 미국의 중소규모 투자사인 아이반호 픽처스와 〈파라노말 액티비티〉 〈위자〉 등을 내놓은 공포영화 전문 제작사 블룸하우스도 국내 메이저 투자배급사 쇼박스와 손을 잡았다. 한국에서 공포, 스릴러 장르 영화를 개발, 제작할 예정이다.

【할리우드 자본 유입은 새로운 기회가 아니다】

한국 영화계는 할리우드의 한국 영화 제작에 복잡한 심경을 드러낸다. 영화 감독과 스탭 들의 경우는 할리우드 자본의 유입에 긍정적인 분위기다. 먼저, 대형 자본이 모험적인 소재의 영화, 도전 의식을 지닌 감독들에게 좋은 투자원이 되리라는 예측이다. 검증되지 않은 신인 감독이나 아쉽게 흥행에 실패해 두세 번째 기회를 얻지 못했던 감독들에겐 영화 제작 기회가 확실히 늘어날 수 있다. 김지운 감독은 〈밀정〉 제작 보고회에서 "할리우드 제작 방식은 합리적이고 효율적이지만, 한국은 정서적인 면을 기초로 해서 훨씬 안정감이 있다. 이 두 가지 장점을 결합한 게 한국에서 외국 스튜디오의 영화를 만드는 것"이라고 말한 바 있다.

또한 이렇게 완성된 영화와 영화인 들이 할리우드의 배급망을 이용해 세계로 진출할 수도 있다는 기대가 크다. 한국 감독들도 국내 자본의 한계를 뛰어넘는 작품을 만들고 싶어 하는 경우가 점점 더 많아지는 상황이다. 거대 자본의 투입은 물론, '리스펙트'를 다해서 다방면의 예술적 지원까지 동원하는 해외 메이저 스튜디오들과의 작업은 그야말로 좋은 기회일 것이다. '소재의 다양성'을 보증하는 자본의 투입으로 완성도 높은 영화가 만들어진다면, 국내외 제작, 투자, 배급사에도 건강한 긴장감을 심어주리라는 전망도 가능하다. 자본을 합리적이고 효율적으로 집행하는 할리우드의 체계적인 시스템은 한국 영화 제작 환경에서 '관례'로 인정됐던 불합리한 문제들을 개선하는 데에도 도움이 될 수 있다. 국내 제작사들의 게으른 제작 행태에 경종을 울릴 것이라는 관측도 가능하다. 아이디어만 있고 서사는 부재하거나, 한 치도 예상에서 벗어나지 않는 시나리오로 각종 폭력과 편견을 조장하는 영화들을 버젓이 만들어왔던 한국 영화 제작사에는 더더욱 경각심을 불러일으킬 수 있다.

한국 영화계 4대 메이저 투자배급사(CJ, 쇼박스, 롯데, NEW)와는 다른 선택지가 생겼다는 것만으로도 고무적인 게 사실이긴 하다. 영화계의 '갑'으로 자리매김한 4대 투자배급사의 입김이 한국 영화 제작에서 무리수를 부른 사례가 꽤 많아서다. 4대 메이저에게 할리우드 자본의 유입이 긴장과 자극으로 받아들여진다면 그야말로 바람직한 방향일 것이다.

사실 자본주의 경쟁 사회에서 국수주의적 사고방식을 발휘할 필요는 없다. 글로벌 기업 이케아가 한국에 진출했을 때 호들갑을 떨며 한국 가구업계를 걱정하던 목소리가 있었지만, 결국 기존 가구업계의 홈 인테리어 시장 크기가 동반 상승한 측면이 있는 것처럼 말이다. 하지만 한국 영화계는 기회를, 할리우드는 수익을 꿈꾼다는 점에서 양측의 지향점은 사실상 다르다. 관객들이 미처 인식하지 못하는 사이, '반만 한국 영화'인 할리우드 영화가 한국 영화의 매출 수익을 가져가게 되는 셈이다. 모처럼 발굴된 신선한 시나리오가 막대한 외국 자본으로 만들어져 흥행에 성공했을 때, 그 열매가 한국 영화계에 또다시 좋은 토양이 되어줄 수 있을지는 장담할 수 없다. 좋은 감독, 좋은 프로젝트, 나아가 좋은 인프라를 사실상 할리우드 자본에 빼앗긴다는 부정적 관측과 경계론을 무시하긴 어렵다.

"견고했던 4강 체제를 흔들어 창작자 중심의 형태를 만들겠다"는 워너 브라더스 로컬 프로덕션 최재원 대표의 말은 긍정적이다. 하지만 그들이 새롭게 한국 영화계에 군림하며 5강, 6강 체재를 형성하지 않으려면 그야말로 건강한 긴장 관계가 동반돼야 한다. 무엇보다 막대한 할리우드 자본으로 만든 로컬 한국 영화가 기존의 4강 체제에서 제작됐던 한국 영화들과 근본적으로 무엇이 다르냐는 비판도 숙고해야 한다. 한국형 오컬트 호러 〈곡성〉과 일제강점기 스파이물 〈밀정〉이 그간 한국 영화에서 다루지 못한 소재와 비주얼을 제대로 만들어냈다는 호평도 있지만, 사실상 그 완성도와 호평이 거품이라는 비판도 존재하기 때문이다. 풍족한 예산과 감독의 자유로운 예술혼이 만난다고 해서 언제나 좋은 결과를 만들어내는 것은 아니다. 한국 영화사들과의 경쟁을 통해 그 부분이 보완된다면 좋을 것이다.

그리고 이 모든 긍정적인 논리 역시 거대 자본의 관점에서 본 측면이 크다. 할리우드 자본이 말하는 '다양성'은 국내 작은 영화들이 말하는 '다양성'과 차이가 있다. 국내에선 4대 메이저 투자배급사의 독과점 횡포에 치여서 몇 년을 애써 제작하고도 극장에 일주일도 채 걸리지 못하는 작은 영화들이 즐비하다. 그들 시점에서 할리우드 자본의 유입은 새로운 기회가 아니다. 또 하나의 거대 배급망을 가진 공룡의 등장이다.

【한국 영화 생존의 필수 조건, 연대】

한국처럼 자국의 영화 경쟁력과, 제작 전략, 투자배급 구조 자체가 잘 갖춰진 경우는 할리우드 로컬 자본과 마케팅 전략에 크게 좌우되지 않을 수도 있다. 다만, 이 시점에서 결국 근본적인 문제가 떠오를 수밖에 없다. 최근 몇 년간 지속되고 있는 한국 영화의 총체적인 질적 저하다. 그 이유는 프로듀싱의 결여 때문이다.

한국 영화계에서 투자배급사들의 지나치게 갖춰진 시스템에 대항하고 적절히 교류하는 박찬욱, 봉준호, 김지운, 최동훈, 윤제균, 류승완 등 스타 감독들은 직접 제작사를 차리거나 힘 있게 자신들의 목소리를 내왔다. 투자배급사들이 급기야 전문 기획 제작사의 도움 없이 특정 감독들과 함께 영화를 만들어오면서, 한국 영화의 중심은 스타 감독들의 차지가 됐다. 반대로 프로듀서의 목소리는 점점 줄어들어왔다. 외국 자본의 한국 영화 잠식으로 인한 난맥상을 불러올 것이라는 걱정 이면에는 프로듀싱에 대한 자신감이 점점 작아져가는 한국 영화계의 현실이 있다.

이미 한국 관객들이 한국 영화와 외화에서 기대하는 바는 다르다. 영화의 패러다임이 빠르게 바뀌고 있지만 다수의 제작사와 프로듀서는 관객이 원하는 새로운 이야기를 기획하지 못하면서 그 흐름을 쫓아가지 못하고 있다. 심지어, 2010년대 초반 이후 배우 매니

지먼트사의 힘이 커지면서 제작에까지 뛰어들게 됐고, 스타 배우와 감독이 만난 멀티캐스팅 영화들이 등장해 흥행에 성공했다. 프로듀서의 입지는 더더욱 줄어드는 상황이다. 프로듀서들의 각성이 반드시 필요하다. 파워 게임이 아니라 크리에이티브 게임을 해야 한다. 제작사와 프로듀서가 경쟁력 있는 콘텐츠를 기획하고 좋은 감독과 서로 보완, 견제하면서 작업을 해나가야 한다. 견제 없이 감독과 자본, 혹은 인연이나 의리에만 의존하는 경우 실패한 블록버스터가 양산될 수 있고 그 여파는 산업 전체에 미치기 때문이다. 예술가의 감각과 엔지니어의 마인드가 결합될 때 좋은 영화가 만들어진다.

중저 예산 영화가 몰락하고 100억 대 영화만이 득세하는 것이 현재 한국 영화 시장의 모습이다. 한국 영화는 '규모의 영화'만이 살아남는 적자생존 구조다. 이런 상황에서 할리우드 자본의 유입은 확실히 이 형태를 더 단단하게 만들 우려가 있다. 결국 생존의 방법으로 모색되는 것은 '연대'이다. 여러 규모의 전문 기획 제작사들이 한국 영화의 장기적인 발전을 위해 서로 연대하고, 감독들과 연대하고, 극장만이 아닌 새로운 플랫폼과도 연대해야 한다. 중심을 잡고 진정한 '다양성'을 모색해야 한다. 그러려면 손익분기점을 맞추는 데 급급하지 않고 비전을 제시할 수 있는 프로듀서들과 한국 영화 제작사들의 노력이 절실하다.

책 읽는 사회를
어떻게 만들까?

장은수(편집문화실험실 대표)

퇴근 후에 노동자들이 함께 모여서 『오이디푸스 왕』 같은 고전 문학 작품을 읽고 토론하는 모임이 있다고 하자. '듣는 독서'도 있으니까 저자를 초청해서 신간에 대한 강의를 들어도 좋다. 휴식을 통해서 피로한 육체를 다스리고 노동력을 재생산할 이 시간에, 자신의 계급적 정체성과 맞지 않는 책을 읽거나 강의를 듣는 것은 정말로 허영에 지나지 않는 일일까. 가방끈 긴 화이트칼라, 돈 많고 재산 있는 부르주아, 여가 시간 넘치는 학생이나 할 법한 문학 읽기 모임보다 동료들과 소주잔을 기울이면서 시간을 보내는 것이 더 낫지 않을까. 적어도 술자리에서는 엉뚱한 허위의식이 찾아들지 않을 테니까 말이다.

읽기를 이야기하면, 가장 먼저 이 문제에 부닥친다. 돈도 밥도 안 되는 읽기가 도대체 삶에서 무슨 일을 하느냐는 것이다. 이에 대해 프랑스의 철학자 자크 랑시에르는 말한다.

> "문학 토론 같은 지적 활동을 하는 노동자들. (중략) 이들은 계급과 신분의 한계와 분할의 틀이 만들어 놓은 경계를 넘어, (중략) 다른 사회적 존재 양식을 시도함으로써, (중략) 이미 만들어진 분할의 틀을 해체하고 기존의 억압적 사회 질서를 거슬러서 좀더 민주적인 감각의 추구와 배분 가능성을 모색하고 실험하면서 그 파급 효과를 몸소 보여주고 있다."

【읽기를 통한 감각의 혁신】

노동자들이 모여서 문학 작품을 읽고 토론하는 것은, 지배 권력이 미리 배분해둔 사회적 역할을 넘어서 "또 다른 사회적 존재 양식을 시도"하는 해방의 행위다. 기존에 정해진 대로 살아가라는 명령을 거부하고, 그 명령이 가져오는 억압을 해체하면서 자기 존재의 새로운 가능성을 모색하고 실험하는 일이다. 읽기를 통해 자기의 삶에서 좀처럼 느끼기 힘든 이질적 감각을 가져오는 것은, 일상 속에서 특정한 형태로 굳어진 감각을 해체하여 재배치하는 일이고, 자기 안에 존재하는 잠재를 바깥으로 끄집어내는 일이다. 읽기를 통한 감각의 혁신은 곧바로 삶의 혁신이며, 자신의 한계를 탈주하는 개척이다. 습관적으로 배분된 익숙한 감각으로부터 일상에서는 허락받지 못한 낯선 감각의 세계로 과감하게 옮겨 가는 것이다. 프란츠 카프카의 말처럼, 읽기를 통해 우리는 내면의 얼어붙은 바다가 깨어지는 경험을 한다.

사회적인 틀에 좁게 갇혀 있던 눈이 세계 전체로 확장되면서 개체로서의 자립과 시민적 자유를 이룩하는 데, 읽기는 중요한 역할을 한다. 내가 직접 보지 않은 것을 보여주고, 듣지 않은 것을 들려주며, 느끼지 못한 것을 감지하도록 해주는 읽기를 통해서 인간은 시공간에 얽매여 있는 사회적 한계를 초월하여 자기를 새롭게 발명한다. 한국에서 가장 오래된 독서공동체인 시흥 상록독서회를 찾았을 때, 이 사실을 새삼 느낀 바 있었다. "읽기는 한 사람을 구하는 일에서 때때로 종교를 넘어서고, 한 사회를 바꾸는 일에서 때때로 정치를 능가한다. 책을 함께 읽는 것은 타자의 혀로 자신을 고백하는 행위다. 마음의 닫힌 문을 두드려 열고, 생각의 굳은 근육을 주물러 푸는 작업이다. 삶에서 사랑의 형식을 발명할 때, 즉 하나에서 둘로

가는 방법을 발굴할 때 비로소 희망이 우리를 찾아온다. 읽기는 더없는 은밀함과 친밀함 속에서 타자를 환대함으로써 자신과 세상을 혁명하는 힘을 촉발한다"(장은수, 「군사독재 어둠을 깨며 함께 읽기 35년」, 〈한국일보〉 1015년 10월 16일자)

【존재하지 않는 데이터를 만들어내는 능력의 시작, 읽기】

과학 기술의 경이로운 발전이 사회 전체를 나날이 혁신하는 시대다. 미래학자 앨빈 토플러는 기술이 가져오는 급격한 변화 때문에 과거의 경력이나 경험만으로는 살아갈 수 없는 오늘날의 사태를 '미래의 충격'이라고 불렀다. 미래가 연속해서 충격으로 다가오면서 삶 전체의 아노미가 그치지 않는 시대에는 변동하는 사회에 발맞추어 '삶의 자세'를 유연하게 가다듬고 적응하는 능력이 인간 능력의 중핵이 된다. 세상의 변화를 좇아서 자기 이야기를 다시 쓸 줄 아는 창조성이 부족한 사람은 충격을 극복하고 자율적인 주체로서 살아가기 어려워진다. 특히, 인공지능을 이용하는 인지자동화가 조만간 실현된 후에는 '인간과 기계의 공진화'가 지금과는 차원이 다른 단계로 접어들 것이다.

이에 대한 한 예감이 올해 초에 있었던 '알파고' 이벤트였다. 구글이 개발한 인공지능 알파고와 세계 최고 수준의 프로 바둑기사이세돌이 벌인 세기의 바둑대결은 끝내 알파고의 승리로 돌아갔다. 전 세계를 깜짝 놀라게 한 '알파고의 충격'은 '인간이란 앞으로 무엇인가' 또는 '인간이란 앞으로 무엇이어야 하는가' 하는 치열한 성찰을 불러일으켰다. 하지만 이 대국은 동시에 인간이 얼마나 빨리 진화할 수 있는가를 보여준 대국이기도 했다. 프로그래밍한 대로 학습해서 수를 놓는 알파고와 달리, 이세돌은 변화하는 반상의 세계 속에서 과감한 시도와 패배를 두려워하지 않는 분투를 통해 끝내 '기적의 한 수'를 찾아냈다. 극복이 불가능해 보이는 사태 속에서 자신의 바둑을 과감히 포기하고 새로운 수를 창안하는 이세돌의 모습을 통해 우리는 진화의 진짜 비밀을 짐작할 수 있게 되었다. 알파고 이벤트 이후, 한 달 만에 출간된 『김대식의 인간 vs 기계』(동아시아, 2016)는 "창의성이 선택이 아니라 필수가 되어버린 시대"를 선언했다. 이 책에 따르면, "존재하지 않는 데이터를 만들어낼 수 있는 능력", "분석해 얻은 결론을 과감히 실천할 수 있는 도전정신" 등이 인공지능 시대에 인간이 갖추어야 하는 핵심 능력이다.

그런데 이러한 능력은 스승의 말을 제자가 반복하는 기존의 주입식, 암기식 교육에서는 얻을 수 없다. 그동안 인간 능력의 기준은 뇌라는 하드웨어에 지식이라는 데이터를 효율적으로 축적하는 휴먼 데이터베이스 구축 능력으로 정의되어왔다. 머릿속에 다량의 지식을 쌓아두고, 주어진 상황에 맞추어 빠르게 출력할 수 있는 사람이 유리한 편이었다. 판사, 변호사, 의사 등 이른바 '사' 자 직업은 그 절정이라고 할 수 있다. 인공지능 시대에 이러한 직업들은 서서히 무력화된다. 손 안에 스마트폰 하나만 있으면 지식과 정보가 무한정 가득한 버추얼 데이터베이스에 누구나 접근할 수 있기 때문이다. 그러므로 앞으로의 세계에서는 정보의 단순한 축적은 컴퓨터가 대신하고, 변화무쌍한 삶의 상황에 맞추어 주어진 정보를 새로운 정보로 적절히 창발하는 것이 인간의 주된 임무가 될 것이다. 김대식 교수가 "존재하지 않는 데이터를 만들어낼 수 있는 능력"이라고 하는 것이 바로 이것을 가리킨다. 끊임없이 충격으로 다가오는 미래에 맞서서 주어진 정보를 과감히 재해석하는 능력이야말로 미래 인간의 필수 능력이 된 것이다.

그런데 이러한 종류의 '창조력'을 끌어내는 가장 확실한 방법은 '읽기'다. 창조적이려면 자신이 갖고 있던 기존 관념에 대한 뼈아픈 부정과 그로 인한 고통을 견뎌야 한다. 기존 정보에 갇힌 나를 해체한 후 새롭게 나를 구축하는 것이 어찌 쉬운 일이겠는가. 정신이 아득히 찢기는 듯한 고통의 강물을 건너고, 영혼이 상처 입고 피 흘리는 산맥을 넘어설 때에만 비로소 가능할 것이다. 그리스 사람들은 그러한 무서운 고통에 익숙해지도록 정신이나 육체를 단련하는 방법을 호르메시스Hormesis라고 불렀다. 태권도나 무용 등을 배울 때 충분히 유연성을 갖출 때까지 매일 조금씩 다리를 찢어 서서히 고통에 무감하도록 만드는 것과 같은 이치다. 세상의 급변에 맞추어 자아를 반복해서 다시 쓰는 것 역시 훈련 없이는 도무지 가능하지 않다. 자아를 훈련하는 기술이야 여러 가지(명상, 노동, 사랑 등이 이에 해당한다)가 있지만, 읽기는 책만 있으면 별다른 계기 없이 반복할 수 있다는 점에서 특별한 지위를 갖는다. 책을 읽는 것은 타자의 사고를 반복하는 것이기에, 동시에 타자의 혀를 통해 나라는 이야기에 균열을 내고 또 다른 나를 생성하는 가장 손쉬운 방법이다. 읽기는 항상 고통스러운 것이고, 드물게는 자아의 완전한 죽음을 불러올 정도로 힘겹지만, 많은 경우에 적절한 수준의 고통으로 정신을 훈련시킨다. 읽기를 통해 인간은 자아의 흥기와 쇠퇴, 생성과 소멸을 수없이 경험함으로써 영혼을 유연하게 하고 자아를 단련시킨다. 읽기가 아니면 인간은 자아의 적응 훈련에 너무나 많은 힘을 쏟아야 했을 것이다. 『스토리텔링 애니멀』(조너선 갓셜, 민음사, 2014)에 따르면, 인간은 이야기를 통해 사회생활의 주요 기술을 연습한다. 이야기는 예나 지금이나 종으로서 인류가 성공하는 데 더없이 중요한 과제에 반응하도록 뇌를 연습시킨다.

【독서 양극화 현상과 폐해】

그러나 오늘날 한국 사회는 읽기의 본원적 힘을 잃어가고 있다.

모바일 문명의 폭주 속에서 글을 읽는 문화, 특히 책을 읽는 것은 흔히 반시대적으로, '먹물 덕후'나 즐기는 재미없는 여가로 치부되기 십상이다. 중고생 셋 중 두 사람은 한 해에 한두 권밖에 책을 읽지 않으며, 노년층은 그보다 훨씬 심하다. 지하철에서 책 읽는 사람을 도무지 찾아보기 어렵고, 가족이 함께 독서하는 경우는 대낮에 별 보기만큼이나 힘들다. 한국의 독서 실태와 해외 주요국의 독서 실태를 비교 분석한 「해외 주요국의 독서실태 및 독서문화진흥정책 사례 연구」(2015)와 「학교 교육과정과 연계한 실천 중심 독서교육 활성화 방안」(2016)은 이와 관련해서 우리에게 많은 시사점을 제공한다. 두 연구에 공동으로 참여한 책과교육연구소 김은하 대표는, 1주일에 한두 번 이상 책을 읽는 습관적 독자, 1년에 한두 번 책을 읽는 간헐적 독자, 책을 전혀 읽지 않는 비독자로 독자를 분류한 후, 독서와 관련하여 한국에는 해외에서 좀처럼 볼 수 없는 특이한 현상이 나타난다고 이야기한다.

"한국인의 독서율은 74.4%로, OECD 평균인 76.5%와 비슷하다. 하지만 이 숫자는 '평균의 함정'을 보여 준다. 한국은 '독서 양극화'가 가장 심각한 나라로 한국의 독서율은 성별, 계층별, 나이별로 엄청난 편차가 존재하기 때문이다."

이는 독서율이 OECD 선진국의 평균과 비슷하고, 독서 대국이라는 이웃나라 일본보다 오히려 높은데도 왜 주변에서 책 읽는 사람을 보기가 어려운가라는 중요한 의문에 답을 해준다. 질적인 차원을 살피지 않은 채, 양적 평균만을 표시한 국민 독서율 조사에 생각지 못한 함정이 있었던 것이다. 일반적으로 독서율이 높은 나라는 책을 자주 읽는 사람도 많은 법이지만, 한국은 습관적 독자(25.1%)가 OECD 국가(평균 40.1%) 중 가장 적고, 간헐적 독자(49.3%)는 OECD 국가(평균 36.4%) 중 가장 많은 나라에 속한다. 한마디로 말하면, 어쩌다 책을 읽는 사람은 많아도 책을 꾸준히 읽는 사람은 드물다는 것이다. 독서율이 한 해에 책을 한 권이라도 읽은 사람을 나타내는 지표인 만큼, 낮은 문맹률 덕분에 책을 아예 읽지 않는 사람은 드물지만, 책을 자주 읽는 사람은 드문 현실을 거의 반영하지 못하는 것이다.

그렇다면 한국에서 누가 책을 많이 읽고, 또 누가 적게 읽는 것일까. 연구에 따르면, 한국은 젊은 세대(16~24세, 87.4%)의 독서율은 OECD 국가(16~24세, 평균 78.1%) 중 가장 높으나 중노년(55~65세, 51%)의 독서율은 OECD 국가(55~65세, 평균 73.9%) 중 가장 낮다. 독서의 연령별 차이가 극심하고, 특히 여성 독자는 나이가 들수록 독서율이 급격히 하락하면서 언어 능력도 같이 떨어진다. 한국은 학업 및 업무 관련 독서율(49.49%)이 OECD 국가 중 가장 높고, 습관적 독자 역시 이런 독서를 주로 한다. 따라서 입시나 승진 등 필요한 목적을 달성한 후에는 이들 역시 간헐적 독자 또는 비독자로 돌아설 확률이 높다. 또한 중졸 이하 저학력자의 독서율(51%)이 OECD 국가에서 가장 낮은 편이며, 초대졸 이상 고학력자의 독서율(89%)과 격차도 무척 크다(이상의 논의는 「해외 주요국의 독서문화진흥 현황과 사례」, 《2016 독서컨퍼런스 자료집》에서 발췌하여 요약했다).

이러한 독서 양극화는 시민들 사이의 지식 및 정보 격차를 심화할 뿐만 아니라, 앞에서 밝혔듯이 미래의 충격이 일상적인 현대 사회에 필요한 창조력의 육성 및 배분에 심각한 문제를 일으키면서 장기적으로 부의 분배를 비롯한 사회적 갈등을 격화시킬 것이다. 오늘날 점차 약화되고 양극화되는 읽기를 진흥하는 것이, 단지 개인의 임무가 아니라 국가와 사회의 과제인 것은 이로 인해 야기될 여러 가지 문제를 사전에 예방할 뿐만 아니라, 인지자본주의 아래에서 존엄을 유지하면서 주체로서 살아갈 수 있도록 인간을 재창조하는 일이기도 하다.

【스마트미디어 사회에서의 독서 진흥 전략】

그러나 '책 읽는 사회'를 만드는 것이 아주 쉽지는 않다. 스마트폰 등 반응형 미디어의 폭발적 유행은 미디어 콘텐츠 소비 경쟁에서 책을 읽는 데 필요한 여가 시간을 증발시키고 있으며, 그에 따라 독서가 이미 익숙한 습관적 독자와 달리 독서 소외 계층인 간헐적 독자와 비독자는 책과 접촉할 기회 자체를 점차 잃어버리고 있다. 이러한 상황에서 시민사회에 독서를 퍼뜨리려는 정부 또는 사회의 노력이 부단하지만, 그 애씀이 무위로 돌아가는 경우가 많다. 따라서 독서를 진흥하려면 좀더 세심하게 짜인 전략적 접근이 요청된다.

무엇보다 주력할 것은 김은하 대표의 주장처럼, 지금까지의 시민 전체를 대상으로 한 일률적인 독서 캠페인보다 습관적 독자, 간헐적 독자, 비독자의 독서 관련 데이터를 나누어 조사하고, 각각에 적합한 프로그램을 개발해야 한다는 것이다. 세 부류의 독자는 각자 읽기에 대한 갈증이 다르고, 독서(또는 비독서)에 이르는 경로가 구분된다. 이를 무시한 채 공급자 중심의 계몽적인 독서운동으로는, 성과가 쉽게 나는 습관적 독자들을 위한 프로그램만 과도하게 보급될 뿐 정작 도움이 필요한 간헐적 독자와 비독자를 위한 프로그램은 좀처럼 계발되지 않는 것이다. 가령, 소외 계층에 세종도서 선정도서를 보급한 후 독후감 대회를 열어 활용도를 높인다는 착오적 발상이 반복될 것이다. 소외 계층에 속한 사람들은 어릴 적부터 책을 접해볼 기회가 적어서 대개 간헐적 독자 또는 비독자에 해당하는 경우가 많으며, 책을 읽고 내용을 이해하는 능력인 문해력 역시 크게 떨어지는 편이다. 이들을 대상으로 독후감 대회를 한다는 것은 운전법을 가르쳐주지 않은 채 자동차 경주 대회에 출전시키는 것과 마찬가지다. 따라서 이러한 무리한 발상보다 간헐적 독자나 비독자가 책으로부터 소외된 과정을 세심하게 파악하고, 각각의 상황에 맞는 세분화된 프로그램을 개발해서 보급하는 것이 우선되어야 한다.

일단, 무엇보다 신경 써야 할 점은 어린 시절에 가족 독서를 통해서 독서 습관을 들여야 한다는 것이다. 「학교 교육과정과 연계한 실천 중심의 독서교육 활성화 방안」(2016)에 따르면, 부모와 함께 어린 시절에 자주 책을 읽고 도서관이나 서점 등을 방문한 경험이 있는 아이들만이, 청소년 시절에 들어서도 여전히 책을 자주 읽는 습관적 독자로 자랐다. 이미 잘 알려진 사실이지만, 어린 시절에 독서 습관을 이룩해주는 것은 평생의 독자로 가는 디딤돌을 놓아주는 것이다. 북스타트를 비롯해서 이미 많은 노력을 여기에 쏟아붓고 있지만, 여기에도 여전히 비독자 또는 간헐적 독자들이 존재하는 만큼 표면적 독서율에 집착하지 말고 어린이집, 유치원 등과 도서관이 협업하여 '독서 공동육아' 등 세심한 프로그램을 도입해야 할 것으로 보인다.

일회성 독서가 아니라 자주 책을 읽는 독서 습관을 형성하는 것이 독서운동의 진정한 목표라는 점을 상기할 때, 간헐적 독자나 비독자가 정기적으로 즐겁게 책을 읽을 수 있는 독서 공동체를 가족, 서점, 도서관, 직장 등으로 확산하는 것은 아주 중요한 일이다. 적게는 서너 명에서 많게 수십 명에 이른 사람들이 모이는 독서공동체는 책을 같이 읽고 이야기하는 즐거움을 줄 뿐만 아니라 책 읽는 행위에 정서적 안정감과 자부심을 불러일으키는 데다, 그 반복성과 의무성으로 인해 비독자나 간헐적 독자가 모임에 나오는 재미만 붙인다면 독서 습관을 들이는 데 아주 효율적이다. 서평가 이현우는 언젠가 말한 바 있다.

"책에서 얻은 지식과 경험을 공유하는 사람들의 집단이 독서공동체다. 독서공동체야말로 지식사회의 기초 단위다. (중략) 독서공동체 없이 사회에 대한 성찰적 토론을 벌이는 건 불가능하다."

이처럼 독서공동체는 독서 습관을 길들여 창조적 개인을 일으키는 중요한 수단일 뿐만 아니라 건강한 성찰로 시민사회를 유지해주는 기초 조직이기도 하다. 독서공동체는 책 읽는 개인, 함께 읽는 친구, 좋은 책 그리고 무엇보다도 책이 있는 지역사회를 만드는 거멀못이기도 하다. 자율성을 침해하지 않는 범위에서 독서공동체를 활성화하는 것은, 독서의 힘을 유지하기 위한 견고한 진지를 마련하는 것인 동시에 독서를 확산하기 위한 사회적 향낭을 비치하는 것이기도 하다. 특히, 비독자와 간헐적 독자에게 독서공동체는 독서를 향한 열망을 이어가는 산소마스크 역할을 한다.

꾸준한 읽기를 통해서 지속적으로 자신을 개벽하지 않고는 어떠한 사람도 미래 사회를 대비하기 어렵다. 급변하는 사회에서 "존재하지 않는 데이터를 만들어낼 수 있는" 창조적 능력은 읽기를 통해서 훈련된 영혼에게는 자주 찾아오는 뮤즈와 같다. 지식정보사회가 심화되면서, 우리는 더 많은 창조성을 필요로 한다. 이러한 시대에 읽기를 일으켜 시민들을 훈련시키는 것이야말로 우리 사회의 주요한 의무일 것이다.

V

언론/교육/역사

지금,
교육은 백년대계인가

김경집(인문학자)

우리나라에서 인생의 황금기는 몇 살일까? 네 살부터 일곱 살까지란다. 세 살까지는 인지, 이해, 의지의 능력이 부족하니 빼고, 네 살부터 딱 3년 정도 하고 싶은 대로 하며 산다. 그나마도 '빨간펜 선생님'을 일찍 만나면 그 기간도 줄어든다. 너도나도 교육에 매달린다. 대한민국에서 교육은 더 이상 백년대계가 아니다. 조삼모사요 조변석개의 압축판이다. 입시 제도는 해마다 변하고 대학은 정상적인 변화가 아니라 교육부의 '돈'에 의해 좌지우지되며 망가지고 있고 수많은 사학은 '사악'함이 가속되고 있다. 이런 와중에 2016년을 잠깐 뒤흔들었던 나향욱 사태는 대한민국 교육의 실체가 어떠한지 적나라하게 드러냈다. 교육 정책과 철학이 미래 가치와 인간의 무한한 잠재 능력을 계발하는 것보다는 오로지 권력자의 입맛에 따라 결정되는 것을 그가 보여줬다. 그가 맡은 일은 대학의 구조조정(물론 돈의 위력으로. 게다가 이화여대 사태에서 보듯 비선실세만 챙겨도 자동현금지급기처럼 작동되는), 역사 교과서 국정화(고작해야 1년이나 써볼까? 종잇값만 낭비하고 말), 그리고 누리예산 등이었다. 그야말로 박근혜 정부가 심혈을 쏟은 '반교육적인' 교육 정책들이었다. 교육 정책과 철학이 교육 경험이 풍부한 교육자들이 아니라 고시 출신의 행정가들에 의해 유린되는 게 어제오늘 일이 아니다. 이런 상황에서 교육이 백년대계라고 믿는 건 허언에 불과하다.

【21세기 교육으로의 전환】

왜 우리는 교육에 매달리는가? 우리가 교육에 매달리는 건 우리가 살아온 한국 사회가 철저하게 '고학력 엘리트의 카르텔' 사회이며 첫 번째 직업이 평생을 좌우하는 것임을 경험했기 때문이다. 또한 여전히 신분(계급이 아니라. 그러나 점차 계급으로 변모하고 있다)과 계층의 이동이 교육을 통해서 이뤄진다고 믿기 때문이다. 그리고 그것 말고는 달리 계층 이동의 수단이 없기 때문이기도 하다. 그러나 이미 대한민국에서 교육은 없는 신분에서 탈출하여 더 나은 신분으로 이동할 수 있는 '계층 사다리'가 아니라 신분 세습의 구조적 고착화를 가속하고 있는 게 현실이다. 그럼에도 불구하고 여전히 교육에만 매달린다.

한 가지 물어보자. 만약 당신이 어떤 주식을 매입하려고 하는데 그게 오를 확률이 50%가 되지 않으면 선뜻 사려 하겠는가? 아닐 것이다. 그런데 교육은 어떤가? 고등학교까지 공교육만도 12년에 (유치원은 빼고서도), 대학까지 고려하면 무려 16년이나 투자하면서도 그 확률은 고작해야 1.7~2% 정도에 불과하다. '80 대 20'의 사회는 무너진 것을 누구나 알기 때문에 25%의 확률은 없다고 믿는다. 하지만 내겐 적어도 10%쯤은 될 거라고 막연하게 생각한다. 그러나 현실은 그렇지 않다. 좋은 대학, 이른바 일류 대학에 가야 좋은 일자리를 얻을 수 있다고 여긴다. 그리고 그게 현실이다. 그런 대학에 지원이라도 하려면 적어도 고등학교 성적이 2등급은 되어야 한다. 2등급은 최대 11%에 불과하다. 그 인원이 다 합격했다 치자. 그런 대학을 졸업해도 일반적으로 인정하는 좋은 일자리를 얻는 확률은 고작해야 40% 남짓이다. 그렇다면 총 16년을 투자해서 성공할 확률은 4.4%(적어도 공부로는)에 불과하다.

그나마 그 가운데 1%는 빼야 한다. 예전에 속칭 5대 공립과 5대사립을 비롯한 서울의 명문고와 지방 도청 소재지의 명문고가 일류 대학 입학생을 휩쓸었다. 그러나 그때만 해도 가난한 산골 소년도 열심히 공부해서 그런 고등학교에 진학해서 좋은 대학에 갈 수 있었지만 지금은 아니다. 그 1%는 이른바 특목고 차지다. 특목고에 가려면 초등학교 때부터 투자 관리해야 한다. 시골 산골 아이에게는 언감생심이다. 그럼 3.4% 남는다. 그 가운데 1%는 광역대도시의 이른바 황금 학군이나 거기에서 사교육을 받는 학생들 차지다. 믿기 어렵다면 서울대학교 재학생 또는 서울교대의 재학생 분포도를 확인해보라.

그러면 2.4%가량 남는다. 여기에 수시입학의 변수가 또 있다. 본디 수시입학은 우리 교육이 지나치게 주입식이고 획일적이라는 반성을 토대로 논리력, 창의력, 사회봉사력 등을 고려해서 각 대학이 정시 외에 선발할 수 있게 만든 제도였다. 다만 정원의 15%에 한정했다. 그러다 이명박 정부 때 50% 벽을 깼고 지금은 거의 70%를 수시로 뽑는다. 일류 대학의 수시 혜택자의 70%가량은 앞서 언급한 두 집단의 몫이다. 그렇다면 일반적 환경의 학생들에게 돌아갈 몫은 기껏해야 1.5~2%에 불과하다.

이미 교육은 철저하게 99 대 1의 프레임으로 바뀌었다. 그리고 사회도 99 대 1의 구조로 굳어지고 있다. 아무리 좋은 뜻으로 시작했어도 그 과정에서 나쁜 상황이 확대되면 폐기하거나 수정해야 옳다. 그러나 현재의 1%에게는 그 방식이 유리하기 때문에 바꿀 생각이 없다. 물론 공부를 많이 해서 좋은 결실을 얻는 건 공정한 경쟁의 구조다. 하지만 그 기회 자체가 원천적으로 봉쇄된 상황에서 이미 공정한 경쟁의 구조는 불가능하다. 차라리 학생부종합전형이나 수능으로만 경쟁하는 것이 공정하다. 그래야 시골의 학생들도 좋은 대학에 진학할 수 있을 것이다(수능은 답을 '찍는 방법'을 학습한다는 점에서 근본적 개혁이 필요하다. 그러나 적어도 공정성과 분배 가능성이라는 측면에서는 유보적 유지도 일시적으로 한 방편이 될 것이다).

분명히 공부 잘하는 사람이 일도 잘한다. 적어도 지금까지는 그랬다. 강남의 학생들과 지방 소도시의 학생들 간의 학력 경쟁은 거의 무의미하다. 그러나 시대가 바뀌었다. 사실 지금 우리의 교육이라는 건 기껏해야 10대의 인지 이해 능력 등을 토대로 나머지 삶의 거의 대부분이 결정되는 방식이다. 그러니 10대가 인생을 결정한다고 여기는 것이고 따라서 모두 교육에 매달리게 된다. 이제는 달라져야 한다. 인지 이해 능력이라고 해봐야 그걸 수행하는 건 우뇌의 일부에 불과하다고 한다. 그런데 고작 그것만 가지고 인생의 거의 대부분이 그것도 10대의 결과에 따라 결정된다고 하는 건 폭력에 가깝다. 그리고 그 인지 이해 능력의 실체라는 것도 이제는 그다지 큰 의미와 가치를 갖지 않게 된다.

10대는 행복을 학습하고 키우는 시기이지 고통과 인내를 일방적으로 요구받는 시기가 아니다. 적어도 21세기에는 그렇지 않을 것이다. 지금 우리 교육의 가장 심각한 문제는 오랜 삶을 단계적으로 설계하는 방법을 가르치지도 않고 그런 문제의식도 부족하다는 점이다. 교육의 숙명은 '과거를 살아온 사람이 과거의 방식으로 미래를 살아갈 아이들을 가르친다는 것'이다. '미래의 방식'으로 바꾸지 않으면 미래 사회에 적응할 수 없다. 이미 프랑스미래학회에서는 1990년대에 태어난 아이들이 적어도 여섯 번 직업이 바뀔 것이라고 예견했다. 그렇다면 그 단계를 성장시키거나 역전시키면서 살아갈 수 있는 교육으로 전환해야 한다. 하지만 안타깝게도 지금의 현실은 여전히 20세기 교육에 갇혀 있다.

교육은 필연적으로 그 사회가 요구하는 노동력을 제공하는 방식을 따른다. 대중교육이 시작된 것이 산업혁명의 결과에 근거한다는 것은 바로 그것을 상징한다. 20세기에 요구된 노동력은 '속도와 효율'을 발휘할 수 있는 것이었다. 즉, 기계를 다루고 시스템을 작동시킬 수 있는 능력의 노동력이 필요했다. 따라서 학교 교육도 철저하게 '속도와 효율'의 틀에 적응해야 했다. 대한민국은 산업화 시대에 이러한 교육을 통한 양질의 노동력을 확보할 수 있어서 성공할 수 있었다. 문제는 속도와 효율의 틀에서는 늘 성공했기에 그것이 종말을 고했음에도 불구하고 인식하지 못한다는 점이다. 그리고 그것은 사회의 상층부가 그런 방식으로 성장해왔으며 당분간은 그런 방식이 자신들에게 유리하기 때문에 고수하고 있다.

21세기는 지난 세기와 다르다. 따라서 교육도, 교육에 대한 태도와 방법도 달라져야 한다. 21세기는 '창조, 혁신, 융합'의 시대며 그 바탕은 '자유로운 개인'의 상상력, 창의력, 민주적 수평 관계에 토대한 소통 능력 등이다. 교육에서 민주주의는 단순히 관념적 학습이 아니라 실천적 과정으로 수행되어야 하는 건 필연적이다. 그러나 과연 지금 우리 교육에서 그러한 일이 수행되고 있는가? 따라서 교육의 틀과 방향에 그러한 변화에 따라야 한다. 그게 바로 교육개혁의 정신이며 철학이다. 이 문제에 대한 진지한 성찰 자체가 필요한 때다, 지금은.

【아직도 무상교육 논쟁인가?】

무상급식 문제로 시끄러웠다. 아직도 그 문제를 가지고 장난하는 단체장들도 있다. 부끄러운 일이다. 대통령 후보가 공약한 누리 예산도 제대로 집행하지 않는다. 그러면서 엉뚱하게 각 교육청에 책임을 전가한다. 이 문제는 단순히 '무상' 유무나 '과도한'(도대체 무엇이 과도한가?) 복지 혹은 퍼주기라고 힐난할 대상이 아니다. 적어도 이 나라에서 교육비는 결코 가볍지 않다. 흔히 사교육비 운운하지만 없는 살림에는 공교육비도 만만치 않다.

이미 우리는 인구절벽에 직면했다. 그리고 그 정도는 갈수록 심화될 것이다. 1997년 IMF사태 때 이른바 '3포세대'는 이미 출산을 포기했다. 내 한 몸 간수하기도 힘든데 엄청난 보육과 교육의 비용을 대는 건 엄두도 내지 못했다. 오죽하면 결혼한 부부가 자녀 출산을 포기할까를 심각하게 고민했어야 했을까. 그러나 허둥지둥 당장의 불편한 현실만 넘길 생각뿐이었다. 결혼을 포기하는 5포세대에 이어 이제는 연애와 인간관계마저 포기하는 '7포세대'로 진화(?)하고 있다. 저출산 문제는 이미 우리가 미래 의제에서 가장 심각한 과제로 등장했다.

누구나 마음 놓고 자녀를 출산하여 인구절벽의 난제를 극복하려면 그 비용을 사회가 부담해야 할 때다. 돈만 따질 게 아니라 미래를 생각하면 그것은 투자지 낭비가 아니다. 지금 당장 닥친 문제가 아니라고 외면하거나 왜곡하고 있는 자들은 그런 문제에 대해 남의 일로 여길지 모르지만 천만의 말씀이다. 옛 어른들은 한 가정이 아이를 키우는 게 아니라 동네가 키운다고 했다. 이제 아이들은 우리 사회공동체의 가장 기본적인 토대라는 인식의 대전환이 필요하다. 아이가 태어나는 것 자체가 미래의 축복이고 가장 핵심적 투자다. 그런 인식을 토대로 과감하게 보육과 교육은 무상으로 확대해야 한다. 언제까지 어설픈 복지와 도덕적 해이를 운운하며 외면할 것인가(엉터리 방산비리로 새는 비용만 줄여도 재원을 확보할 수 있다). 이런 현실에서 무상교육은 고사하고 아직까지 급식 문제를 여전히 문제 삼고 있는 사람은 우리의 미래에 매우 무책임한 자들이다.

여러 지자체 등에서 출산장려금을 주면 시민들이 아이를 더 낳을 것이라고 생각하고 있다면 그건 큰 오산이다. 그건 코끼리에게 비스킷을 주는 것과 다르지 않다. 출산 후 보육비가 문제가 아니다. 좀더 근본적으로 접근해야 한다. 인구의 감소는 국가의 존망을 뒤흔드는 매우 심각한 문제다. 그러므로 무상교육의 범위를 대학으로까지 확대할 대담한 전환이 필요하다. 그런 나라들이 없다면 모를까 오랫동안 이미 시행하고 있는 나라들이 있지 않은가. 불요한 예산을 줄이고 미래에 과감하게 투자해야 한다.

서울시립대학교가 등록금을 반으로 줄였지만 시 재정에 심각한 장애를 줬다는 말은 없다. 서울 시민의 세금으로 서울 밖에서 온 학생들의 등록금을 부담해야 하느냐고 따지는 건 소아적 생각이다. 우리 모두의 국민이고 미래의 그릇이다. 서울시가 등록금 전액 공제를 고민하고 있는 건 좋은 사례다. 과감하게 사고의 틀과 방향을 바꿔야 한다. 그렇지 않으면 미래는 암울하다. 그게 급선무다. 도대체 무엇이 중한가! 무상교육이 바로 저출산 문제와 곧 닥칠 인구절벽을 극복할 수 있는 최상의 선택이라는 점을 심각하게 고민해야 할 때다, 지금은.

【대학을 어찌할 것인가?】

지금 대한민국의 대학은 몸살을 앓고 있다. 이미 대학 입학 정원보다 학령 인구가 적다. 당장 앞으로 2년 후면 16만 명이 감소한다는 전망이 나왔다. 경쟁력 없는 대학은 도태될 것이다. 지난 20년 전후로 대학의 숫자가 급증했다. 대학 진학자는 많고 대학은 적었던 시절이니 대학만 세우면 인원은 채울 수 있었다. 그렇게 해서 우후죽순으로 많은 사립대학이 태어났다. 그 과정에서 결코 교육적으로 용납할 수 없는 수많은 '사악한 사학'이 난립했고 그 난맥은 여전하다. 사학법 파동을 겪으면서 그들은 면죄부를 획득했고 패악질을 대놓고 하고 있다. 그러나 이제 그런 대학들은 설 곳이 없어질 것이다.

사립대학의 재단은 손을 떼려면 학교를 매각하거나 파산하는 수밖에 없다. 그러나 누가 그것을 살 것이며(이미 기업들은 대부분 자체 연수원을 마련했으니 기업들도 별 관심 없다) 누가 운영하려 하겠는가. 그렇다고 파산은 꿈에도 생각하지 않는다. 그러면서 비리는 증가한다. 교육부는 이러한 대학들을 도태시키기 위해 방법을 모색하겠지만 대부분 일정 조건을 채우지 못하면 정원을 줄이고 경제적 지원을 과감하게 삭감하는 것으로 칼을 휘두르고 있을 뿐이다. 각 대학은 교육부의 당근과 채찍에 따라 움직이고 재단 출연금은 제로에 빼먹을 궁리로 가득하다. 그런 곳에서 무슨 교육이 이루어질 것인

가. 이런 상황이라면 앞으로 기본적으로 50여 개 대학은 신입생을 얻지 못하는 상황까지 내몰릴 것이다.

지금 우리가 당면한 문제는 삶을 재설계할 사회적 교육 시스템이 전무하다는 점이다. 나는 지금 퇴락하는 대학을 살리는 길은 그 역할을 담당하는 방법뿐이라 여긴다. 예전에는 대학에서 최고급 지식을 배워서 그것을 오래 써먹을 수 있었지만 지금은 최첨단 기술과 정보 그리고 지식의 유효기간이 3년 남짓이다. 기업이 끊임없이 자체 교육을 시행하는 건 그런 때문이다. 그러나 그건 당장 써먹기 위한 방법이고 장기적으로 구성원의 삶을 향상시킬 수 있는 내용은 미흡하다. 구성원도 끊임없이 공부해야 한다. 대학에서 배운 것 그리고 회사에서 연수한 것으로는 기껏해야 3~5년 써먹을 수 있다. 그렇다면 첨단이면서 실용적인 학습을 받아야 하는데 바로 이런 대학들이 '개방대학'으로 전환하여 그러한 과목들을 개설하고 수강생을 모집하면 된다. 일정 요건의 학점을 채우면 학위를 주어 그 분야로 자기의 삶을 진화시킬 수 있게 해야 한다. 그러면 대학도 살고 시민의 삶도 나아진다. 교육부는 그러한 방향으로 각 대학을 전환시키는 근본적 대책을 강구해야 하고 각 대학들도 그런 식으로 자립과 생존을 모색해야 한다. 그리고 그것은 미래를 위한 중요한 투자다.

지금 이른바 일류 대학도 구조조정 운운하며 각 학부와 학과를 통폐합하고 있는데 겉으로는 현실의 문제에 대응하고 미래 방향을 설정하는 것이라고는 하지만 그 속내의 하나는 써먹지도 못한다고 여기거나 취업이 난망하여 입학생이 줄고 졸업해도 취업하지 못하는 인문 과정을 축소하고 담당 교수들도 자연도태시키려는 의도도 분명히 존재한다. 닭이 먼저냐 달걀이 먼저냐의 무의미한 논쟁이 아니다. 살아남은 대학들은 기초 학문에 충실해야 한다. 그 기초가 제대로 다져져야 그다음 단계에서 비상할 수 있다. 어쭙잖은 통폐합과 어지럽고 생경한 이름에 매달리지 말고 오히려 예전처럼 기본 학과로 전환해야 할 것이다. 지금은 어설프고 권력 통제적 개혁이 아니라 혁명적 전환이 필요한 때다. 과감하게 미래 의제를 바탕으로 판단하고 실천해야 한다.

그리고 더욱 깊은 공부를 하려면 대학을 졸업하고 대학원으로 진학하는 방식 외에 독일처럼 학부를 없애고 학사와 석사를 통합하는 방식을 고려해볼 수도 있다. 이미 국내의 여러 대학이 대학원에서 석박사 통합 과정을 개설한 것을 참고하면 될 것이다. 그러면 6~7년의 정원을 확보하여 안정적인 학사 운영과 알찬 학습 내용을 발전시킬 수 있을 것이다. 다양한 방법을 모색하되 임기응변식 혹은 돈으로 주무르려는 교육부의 안일하고 단견적인 정책은 지양해야 할 것이다.

대학의 변화는 자연스럽게 평생교육과 연계된다. 이미 여러 대학에서 평생교육원을 설립하여 교육을 시행하고 있고 정부, 지자체, 교육 기관에서도 오래전부터 평생교육을 전담하는 기관이나 기구를 설치했다. 20세기 들어 수명이 급격하게 늘면서 자연스럽게 도입된 방식이다. 그러나 엄밀하되 거칠게 말하자면 그 내용은 '취미, 건강, 오락' 위주다. 물론 열심히 그리고 힘들게 살았으니 여생을 안락하게 지낼 방편의 교육도 필요하다. 그러나 남은 삶을 주체적이고 자존적으로 살기 위해서는 어느 정도의 사회적 역할과 적당한 경제적 소득이 있어야 한다. 따라서 개방대학으로 전환한 대학에서는 이러한 수요를 지탱해줄 구체적이고 체계적인 커리큘럼을 갖춘 학습 과정이 필요하다.

예를 들어, 두 번째 삶을 목공으로 선택했다면, 1년 전기前期 과정은 숲의 생태학에서 시작하여 나무의 식물학적 이해와 도구적 이해의 코스를 곁들인다. 그다음 가구는 집 안에 있는 경우가 많으니 건축과 디자인을 배운다. 디자인은 미술 혹은 예술과 관련되니 미술사와 예술사를 배운다. 그러면 자연스럽게 당대 사회사도 배워야 할 것이다. 그다음 2년 차 후기 과정에서 다양한 목공 기술을 학습하고 실습하게 하면 단순히 기능적이고 직업적인 목공 기술을 익히는 데에 그치지 않고 너른 시각과 철학으로 작업과 경제적 수익 그리고 자기실현과 의미 구현이 조화롭게 가능해질 것이다. 단순히 경제적 2차 직업에 그치지 않고 삶을 새롭게 꾸며낼 수 있는 이러한 방식의 평생학습으로 진화하는 데에 개방대학을 활용하면 대학도 살리고 평생교육의 실속 있는 진화도 가능해질 것이다.

【자유학기제를 어떻게 자리 잡게 할 것인가】

2016년부터 전면적으로 시행된 자유학기제는 미래 교육의 방향성을 제시하고 있다는 점에서 관심을 받고 있다. 그러나 여전히 불안하고 부작용이 부각되는 것도 현실이다. 무엇보다 자유학기제 교육을 경험한 적이 없는 교사들부터 갈팡질팡하기도 하다. 물론 시행 이전에 다양하게 자유학기제를 위한 연수 과정 등을 이수했지만 현실에서의 한계를 느끼는 교사들이 많다.

자유학기제는 학기 중 시험을 보지 않고 토론과 실습 수업이나 직장 체험 활동 같은 진로 교육을 받도록 함으로써 학생들이 자신의 다양한 진로 탐색을 모색할 수 있다는 점에서 바람직하다. 하지만 짧은 기간의 실습을 통해 얼마나 깊이 있는 경험을 할 것이며 단순하게 참관하거나 보조로 일하는 직장 체험을 통해 기껏해야 표피적 이해에 그치기 쉬울 뿐 아니라 그마저도 자칫 형식적으로 때우는 경우가 생길 수 있다는 점에서 우려를 낳기도 한다.

하지만 학교가 자율적으로 기업과 지역사회의 도움을 받아 자신의 삶에 대한 다양하고 새로운 사회 체험과 자기 발견의 기회를 준다는 점에서 바람직하다. 아일랜드에서 시행된 전환학년제는 진로 탐색을 좀더 구체적으로 하기 위해 학생이 추가로 1년을 학교에 다니게 하고 그에 따른 수업 프로그램을 꾸릴 전담 코디네이터를 학교마다 배치하고 있는 반면 우리는 일반 교사나 기존의 진로진학 상담교사가 자유학기제 업무에 관여하고 있다. 우리는 자유학기제 활동을 생활기록부와 교육행정정보시스템NICE에 기록하고 진로 탐색과 예체능 등 활동의 내용을 기재함으로써 교육부가 추진하는, 자유학기제 정착을 위해 특목고와 자율형사립고의 자기주도학습 전형 때 이 내용을 제출하게 한다는 점에서 또 다른 변종 입시가 될 우려도 있다.

이러한 우려에도 불구하고 자유학기제는 장기적 사고력과 통합적 학습 능력을 키우고 잠재성과 창의성 등 종합적인 자아 발전과 본인 능력 향상 능력을 제고할 기회를 제공한다. 이러한 제도의 장점을 제대로 살리기 위해서는 학부모들과의 긴밀한 유대와 상호이해의 토대를 동시에 혹은 먼저 마련해야 한다.

자유학기제 수업 방식은 교과별로 특성에 맞는 학생들의 참여와 활동을 적극적으로 이끌어낼 수 있다. 그럼으로써 기존의 암기와 주입식 교육을 벗어나 협동학습과 토론 수업의 활성화로 수업의 태도와 내용을 향상시키고 자기표현의 능력을 키울 수 있게 할 것이다. 그리고 지금까지는 학교 교과과정에 거의 없던 개인 및 조별 프로젝트 학습을 확대하여 실생활 연계 수업을 강화함으로써 학습에 대한 내재적 동기와 자기주도적 학습의 역량을 높일 수 있다. 그러기 위해서는 지금까지 교사의 일방적이고 주도적인 학습 방식에서 벗어나 교육과정을 적극적으로 재구성해서 융합 수업의 방향으로 지속적으로 나아가야 한다. 그렇게 되면 미래가 요구하는 융합적 사고력과 문제 해결의 능력을 배양할 수 있다. 모둠 단위의 협력 기반 수업은 반드시 적절한 실험과 실습 등의 체험 중심 수업으로 변화하여 학습 효과를 극대화하고 현실적으로 활용할 대안을 모색하게 할 것이며 모둠 단위의 협력을 통해 의사소통 능력을 키울 수 있다는 매력적인 장점을 지니고 있다.

그러나 문제의 핵심은 과연 이 프로그램이 학생들로 하여금 자신의 삶을 설계하고 준비하도록 하는 데에 근본적 도움을 주느냐 하는 것이다. 앞서 언급한 것처럼 지금 우리 교육의 문제점은 첫 번째 직업에 올인하는 방식과 태도에서 기인한다. 부모들이 살아온 시대가 첫 직업이 평생을 결정하는 과정의 삶이었기 때문에 그런 점은 이해할 수 있다. 그러나 시대가 바뀌었다. 여러 단계의 삶을 살펴보고 각 단계의 과정과 방식을 탐색해야 한다. 하나의 직업, 첫 번째 직업에만 매달리면 시대에 낙오될 수밖에 없다. 1990년대 미국의 하버드 대학교에서 '뜬금없이' 인문학 강좌 프로그램을 강화했을 때 안팎에서 많은 비판이 있었다. 그도 그럴 것이 실용적인 학문과 학과 중심으로 재편되고 있는 상황에서 그건 반시대적인 것으로 받아들여질 수 있었기 때문이다. 그러나 당시 총장 드루 파우스트는 단호하게 말했다. "이 프로그램은 하버드 졸업생들의 첫 번째 직업을 위해서가 아니라 여섯 번째 직업을 위한 것입니다." 그게 백년대계로서의 교육 철학이고 인식이다.

100세 시대를 살게 될 다음 세대에게 필요한 것은 삶을 전체적으로 조망하고 시대정신을 읽어내며 미래 의제를 이끌어낼 수 있는 능력을 배양하는 것이다. 또한 그래야만 인생의 역전이 가능해진다. 어떻게 10대에, 그것도 단순히 인지 이해 능력 여부에 따라 나머지 인생이 결정되어야 하는가. 10대는 억압되는 시기가 아니라 자유롭게 마음껏 자신의 삶의 행복을 설계하고 연습해야 하는 때다. 그 안에서 창의력과 상상력이 배양되며 그것을 통해 미래 가치를 실현할 수 있다. 자유학기제는 분명 기존의 학교 교육에 비춰 보면 매우 혁신적이고 희망적이지만 좀더 심층적 이해와 현재와 미래의 삶에 대한 진지한 성찰을 토대로 더 혁신적이고 대안적 방식으로 진화해야 할 것이다.

대학의 미래에
인문학이 중요하긴 한데…

오찬호(작가, 사회학 연구자)

2014년 12월, 나는 10여 년의 대학 강의 생활을 청산하겠다고 다짐했다. 물론 1년 6개월 만에 '돈 때문에' 다시 강단에 나가고 있지만 그때는 굉장히 비장했다. 당시의 나는 『진격의 대학교』(문학동네, 2015) 집필을 마무리하고 있을 시점이었는데 대학이 얼마나 '우스워졌는지'에 관한 사례를 2년간 모으다 보니 그 공간 안에 있는 나 자신이 너무나 한심해 보여 대학 캠퍼스를 걷는 것조차 불편했기 때문이었다. 대학은 마치 '태초부터' 자본주의가 있었다고 전제하고 모든 논의를 시작했다. 그래서 늘 '어쩔 수 없는' 자본주의 경쟁 체제에서 '효율성 있게' 성과를 달성하라고만 했다. 이 말은 성과만 있다면 '희생'은 충분히 감당할 수 있음을 뜻했다. 기업이 아니고 대학에서 말이다. 이런 분위기는 '비판적 시선으로 우리가 사는 세상을 의심하는 것'을 중요하게 여기는 학문인 사회학을 강의하는 나를 너무나 힘들게 했다. 자본주의의 부작용을 주로 다루는 나를 '초현실적'이라고 바라보는 학생들의 눈빛이 내게는 정말로 초현실적이었다. 물론 학생들은 '취업사관학교'가 되어버린 대학의 공기에 노출된 만큼의 자연스러운 반응을 보였을 뿐이다. 그러니 작금의 대학에서 벌어지는 모든 괴이한 일들은 지극히 구조적인 문제였다. '4개월짜리' 비정규직 교육 노동자였던 나는 이런 '변화된 대학의 파도'에 맞설 이유가 전혀 없었다. 그래서 학교를 떠날 각오를 하고 대학의 참상을 책에 담았다.

【무작정 인문학이라니, 그런다고 대학생의 고통이 사라지는가?】

책을 내고 '대학의 미래를 걱정하는' 여러 자리에 참여할 기회가 있었다. 주로 '달라진' 대학 풍토에서 속수무책으로 박살 난 학과의 노교수들이 주최하는 (그런 학과에는 젊은 교수 자체가 없다) 성토장이었다. '대학 본연의 역할을 다시 묻다' '대학의 위기, 인문학이 답이다' 등의 엄중한 슬로건을 건 세미나였지만 실제 가보면 초라하기 짝이 없었다. 참석자들은 동원된 대학원생 몇몇에 불과했고 정작 자신들을 벼랑으로 몰아붙인 학교 관계자들은 코빼기도 보이지 않는다. 그저 상처받은 영혼들끼리의 반상회 같았다. 여기에는 '취업률 같은 특정한 잣대로 우리를 괴롭힌다'는 한恨만 부유한다. 마치 괴롭힘만 사라져 평소의 모습을 회복하면 만사가 평화로워질 것처럼 말이다. (틀린 말은 아니다. 자신들은 가내 화평하지 않겠는가.) 이들은 유럽에서의 대학이 처음에 어떤 모습이었는지를 일장연설하다가 "university가 universitas, 즉 '전체적, 우주적'이라는 어원에서 출발한 것인데 지금 한국에서는 '큰 학문'을 뜻하는 대학大學이 과연 삼라만상의 법칙을 발견하려고 하는가!"라면서 전혀 이견異見이 없어 보이는 동료들을 호통 치기 바쁘다. 그들의 모호하기 그지없는 이야기를 듣고 있으면 왜 대학이 이들에게 관심이 없는지 이해가 될 지경이다. 마치, '그래서' 이런 참담한 상태에 이를 때까지 속수무책으로 당하지 않았겠는가 하는 생각이 든다.

이런 자리에 나를 초대한 사람들은 내가 인문학에 대단히 심취해 있는 줄 착각한다. 그래서 무슨 논의든 '기-승-전-인문학'이면 내가 "옳거니!"라면서 물개박수라도 칠 거라고 생각한다. 절대 아니다. '학문적 지성' '비판적 사유의 공간' '진리의 상아탑' 등의 단어를 그저 남발하는 것은 사회학 연구자인 내게는 진부해 보일 뿐이다. 나는 '비판적 학문을 무시하니 개인의 삶은 더 비참해졌다'는 인과관계를 증명했을 뿐이다. 나는 인문학의 찬밥 신세에 '분노해서' 책을 쓴 것이 아니라, 인문학을 '취업의 논리로 평가해도' 대학생들의 삶이 나아지기는커녕 더 나빠지는데 왜 그런 필요 없는 처방을 하는지에 관한 지극히 사회과학적인 의문을 제기했다. 이는 작금의 문제를 이론의 추상성에 단순히 기대지 않고 사회과학적으로 분석을 해보겠다는 일종의 의지였다.

하지만 이 논리가 그 역逆의 관계를 보장하진 않는다. 즉 '대학이 원래의 모습을 찾는다고' 혹은 '인문학이 과거 정도의 권력을 회복한다고' 지금의 문제가 쉽사리 개선될 리 없다. 작금의 '사회적 상황', 그러니까 취업이 바늘구멍이 된 세상에서 대학이 인문학적 처방을 내리면 지금의 N포 세대가 포기하기로 결심한 것들을 포기하지 않는 놀라운 일이 등장한다 말인가?

이런 나태한 시대 진단이 왜 무용한지를 나는 책에서도 밝혔다. 지금은 대학에서 무엇을 한들 대학생들이 겪는 삶의 고충 자체를 그리고 고충만큼 따라오지 않는 비현실적인 보상에 지친 이들의 불안감을 줄여주지 못한다. 『진격의 대학교』는 이런 대학생들을 위한다는 대학이 오직 '자본의 논리'로 진격하는 '실상'과 '역효과'를 조명했을 뿐이지 대학마다 '세계적인 석학'들이 초빙되어 인문학 강의를 하기만 하면 대학생들의 주거 비용 부담도 줄어들고, 취업 걱정도 사라지고, 비정규직으로 대변되는 노동의 질 문제도 해결되면서 연애-결혼-출산에 관한 꿈을 무럭무럭 키울 수 있다고 하지 않았다. 아무리 좋은 내용인들 '귀가 열릴' 토대 자체가 무너진 상황에서, '9급 공무원'이 되는 것이 유일한 희망이 된 시대에서, 학문적 영감이나 삶의 성찰 운운하는 대안이란 참으로 공허하기 짝이 없다.

【대학의 미래를 위해 합의해야 하는 실무적인 것들】

이미 괴기하게 변해버린 대학의 현재를 연장하는 것이 대학의 미래는 아닐 것이다. 그럼 지금과는 다른 미래를 희망한다는 것인데, 그 시작은 현재가 야기된 원인을 성찰하는 것이 되어야 함이 마땅하다. 그래서 나는 '대학의 미래'를 위해 합의되어야 할 어찌 보면 상식적인 세 지점을 짚어보려고 한다. 이는 현재의 원인이라 할 수 있는 비상식적인 합의 세 가지를 깨자는 말이기도 하다.

첫째, 대학을 얼마나, 어떻게 줄여야 하는가를 원점에서 고민해야 한다. '얼마나'는 지금보다 파격적이어야 하고 '어떻게'는 지금 방법의 전복이어야만 한다. 일단, 지금이 '어떻게든' 대학 정원 수를 감축해야 하는지 마는지를 고민할 임계점을 넘어섰음은 분명하다. 그런데 현재의 논의는 대학 정원의 수를 대학 입학 희망자 수 아래로만 내리는 것에 집중되어 있다. 이는 근시안적인 처방일 뿐이다.

본질적인 문제는 대학을 기어이 오겠다는 사람들의 의지에 있다. 이 결과는 '높은' 대학 진학률로 나타나는데, 한국은 현재 OECD 국가 중 2위에 해당하는 70.9%에 이른다(2014년도 기준). 이런 상황에서 인문학이 원래 기능을 수행하긴 어렵다. 사회 시스템 자체가 '대졸자'로만 인력 배치를 할 수 없는데, 무작정 너도나도 대학을 졸업하게 되면 결국 학업 이후의 진입 장벽이 높고 두터워질 뿐이다. '대학 나와 밥 굶게 된' 상황에서 누가 인문학을 한다 말인가. 이 간단명료한 상식이 역행되는 걸 이 사회는 막지 않았다. 대학 진학률이 50%를 넘긴 시점은 1995년부터인데(51.4%), 오히려 '진리의 상아탑'이라는 대학들이 정부가 말하는 '우리가 가진 건 인적 자원뿐'이니 대학생만 많아지면 만사가 무탈할 것이라는 '거짓 진리'를 의심하지 않았다. 그렇게 한 치 앞도 내다보지 못한 판단을 했으니 지금의 대학이 취업사관학교가 된 것이다. 대학이 원래의 글자 뜻에 충실하려면, 자율성을 회복하려면, 비판 학문이 재갈 물지 않고 제 갈 길 가려면 앞으로 고교 졸업자의 대학 진학률이 50%대 '아래로' 떨어져야 한다. 이를 위한 적극적인 노력이 바로 '대학의 미래'를 위한 첫걸음이다.

문제는 '어떤 방법'이어야 하냐는 거다. 이 질문에 대한 답은 간단하다. '대학을 굳이 가야 할' 이유를 제거하면 된다. 전체 임금노동자의 절반이 월급 200만 원도 못 받는 사회에서 대학 진학은 진로의 전문성을 키우기 위한 것이 아니라 '지옥에 떨어지지 않기 위한' 기초적 보험 성격일 수밖에 없다. 당연히 기초만으로는 불안하니 모두가 공무원 시험에 뛰어드는 것이고 그러니 '사색과 추론'을 강요하는 인문학에 집중할 리 만무하다. 이는 최저임금을 파격적으로 올리고, 비정규직 비율을 확연히 줄이고, 대기업과 중소기업의 격차를 완화하고, 재벌이 휘청거리면 하청업체가 줄줄이 무너지는 잘못된 경제 구조를 개편하는 것은 물론, 대학 입시에만 초점이 맞추어져 있는 현재의 초·중·고 교육과정을 바로 잡는 것에 대학이 가장 주도적으로 앞장서야 한다는 말이다. 그러지 않으면 대학의 미래는 없다. 아니면 그저 (효과도 그렇게 높지 않은) 취업 학원으로 존재할 뿐이다. 혹자는 2008년도 83.8%에 이르렀던 대학 진학률이 지금 꽤나 줄었으니 좋은 변화 아니냐고 하겠지만 현재의 감소는 대학을 '나와도' 희망이 없기에 진학을 '포기한' 경우가 늘어났기 때문이다. 사회적으로 의미 있는 '낮은' 대학 진학률은 고등학교 졸업만으로도 '충분히' 삶의 행복이 보장되는 조건 위에서 이루어진 경우에만 가치가 있다.

둘째, 대학의 규모를 줄이는 방법에 관한 합의다. 이 역시 지금의 방식이 틀렸다는 성찰로부터 시작되어야 한다. 현재 정부 주도하에 이루어지고 있는 대학 규모 축소 형태는 대학평가를 통해 선정된 '부실대학'에 연구사업 참여 제한 및 학자금 대출을 금지하여 자연스럽게 시장에서 퇴출시키는 방식과 정원 조정 없으면 교육사업 지원을 못 하도록 하여 대학들의 자발적 구조조정을 유도하는 식으로 진행되고 있다.

이 방식은 '과거'가 야기한 일에 '현재의 약자'가 희생된다는 정의롭지 못함에 관한 문제를 넘어, 위기에 대응하는 고정관념을 사람들에게 제공한다는 측면에서 더욱 심각하다. 사회가 늘 '시대적 문제'에 직면한다는 것은 필연적이지만 그렇다고 이를 지혜롭게 해결해야 할 의무를 저버려서는 안 된다. 그런데 '어쩔 수 없다'는 이유 하나만으로, 합의되지도 않은 잣대로 줄을 세운 후 '아래'에 사태의 책임을 묻는 발상을 후속 세대가 반면교사로 삼는다는 건 정말로 끔찍하다. 이미 지방대는 지잡대가 되었고 '문송'(문과라서 죄송합니다)이라는 자조적 용어들이 부유하고 있다. 위기를 타파하는 과정에서 누군가가 수치심을 느끼는 걸 '별수 없다'는 식으로 간주하는 해결은 굉장히 비교육적인 발상이다. 그러니 지금처럼 취업 잘 되는 학과는 키워주고 그렇지 않은 학과는 문 닫게 하는 방식이 아니라 영역별로 어느 정도가 '사회구성원 전체의 행복한 삶'을 만드는 데 적합한 대학 정원 비율인지에 대한 치열한 논쟁을 거친 후, 그 결과에 따른 인원 조정이 아주 천천히 진행되어야 할 것이다. 물론, 대학 진학률이 통제되어 '대학 교육의 사회적 배치 기능'이 회복되는 선행 조건이 있어야지만 이 과정이 순조로울 것이다.

셋째, 남은 대학들의 사회적 역할을 다시 합의해야 한다. 이는 지금처럼 학생들에게 취업에 관련된 정보만 주는 것으로 대학의 소임을 다했다고 착각하지 말아야 함을 의미한다. 현재의 대학은 기업이 선호하는 관련 학과만 선택과 집중으로 부흥시키면서 "대학은 사회 변화에 발맞춰 따라가야 한다"고 강조한다. 그런데 지금의 '현재'가 그런 식으로 '미래에 대비한' 결과 아니겠는가. 대학은 '잘못된' 사회의 변화를 따라가서는 안 된다. 또한 긍정적인 변화라 할지라도 그 이면의 문제점까지를 반드시 보아야 한다. 예를 들어, 알파고의 시대를 대학이 대비해야 한다면 어떤 질문을 던져야 할까? 새로운 산업혁명에 적합한 인재 양성만이 대학의 숙제일 수 없다. 여기에 더해 앞으로 등장할 새로운(혹은 지금보다 심화될) 불평등의 형태를 예상하고 대비할 '지식'을 사회에 제공해야 하지 않을까? '그게 왜 대학의 역할이냐'고 물을 수도 있겠다. 하지만 사회 안전망을 튼튼히 하는 것은 대학에도 좋은 일이다. 단지 '평범하게 살기 위해' 대학 졸업장이 의무가 되면서, 실제로는 '평범조차 어려워진' 역설의 시대가 등장한 건 이러한 안전망의 부실 때문 아니겠는가. 대학이 '평등'의 가치를 세상에 구현할 때, 사람들은 굳이 대학 진학의 필요성을 못 느끼게 되고 이는 '자유로운 연구'의 밑바탕이 된다.

나는 인문학의 가치를 대단히 존중한다. 특히 파죽지세로 달려가는 자본주의의 행보를 볼 때, '제어 장치'의 역할을 할 인문학이 어느 때보다 중요하다고 생각한다. 그래서 '사회의 미래'를 위해서 '대학의 미래'가 가야 될 방향이 현재와 같은 '인문학 말살'이 아님에 전적으로 공감한다. 그러니 그 실천 방향이야말로 가장 효과적인 지점에서부터 시작되어야 함이 마땅하지 않겠는가. 폭력적 자본주의 사회에서 대학의 인문학적 기능이 미래에 필요하다면, 패장들끼리 모여 무용담을 늘어놓는 식이 아니라, 인문학을 할 수 있는 토대부터 만드는 데 모든 전력을 쏟아야 할 것이다. 그래야지만 현재를 야기한 과거를 반복하지 않는 대학의 미래가 도래할 것이다.

정쟁 속
역사논쟁

김정인(춘천교육대학교 사회과교육과 교수)

지금 세계 곳곳에서는 역사전쟁이 일어나고 있다. 보수 권력과 역사학계 간 전쟁이 한창이다. 20세기 이후 역사학에서는 강자보다는 약자, 가해자보다는 피해자의 눈으로 역사를 재구성하는 진보적 경향이 대세다. 그렇기 때문에 애국주의를 강조하는 보수 권력과 피지배계급, 소수자, 다문화에 주목하는 역사학계의 충돌은 필연적이다. 몇몇 나라에서는 보수 권력이 국정의 방식으로 역사 교육을 통제한다. 하지만 대부분 나라에서는 검인정 혹은 자유발행의 제도 아래 역사학자들이 역사교과서를 집필한다. 여기에 대해 보수 권력이 자학사관에 입각하고 있다고 공격하면서 역사전쟁이 발발한다. 대한민국도 예외 없이 보수 권력과 역사학계가 치열한 역사전쟁을 벌이고 있었다. 하지만 통상의 역사전쟁과 다른 예외적 상황이 발생했다. 국가권력이 나서 국정화를 강행한 것이다. 보수 권력조차 당혹스러워하며 반대한 조치였다.

역사전쟁은 역사의 교훈적 성격을 강조하는 보수 권력과 역사의 성찰적 성격을 강조하는 역사학계 간의 갈등이기도 하다. 그것은 곧 '기억하고자 하는 과거 혹은 망각하고자 하는 과거'를 둘러싼 갈등이다. 한국의 역사전쟁은 바로 과거사 문제를 둘러싼 정쟁으로부터 출발했다.

김대중 정부와 노무현 정부를 상징하는 키워드 중 하나가 과거사 청산이다. 김대중 정부부터 의문사진상규명위원회를 설치하는 등 과거사 진실 규명이 추진되는 가운데 본격적인 정부 주도의 과거사 청산은 노무현 정부에 의해 이루어졌다. 이러한 과거사 청산에 대해 보수 권력은 자신들의 정체성 혹은 헤게모니에 심각한 손상을 입게 될 것을 우려했다. 때마침 뉴라이트가 등장하자 보수 권력은 대대적으로 환영하며 전폭적으로 지원했다. 뉴라이트는 과거사 청산에 대해 "국민적 예지를 모아 선진국 건설에 일로매진해야 할 이 무한경쟁의 시대에 자학사관을 퍼뜨리며 지배세력 교체와 기존질서 해체를 위한 '과거와의 전쟁'에 자신의 명운을 걸고 있다"고 공격했다. 이어 한국 근현대사 교과서에 대한민국 정체성을 부정하는 친북좌파적 교과서라는 꼬리표를 붙이며 역사전쟁의 포문을 열었다.

이처럼 정쟁에 뿌리를 두고 보수 권력의 대표인 뉴라이트와 역사학계 간에 치러진 역사전쟁은 지금 확전 일로에 있다. 보수 권력이 연이어 집권하면서 교육부가 직접 역사전쟁의 도발자로 나섰기 때문이다. 이명박 정부와 박근혜 정부의 교육부는 자신들이 검정 통과시킨 역사교과서를 공격하는 자기모순적 태도를 보였고 결국 역사학자 99%를 좌파로 몰며 국정화를 강행했다.

【뜨거운 감자, 1948년 8월 15일】

1948년 8월 15일은 대한민국 수립의 날일까? 대한민국 정부 수립의 날일까? 지금 역사전쟁에서 가장 치열한 전선이다. 박근혜 정부는 역사교과서 국정화와 함께 '대한민국 정부 수립'이라는 교과서의 표현을 기어이 '대한민국 수립'으로 바꿨다. 역사학계는 실증의 잣대로 이를 논박했다. 1948년 8월 15일 무렵 신문들은 한결같이 그날을 대한민국 정부 수립을 선포한 날로 썼다는 것이다. 또한 이승만 대통령이 직접 '대한민국 30년 8월 15일'이라는 연호를 사용하여 대한민국이 대한민국임시정부의 법통을 계승했다는 점을 분명히 했다. 대한민국정부 수립 경축식, 대한민국정부 수립 선포식, 대한민국정부 수립 축하식 등으로 불린 이날의 기념식에서는 '대한민국정부수립가'가 제창되기도 했다.

그렇다면 왜 1948년 8월 15일을 대한민국 수립이 아니라 대한민국 정부 수립의 날로 기념하려고 했을까? 1948년 8월 16일자 동아일보는 "이 역사적 순간을 맞아 최단기일 내에 분단된 강토를 통일하고 완전한 자주독립국가로서 세계 우방과 어깨를 같이하겠다는 맹세를 공고히 하자"는 각오를 다졌다. 같은 날 조선일보 역시 "통일을 못 보았다 하더라도 정부 수립을 세계에 선포한 날로 기념하자"고 쓰고 있다. 통일국가 수립을 기약하며 대한민국 정부 수립을 경축하던 당시의 시각과 정서는 북한 정권 수립 기사에도 그대로 드러난다. 1948년 9월 11일자 조선일보에는 9월 9일 조선민주주의인민공화국 초대 정부가 정식 수립되었다는 소식을 짤막하게 전하고 있다. 같은 날 경향신문에 따르면 북한에서도 김일성 내각의 출범을 "조선민주주의인민공화국 정부 구성"이라 불렀다. 이렇게 남과 북에 각각 정부가 수립되었다고 보는 것이 역사적 진실이었던 것이다. 이에 따른다면, 남한에는 대한민국 정부가, 북한에는 조선민주주의인민공화국 정부가 수립되었다고 가르쳐야 할 것이다.

이와 같은 엄연한 역사적 진실이 밝혀졌음에도 여전히 '대한민국 수립' 논란은 계속되고 있다. 역사적 진실이 정쟁과 이념에 묻혀 버린 것이다. 재차 강조하지만, 대한민국 정부 수립은 역사적 진실이고 대한민국 수립은 이념적 해석이다. 이념적 해석이 갖는 폭력성은 대한민국 정부 수립이라는 '역사적 진실'을 이념적 잣대를 들이대며 대한민국을 부정하고 북한을 추종한다고 매도하는 데서 여실히 드러난다.

1948년 8월 15일에 '대한민국 수립'이 이루어졌다고 주장한 뉴라이트는 등장할 때부터 그날을 건국절로 제정해야 한다는 목소리를 높였다. 대한민국은 식민지를 경험한 나라 중 비교할 나라가 없을 정도로 유례없는 고도성장과 민주화를 동시에 성취한 모범 국가로서 성공했으므로 건국의 의미가 크다는 게 이유였다. 박근혜 대통령은 2016년 8·15경축사에서 "오늘은 건국 68주년을 맞는 뜻깊은 날"이라 언급해 다시 건국절 논쟁에 불을 지폈다. 하지만 건국절 논쟁은 역사학계의 실증적 논박으로 이미 학문적으로는 정리된 사안이다. 2008년 이명박 정부가 '건국 60년 기념사업 추진기획단'을 설치하며 건국절 제정 움직임을 보이자 역사학계는 8월 12일에 「'건국절' 철회를 촉구하는 역사학계의 성명서」를 발표했다.

> 1949년 9월 국회에서 국경일 제정을 검토할 때에 정부는 독립기념일을 제안하였으나, 국회는 이를 광복절로 명칭을 바꾸어 법

안을 통과시켰다. 이는 1945년 8월 15일 일제로부터 해방된 날과 1948년 8월 15일 대한민국 정부를 수립한 날을 동시에 경축하기 위한 것이었다. 즉 광복절의 명칭은 해방과 정부 수립을 동시에 경축하는 의미를 갖고 탄생한 것이다. 이와 같은 의미를 갖고 있는 광복절을 건국절로 명칭을 바꾼다면 이는 1948년 8월 15일의 대한민국 정부 수립만을 경축하자는 것으로 된다. 즉 광복절의 의미는 반쪽으로 축소되는 것이다. (《역사비평》 84, 2008, 14쪽).

해방절과 건국절을 동시에 품은 기념일의 이름이 바로 광복절이었다는 역사학계의 실증적 논박에 건국절 제정 운동은 사실상 수그러들었다. 광복에 건국의 의미가 이미 포함되어 있다는 데 굳이 해방의 의미를 완전히 버리는 건국절을 제정하려는 건 지금도 설득력 없는 무모한 시도라 할 수 있다.

【친북프레임 대 친일프레임】

뉴라이트와 역사학계의 역사전쟁에서 가장 예각적인 전선은 친북프레임 대 친일프레임이었다. 뉴라이트는 역사학계의 민족주의적 역사 인식이 친북 노선에 입각한 것이라고 비판했다. 역사학계는 친일을 용인하는 뉴라이트의 반민족성을 문제 삼았다.

먼저 뉴라이트는 한국전쟁을 쟁점화하여 역사학의 친북 논란을 이끌어냄으로써 보수 권력의 전폭적인 지지를 받았다. 즉, 역사학계가 '남과 북에 이념과 체제를 달리하는 두 정부가 들어서서 물리적 충돌을 거듭하다가 결국 전면적인 전쟁으로까지 번졌다'는 수정주의적 관점을 취하고 있어 한국전쟁에서 북한의 도발 책임을 희석하고 있다고 비판했다.

또한 뉴라이트는 역사학계가 북한 정통론을 추종하고 있다고 비판했다. 역사학계가 정통성의 기준을 친일파 청산 여부에 두고 건국 과정에서 대한민국은 친일파 척결을 못 했으나, 북한은 친일파 척결을 통해 민족적 정통성을 확립했다고 인식하고 있다는 것이다. 즉, 뉴라이트는 역사학계의 민족주의적 역사 인식을 남북 모두가 아니라 북한에만 정통성을 부여하는 것으로 해석했다. 민족주의는 곧 친북이라는 논리다. 이에 대해 역사학계는 '북한의 반민주적인 독재 현실을 옹호한다며 친북적이라고 하는 뉴라이트의 주장에 동조할 수 없으며, 북한을 동반자로 인식하는 민족주의는 남한이 평화로운 민주주의 국가로 발전하기 위해서라도 반드시 필요한 가치'라고 반박했다.

역사학계는 뉴라이트에 친일프레임을 적용했다. 뉴라이트의 친일공범론을 강도 높게 비판했다. 친일공범론이란 일제에 적극 협력하고 전쟁 동원에 앞장선 친일파와 일제의 물자 수탈과 인력 수탈의 대상이 된 조선 민중 모두를 일제의 침략 전쟁에 자발적이든 강제적이든 협력한 공범으로 보는 논리를 말한다. 뉴라이트가 조선인은 온통 일제의 협력자였으니 모두가 죄인 아니면 모두가 무죄라는 식으로 몰아가 친일을 희석할 의도를 갖고 있다는 것이다.

역사학계는 일제 시기가 새로운 근대 문명의 학습기, 근대 문명의 제도적 확립기였다고 찬양하는 뉴라이트의 식민지근대화론도 강력히 비판했다. 뉴라이트가 일제 시기를 상당한 경제성장이 있었으며 철도, 도로, 항만 등이 건설되고 교육 위생 의료 부문에서도 상당한 발전이 있었던 시절로 보는 것을 경계해야 한다는 것이다. 또한 역사학계는 식민지근대화론이 근대화가 곧 진보라는 시각에서 식민 지배를 옹호하는 것으로 보고 당시의 근대화가 과연 한국인을 위한 것이었는지를 살피는 주체적 관점이 누락되는 문제점이 있다고 비판했다.

역사학계가 뉴라이트가 일제 시기와 관련해 반민족주의적 입장으로 일관한다고 비판하자, 뉴라이트는 민감한 반응을 보였다. 역사학계의 잠재 의식이 아직도 일본의 식민지 상태에 머물러 있다는 것이다. 그래서 자신들의 뇌리에 박힌 악마 일본상과 조금이라도 상이한 맥락의 서술을 만나면 용수철처럼 튀어 올라 거칠게 욕설을 퍼부어댄다는 것이다. 상당히 원색적인 비난에 덧붙여 뉴라이트는 역사학계의 식민지적 지성 상태가 지난 60년간 조금도 개선되지 않았으며 보기에 따라서는 점점 심해지고 있다고 공세를 펼쳤다. 나아가 이러한 역사학계의 뿌리 깊은 반일주의가 일제 시기 역사를 일제 통치와 그에 대한 저항으로서의 독립운동, 즉 침략 대 저항이라는 단순한 이분법적 구도에 갇히게 만들었다고 비판했다.

한편, 뉴라이트가 반통일적 역사 인식을 드러내면서 분단을 공공연히 주장하는 세력이라는 역사학계의 비판에 대해 뉴라이트는 다시 친북프레임을 적용하여 비판했다. 통일을 여타의 어떤 가치들보다 우선시하면서 민족사 전개 과정에서 최고의 목표와 과제로 설정하는 역사학계의 통일민족주의사관은 통일이라는 궁극적 목표 실현을 위한 민족공조에 주력하면서 오늘날 북한 체제가 안고 있는 비극적 문제점에 대해 건전한 비판을 외면하여 사실상 북한의 지배세력에 면죄부를 주는 친북 노선에 다름 아니라는 것이다.

이처럼, 뉴라이트의 친북프레임이나 역사학계의 친일프레임은 역사전쟁에서 서로에게 치명적인 공격 무기다. 친북과 친일에 대한 대중적 반감의 정도가 서로 우열을 가리기 어려울 만큼 상당하기 때문이다.

【민주주의 논쟁 가능한가?】

뉴라이트와 역사학계는 민주주의를 두고도 논쟁을 벌였다. 역사학계는 2011년 개정 교육과정에 민주주의가 아닌 자유민주주의라는 자구가 들어가자 반발했다. 자유민주주의는 공화당 등 특정 정당의 정강으로 사용된 정치적 개념으로 학문적 검토가 미비하다는 것이다. 이에 대해 뉴라이트는 대한민국은 헌법 제4조에 명시된 대로 자유민주적 질서를 지향하고 있는 자유민주주의 국가인데도 종전의 역사교과서가 민족주의와 민중주의에 함몰되어 자유민주주의적 가치가 뚜렷하게 드러나지 않았다고 비판했다.

이처럼 뉴라이트는 보수 우파로서 자유민주주의 가치를 전면에 내세웠다. 그들이 보기에 대한민국은 해방 이후 깔린 자유민주주의 체제라는 철도의 레일을 이탈한 적이 없었다. 해방 이후 이식된 자유민주주의가 성숙해나가는 데 많은 시간이 걸렸지만 국민의 의식수준 향상과 경제성장과 더불어 자기완결적 모습을 서서히 갖추어 나갔다는 것이다. 동시에 뉴라이트는 역사학계의 민주주의 인식에 대해 비판했다. 오로지 민주화에 최고의 가치를 부여하고 사회와 역사를 민주 대 독재라는 이분법적 시각에서 좁게 해석한다는 것이다. 민주주의를 단순히 민주화운동에 의해 실현되는 현상으로 파악하고 민주화를 민족과 민중을 앞세우는 운동 세력의 독점적 성과물이라 인식한다는 점도 지적했다. 민주주의 발전은 경제 발전과 이에 따른 사회계층 구조 변화, 즉 사회 경제적 변동과 밀접한 관련이 있는데, 이에 대해서는 관심이 없다는 것이다. 반면, 역사학계는 뉴라이트가 생각하는 민주주의는 결국 평등을 배제한 경쟁에서 이겨 사유재산을 많이 확보한 개인을 위한 자유주의를 의미한다고 비판했다.

뉴라이트와 역사학계의 민주주의 논쟁에서 주목할 점은 민주-반민주 전선이 형성되지 않는다는 사실이다. 서로를 반민주적이라 공격하는 것이 아니라 서로의 민주주의 인식의 차이를 놓고 논쟁했다. 이는 정쟁의 늪에 빠진 역사전쟁의 쟁점들을 학문적 공론장으로 끌어들여 본격적인 담론 투쟁으로 전환하고자 할 때, 민주주의 논쟁이 도화선 역할을 할 수 있다는 걸 의미한다.

역사교과서 국정화, **문제와 대안**

김육훈(역사교육연구소장, 독산고 교사)

세계적으로 역사교과서를 국정으로 사용하는 나라를 찾기는 쉽지 않다. 교과서를, 그것도 역사교과서를 단 한 종류만 만들어, 전국의 모든 학생이 똑같이 사용하도록 하는 일은 대단히 몰상식한 일에 속하기 때문이다.

"역사가들은 항상 가능한 한 객관성 확보를 목표로 할지라도 역사는 주관성을 가질 수밖에 없으며, 다양한 방식으로 재구성되고 해석된다."(유럽평의회 역사와 역사교육에 대한 권고안).

"역사 교육은 다양한 관점을 인정한다는 전제 위에 서서, 학생들이 대화, 역사적 증거의 탐색, 특별히 논쟁적이고 예민한 이슈들에 대한 열린 토론을 통해, 학생들의 비판적이고 책임감 있는 지적 분석력과 해석 능력을 길러주어야 한다."(「역사교과서와 역사교육에 관한 문화적 권리 분야의 특별 조사관의 보고서」, 2013. 8. 9).

역사란 학문은 본질적으로 어떤 가치를 지향한다. 그래서 특정한 역사 해석을 유일하게 옳다면서 이를 강제로 주입하는 것은 옳지 않다. 그래서 역사교육은 해석의 다양성을 배우고 비판적으로 사고할 수 있는 힘을 기르는 일이다.

역사적으로 국정교과서를 사용한 사례가 전혀 없지는 않다. 히틀러가, 군국주의 일본이 전시동원정책을 일사분란하게 추진할 때이다. 냉전 시기 사회주의 진영의 여러 나라나 신성모독을 앞세워 종교를 기본권보다 앞세우는 나라도 그렇다.

심지어 조선총독부가 식민지 조선 청년을 가르칠 때도 몇 년을 제외하고는 국정교과서를 쓰지 않았다. 한국전쟁 때도, 이승만 독재 때로, 박정희 집권 초기에도 마찬가지다. 역사교과서를 한 종류만 발행하여 정권의 역사 인식으로 국민을 교화하려는 국정교과서 제도는 오직 유신의 산물이다. 그 유신의 유령이 민주화, 산업화를 경유하였다는 21세기 대한민국을 배회하고 있다.

【국정화를 강행한 이들의 생각】

2015년 11월 3일 역사교과서 국정화 방침을 공식 발표한 날, 황교안 국무총리는 그 이유를 언급하면서 다음과 같이 말하였다.

"한국에 약 2,300여 개의 고등학교가 있습니다. 그중 세 학교만 교학사 교과서를 선택했고, 나머지 전체, 고등학교의 99.9%가 편향성 논란이 있는 교과서를 선택했습니다."

그는 오직 세 학교만 균형 잡힌 교과서를 사용한다면서 교학사 교과서를 언급하였다. 그의 말대로라면, 정부 여당이 교학사 교과서와 같은 역사 인식을 담은 책을 현장에 보급하려 하였는데, 그것이 벽에 부딪히자 아예 다른 교과서를 모두 없애버리겠다는 것이다.

비슷한 논리는 대통령의 국정화 불가피론에서도 거듭된다. 역사교과서들이 심각하게 편향되어 있어, 학생들이 대한민국을 깎아내리면서 북한을 은연중에 미화한다는 식이다. 게다가 역사교과서가 편향된 이념을 가진 집필진에 의해 독과점 형태로 비정상적으로 만들어진다는 말도 보탠다.

그런데 이명박 정부가 교육과정을 만들고, 박근혜 정부가 검정까지 실시한 교과서들이 죄다 친북 좌편향이라면 도대체 이명박과 박근혜는 어떤 사람인가? 세상에 어떤 집단에도 좌파와 우파가 있지, 전국 역사학자들이 90% 이상 좌편향되었다는 말이 가당하기는 한가?

99.9%가 편향되고 오직 0.1%만 균형 잡혔다는 말은 또 어떤가? 어떤 유별난 이가 있어 오른쪽으로 세상의 끝까지 달려간 뒤, 바로 그 지점에 서서 나머지 모두를 향하여 '이 나쁜 시뻘건 무리들아'라고 외치는 상황과 무엇이 다른가?

그래서 이들이 편향되었다고 주장하는 역사교과서들을 검증하기보다, 편향되었다고 말하는 이들의 편향성을 다루는 것이 훨씬 더 상식적이다. 대체 그들은 어떤 역사 인식을 국정교과서에 담자고 이런 반지성적인, 어쩌면 지성이란 단어조차 사치스러운 막무가내식 주장을 내놓았을까?

그들의 주장은 '학생들이 대한민국을 긍정하도록 배워야 한다'는 말로 요약된다. 부끄러운 과거를 배우지 말자는 논리이나, 실상은 식민지 근대화를 배우되 친일의 과거는 묻어버리고 산업화는 배우되 그 그늘이나 독재의 역사는 배우지 않아야 한다는 뜻이다. 뉴라이트 대안교과서를, 교학사 교과서를 옹호한 일을 기억해보자. 국정화 조치와 함께 개정한 2015교육과정이나 박근혜 정부가 펴낸 초등학교 역사(사회 6-1)교과서를 보자. 지레짐작하고 하는 말이 아니다.

종종 언론에 언급되는 건국절 관련 부분은 하나의 사례에 불과하다. 이제 국정교과서에는 1948년 대한민국 정부 수립을 대한민국 수립으로 명기할 터이다. 해방과 분단 정부 수립을 소련과 공산주의 침략에 맞서 남쪽을 지켜낸 호국의 역사로 구성할 작정이다. 그리하여 대한민국이 임시정부의 법통을 계승하여 수립되었다는 점을 공공연하게 훼손하면서, 친일 경력자도 분단 정부 수립에 참가하면 건국 공로자로 둔갑할 수 있는 논리다. 꿈에도 그리던 해방이 1,300년 만의 분단으로 또 비극적 전쟁으로 이어진 역사에 대한 성찰을 담아야 할 교과서에 반공과 반북 이념만 생경하게 자리 잡을 수도 있는 논리다.

【국정화 반대 운동과 논리】

역사교육 종사자들은 역사교과서 국정화를 고통스럽게 목도하였다. 이를 강행한 이들로부터 '시뻘겋게 물든 집단'이란 누명까지 뒤집어쓰면서, 일생을 바쳐 종사한 일이 극단적인 방식으로 정치도구화하는 현실 앞에 자괴감을 느꼈다.

교사와 역사학자 들은 역사교과서 국정화가 역사교육의 정치적 중립성을 근본적으로 허물며, 교육의 전문성과 자주성, 학문의 자유와 교수의 자유를 부정한다고 받아들였다. 그래서 국정화 논의 초기부터 조직적인 반대 운동을 전개하였으며, 반대 운동이 시민사회로 확산되는 데 큰 역할을 하였다.

어떤 교육 문제 이상으로 시민사회의 반대 운동도 활발하였다. 많은 시민 들은 권력이 역사 해석을 독점하고 획일적으로 교육해서는 안 된다고 생각했으며, 특히 친일·독재 미화 교과서는 절대적으로 막아야 한다고 생각하였다.

청소년이나 학부모의 참여도 어느 때보다 활발했다. 그들은 자신들이, 자신의 자녀들이 부당한 정치놀음의 희생자가 되어서는 안 되며, 조작되지 않은 역사를 배울 권리가 있다고 천명했다. 나아가 학교 교육이 획일적인 주입식 교육을 넘어서야 한다고 주장했다.

반대 운동 속에서 헌법적 가치가 새롭게 조명되었다. 국정화 강행론자들이 국가 정체성을 바로 세우겠다는 점을 강조한 데 대한 반격에서 비롯된 측면도 있으나, 헌법이 갖는 권리장전으로서의 성격·제헌헌법의 상대적 진보성을 적극적으로 평가하여 오늘의 현실을 재구성해야 한다는 인식을 반영한 결과이기도 하였다.

다양성이라는 단어가 그 어느 때보다 강조된 점도 특별하였다. 역사교육에 대한 국제적 규범을 더 많이 이해하게 되고, 역사교육을 통해 해석의 다양성과 비판적 사고를 배울 수 있어야 한다는 논의도 확산되었다. 학생의 배울 권리 차원에서 역사교과서와 역사교육을 재정의하려는 움직임도 이 운동이 가져온 또 다른 변화라 할 만하다.

【국가주의적 역사교육을 넘어】

'다양성'을 강조하는 이들은 획일적 역사교육을 반대한다는 뜻에서 이 말을 쓰지만, 다양성을 지금보다 더 적극적으로 추구해야 한다는 뜻으로도 이 말을 사용했다. 어느 누구도 국민적 동일성을 일방적으로 강요해서는 안 되며, 어떤 인간도 차이를 이유로 차별받지 않도록, 나아가 모든 국민이 차이를 적극적으로 주장할 수 있도록 국가가 제 역할을 찾아야 한다는 취지이기도 하였다.

그런데 많은 이들이 차이와 다양성을 부정하지 않으면서도, 누군가가 '국민들끼리 지향하는 공동의 가치가 있어야 하는 거지', '그래도 역사책인데 내용이 너무 다르면 곤란하지 않을까?'라고 우려하면, 동조할 사람이 적지 않다. 친일·독재 미화는 안 되지만, 독립운동과 민주화운동의 역사를 중심으로 새로운 교과서를 만든다면, 그렇다면 한시적으로 국정교과서로 쓸 수 있겠다고 생각하는 사람도 있을 것이다.

역사교과는 오랫동안 국민 정체성을 형성하는 역할을 맡는 교과로 인식되었고, 게다가 유신 때 예외적으로 등장하여 너무도 오랜 세월 동안 청산되지 못한 국정교과서의 역사를 공유한 때문이다. 제국주의 침략에서 국가를 지키기 위해, 식민과 분단의 역사 속에서 제대로 된 국가를 만들기 위해 국가라는 틀을 움켜쥔 오랜 역사를 가졌기 때문이기도 하다.

그래서 그동안 역사교과서들은 국가주의를 재생산하는 데 상당한 영향을 미쳤다. 교과서들은 늘 성공한 국가 내러티브로 이루어졌다. 위대한 정치인이나 영웅적 인물의 업적이 강조되는 대신, 평범한 다수의 삶과 실천은 제자리를 찾지 못하였다. 국민적 동일성이나 통합의 가치는 강조되었으나, 차이와 갈등을 당연시하고 다른 이들끼리 소통하고 경쟁하는 이야기는 제자리를 찾지 못하였다. 모든 인간이 존엄하며 누구든 집단을 구성하여 권리를 주장할 수 있다는 생각 대신, 국가의 발전을 위한 개인의 희생, 다수를 위한 소수의 희생이 당연한 것인 양 간주되었다. 민족의 독자성이나 문화의 우수성은 강조되었으나, 모든 인간이 국경을 넘나들면서 활발하게 교류한다는 사실은 자리를 찾지 못하였다. 국경을 넘나드는 유대가 만들어낼 수 있는 평화의 가능성보다는, 국경을 경계로 대결하였던 역사가 압도적으로 강조되었다.

오늘 우리가 국정화란 비극적인 현실을 목도하게 된 데는 이같은 역사교육 문화를 제때 청산하지 못한 때문이다. 오늘 우리가 국정화란 광풍을 막아내지 못하면 이 같은 흐름은 세기를 넘어 이어질 것이 분명하다.

【민주공화국의 가치를 구현하는 역사교육 정책의 재구성】

헌법은 대한민국의 주권은 국민에게 있음을 밝힌 뒤, 대한민국은 임시정부의 법통을 이어받아 탄생하였으며 "국민의 안전과 자유와 행복"을 위해서 존재한다고 천명하였다. 그 목표는 '국제평화와 국민생활의 균등한 향상'을 통해 성취될 수 있는데, 이는 '민족의 화해협력과 민주개혁'을 통해 이루어진다고 하였다. 이 같은 헌법 전문의 가치야말로 우리 역사교육이 지향할 대강령으로 자리 잡아야 할 것이다.

역사교과서 국정화는 이 같은 헌법적 가치와 정면으로 충돌한다. 친일·독재 미화 우려가 있기 때문이기도 하지만, 무엇보다 모든 학생을 배움의 주체로 승인하고 그들이 주권을 가진 시민으로 자랄 수 있도록 도와야 한다는 국민주권주의와 어울리기 어렵다.

국정제를 폐지한다고 끝나는 것은 아니다. 현재의 검정 제도 역시, 국가가 과도하게 역사교육 내용을 통제하는 제도이기 때문이다. 그래서 역사교육의 정치적 중립성을 확고히 할, 역사교육의 전문성과 자주성이 온전히 구현되고, 역사교과서의 다양성이 보장될 수 있는 제도적 방안을 만드는 차원에서 폭넓은 검토가 이루어져야 한다.

현재와 같이 알아야 할 핵심적인 지식을 체계적으로 열거하는 형태로 교과서를 만들어야 할지도 재고해야 한다. 교과용 도서는 지금보다 더 다양해져야 하고, 가르치는 이들이 교재를 재구성할 수 있는 권한은 확장되어야 한다. 검인정 제도 개혁도 이 같은 변화와 연동하여 진행해야 한다.

나아가 국가주의적 역사교육 문화를 넘어서기 위한 지속적인 노력이 필요하다. 민주공화국의 가치를 담은 역사교육 내용 체계를 새롭게 구성하는 일, 그러면서도 학생들이 해석의 다양성과 비판적 사고를 배울 수 있도록 교재의 형태와 역사수업 방향을 새롭게 하는 일도 중요한 해결 과제다.

인생 100세 시대,
평생학습이 답이다

권두승(명지전문대학교 청소년교육복지과 교수)

우리 사회는 전환의 시대이다. 특히 급진적인 고령화 추세와 함께 이제 100세 시대가 바짝 우리 앞에 다가왔다. 그런데 고령화가 다른 어느 국가보다도 급격하게 전개된 우리나라의 경우 인생 100세 시대는 커다란 전환을 예고하고 있다. 이제 인생 100세 시대는 거부할 수 없는 시대적 용어로, 하나의 사회적 현상으로 자리 잡고 있다. 인생 100세 시대는 서구 사회나 동양 사회 등 어느 사회에서 한 번도 경험해보지 못한 사회현상이다. 이는 풍부한 인적 자본을 활용해 경제성장을 이뤘던 '인구 보너스bonus' 시대를 마감하고, 고령화로 생산 가능 인구가 줄어들며 경제성장이 지체되는 '인구 오너스onus(부담)' 시대로 접어든다는 것을 의미한다.

이러하다 보니 과거와는 달리 획기적으로 증가한 인간의 평균수명은 이제까지 인생을 바라보는 시각에 대해서도 다른 관점을 필요로 하게 되었다. 과거에 인생은 직선형적으로 '교육 – 일(직업) – 은퇴(여가)'와 같은 패턴으로 전개되었다. 반면 1960~1970년대 접어들면서는 '교육↔일↔여가'가 순환되는 형식으로 사회체제가 설명되었다. 그러던 것이 1980년대 말 영국의 역사학자 피터 래슬릿이 인생을 제1기(출생 – 공식교육 종료), 제2기(취업 – 퇴직), 제3기(퇴직 이후 건강하게 지내는 시기), 제4기(건강 악화로 타인에게 의존하는 시기)로 구분하면서 제3기 인생의 중요성을 강조한 바 있다.

그런데 이와 같은 노년에 대한 인식이 오랫동안 자리 잡아왔던 우리나라는 인생 100세 시대가 다가왔다고 하더라도 그다지 이를 반기는 분위기는 아닌 것 같다. 2014년에 보고된 한국보건사회연구원의 조사 결과에 따르면 평균수명 연장으로 90세 또는 100세 이상 사는 현상을 축복으로 여기지 않는다는 응답자가 10명 가운데 4명 정도인 것으로 나타났다. 이는 인생 100세 시대에 대한 부정적 인식이 만연해 있다는 것을 말해주고 있다. 오래 산다고 좋은 것만도 아니라는 것이다.

이에 비해 영국의 〈이코노미스트〉는 최근 '나이를 먹어가는 즐거움'이라는 특집 기사를 실은 바 있다. 세계 72개국을 대상으로 한 행복도 조사에서 사람들의 행복감이 평균 46세 때 바닥을 치고, 그 이후 급격히 상승하는 'U자형 곡선'을 나타냈다는 것이다. 근육에 힘은 없어지고, 관절은 점점 뻣뻣해지고, 시력은 희미해지고, 기억력은 감퇴하고, 자신감마저 줄어드는 노년의 시기에 사람들이 더 행복감을 느끼는 이유에 대해서는 해석이 분분할 수 있다. 하지만 사람들이 나이를 먹어가면서 더 행복해진다면 고령화 현상을 부정적인 것만이 아니라, 긍정적으로 바라볼 수도 있다는 이야기다. 우리는 여기에서 많은 시사점을 얻을 수 있다. 인구의 고령화가 우리 사회만의 문제가 아니라 전 세계적으로 전개되고 있는 현상이라고 한다면, 이것이 선택의 문제가 아니라 필연의 문제라고 한다면, 우리는 여기서 이러한 고령화 현상을 비관적으로만 볼 필요는 없다. 오히려 긍정적으로 바라보고 이를 해결할 수 있는 대안을 찾아야 한다. 인류 역사상 비관적인 시각으로 문제가 해결될 수 있었던 것은 아무것도 없었기 때문이다. 이러한 점에서 개인은 물론 사회 전체 차원에서도 인생 100세 시대를 어떻게 대비하느냐에 따라 고령화 현상은 축복도 되고 재앙도 된다. 최근 연금개혁이니 노동개혁이니 하는 말도 전부다 평균수명의 연장으로 인해 대두된 문제이다. 따라서 인생 100세 시대를 축복으로 맞이하기 위해서는 개인은 물론 국가도 여러 차원에서 대비책을 마련하고 차근차근히 실행에 옮겨야 할 필요가 있다.

【이제는 '인생 3.0' 시대이다】

우리 인간은 지금까지 지속적으로 진화해왔다. 필자는 그 진화의 단계를 각각 인생1.0, 인생2.0, 인생3.0으로 명명하고자 한다. 과거로부터 산업화 시대, 즉 생존이 인생에서 제1의 시대였던 시대에는 인생에서 가진 자나 그렇지 못한 자나 상관없이 모두에게 '먹고 사는 것'이 인생사의 주된 관심사였다. 이 시기에 제1의 화두는 당연히 '입고, 먹고, 자는' 의식주의 해결과 관련된 것이었다. 즉 생존 중심의 인생1.0 시대이다.

'인생2.0'시대에는 단순히 먹고 마시며 사는 것이 아니라, 건강하게 오래 사는 것이 주된 관심사로 대두되었다. 이것은 이른 바 '잘삶well-being'의 시대를 강조하게 된 것과 맥락을 같이하게 된다. 이 시기에 와서는 단순히 먹고, 사는 것이 아니라 얼마나 더 건강하고, 친환경적인 음식물을 섭취하고, 그 결과로 건강을 유지하면서 좀더 안락한 삶을 유지하는 데 중점을 두게 되었다.

그러던 것이 현재 우리는 '인생3.0'시대, 즉 '가치 중심' 시대를 목격하고 있다. 인생3.0 시대에 인간은 더 이상 단지 오래 산다는 것에 만족하지 않고, 인생을 이성과 감성과 영혼을 지닌 전인적 존재로 바라보는 접근 방식을 택하고자 한다. 따라서 단순히 인생 100세까지 사는 것이 문제가 아니라, 하루를 살더라도 얼마나 의미 있고, 재미있으며 가치 있는 삶을 살았는가를 중심으로 인생을 평가하고자 하는 입장을 취하게 된다. 1.0 시대의 인간은 직업을 먹고살기 위해서, 말하자면 생존 그 자체를 위해 할 수 없이 해야 하는 것으로 파악했다. 반면 2.0 시대의 인간은 직업을 사회에 참여하는 수단으로 바라보면서도 여전히 지위에 따라 직업에 귀천이 있는 그 무엇으로 파악하는 계층형 직업관을 지니게 되었다. 이와 달리 3.0 시대의 인간은 직업을 사회에 참여하기 위한 과정 그 자체로 바라보며, 자기 스스로가 좋아서 선택하는, 그리하여 직업에는 귀천이 없으며 직업에 따른 서열 그 자체를 부인하게 된다.

이와 같은 의미를 지닌 인생3.0 시대의 도래를 촉진한 것은 인생2.0 시대가 지니고 있는 기본적인 문제점으로부터 출발한다. 인생2.0 시대와 같이 모든 사람이 연공서열 형식의 평생직장형 시대를 마감하고 능력 중심, 성과 기반의 평생직업형 사회로 접어듦에 따라, 다양한 모습의 능력을 끊임없이 개발해야만 생존이 보장되게 되었다. 말하자면 모든 사람이 위험에 처하게 된다는 소위 말하는 '위험사회'에 접어들게 되었다는 것이다. 인생1.0 시대에는 소수의 뒤처진 사람만이 위험에 처하게 되어, 소위 말하는 소외 계층을 대상으로 하는 사회 안전망social safety net 관리가 필요하였다. 그러나 인생2.0 시대에는 평생직장이 사라지고, 평생직업 시대가 대두됨에 따라 평생직업에 알맞은 직업 능력을 개발해야만 했다. 또한 연공서열 의식이 파괴되고 성과 기반형 사회가 대두됨에 따라 끊임없이 인간들은 성과 달성에만 매달리게 되었다. 사회 스스로 만들어낸 제도에 의하여 인간은 끊임없이 경쟁에 처해질 수밖에 없고, 그에 따라 모든 사람이 타인보다 성과를 내지 못하면, 소위 '사오정'이나 '오륙도'와 같은 말을 듣게 되었다. 모든 사람이 직업생활에서 위험해지는 위험사회에 빠지게 된다. 울리히 벡이 『위험사회』(새물결, 2006)에서 언급한 바와 같이 "부는 위계적이지만, 스모그는 민주적이다"이라는 말과 같이 현대 사회에서의 위험은 매우 광범위하며 지위 고하를 가리지 않는다.

그런데 오늘날 대분의 사람은 여전히 인생1.0 시대에 머물러 있다. 일부는 인생2.0 시대를 살고 있으며, 극소수만이 인생3.0 시대를 향해 나아가고 있다. 중요한 것은 인생3.0 시대가 인생1.0, 인생2.0 시대를 지나 단계적으로 발전하는 것이 아니라, 각 단계가 혼재되어 나타난다는 점이다. 어떤 이는 인생1.0시대에 살고 있는가 하면, 어떤 이는 인생2.0 시대를 지나 인생3.0 시대를 살게 된다는 것이고, 이것은 개개인이 선택에 따라 그리고 생각이나 인간 의식의 발현 여부에 따라 생성될 수도, 후퇴할 수도 있다는 뜻이다. 인생3.0

시대의 가치를 먼저 준비하고 개척하는 사람들은 이전 단계에 살고 있는 사람들이 상상조차 할 수 없고 결코 누릴 수 없는 것들을 얻고 맛볼 수 있는 시대가 도래했다는 사실이 중요하다. 현재 우리는 인생3.0시대, 즉 가치 주도 시대의 도래를 목격하고 있다. 인생3.0 시대에서는 사람들을 더 이상 전쟁이나 생산에 절대적으로 필요한 인구로 보거나, 그 사회의 발전에 필요한 인적자본 내지는 인재人材로 보는 것이 아니라, 인간 그 자체로 파악하게 된다. 인간을 이성과 감성과 영혼을 지닌 가치 지향적인 전인적 존재로 바라보는 접근 방식을 취하는 것이다.

【인생이 '영원한 베타'일 때 가장 행복하다】

앞에서 살펴본 바와 같이 인생3.0은 '영원한 베타'를 지향한다. 영원한 베타는 원래 컴퓨터 관련 용어인데, 이미 배포되어 사용 중인 프로그램이나 플랫폼의 개선과 업데이트가 끊임없이 수시로 이루어져 업그레이드 버전과 같은 별도의 완성품 배포 체계를 유지할 수 없는 상황을 의미한다. 마찬가지로 인간은 끊임없는 학습을 통해 자기를 성장시킨다는 뜻의 '영원한 베타' 정신으로 살아갈 때 더욱 행복해질 수 있는 존재이다. 미국심리학협회의 전 회장인 마틴 셀리그먼 박사는 우리의 행복에 다섯 가지 요소가 있다고 했다. 긍정적인 감정과 기쁨, 성취, 인간관계, 참여, 그리고 의미이다. 그중에서 참여와 의미가 가장 중요하다고 했다. 우리의 삶을 더욱 의미 있게 만들어줄 방법을 찾아 거기에 더 몰입할수록 오랫동안 행복할 수 있다는 것이다.

이것은 바로 평생학습의 가치를 말하는 것에 다름 아니다. 평생학습은 우리를 학습의 즐거움과 학습하면서 얻게 되는 성취감을 느끼도록 해주며, '사람人'을 '인간人間'이 될 수 있도록 타인과 연계하고 나눌 수 있는 기회에 참여하도록 한다. 무엇보다도 끊임없이 학습하는 존재를 통해 '의미 있는' 인간이 되게 한다는 데 그 의의가 있다. 일찍이 루소는 "자연으로 돌아가라"고 외쳤지만, 이제 우리는 교육학자 피터 자비스의 주장처럼 "학습으로 돌아가라"고 강조하는 시기에 살고 있다. 아인슈타인이 지적한 바와 같이 "단지 성공한 사람이 아니라 가치 있는 사람이 되기 위해", 그리고 심리학자 에이브러험 매슬로가 "자신이 될 수 있는 사람보다 조금이라도 못한 사람으로 남아 있으면 하루하루가 불행의 연속이 될 것"이라고 강조한 바와 같이 인간은 자기 존재를 성장시키기 위해서는 일상을 '학습화'해야 한다.

【그러면, 이제 어떻게 해야 할 것인가?】

이상을 통해 우리 사회가 점차 고령화·정보화·지식 기반화되어 감에 따라 평생학습이 그 어느 때보다도 중요한 시점이 되었다는 것을 살펴보았다. 그러면 어떻게 우리 사회는 이러한 사회에 대비하고 나아가서 지속가능한 사회 발전을 도모해야 할까? 이를 위해 우리 사회가 지향해야 할 몇 가지 과제를 제시하면 다음과 같다.

첫째, 게리 켈러가 그의 유명한 저서인 『원씽』(비즈니스북스, 2013)에서 강조한 바와 같이 러시아의 마트료시카 인형처럼 당신이 지금 당장 해야 할 '단 하나'가 오늘 해야 할 '단 하나' 속에 들어 있고, 이것은 다시 이번 주에 해야 할 '단 하나'에 들어 있다고 한다면, 그것은 분명 '학습'이어야 한다는 점을 명심할 필요가 있다. 이는 우리 사회가 평생학습 사회를 지향해야 한다는 의미이다. 평생학습사회는 평생학습이 사회구성의 핵심 원리로 작용되는 사회이며, 사회 모든 구성원에게 평생학습의 기회가 보장되고 이를 위한 다양한 지원 체제가 구비되어 작동되는 사회이자, 평생학습을 통해 사회구성원 개개인의 삶의 질을 높이고 사회적 통합성을 제고하며, 궁극적으로 인간적 가치에 기초한 사회 발전을 도모하는 사회 형태를 말한다. 따라서 종래의 폐쇄적인 교육 중심 패러다임으로부터 개방적인 평생학습 패러다임으로 교육 시스템의 모든 원리가 전환

될 필요가 있다.

둘째, 인간의 발달단계를 생애 발달적인 차원에서 바라보는 것이 아니라 '인간은 바람개비이다'라는 명제로 〈그림 1〉과 같은 각각의 단계를 삶의 매 순간마다 개개인이 맞이할 수 있는 평생학습 시스템을 구축하는 일이다. 앞으로 나아가지 않는 바람개비는 '돌지 않는 바람개비'에 불과하고, 그것은 '죽은' 바람개비에 불과하다. 학습하지 않은 삶은 그저 살아가고, 늙어가는 존재에 불과하다. 따라서 과거의 일부 소수자만을 위한 시혜적 복지나, 고용 중심의 고용복지 중심이었던 사회복지 시스템을 좀더 적극적인 차원의 학습복지 시스템으로 전환할 필요가 있다. 이를 통해서, 평생학습－평생

<그림1> 인생3.0 시대의 개개인 발달 과업

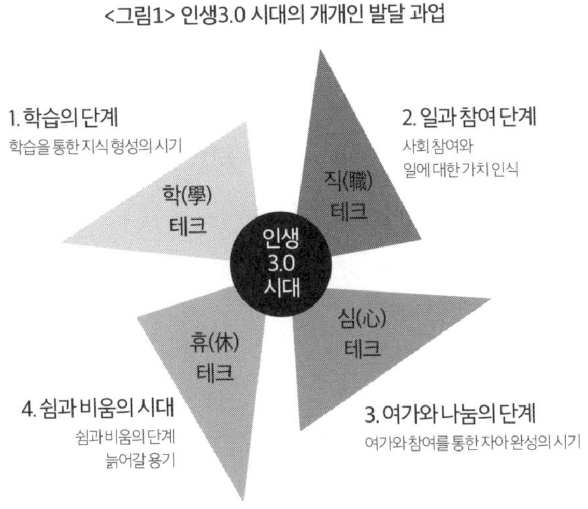

고용-평생복지가 구축될 수 있어야 한다. 이를 위해서는 무엇보다 과거 개개인이 중심이 되어 각자의 평생학습 관리, 평생고용 관리, 내지는 평생위험 관리를 도모해왔던 체제에서 벗어나 사회전체가 이를 체계적으로 지원할 수 있는 제도적, 정책적, 정보적 환경을 제공하는 시스템을 구축할 필요가 있다.

마지막으로, 지역 중심의 평생학습 생태계를 구축하는 일이다. 이는 단순히 구호적인 차원의 평생학습 도시나, 평생학습 만들기, 마을학교, 교육혁신지구 등과 같은 형태의 사업성 활동이 아니라, 주민이 중심 되어 마을공동체성을 회복하는 차원으로 발전되어야 한다. 이를 위해 공동체 지향의 학습 운동이 지역, 마을 단위에서 다양한 차원으로 전개될 필요가 있다. '혼밥족', '혼술족' 등과 같은 신조어가 등장할 만큼 1인 가구가 증가하고 100세 시대로 대표되는 고령화문제는 필연적으로 공동체 강화를 요구하게 된다. 파편화되고 개별화된 개인은 결국 고립되고 사회적 문제를 야기할 뿐 아니라 이에 따른 사회적 비용도 점차 증대되기 때문이다. 이를 극복하기 위해서는 지역사회에 대한 주민들의 주권의식을 바탕으로 한 평생학습을 통하여 지역사회 활성화가 이루어져야 한다.

시인 도종환은 그의 시에서 '멀리 가는 물'을 인생에 비유하여 삶을 이야기하고 있다. 시인의 표현처럼, 혼자 가다가 도중에 그만 멈추어버리는 급한 인생보다는, 모든 것 다 겪어내고 멀리 가는 물과 같은 인생이 되기 위해서는 '언제나 학습하는 바람개비 같은 존재'가 되어야 한다. 함께하는 학습은 우리 모두를 서로 만나게 하고, 어울리게 함과 동시에 개개인과 사회를 더욱 건강하게 만든다. 평생학습이 지니는 가치가 바로 여기에 있다.

평생학습은 단순히 학습 기회를 평생에 걸쳐 확대하자는 것이 아니다. 그것은 학습을 전 생애화, 전 사회화해서 기존의 폐쇄적인 교육 체제를 개방적 학습 체제로, 지식의 소수 독점 구조를 공유 구조로, 사회 단위기관 간 경쟁 구조를 네트워크 중심의 협력 구조로, 개별화된 권위주의적 사회 운영 체제를 공동체 지향 사회 참여 체제로 전환하고자 하는 '공동체 주권' 지향적 학습 운동이자 사회 재구조화 운동이다.

책 속의 책

기본소득

기본소득,
너 언제 이만큼 컸니?

오준호(논픽션 작가, 기본소득한국네트워크 회원)

2016년 5월 14일, 비 내리는 스위스 제네바 플랑팔레 광장 바닥에 초대형 포스터가 펼쳐졌다. 광장을 꽉 채운 8,115제곱미터 크기의 이 포스터는 기네스북이 인정한 '세계에서 가장 큰 포스터'다. 스위스 기본소득 활동가들은 2016년 6월 5일 실시되는 기본소득 도입 국민투표에 찬성표를 호소하려고 이 포스터를 만들었다. 포스터에는 거대한 노란 글씨로 이렇게 쓰여 있었다.

"소득이 보장된다면, 무얼 할래요?"

스위스 기본소득 활동가들은 이 물음이 '세상에서 가장 큰 질문'이라고 한다. 포스터의 크기 때문이 아니다. 이 물음은 우리의 머릿속에 강력하게 '인셉션'되어 있는 하나의 생각을 뿌리째 흔든다. 소득은 거의 전적으로 취업노동의 결과이고, 그래서 높은 소득을 보장하는 직업이 그 사람의 가치를 결정한다는 생각 말이다. 일을 하든 안 하든 평생 내 소득이 보장된다면? 무얼 해도 굶지 않을 수 있다면? 사람들이 그렇게 생각하게 되면 개인의 삶은, 사회의 모습은 어떻게 변할까? 얼마 전까지만 해도 허황하다고 조롱당했던 이 질문이, 비 온 뒤 죽순처럼 사람들의 머릿속에 자라고 있다.

【스위스에서 한국으로 불어온 기본소득 바람】

국민투표 결과 찬성 23%, 반대 77%로 스위스에서 기본소득 도입은 부결되었다. 한국 언론들은 스위스 국민이 포퓰리즘을 거부했다고 설명했다. 하지만 스위스 기본소득 활동가들은 "투표 결과는 절대로 실패를 뜻하지 않는다"라고 말한다. 국민투표 직후에 실시한 여론 조사에서 반대 투표자 가운데 63%가 기본소득 논의를 앞으로 계속하자는 데 동의했다. 이것만 보아도 스위스에서 기본소득 운동의 전망은 어둡지 않다. 투표자의 44%는 지방자치단체에서 기본소득 실험을 먼저 해보면 좋겠다고 대답하기도 했다.

실패는커녕 스위스 국민투표는 전 세계에 기본소득 바람을 불러일으켰다. 그 바람은 한국에도 불어왔다. 김종인 더불어민주당 전 비대위원장이 국회 교섭단체 연설에서 기본소득이 불평등 해소의 실마리가 될 수 있다고 발언했고, 심상정 정의당 대표도 국회에서 아동·노인·청년부터 단계적 기본소득을 도입하자고 주장했다. 새누리당 일부 소장파 의원들도 기본소득의 정책 가능성을 검토하고 있다. 성인 남녀 1,000명을 대상으로 한 설문 조사에서 2명 가운데 1명(50.5%)이 기본소득을 지지하는 것으로 나타났다(시장조사기관 마크로밀엠브레인, 2016. 7). 2016년에 성남시가 시작한 청년배당은 청년들의 압도적인 지지를 받으며 순항하고 있다.

한국에서 5~6년 전부터 소수의 활동가와 이론가 들이 기본소득을 주장하였지만 돌아오는 것은 무시와 냉소였다. 그때와 비교하면 상전벽해와도 같은 변화다. 기본소득이 어느새 이처럼 중요한 의제가 되었는지 놀랍다. 이제 기본소득에 반대할 수는 있어도 무시할 수는 없다는 사실이 분명해졌다. 2017년 대선에 기본소득은 어떤 형태로든 정치 의제로 등장할 것이다.

그런데 세상의 모든 아이디어가 그러하듯, 일단 뜨고 나면 그것을 슬쩍 고친 '짝퉁'을 팔려고 하는 사람들이 생긴다. 그러므로 제대로 된 기본소득과 짝퉁 기본소득을 구분하는 정치적 안목이 요구된다. 그런 맥락에서, 이 글에서는 기본소득이 무엇인지, 왜 최근에 와서 기본소득이 주목을 받게 되었는지, 그리고 기본소득을 둘러싼 주요 쟁점들이 무엇인지 소개하려 한다.

기본소득basic income이란 국가 또는 정치 공동체가 구성원에게 조건 없이 지급하는 일정한 액수의 생활비다. 기본소득을 규정하는 원칙은 크게 세 가지다. 첫째, 개인에게 준다. 가구 단위로 지급하지 않는다. 따라서 미성년자도 지급받는다. 둘째, 자격 심사를 하지 않는다. 여타 소득이 있는지, 집이나 차량 등 자산을 갖고 있는지 따지지 않는다. 그러므로 빈자든 부자든 상관없이 지급한다. 셋째, 조건이나 의무를 요구하지 않는다. 기본소득을 받는 대가로 일을 해야 하거나 구직 의사를 주기적으로 확인시켜줄 필요가 없다.

기본소득의 배경에는 인간은 어떠한 경우에도 생존에 필요한 최소한의 소득을 보장받아야 한다는 사상이 깔려 있다. 생존에 필요한 최저소득을 보장해야 하는 이유는 무엇일까? 누구도 혼자서 부를 생산할 수는 없기 때문이다. 토지를 비롯한 자연자원, 지식을 비롯해 오랜 세월 사람들이 형성해온 사회적 자원은 한 사회 전체에 속한 공유 자산이다. 공유 자산을 이용해 생산한 부에 대해 모든 사회구성원은 자신의 몫을 요구할 권리를 갖는다.

20세기 들어 이러한 철학은 구체적인 사회적 요구로 이어졌다. 제1차 세계대전 직후 영국 노동당원들은 승전에 기여한 영국 국민에게 국가가 정기적으로 상여금state bonus을 지급하는 제도의 도입을 요구하자고 당에 제안했다. 이 제안은 기각되었지만, 후일 노벨 경제학상을 받는 경제학자 제임스 미드는 제안을 발전시킨 사회 배당금social dividend 제도를 주장했다. 하지만 이 주장이 어떤 나라에서도 진지하게 검토되지 못한 채 대공황이 덮쳐왔다. 실업과 궁핍에 지친 시민들은 파시즘 세력의 선동에 속았고, 제2차 세계대전이라는 또 한 번의 참화가 닥쳤다.

1960년대의 경제 호황 그리고 분출하는 민권운동에 힘입어 이번에는 미국에서 '빈곤을 끝내는 전쟁war on poverty'이 진행되었다. 마틴 루서 킹 목사는 "하나님의 자녀를 제 발로 이 땅에 서게 하라"고 외치며 '가난한 자들의 행진'을 조직하다가 암살당했다. 킹 목사의 절절한 요청에 호응하여 존 케네스 갤브레이스, 제임스 토빈 등 학자와 교수 1,200명이 정부에 공개서한을 보내 빈곤선 이상의 소득을 전 국민에게 보장하는 제도를 도입하라고 요구했다. 이 제안은 진지하게 검토되었고, 1970년 리처드 닉슨 대통령은 빈곤층을 포함한 미국인 1,300만 명에게 현금을 지원하는 내용의 가족수당 법안을 의회에 제출했다. 이 법안은 두 번이나 하원을 통과하고도 상원에서 부결되었다. 미국은 기본소득의 첫걸음이 될 뻔한 제도를 거부하고 10년 뒤 본격적인 신자유주의의 길을 걷게 된다.

그러나 최저소득 보장이라는 아이디어는 마르지 않고 사회의 저 아래를 흘렀다. 이번에는 신좌파와 생태주의 운동이 이 아이디어를 지지했다. 1986년 벨기에 루뱅 대학교에서 기본소득유럽네트워크가 결성되며 현대적 기본소득 운동이 시작되었다. 기본소득유럽네트워크는 2004년에 기본소득지구네트워크로 확대되었다. 2008~2009년 나미비아, 2011~2013년 인도에서 빈곤층 거주 지역에 기본소득을 지급하는 실험이 진행되었고, 실험 결과는 다시 기본소득 운동을 고무했다. 바야흐로 2016년 말 현재 핀란드, 네덜란드, 캐나다, 미국 등 주요 선진국에서 전국 혹은 지역 차원의 기본소득 실험이 진행 중이다. 이 실험들의 주요 목적은 기본소득 지급이 노동 의욕과 공동체 참여에 어떤 영향을 미치는지, 기존 복지 시스템보다 효율적인지 확인하는 것이다.

【왜 지금 기본소득 바람이 불까】

기본소득의 역사는 짧지 않지만, 최근에 와서 왜 갑자기 기본소득의 바람이 전 세계에 부는 것일까? 어째서 사람들이 과거보다 절실하게 기본소득을 요청하는 것일까? 역사상 전례가 없을 정도로 커진 불평등, '제4차 산업혁명'에 따른 대량 실업의 위협이 그 배경에 있다.

2013년 개봉한 영화 〈엘리시움〉이 그리는 미래에는, 부자들은 쾌적하고 아늑한 우주 거주지에 살고 빈민들은 황폐한 지구에서 부족한 음식과 의약품을 두고 아귀다툼을 벌인다. 오늘날의 불평등이 이 추세대로 계속 커진다면 영화의 설정과 큰 차이 없는 현실을 보게 될지 모른다. 토마 피케티가 진단했듯이, 노동에 의해 창출되어 대중에게 구매력으로 분배되는 부에 비해 자본에 의해 창출되어 소수에게 집중되는 부가 어마어마하게 늘어났다. 그 결과 사회가 사실상 세습 신분제 시대로 후퇴하고 있다. 불평등이 어느 수준에 이르면 자본주의 시장경제가 붕괴될 수 있다는 데 진보와 보수를 막론하고 많은 경제학자가 동의한다.

또한 자율주행차, 인공지능, 3D 프린팅, 로봇 기술이 현존하는 일자리의 절반 이상을 20년 안에 없애리라는 데에도 좌파와 우파의 석학들이 동의한다. 어느 학자는 풍자적으로 "미래의 공장에는 개 한 마리와 직원 한 사람만 존재하게 될 것이다. 개는 사람이 장비를 건드리지 못하도록 하기 위해 필요하고, 사람은 개 먹이를 주기 위해 필요하다"라고까지 말한다. 일하고 싶어도 일자리가 없고, 소비하고 싶어도 돈이 없다면 시민은 어떻게 삶을 유지하고 시장경제를 무엇으로 지탱할 것인가? 대중의 실업과 궁핍은 사회를 유혈 내전으로 갈라놓을 수도 있고 새로운 형태의 파시즘을 출현시킬 수도 있다. 벤처캐피털 회사 와이콤비네이터의 샘 알트먼 회장처럼 자본주의 시스템의 최선두에 선 IT 부호들이 기본소득을 지지하고 나선 것은 우연이 아니다. 자본주의를 살리려고 해도 기본소득 외에는 대안이 없기 때문이다.

이에 대해 과거 산업혁명과 정보화혁명에도 많은 일자리가 사라졌지만 그것을 보상하고 남을 만큼 일자리가 창출되었다는 반론도 있다. 인공지능과 로봇산업은 낡은 직무와 직종을 없애겠지만 새 일자리를 더 많이 만들어내리라는 것이다. 마치 20세기 초 영국에서 마부들이 대거 실직했지만 자동차 관련 일자리가 늘어나 그들을 흡수했듯이 말이다.

이러한 기대는 안타깝지만 허상이다. 과거의 실업이 새로운 고용으로 덮인 것은 경제가 폭발적으로 성장하고 있었기 때문이다. 하지만 더 이상 그러한 신화적인 경제성장을 기대할 수 없다. 이미 세계 경제는 제로 성장을 내다보는 장기 침체 국면으로 들어섰다. 미국, 유럽, 중국, 일본에서 양적 완화라고도 하고 '헬리콥터 머니'라고도 하는 방식으로 돈을 은행에 풀어 기업 투자를 유도했지만, 국면을 뒤집지 못한다는 게 드러났다. 게다가 성장을 한다 해도 그것은 고용 없는 성장, 아니 고용을 없애는 성장일 뿐이다. 지표로도 확인되지만 소득 중위 수준의 일자리는 시간이 갈수록 증발하고 저임금 비정규직 일자리로 대체된다. 한쪽에는 대다수가 저소득 불안정 일자리를 전전하고, 한쪽에는 극소수 엘리트가 고급 전문직 일자리를 차지하며 노동이 양극화한다.

아인슈타인은 같은 행동을 반복하면서 다른 결과가 나오기를 기대하는 것은 미친 짓이라고 말했다. 과거 같은 성장과 성장에 따른 질 좋은 일자리 양산이 불가능하다는 사실이 확인되는데도, 자본 규제를 풀어 일자리를 만들겠다는 한국 정부가 딱 그 모양새다. 대중은 인간다운 삶을 보장해줄 새로운 해결책을 원하고 있다. 점점 세게 불고 있는 기본소득 바람이 그 증거다.

그렇다고 해도 기존의 복지 시스템을 잘 운용하는 게 막대한 재원을 들여 기본소득을 지급하는 것보다 낫지 않을까? 일할 수 있는 사람은 일해서 먹고살게 하고, 자력 구제가 힘든 사람에게만 적절히 지원하면서 그들의 근로 의욕을 북돋아주는 것이 경제적으로나 윤리적으로 옳지 않겠는가? 그러나 여기에 기본소득이 대안으로 떠오르는 또 다른 이유가 있다. 현재의 복지 시스템이 빈곤과 실업에 대응하는 기능을 갈수록 제대로 못하고 있기 때문이다.

현존 복지 시스템의 기본 내용은 '선별'과 '잔여'다. 복지가 꼭 필요한 사람을 골라내는 점에서 선별적 복지이고, 개인과 시장이 해결할 수 없는 부분만 지원하는 점에서 잔여적 복지이다. 이 시스템에 꼭 필요한 것은? 복지를 받아야 하는 사람과 아닌 사람을 구분하기 위한 '자격 심사'다.

경제가 성장하고 건전한 일자리가 늘어나는 때라면 이 시스템은 그럭저럭 돌아갈 수 있었다. 하지만 적정 소득을 제공하는 질 좋은 일자리가 취업 시장에서 말라붙으면서 시스템의 한계도 드러났다.

우선 복지 사각지대가 커진다. 워킹푸어처럼 복지가 필요하지만 자격 심사 때문에 지원을 받지 못한 사람들은 시간이 가면 자꾸만 빈곤층으로 굴러떨어진다. 또한 자격 심사가 강화될수록 수급권을 얻으려면 조금이라도 더 비루하고 혐오스러워져야 하는데, 이는 빈곤층에 대한 사회적 낙인을 강하게 찍는다. 낙인은 빈곤층이 게으르고 구제하기 힘들다는 사회적 인식을 부르고, 그들에게 가는 세금이 아깝다는 심리를 만든다. 스웨덴의 발테르 코르피와 올로프 팔메 교수가 밝힌 것처럼, 선별 복지는 중산층의 납세 저항으로 이어져 복지 파이를 커지지 못하게 한다. 취약한 복지로 인해, 찰나의 실수나 불운 때문에 빈곤층으로 떨어지는 사람은 더 늘어난다.

기존의 복지 시스템이 누군가 추락할 때 그 아래 매트리스를 까는 것이라면, 기본소득은 누구든 넘어져도 다치지 않도록 바닥을 높이는 것이다. 안전하고 평평한 바닥 위에서 시민들은 자신이 원하는 대로 살아갈 자유를 얻는다. 기본소득은 자격 심사가 없고, 복지 지원을 받을 자격이 있는 사람과 아닌 사람을 나누지 않는다. 낙인 효과도 없다. 기본소득은 불행한 사람에 대한 시혜가 아니라, 시민의 보편적인 권리이자 서로를 이어주는 공통성이다.

【기본소득을 둘러싼 논점들】

1. 일하지 않는 사람에게 소득을 지급하는 것은 부당하다?

이른바 노동 윤리에 관한 반문이다. 이에 대해서는 크게 두 가지 방식의 대답이 가능하다. 첫째, 소득의 권리는 노동한 대가로 주어지기도 하지만 근본적으로는 사회의 공유 자산에 대한 권리에서 비롯된다는 것이다. 대표적으로 토지는 인간이 만들어내지 않은 자원이므로, 토지 이용의 이익을 개인이 독점해서는 안 된다. 그래서 미국 독립혁명가 토머스 페인은 토지의 사적 이용에 대한 대가를 사회에 환원해 기금을 만들어 21세가 되는 모든 미국 시민에게 배당금을 주자고 했다. 한국에서 0.1~0.2%대인 현행 토지세를 1%까지만 올려도 연간 30조 원 이상의 배당금을 국민에게 나눠줄 수 있다.

또 하나는 일의 범주를 취업노동으로만 한정할 이유가 없다는 것이다. 가사노동과 돌봄노동, 공동체의 유지와 발전에 필요한 여러 자원 활동도 모두 가치 있는 일이다. 미국의 한 연구에 따르면 미국에서 엄마의 '수유노동'을 상업적 가치로 환산했을 때 중국의 국방 예산과 맞먹는다고 한다. 그러나 이러한 일은 아무런 금전적 보상도 받지 않고 이뤄지며, 취업노동 중심의 사회에서 그 의미조차 무시될 때가 많다. 기본소득 지급은 취업노동 외부에 존재하는 무수한 '일'의 사회적 가치를 인정하고 존중하는 것이다. 나아가 노동은 개인의 고립된 노동력 지출이 아니라 사회구성원의 협력 속에 이뤄지는 활동으로 이해되어야 한다. 이를테면 노동 과정에서 활용되는 지식이나 노하우 같은 것은 특정할 수 없는 개개인들이 함께 만들어낸 생산물이다. 개별 노동에 대한 개별 보상이 아닌, 사회적 노동에 대한 사회적 보상이라는 관점에서 기본소득은 정당화될 수 있다.

2. 일하지 않는 사람에게 돈을 주면 게을러질 것이다?

1970년대 캐나다에서 실시된 민컴MINCOME(최저소득) 실험, 최근 나미비아와 인도의 기본소득 실험, 케냐와 앙골라 등에서 실시된 현금 지급 프로젝트의 결과는 이러한 생각이 선입견임을 드러내준다. 기본소득을 받더라도 대부분의 사람은 일을 그만두지 않았다. 경우에 따라 저임금 노동자가 공부를 하기 위해 학교로 돌아간다든가 아이의 엄마가 육아를 위해 일을 줄이는 사례가 있었을 뿐이다. 나미비아에서는 빈곤 가구가 소규모 자영업을 시작하는 비율이, 인도에서는 일가친척이 돈을 모아 땅을 사 자영농이 되는 비율이 늘었다. 세계은행이 19개 현금 지급 프로젝트의 결과를 모아 분석한 자료에 따르면 어느 곳에서도 술과 담배의 소비가 늘었다는 보고는 없었다. 가난한 사람들은 받은 돈을 자신의 처지를 개선하는 데 가장 필요한 곳에 썼다.

독일의 민간 기본소득 프로젝트인 '나의 기본소득'에 선발되어

1년간 다달이 약 130만 원을 받은 50여 명의 시민 중에도 '베짱이'가 된 사람은 없었다. 시민들은 원하는 일을 시작했거나 새로운 직업으로 옮기기 위한 교육과정을 밟고 있었다. 이 프로젝트를 벤치마킹해 〈한겨레 21〉이 '다음 스토리펀딩: 기본소득 월 135만 원 받으실래요?'를 시작했는데, 여러 신청자가 자신이 기본소득을 받아 무엇을 하고 싶은지 사연을 펀딩 사이트에 올렸다. 기본소득을 받으면 생계형 아르바이트를 줄이고 공부를 하겠다는 사람, 생태 농부가 되고 싶다는 사람, 음악가 또는 작가로 인정받기 위해 노력하겠다는 사람 등 하고 싶은 일도 다양했다.

하지만 지금까지의 결과만으로 결론짓기는 힘들다. 실험은 한정된 기간에 이뤄졌으므로, 사람들은 실험이 끝난 후를 대비해 더 계획적으로 돈을 썼을 수도 있다. 기본소득이 전면적으로 기간의 한정 없이 실시될 때에도 베짱이가 되지 않을지는 확답하기 어렵다. 물론 기본소득의 취지는 장시간 노동 구조를 개혁하여 모두가 적게 일하고 충분한 여가를 누리는 사회로 가자는 것이다. 하지만 생산노동에서 완전히 이탈하는 사람과 여전히 생산노동에 참여하는 사람이 나뉠 때, 후자가 불만을 가질 경우 일어날 갈등도 염두에 두어야 한다.

3. 복지를 간소화하고 기본소득으로 주면 어떤가?

기본소득은 좌파와 우파 모두에게 일정한 지지를 받는다. 좌파는 기본소득을 통해 노동시간을 줄이고 임금노동에서 벗어나며 불평등을 해소하자고 한다. 반면 우파는 기본소득이 근로 의욕을 고취하고 기존의 복지 제도를 간소화하는 데 도움이 되리라 여긴다. 유럽의 기본소득 논의에서 좌파는 시민들이 취업에 의존하지 않아도 될 만큼 기본소득이 충분해야 한다고 하는 반면, 우파는 저임금 일자리도 순순히 받아들일 수준에서 기본소득이 낮게 지급되어야 한다고 본다.

한국에서 정치권이 기본소득에 관심을 갖는 것은 고무적이다. 하지만 보수 정치세력이 기본소득을 경기 부양책 정도로 여겨, 낮은 수준의 기본소득을 도입하는 대신 공공복지를 축소 내지 폐지하자고 주장할 가능성도 있다. 이것은 기본소득의 취지에 역행한다. 가령 대표적인 공공복지 영역인 의료, 교육에서 공공성을 줄이고 상품화한다면 기본소득을 받아 병원비와 교육비로 다 쓰게 될 수 있고 그러면 불평등이 더 커진다.

기본소득이 도입되면 기존 현금 급여인 기초생활수급자 생계급여, 양육수당, 기초노인연금 등은 기본소득에 통합할 수 있다(물론, 도입되는 기본소득 액수가 이 급여보다 클 경우에만). 그러나 의료, 교육, 보육, 주거 등의 영역은 현금 기본소득의 도입과 무관하게 필수 공공재로 여겨야 하며 공적 보장 수준을 지속적으로 높여야 한다. 지난 2016년 7월 9일 서울에서 열린 기본소득지구네트워크 총회에서도 이 점을 확인했다. 기본소득은 선별적이고 잔여적인 복지 시스템을 대신하고자 하지만, 보편적인 공공복지 및 사회보장과는 함께 갈 수 있으며 또 함께 갈 때에만 시민의 삶의 질을 높일 수 있다.

4. 어떤 기본소득이어야 하는가? 재원 마련은 가능한가?

기본소득의 재원을 마련하는 방안으로 공유 자원의 이용 수익을 배당하는 방식, 국가가 특별 화폐를 발행하는 방식 등 여러 제안이 있다. 그럼에도 가장 중요한 방안은 역시 증세다. 세금을 많이 걷어 높은 수준의 기본소득을 줄 것인가, 적게 걷어 낮은 수준의 기본소득을 줄 것인가는 정치적 결단의 문제다. 단 낮은 기본소득으로 시작하면서 기본소득을 지지하는 이해관계자 동맹을 만들 수 있다면 높은 기본소득으로 빠르게 이행할 수도 있다. 경기도 성남시 청년배당이 소액임에도 불구하고 청년과 지역 상인의 튼튼한 지지를 확보해가는 것을 눈여겨보아야 한다.

1인당 매달 30만 원의 기본소득을 줄 경우, 필요한 예산은 연간 약 180조 원이다. 강남훈 한신대 교수의 연구에 따르면, 총조세부담률(조세 및 사회보험 부담 비율)을 현재 국내총생산GDP 대비 25% 수준에서 35% 수준으로 올리면 약 150조 원을 더 만들 수 있다. 기본소득에 통합할 수 있는 기존의 연금, 수당, 보조금 예산을 여기에 합치고, 토건이나 무기산업에 드는 예산을 절감해서 남는 돈을 합치면 30만 원 기본소득은 충분히 가능하다. 국내총생산 대비 35%의 총조세부담률은 OECD 국가의 평균 정도다. 좀더 욕심을 내서 총조세부담률을 아예 북유럽 국가 수준으로, 즉 국내총생산 대비 50%까지 올리면 약 360조 원이 생긴다. 이 돈이면 1인 가구 최저생계비에 조금 못 미치는 월 60만 원 기본소득을 온 국민에게 지급할 수 있다.

증세처럼 민감한 이슈를 너무 쉽게 이야기하는 것일까? 그럴지도 모른다. 하지만 좌파든 우파든 복지국가를 이야기하면서 증세를 회피한다면 그것은 그루터기에 앉아 토끼가 달려와 바위에 부딪쳐 죽어주기를 기다리는 것과 같다. 증세를 한다면 조금 올리나 많이 올리나 납세 저항이 생기는 건 마찬가지다. 시대적 소명 의식을 느끼는 정치인이라면 국민 대다수가 자기가 낸 세금보다 더 큰 기본소득을 받을 수 있도록 제도를 설계하고, 이를 가지고 국민을 끈질기게 설득해야 한다. 배짱 있는 정치세력이 재벌과 소수 기득권층을 한 편으로 하고 다수 노동자와 서민의 기본소득 동맹을 한 편으로 하는 정치 구도를 짠다면, 기본소득 동맹의 집권은 불가능한 일이 아니다.

재원, 국민적 합의, 기존 복지 제도와의 관계 등 어느 하나 기본소득을 둘러싼 논점 가운데 쉬운 게 없다. 하지만 기술 혁명은 이미 노동 없는 미래를 기정사실로 만들고 있고, 실업과 궁핍에 처한 대중은 증오로 무장한 극우 정치세력에 언제든 이끌릴 위험이 있다. 무너지는 사회에 함께 깔릴 것인가, 기본소득이라는 대안으로 사회를 새롭게 할 것인가? 프랑스 대혁명기의 혁명가 당통의 말을 기억하자. 과감하라, 과감하라, 더 과감하라!

인공지능 시대
기본소득은 우리의 권리

강남훈(한신대 경제학과 교수, 기본소득한국네트워크 대표)

알파고가 이세돌을 이겼을 때 많은 사람이 충격을 받았다. 인공지능이 사람의 지능적 작업을 대체할 수 있다는 것이 정말로 드러났기 때문이다. 컴퓨터와 인터넷으로 제3차 산업혁명이 시작된 지 얼만 안 된 것 같은데 인공지능, 로봇, 사물인터넷, 빅데이터 등이 중심이 된 제4차 산업혁명이 전개되고 있는 것이다.

【감소하는 일자리】

가장 걱정되는 것은 일자리 감소다. 옥스퍼드 대학교의 연구 보고서는 현존하는 직업의 47%가 인공지능에 의해서 사라질 가능성이 높다고 전망하였다. 호주의 청년 일자리 보고서는 현재 청년들이 진출하는 직업의 70%가 자동화에 의해서 심각한 영향을 받을 것이라고 전망하였다.

인공지능에 의해서 생겨나는 직업도 있을 것이므로 크게 걱정할 필요가 없다고 주장하는 학자들도 있다. 이들은 지금까지 산업혁명을 거치면서 일자리가 줄어들지 않았다고 말한다. 농업에서 일자리가 줄었지만 제조업에서 일자리가 생겨났고, 제조업 일자리가 줄어들자 서비스업에서 일자리가 생겨났다는 것이다.

그러나 이런 전망은 지나치게 낙관적이다. 2016년 세계경제포럼 보고서는 이러한 주장을 검토하기 위하여 없어질 일자리와 더불어 생겨날 일자리를 모두 조사해보았다. 그 결과 선진 15개국에서 2020년까지 710만 개의 일자리가 사라지고 200만 개의 일자리가 생겨나서, 전체적으로 일자리 510만 개가 감소할 것으로 추정하였다.

3~5년 뒤 자율주행 자동차가 상용화되면 사람들은 놀라운 광경을 목도하게 될 것이다. 미국의 예만 들더라도 우선 트럭 운전사 350만 명이 일자리를 잃을 것이다. 다음으로 인공지능은 먹을 필요

도 잘 필요도 없으므로, 운전사들이 쉬어 가던 패스트푸드 업소도 타격을 받을 것이다. 이렇게 해서 주유소, 세차장, 오일 교환 업소, 타이어 교환 업소, 면허 시험장, 검사장, 주차장 등 180여 종류의 일자리가 소멸될 수 있다. 고용의 10%에 해당되는 사람들의 일자리가 위협을 받게 될 것이다. 교통경찰관마저도 일자리를 잃을 것이다. 자율주행 자동차 하나만 가지고도 실업률이 10%나 늘어나게 된다.

인공지능으로 인해 일자리가 없어지면 기본소득이 필요해진다. 첫째로 기본소득은 사람들의 생존을 보장하기 위해서 필요하다. 사람들의 생존을 꼭 보장해야 할까? 사람들은 필요가 없어지면 조용히 사라지는 존재가 아니다. 실업자가 늘어나면 사회가 점점 불안해지고 결국에는 폭동이나 테러가 일어나게 될 것이다. 둘째로 기본소득은 경제가 순환되도록 하는 데 필요하다. 인공지능이 아무리 많은 물건을 만들더라도 살 사람이 없으면 기업의 이윤은 늘지 않는다. 인공지능은 사람처럼 소비하지 않는다. 사람들에게 기본소득을 보장해서 부족한 수요를 늘릴 필요가 있다.

【강화되는 소득 양극화 현상】

인공지능으로 인해 일 자체가 없어지더라도 다른 일자리가 있으면 괜찮지 않을까? 그렇지 않다. 자본주의가 시작된 이래로 수백 년

〈그림 1〉 미국에서 계층별 소득 증가율(1979~2011)

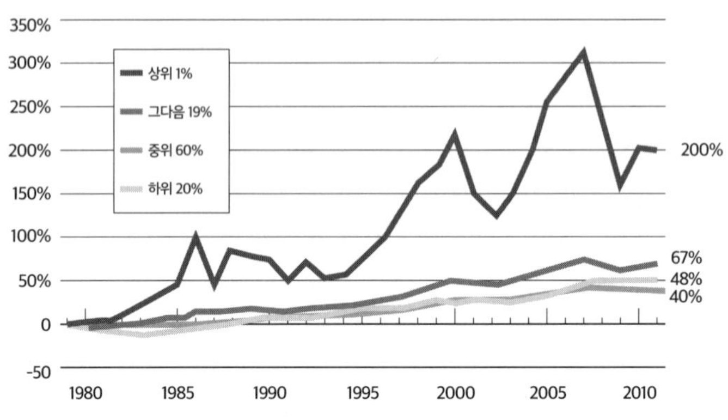

자료 출처: 미국 CBO

동안 경제가 성장하면 평균 노동자들의 소득도 증가해왔다. 웬만한 일자리만 있으면 중산층으로의 꿈을 간직하고 살 수 있었다. 그러나 1980년대 이래로 사정이 바뀌었다. 경제가 성장하더라도 노동자들의 소득은 늘어나지 않았다.

〈그림 1〉을 보면 1979년부터 2011년 사이 32년 동안 중산층 60% 노동자의 소득은 48% 증가하는 데 그쳤지만, 상위 1%의 소득은 200%나 증가하였다. 인공지능이 본격적으로 도입되면 이런 경향은 더욱 두드러질 것이다.

소득 양극화는 우리나라도 아주 심각하다. 〈표 1〉은 김낙년 교수가 국세청 자료를 이용해서 추정한 연간 통합소득의 분포이다. 이 표에 나오는 전체 소득자를 모두 합하면 약 3,100만 명이 된다. 2천

<표 1> 우리나라 소득자의 연간 통합소득 분포(2010)

소득 구간(원)	소득자 수(명)	소득 구간(원)	소득자 수(명)
~1백만	3,302,921	5천만~6천만	693,961
1~5백만	6,576,162	6천만~7천만	433,976
5백만~1천만	5,216,319	7천만~8천만	271,454
1천만~2천만	6,004,182	8천만~9천만	222,709
2천만~3천만	3,579,185	1억~2억	463,407
3천만~4천만	2,095,830	2억~3억	62,540
4천만~5천만	1,377,227	3억~5억	25,733
5천만~6천만	877,043	5억~	16,806

자료: 김낙년(2014)

만 원 이하의 소득자를 모두 합하면 약 2천 1백만 명으로 전체 소득자의 약 70%가 된다. 2천만 원 이상의 소득자라면 상위 약 30%에 속하는 것이다.

이처럼 극심한 소득 양극화는 두 가지 경향이 겹친 것이다. 하나는 자산소득과 근로소득 사이의 격차이다. 다른 하나는 근로소득 내에서 정규직과 비정규직 사이의 격차이다. 앞으로 인공지능이 본격적으로 도입되면 이러한 격차는 더욱 심해질 것이다. 대대적인 소득 재분배가 필요하다. 저소득층뿐만 아니라 중산층에도 소득 재분배가 필요하다. 기본소득이 바로 그러한 정책이다.

【불안정한 일자리】

인공지능은 아직 본격적으로 일자리를 없애지는 않고 있다. 그러나 이미 일자리를 불안정하게 만들고 있다. 일자리 불안정성의 대표적인 지표는 정규직과 비정규직의 양극화이다. 우리나라도 어느새 전체 근로자의 절반이 비정규직이 되었다. 비정규직의 임금은 정규직 임금의 절반밖에 되지 않는다. 산업재해도 비정규직에 집중된다. 구의역 안전문 사고와 남양주 건설 현장 사고의 희생자들은 모두 비정규직이었다. 앞으로 인공지능 로봇이 도입되면 소수의 지식 노동자를 제외하고서는, 인공지능 로봇보다 더 싼 임금으로 일하려는 사람에게만 일자리가 제공될 것이다. 불안정 노동자의 비율은 더욱 증가할 수밖에 없다.

영국은 1996년 0시간 계약zero hour contract 제도를 도입하였다. 0시간 계약이란 근로 시간을 정하지 않고 고용주가 원하는 시간에만 일하는 계약을 말한다. 급여는 일한 시간에 비례해서 지급된다. 결국 근로자는 자기 주급이나 월급이 얼마가 될지 모른 채로 일을 하게 된다. 0시간 계약 근로자들은 2013년 20만 명 이하였는데, 2016년 90만 명으로 전체 고용의 3% 정도로 늘어났다.

미국 사람들은 이와 비슷한 경우를 기그gig 경제 또는 온디맨드on-demand 경제, 조금 공식적으로 디지털 매칭digital matching 경제 등으로 부른다. 모바일 앱이나 인터넷으로 근로 시간이 정해지는 경제이다. 이런 경제에서의 노동계약을 대체적 노동계약이라고 부른다. 우버, 에어비앤비 등의 나눔 경제sharing economy에 종사하는 근로자들이 대표적인 예이다. 한 연구에 따르면 2015년 대체적 노동계약은 미국 전체 고용의 16%를 차지한다. 조금 넓게 정의하면 미국 전체 근로자의 40%가 이미 기그 경제에 종사하고 있다.

0시간 계약, 기그 경제 등의 일자리는 다른 소득이 충분하다면 자유롭고 여가가 많은, 만족스러운 일자리일 수도 있다. 그러나 다른 소득이 없는 경우라면 극심한 소득 불안정에 시달릴 것이다. 이런 근로자들에게 최저임금 인상은 큰 도움이 안 된다. 시간당 임금이 올라가더라도 한 달의 소득이 최저생계비 이하일 수 있기 때문이다. 이런 근로자는 연금에 가입할 여유가 없으므로 젊었을 때에는 근근이 지낼 수 있지만 노인이 되면 궁핍에 시달리게 된다. 이와 같이 실업자뿐만 아니라 불안정한 근로자들에게 기본소득이 필요한 것이다.

【인공지능은 공유 자산】

한편으로 인공지능 경제에서 사람들은 기본소득을 필요로 한다. 다른 한편으로 인공지능 경제에서 사람들은 기본소득에 대한 권리를 가지고 있다. 즉 기본소득은 인공지능 시대에 모든 사람의 권리라고도 할 수 있다는 것이다. 인공지능의 아버지이면서 노벨 경제학상을 받은 허버트 사이먼은 일찍이 다음과 같이 말했다.

"소득의 90%는 다른 사람들의 지식을 활용한 것이다. 따라서 90%의 소득세율이 적절하다. 그러나 기업가에게 약간의 인센티브를 주기 위하여 70%의 세율로 일률적으로 과세하고 그 수입을 기본소득으로 나누어 갖자."

오늘날 인공지능이 어떻게 만들어지고 있는지를 보면 허버트 사이먼의 주장이 옳았다는 것을 알 수 있다. 몇 가지 예를 들어보자. 구글은 검색 엔진 하나로 세계적인 기업이 되었다. 다른 검색 엔진은 가능한 한 많은 사이트를 찾아가서 내용을 분류하고 판단하여 점수를 매겼다. 구글은 전혀 다른 접근 방식을 선택하였다. 검색 엔진이 스스로 좋다고 판단한 사이트가 아니라 사용자들이 자주 가고 오래 머무른 사이트에 높은 점수를 매겼다. 이것이 바로 구글 검색엔진이 세계를 제패하게 된 비결이다. 구글 검색 결과는 구글에서 검색하는 사람이 늘어날수록 좋아진다. 한 사람의 천재가 아니라 인터넷을 이용하는 수많은 사람의 행동이 똑똑한 인공지능을 만들어낸 것이다.

IBM은 컴퓨터에 문법과 단어를 가르쳐 자동번역을 하려고 했지만 실패했다. 구글은 전혀 다른 접근 방식으로 자동번역을 성공시켰다. 구글은 모든 책을 스캔해서 제공하겠다는 프로젝트를 시작하였다. 이 과정에서 성경처럼 전 세계 언어로 정확하게 번역된 책이 있다는 것을 알게 되었다. 만약 어떤 문장이 성경에 나온다면 정확한 번역이 가능할 것이다. 성경만이 아니었다. 캐나다와 유럽연합의 공문서는 여러 개의 언어로 정확하게 번역되어 있었다. 점점 더 많은 문장이 저장되면서 어느 순간부터 자동번역이 가능해졌다. 이와 같이 자동번역이라는 인공지능은 여러 책을 번역한 수많은 사람의 노고에서 비롯된 것이다.

인공지능을 만드는 데에는 하드웨어, 알고리즘, 데이터가 필요하다. 하드웨어의 발전이 인공지능 개발에 필수적이기는 하지만 결코 충분한 조건은 아니다. 최근 인공지능의 개발은 심층 학습 알고리즘이 주도하고 있다. 이 알고리즘은 빅데이터를 사용해서 학습하는 알고리즘이다. 그래서 인공지능을 만들기 위해서는 빅데이터가 필수적인데, 인터넷이라는 공유지가 빅데이터를 제공해주고 있다.

우리가 지금 쓰는 인터넷은 월드와이드웹www이라고 불린다. www는 팀 버너스리라는 사람의 발명품이다. 만약 그가 www에 특허료를 받았다면 빌 게이츠보다 더 부자가 되었을 것이다. 그러나 그는 "내가 아니라 세상을 부유하게 하자"라는 말과 함께 인터넷을 사람들에게 선물로 주었다. 그는 최근 케인스 상을 받았는데, 케인스의 후손인 수마야 케인스가 "당신도 기본소득을 지지하는 컴퓨터 과학자에 속하는가?"라고 질문을 했다. 그러자 팀 버너스리는 "기본소득은 기술이 가져온 불평등을 교정할 수 있는 수단으로서 단순하고 효율적이기 때문에 지지한다"고 대답하였다.

만약 그가 자신이 만든 www라는 공유지 위에 빅데이터가 쌓이고, 빅데이터로 인해서 인공지능의 개발이 가능해졌다는 것을 인식하였다면, 모든 사람이 기본소득에 대한 권리를 가지고 있다고 한층 더 강하게 말할 수 있었을 것이다. 인공지능 시대 기본소득은 우리의 권리이고, 사람들의 생존과 안정을 보장하여 사회 붕괴를 막는 수단이며, 수요를 확충하여 경제를 지속가능하게 만드는 핵심적인 제도가 될 것이다.

노동운동과 기본소득, **새로운 사회로 나아가는 상상력**

안효상(기본소득한국네트워크 상임이사)

모두에게 무조건적으로 주어지는 기본소득은 일견 노동운동의 목표나 전제와 충돌하는 것으로 보인다. 19세기 중반을 거치면서 태동한 현대적 의미의 노동운동의 기본적인 목표는 제대로 된 일자리를 확보하는 것과 노동의 대가로 정당한 임금을 받는 것이었다. 더 나아가 노동 자체를 신성하고 본질적인 것으로 바라보고, 이를 다른 계급과 구분되는 노동자의 속성으로 보기까지 한다. 이에 반해 기본소득은 다른 일을 하건 하지 않건 혹은 노동을 할 의사가 있건 없건 간에 주어지는 것이다. 이런 점에서 최근까지 많은 나라의 노동운동 진영이 기본소득이라는 아이디어에 별다른 관심을 표시하지 않았고, 반대하는 경우도 많았다는 것은 이해할 만한 일이다.

하지만 제대로 된 일자리를 얻고 더 많은 임금을 받는 것이 그 자체로 노동운동의 목표라고 볼 수는 없다. 노동운동은 더 나은 경제적 조건을 얻는 것을 통해 '인간다운 삶'과 '시민으로서의 삶'을 추구했다. '8시간 노동' 쟁취부터 이어지는 노동시간 단축 운동과 영국의 차티스트 운동처럼 참정권을 얻고자 했던 운동은 이를 잘 보여주는 것이다. 이렇게 보면 노동운동과 기본소득이라는 아이디어는 인간적 정의와 시민적 정의를 추구한다는 점에서 다르지 않은 목표를 가지고 있다.

그럼에도 최근까지 노동운동과 기본소득 운동은 쉽게 만나기 어려운 주제이자 주체였다. 제2차 세계대전 종전과 냉전을 배경으로 한 20세기 후반의 노동운동은 완전고용, 높은 임금, 사회복지 등을 목표로 했고, 실제로 이를 달성하기까지 했다. 따라서 일자리 외부의 소득에 대해서는 큰 관심을 가질 수 없었다. 물론 자본주의 황금기라 불리는 장기 호황을 배경으로 한 이런 성취로 인해 노동운동은 자본주의 역사상 가장 평등한 사회를 만드는 데 기여했다. 하지만 이러한 성취는 1970년대 이후 자본주의의 양상이 달라졌을 때 새로운 전망을 여는 데 걸림돌이 되기도 했다. 다시 말해 변화된 조건을 인식하지 못하고 직전에 자신이 얻었던 성취를 다시 보존하는 데만 관심을 보였다는 것이다.

최근 들어 일부 노동조합(예컨대 미국의 전미서비스노동조합SEIU과 영국 노동조합회의TUC)이 기본소득을 주된 정책 목표로 삼은 것은 노동운동 내에 어떤 변화가 있다는 것을 말해준다. 그 변화란 일차적으로 더 이상 지난 반세기 이상 노동운동이 목표로 삼았던 완전고용이 불가능하다는 인식의 전환을 말한다. 이는 자본주의의 저성장, 산업 기술의 자동화 및 인공지능의 전면화 등의 전망에 기초한 것이다. 이런 가운데 더 정의로운 사회에 대한 전망 속에서 기본소득이 지평선 위로 떠오르고 있다.

【오늘날 노동의 조건과 노동운동의 현실】

오늘날 한국 노동자의 현실과 노동자들의 처지를 단적으로 말해주는 것은 높은 비율의 비정규직과 장시간 노동이다. OECD 기준을 적용할 때 한국의 비정규직은 22% 정도인데, 이는 OECD 평균의 두 배이다. 연간 노동 시간은 2,200시간 전후로 멕시코와 1, 2위를 다투고 있는 실정이다. 높은 비정규직 비율과 장시간 노동은 많은 노동자들이 저임금에 시달리고 있다는 것을 말해준다. 비정규직 평균 임금은 정규직의 절반도 되지 않는다. 그러니 저임금 노동자 비율이 25%가 넘어 OECD 최고 수준이라는 것은 당연한 일이다. 노동시간이 긴 것도 저임금과 관련이 있다. 예컨대 대기업 정규직 노동자가 높은 연봉을 받는 것은 사실이지만 이는 잔업과 특근을 통해 얻어지는 것이다. 이는 시간당 임금이 낮기 때문이며, 다시 이것은 낮은 최저임금과 연동되어 있다.

한국 노동자들의 이런 처지와 연관되어 있는 것이 낮은 노동조합 조직률이다. 간단히 말하면 조직률이 낮기 때문에 협상력이 현저하게 떨어진다는 것이다. 현재 노동조합 조직률은 10% 정도이다. 1987년 여름의 '노동자 대투쟁' 이후 1989년 20%에 근접했던 조직률이 'IMF 외환위기' 이후 줄어들기 시작해서 이제는 절반이 된 것이다. 신자유주의 시대에 노동조합 조직률이 낮아지는 것은 전반적인 경향이지만 한국은 특히 심한 경우이다. 60%대의 스웨덴과는 비교할 필요도 없고, 영국(27%), 그리스(24%), 독일(19%), 일본(18%)에 비해서도 현저하게 낮은 것이다. 전통적으로 조직률이 낮은 미국(11%) 정도만이 비교 대상이다.

이렇게 노동조합 조직률이 낮은 것은 반공 국가인 한국의 제반 악법과 행정 절차에 기인하는 면이 적지 않다. 하지만 근본적으로는 신자유주의의 일반적인 경향인 노동의 파편화 및 불안정화와 관련이 있다. 우선 산업 구조의 변동이 있다. '제3차 산업화'라고도 불리는 서비스업의 확대와 제조업의 축소는 노동 조건을 크게 바꾸었다.

여성 노동이 새롭게 대거 이 부문에 참가함으로써 관습적인 이유로 임금이 낮아졌다. 이는 다시 전반적인 임금 수준 하락의 원인이 된다. 두 번째로 근로계약은 임시직과 계약직 등 이른바 비정규 불안정 노동 형태 위주로 맺어졌다. 이는 가능하면 비용을 줄이고 단기 이익을 낼 수 있는 상황을 확보하기 위한 것이다. 끝으로 많은 노동자들이 하나의 현장에서 일하던 제조업과 달리 서비스업 현장은 분산되어 있고, 하나하나의 현장 규모도 매우 작은 편이다. 이렇게 신자유주의 시대 들어 노동조합을 조직할 수 있는 기반이 약화되었고, 이는 다시 기존 노동조합 운동에 부정적인 영향을 미쳤다.

기존의 노동조합 운동도 이런 상황 변화를 인식하고 새로운 노동자층을 조합 운동으로 조직하기 위한 노력을 기울였고 성과도 없지 않았다. 하지만 앞서 말한 신자유주의하의 노동 조건은 조직화의 커다란 걸림돌이었다. 게다가 더 큰 문제는 주로 공공 부문과 대기업의 정규직 노동자로 이루어진 기존 노동조합 운동과 새로운 불안정 비정규 노동자들 사이의 처지가 다를 뿐만 아니라 조건에 따라서는 대립적이기까지 하다는 것이다. 정규직 노동자들은 중요한 생산의 위치를 차지하고 있고, 조직화 수준이 높기 때문에 비교적 협상력이 높다. 이를 이용해서 이들은 자신들의 안정적인 일자리를 지키려 했고, 이는 경제 위기 및 산업 변동기에 비정규 불안정 노동자들을 희생하면서 이루어졌다. 꽤나 오래된 일이지만 현대자동차

노동조합이 구조조정기에 구내식당에서 일하는 비정규 여성 노동자들을 우선 해고하는 조건에 동의한 것이라든지 민주노총이 과거에 정리해고 등이 포함된 노동법 개악과 비정규법안에 사실상 동의한 것이 대표적인 예라 할 수 있다.

이렇게 노동 조건이 악화되고 일자리 자체가 불안정한 것이 현재의 노동 체제라 할 수 있다. 하지만 이것만이 아니다. 신자유주의의 또 다른 얼굴인 금융자본주의화는 자본주의하의 생존 조건인 고용 자체를 어렵게 하고 있다. 브레튼우즈 체제의 붕괴 속에서 본격적으로 등장한 오늘날의 금융자본주의는 가치의 창출이 아니라 가치의 이전을 통해 이윤을 얻고자 한다. 다시 말해 과거처럼 제조업 등 생산적인 곳에 투자해서 수익을 내는 게 아니라 다양한 파생상품의 예에서 알 수 있듯이 수탈 혹은 강탈에 의한 부의 이전을 통해 수익을 내려고 한다는 것이다. 이로 인해 명목상 경제가 성장한다 하더라도 고용은 창출되지 않는 '고용 없는 성장'이 나타나고 있고, 이런 일자리 부족은 노동자들의 처지를 악화하고 노동조합 운동을 약화하는 결과를 낳았다.

최근 들어 앞서 말한 것보다 더 커다란 변화, 즉 제4차 산업혁명이 눈앞에 닥쳐왔다. 이 혁명에는 여러 가지 요소가 들어 있지만 인간의 노동과 관련해서 가장 눈에 띄는 것은 인공지능의 발전과 전면화이다. 그리고 이것이 가져다줄 부정적인 충격은 인간의 일자리

자체가 사라진다는 것이다. 인간이 고되고 단조로운 노동에서 해방되는 것은 좋은 일이라 할 수 있지만, 고용노동을 통해서만 생계를 유지할 수 있는 현재의 조건에서 인공지능의 전면화는 대다수에게 암울한 미래로 비친다.

【기본소득이 노동운동에 미치는 효과】

모두에게 무조건적으로 소득을 보장해야 한다는 기본소득 아이디어는 크게 보면 두 가지 생각에 근거한다. 하나는 우리의 경제활동은 자연 및 인류의 유산에 의존하고 있는데, 이는 그 누구의 것도 아니고 모두의 공유이며, 결국 누구나 n분의 1만큼의 몫이 있다는 것이다. 따라서 여기서 나오는 산물의 일정한 부분을 모두에게 배당해야 한다는 것이다. 다른 하나는 모름지기 민주주의 체제라면 모든 시민이 정치적, 사회적, 문화적 생활에 온전하게 참여할 수 있는 물질적 조건을 보장해야 한다는 것이다. 다시 말해 국가 혹은 정치공동체가 모든 구성원의 기본적인 삶을 보장해야 한다는 것이다.

이렇게 본다면 서두에서 말한 것처럼 기본소득과 기존의 노동운동은 양립하기 어려운 것처럼 보인다. 하지만 인간적 정의와 시민적 정의의 추구라는 근원적인 동일성을 제외하더라도 노동의 조건이 바뀌면서 우리는 노동 자체에 대해 다시 사고하고, 이 속에서 기본소득과 만날 수 있는 지점을 찾을 수 있게 되었다.

우선 기존의 노동운동과 기성 질서는 고용노동만을 가치 있는 노동이라고 간주한다. 하지만 가사노동 논쟁에서도 알 수 있듯이 고용노동 이외의 인간의 모든 노동(혹은 활동)은 각기 고유하고 유의미한 가치가 있다. 가사노동만이 아니라 자원 활동도 마찬가지라고 말할 수 있을 것이다. 이렇게 노동의 범위를 확장할 경우 '일하지 않는 자 먹지도 말라'라는, 속류화된 근대의 노동 윤리에 기초하여 기본소득을 반대하는 논거는 사라지게 된다. '고용 없는 성장'이나 인공지능으로 인한 인간 일자리의 소멸은 이런 인식을 가능케 하는 강제적 상황이라 할 수 있다.

이런 상황에서 노동운동은 한편으로 제대로 된 일자리를 보장하면서도 다른 한편으로 삶의 기반으로서의 소득에 대한 관심을 기울여야 한다. 거시적인 관점에서 볼 때 일하고자 하는 모든 사람이 제대로 된 일자리를 얻기 위해서는 전체적으로 노동시간이 줄어들어야 한다. 그래야 '일자리 나누기'를 할 수 있기 때문이다. 하지만 노동시간 단축이 소득이 줄어드는 결과를 낳아서는 안 된다. 이를 위해 최저임금이 인상되는 한편 기본소득이라는 노동소득 이외의 소득이 필요하다.

기본소득이 주어질 경우 노동운동과 관련해서 나타나는 효과는 일차적으로 협상력의 강화이다. 기본소득 액수에 따라 달라질 수 있지만 기본적인 생활을 하는 데 필요한 기본소득이 주어질 경우 노동자들은 나쁜 조건의 일자리를 거부할 수 있는 힘을 얻게 된다. 물론 반대의 경우도 생각할 수는 있다. 기본소득이 있기 때문에 사용자가 낮은 임금을 주려고 할 수 있다는 것이다. 하지만 앞서 말한 것처럼 노동시간 단축 및 최저임금 인상과 함께 이루어질 경우 기본소득은 노동자들의 협상력에 긍정적인 방향으로 작용할 수 있다.

실업과 관련해서도 기본소득은 매우 인간적인 접근법이다. 오늘날 실업수당뿐만 아니라 대부분의 사회복지는 자산 심사나 노동 연계 방식이다. 이는 수급자로 하여금 자신이 무능력하다는 것을 증명하도록 하며, 경우에 따라 원하지 않는 일을 하도록 만든다. 이에 반해 기본소득은 아무런 조건 없이 주어지기 때문에 이런 식의 '낙인 효과'가 없다.

기본소득이 노동 및 노동운동과 관련해서 끼칠 수 있는 가장 근원적인 효과는 시간에 대한 자율적인 사용의 가능성을 열어준다는 것이다. 어떤 사람이 가사노동을 포함한 돌봄노동을 하건 자원 활동을 하건 아니면 노동시간을 줄이고 대신 자기가 원하는 그 어떤 일을 하건 그것이 강제된 시간이 아니라 자발적으로 선택하고 자율적으로 이용할 수 있을 때 그(녀)는 자유로운 인간일 수 있다.

많은 사람이 이야기하듯이 기본소득이 만병통치약은 아니지만 다른 몇 가지 정책과 결합했을 때 노동운동의 심원한 목표인 인간

해방으로 이어지는 길에서 중요한 이정표가 될 수 있다. 그것은 무엇보다 자신의 삶을 자율적으로 꾸려갈 수 있는 힘을 모두에게 주기 때문이다. 따라서 저성장과 제4차 산업혁명 시대에 노동운동은 다시금 근원적인 목표를 확인하고 이 위기를 새로운 사회로 나아가는 기회로 바꿀 가능성을 기본소득에서 찾을 필요가 있다.

빈곤과 불평등 **그리고 기본소득**

백승호(가톨릭대학교 사회복지학과 교수)

기본소득은 빈곤과 불평등 문제를 해결할 수 있는가? 이 질문에 답하기 위해서는 먼저 현대 사회의 빈곤과 불평등이 어디에서 비롯되고 있는지를 살펴볼 필요가 있다. 이 글에서는 두 가지 현상에 주목하고자 한다. 하나는 산업 구조의 변화에 따른 노동시장의 불안정성 확대이고 다른 하나는 변화된 노동시장의 위험을 기존의 사회보장 제도 특히 사회보험 제도가 적절히 포괄하고 있지 못하는 사회보장의 제도적 지체 혹은 정체 현상이다.

1960년대 이후 한국 사회의 경제적 성과나 1990년대 중반 이후의 급속한 복지 확대는 한편으로 보면 한국 사회의 안정성을 이야기해주는 듯하다. OECD 발표 자료에 따르면 1960년 1인당 명목 GDP는 605달러였고, 2015년에는 3만 4,549달러였다. 이는 한국의 압축적인 경제성장을 전형적으로 보여주는 수치이다. 경제적인 측면에서뿐 아니라, 복지국가의 성장 측면에서도 한국의 발전 속도는 놀랍다. 1997년 공공 사회복지 지출은 2.7%, 2000년 4.5%, 2016년 10.4%였다. 비록 한국의 공공 사회복지 지출 수준은 OECD 국가 중 최하위에 속하고 있어서 한국 복지국가가 가야 할 길은 여전히 멀지만, 지금까지 한국은 압축적 경제성장과 압축적 복지 발전을 경험해왔다고 할 수 있다.

그렇다면 삶의 질 또한 압축적으로 성장해왔는가? 그렇지 않다. 경제가 발전하고 국가 복지가 확대되고 있음에도 불구하고 한국인의 삶의 질은 나아지기는커녕 더 악화되고 있다. OECD에서 주거, 취업, 소득 등 11개 항목을 측정해 발표하는 행복지수를 보면, 2015년 한국의 행복지수는 조사 대상 38개 국가 중에 28위로 최하위권에 속해 있다. 웰빙 경험(삶의 만족도), 기대수명, 생태발자국지수 등으로 측정된 신경제재단NEF의 '지구촌 행복지수'는 전체 151개국 중 63위에 그쳤다. 뿐만 아니라 노동시장에서는 저임금(저임금 노동자의 비율 25.1%), 장시간 노동(연간 노동 시간 2,163시간), 산재 위험

(10만 명당 산재 사망자 수 18명) 등의 불안정성이 심화되고 있다.

또한 분배 구조는 개선되기보다 악화되어왔다. 한국의 공공 사회복지 지출이 확대되기 시작한 초기 시점인 2003년과 최근 2014년 사이의 빈곤과 불평등 지표들이 이를 보여준다. 2003년과 2014년 사이에 중위 경상소득 50% 기준 상대적 빈곤율은 16.9%에서 18.9%, 여성 빈곤율은 30.2%에서 33.2%, 노인 빈곤율은 46.1%에서 49.5%, 10분위 배율은 9.0에서 9.7로 더 나빠졌다(한국보건사회연구원, 「빈곤통계연보」, 2015). 복지의 확대에도 불구하고 빈곤과 불평등이 개선되고 있지 않는다는 것은 복지 제도가 제대로 된 재분배 기능을 수행하고 있지 못함을 의미한다. 한국 사회는 압축적 경제성장과 복지의 확대라는 허구적 안정성 이면에 불안정성이 일상화되어온 것이다.

그렇다면 왜 경제가 성장했어도 그 과실은 시민의 소득 수준을 높이는 방향으로 작동하지 못했고, 국가 복지가 확대되고 있음에도 불구하고 재분배 지표들은 악화되고 있는가? 이 문제를 해결할 수 있는 대안은 무엇인가? 이러한 질문들에 대해 다음에서 간략히 살펴보고자 한다.

【빈곤과 불평등 심화의 근본적인 원인은 무엇인가?】

1. 불안정 노동의 확대

빈곤과 불평등 심화의 근본적인 이유는 우선 노동시장 위험 구조의 변화에서 찾을 필요가 있다. 산업 구조가 제조업 중심에서 서비스경제로 전환되면서 나타난 가장 큰 특징은 표준적 고용 관계의 해체였다. 표준적 고용 관계의 해체는 노동계약에서 비전형적이고 유연한 고용을 확대해왔다. 한국을 비롯한 대부분의 자본주의 국가들은 1970년대 이후 산업 구조의 서비스경제화를 경험해왔다. 이러한 서비스경제로의 전환이 갖는 가장 큰 특징 중 하나는 표준적 고용 관계의 해체와 그로 인한 노동의 불안정성의 확대이다. 일반적으로 서비스 부문에서의 생산성은 매우 느리게 증가하는 반면, 제조업에서의 생산성은 기술 진보로 인해 급격히 증가한다. 결국 제조업에 비해 생산성이 낮은 서비스업에서 상대적으로 더 많은 노동력을 필요로 하게 된다. 그리고 제조업에서의 기술 발전으로 인해 줄어든 노동 수요는 저숙련 일자리가 많은 서비스산업으로 이동함으로써 서비스업에서 노동의 불안정성은 증가하게 된다. 서비스경제화의 진전은 일부 전문화된 생산자 서비스를 제외하면 주로 아웃소싱된 저임금, 저숙련 분야에서 주로 나타남으로써 하위 서비스 부문의 불안정성이 일상화된다.

2016년 3월 현재 불안정 고용의 전형인 비정규직 규모는 추정 방법에 따라서 32%에서 43.6%에 이른다. 두 기관의 추정 방식의 차이는 상용직이면서 임시 일용직을 비정규직 통계에 포함할지의 여부에 따라 달라진다(김유선, 「비정규직 규모와 실태」, 2016). 물론 임시 일용직은 고용 형태라기보다 종사상 지위에 해당하기 때문에 고용 형태인 비정규직 규모 추산에서 제외하는 방식이 타당할 수 있다. 그러나 고용의 불안정성에 주목한다면 임시 일용직 역시 불안정 노동 규모 추정에는 포함하는 것이 타당하다(이러한 논리에 따른다면, 혼란을 피하기 위해 정규직 중 임시 일용직을 포함할 경우에는 비정규직 규모보다는 '불안정 고용' 규모라는 용어가 더 적합하다). 정규직 중 임시 일용직을 포함할 경우 한국 사회의 불안정 고용 규모는 2001년 55.7%에서 2016년 43.6%로 감소하기는 했지만 여전히 50%에 가까운 임금근로자가 불안정한 고용 상태에 있다는 것은 매우 심각한 문제이다. 또한 비임금 근로자 특히 영세 자영업자들과 장기 실업 및 잠재 실업자의 고용 불안정까지 포함한다면 그 규모는 2002년 50.2%에서 2014년 51.3%로 증가 추세에 있다.

불안정 고용의 규모는 신규 채용 중 비정규직의 비율에서도 확인된다. 고등학교 및 대학 졸업 후 처음 얻은 일자리의 계약 기간이 1년 이하인 사람이 전체 청년층 일자리에서 차지하는 비율로 측정한 신규 채용률은 2006년 8.7%에서 2013년 21.2%로 급격하게 증가해왔다. 게다가 기존 통계에서 잡아내지 못하고 있는 가짜 자영업의 규모까지 반영된다면 불안정 고용의 규모는 더 증가할 것으로 예상된다. 여기에 청소 용역, 시설 관리 등 비정규직 아니면 아예 일자리를 구할 수 없는 업종이 증가 추세에 있으며, 대기업은 비용 절감을 위해, 중소기업은 불합리한 원청, 하청 구조 속에서 생존을 위해 비정규직 채용을 확대하고 있는 실정이다.

불안정한 고용계약 관계가 문제가 될 뿐 아니라, 노동시장에 진입하기를 포기하는 청년이 증가하고 있다. 2015년 청년 실업률은 9.2%로 1999년 공식 통계 집계 이후로 가장 높으며, 청년 니트NEET 비율은 18.5%로 OECD 평균 15.4%를 상회하고 있다. 취업 준비자, 구직 단념자 등을 포함한 청년 실질 실업률은 2014년 청년 공식 실업률 10.2%의 세 배보다 많은 30.9%에 달한다.(한국비정규노동센터)

이러한 불안정 노동의 확산은 우선 정규직과 비정규직 사이의 임금 격차를 확대시킴으로써 노동시장의 양극화를 초래하고, 저임금, 실업, 빈곤의 악순환을 양산한다. 노동의 불안정성이 심화되면서 유급 노동이라고 하는 것이 안정적이고 풍요로운 삶을 보장해주는 장치로 기능하기 어려워졌다. 따라서 빈곤과 불평등 확대의 근본적인 원인은 서비스경제로의 산업 구조 변화와 밀접하게 관련되어 있다는 분석은 주목할 만하다.

2. 사회보장의 제도적 지체(정체)

노동시장의 불안정성 확대로 인해 1차적 분배 구조가 악화되고 있음에도 불구하고, 전통적 복지국가는 이러한 변화에 적절히 대응해오지 못했다. 이것이 빈곤과 불평등 심화의 두 번째 이유이다. 노동시장 양극화가 확대된다 하더라도 유연안정성론에서 주장되고 있듯이 재분배 정책이 제대로 작동한다면 빈곤과 불평등 문제의 심각성은 완화될 수도 있다. 그러나 한국의 경우 주요한 재분배 정책인 사회보험이 지속적으로 확대되었음에도 불구하고 빈곤과 불평등이 완화되고 있지 못하다.

이는 사회보험 제도가 제대로 작동하고 있지 않다는 방증이다. 전통적 산업사회에서 사회적 위험을 통제하고 예방하는 기능은 사회보험 중심의 제도적 장치들을 통해 수행되었다. 사회보험 제도는 완전고용, 안정적인 표준적 고용 관계를 전제로 할 때 재분배 기능이 가장 잘 작동할 수 있다. 사회보험 제도가 제대로 작동하지 못하는 이유는 사회보험이 전통적 산업사회의 안정적인 표준적 고용 관계를 전제로 설계된 것과 관련되어 있다. 이러한 사회보험은 기계가 일자리를 대체하고, 기존 일자리들에서는 표준적 고용 관계가 해체됨으로써 불안정성이 확대되고 있는 변화된 노동시장의 사회적 위험을 해결하기에 근본적인 한계를 가지고 있다. 앞서 언급했듯이 전통적 산업사회는 서비스경제 사회로 접어들면서 표준적 고용 관계가 해체되어왔고, 완전고용 목표는 이미 화려한 과거가 되어왔다. 알파고의 예에서 볼 수 있듯이 로봇이 일자리를 대체하는 제4차 산업혁명이 지속적으로 진행되어왔고, 그 결과 고용 없는 성장이 지속되면서 노동자들의 장기 실업이나 불안정한 고용 이력이 일상화되어왔다.

불안정한 고용 이력뿐 아니라 삼각고용 관계, 가짜 자영업 등 전통적 산업사회에서의 지배적인 고용계약 관계에서는 흔하지 않았던 새로운 형태의 고용계약이 등장하고 있다. 한국 불안정 노동자들의 생애 노동 경험을 살펴보면, 저임금–실직–근로빈곤의 악순환에서 벗어나고 있지 못함을 발견할 수 있다. 여기에 불안정 노동은 짧은 근속 기간 및 사업체 생존 기간의 단속성, 가짜 자영업 등의 확산이 보편적으로 관찰된다. 이러한 노동시장의 구조적 변화와 불안정 노동의 확산은 사회보험 제도의 재분배 기능에 제약 요인으로 작용하고 있다. 우선 사용주들은 간접고용, 특수고용 등 표준적 고용 관계에서 벗어난 다양한 고용 형태를 활용함으로써 사회보험료 기여를 회피하려고 한다. 사회보험료 기여 회피의 방편으로 사용되는 이러한 새로운 고용 형태는 노동시장 변화와 사회보험 제도 간의 부정합을 만들어내는 전형적인 요인이다. 이러한 고용 형태의 확산은 노동시장에서의 임금 격차를 확대하며, 불평등 및 근로빈곤을 양산하는 주요한 통로이다. 특히 고용보험 제도는 가입자의 보험료 기여와 고용 이력에 따라 수급권이 주어지는데, 불안정한 고용 형태에 종사하는 노동자들은 짧은 고용 이력과 보험료 미기여가 일상화되어 있기 때문에 사회보험의 보호 밖에 존재할 가능성이 높다. 또한 저임금은 노동자들의 사회보험 기여 회피로 이어질 가능성을 높인다. 불안정 노동자들은 저임금으로 인해 사회보험료를 납부할 여력이 충분하지 않기 때문에, 사회보험료 기여로 인한 소득 상실을 선택하기보다는 보험료 기여 회피를 선택할 수밖에 없는 경우가 많다. 이는 자발적 기여 회피라기보다는 노동시장의 구조적 압력에 따른 강제된 선택이다.

노동시장에서의 사회보험에 대한 이러한 실질적인 배제뿐 아니라 법적인 배제도 간과할 수 없다. 한국의 사회보험법은 사업장 규모에서는 1인 이상 전 사업장을 포괄하는 방향으로 발전해왔지만, 고용 형태 측면에서는 새롭게 등장하는 불안정 노동자 계층을 포괄하지 못해왔다. 한국의 사회보험 제도는 500인 이상 사업장을 대상으로 1963년 산업재해보상보험법에서 출발하여 현재 1인 이상 사업장의 근로자와 사용자를 적용 대상으로 확대되었다. 그러나 일용노동자, 단시간 노동자, 특수 형태 고용노동자 등 불안정한 고용 형태에 놓인 노동자들은 여전히 사회보험법의 법적용에서 제외 대상자로 규정되어 있다. 그 규모는 국민연금, 국민건강보험, 고용보험에서 14% 수준에 이른다. 법적 배제의 규모가 사회보험료 미납 등 실질적 배제의 규모보다 적다는 점을 고려한다면 이는 결코 무시할 수 있는 수준이 아니다.

이러한 법적 배제는 다시 사회보험의 실질적 배제 수준에도 영향을 미친다. 2016년 3월 현재 국민연금(직장), 건강보험(직장), 고용보험에서 비정규직의 가입률은 각각 32.4%, 40.4%, 39.7%에 불과하다. 또한 실업자 수 대비 실업급여 수급자의 비율로 측정한 실업급여 수급률은 2005년 23.1%에서 2013년 42.7%로 증가하다가 다시 2014년 38.7%로 감소하는 경향을 보이고 있다. 뿐만 아니라, 이 통계를 통해 우리가 알 수 있는 것은 여전히 실업급여 수급을 받지 못하는 실업자의 규모가 60% 전후를 차지하고 있다는 점이다. 이것이 의미하는 바는 실업급여 지급 기간이 짧은 문제와 결합되어 고용보험 제도가 노동시장의 변화를 반영하지 못함으로써 재분배 기능을 충실히 수행하고 있지 못함을 보여주는 것이라 할 수 있다. 이렇듯 사회보험 제도가 재분배적 기능을 충실히 수행하지 못함으로써 발생하는 결과는 빈곤과 불평등의 심화라 할 수 있다. 그렇다면 앞서 언급했듯이 기본소득은 이러한 문제를 해결할 수 있는 대안이 될 수 있는가? 다음에서 이에 대해 다루도록 한다.

【기본소득과 빈곤 및 불평등】

이러한 빈곤과 불평등 심화 문제를 어떻게 해소할 수 있을 것인가? 가장 근본적인 치유책은 표준적 고용 관계의 해체로 인해 발생한 노동시장의 고용 불안정성을 해소하는 것이다. 또 하나의 해결책은 이러한 노동시장의 위험과 사회보장 제도의 부정합을 해소할 수 있는 새로운 대안적 복지 제도를 구상하는 일일 것이다. 그 대표적인 대안으로 논의되어오고 있는 것이 기본소득이다.

기본소득은 노동에 대한 의무 등 자격 조건에 대한 제한 없이 모든 개인에게 매월 일정액의 현금을 지급하도록 제안된 제도이다. 기본소득에 대한 기존 논의는 기본소득의 도덕적, 철학적 원칙에 관한 논의, 대안적 복지 제도로서 기본소득의 가능성에 대한 연구들, 기본소득의 사회경제적 효과에 대한 논의들로 구분할 수 있다.

기본소득의 사회경제적 효과를 분석한 연구들은 기본소득이 빈곤 및 불평등을 해소하는 데 중요한 수단이 될 수 있음을 보여주고 있다. 나미비아의 기본소득을 통해 빈곤율이 현저히 개선되었다는 사실, 배당 형태로 현금이 지급되고 있는 미국의 알래스카 주가 다른 주에 비해 빈곤율이 낮다는 사실 등은 기본소득이 빈곤을 감소시키는 데 기여할 수 있음을 보여준다. 어윈 가핑글과 치엔칭 후앙, 웬디 나이디히는 미국의 인구조사 자료를 활용하여 네 가지 기본소득 모델을 제시하고 이들의 소득 재분배 효과를 분석하였는데, 기본소득이 기존의 복지 제도보다 소득 재분배 효과가 더 크다는 것을 실증적으로 보여주었다. 김교성은 가핑클, 후앙, 나이디히의 방식을 차용하여 한국복지패널 조사를 분석함으로써 한국에서 기본소득의 소득 재분배 효과를 분석하였다. 분석 결과, 공적 이전소득은 시장소득으로 측정된 빈곤율을 54% 정도 낮추는 데 비해, 표준형 기본소득은 빈곤 완화 효과가 91%에 달함을 보여주었다. 또한 백승호의 연구는 조세 체제와 결합된 세 가지 기본소득 모델의 재분배 효과를 분석하였다. 분석 결과, 현행 복지 체제에 의한 재분배 효과보다 세 가지 기본소득 모델이 모두 소득 재분배 효과가 큼을 실증적으로 보여주었다.

기본소득은 생산적 노동을 조건으로 지급되지 않는다. 생산적 노동을 조건으로 하지 않는다는 말은 한 개인이 기본소득을 수급하기 위해 그에 대한 조건으로 임노동 계약관계에 있지 않아도 됨을 의미한다. 현행의 복지 제도들은 대부분 생산적 노동을 전제로 한다. 사회보험 특히 고용보험은 고용된 기간이 길수록 실업급여의 소득대체율이 높다. 공적 연금은 가입 기간과 보험료 기여가 급여와 연계되어 있다. 공적 연금의 가입 기간과 보험료 수준은 장기적이고 안정적인 고용과 상관관계가 높기 때문에, 공적 연금 역시 생산적 노동과 밀접하게 관련을 갖는다. 그러나 앞서 지적하였듯이,

표준적 고용 관계의 해체는 짧은 근로 지속 기간과 저임금을 특징으로 한다. 이는 실업이나 은퇴라는 소득 상실에 직면했을 때 사회보험을 통한 적정 수준의 소득 보장이 어려울 수 있음을 의미한다. 그러나 기본소득은 생산적 노동을 전제로 하지 않기 때문에, 근로 여부와 관계없이 일정 수준의 소득을 보장해줌으로써 빈곤과 불평등 문제의 해결에 긍적적으로 작용할 수 있다.

또한 생산적 노동을 전제로 하지 않는 기본소득은 노동자들이 사회복지 급여를 수급하기 위해 저임금 노동시장으로 내몰리지 않도록 할 수 있다. 이를 통해 기본소득은 노동자들이 더 좋은 일자리를 찾을 수 있는 준비 기간을 충분히 보장해줄 수 있다. 노동자들은 자신의 숙련 수준을 향상시키기 위해 직업 훈련에 투자할 여력이 생기고, 숙련 수준이 높아짐에 따라 더 좋은 일자리로 이동할 가능성이 높아진다. 또한 노동자들은 저임금을 제안하는 일자리를 거부하고 자신의 숙련 수준에 적합한 임금 보상을 요구할 수 있는 협상력을 확보할 수 있게 된다. 결국 기본소득은 저임금 노동을 줄임으로써 빈곤과 불평등의 해소에 기여할 수 있다.

특히 기본소득은 여성의 빈곤화 문제를 해결하는 데 기여할 수 있다. 기본소득은 여성들에게 저임금을 거부할 수 있는 경제적 여력뿐 아니라, 노동시장에서의 불안정한 근로 조건에 저항할 수 있는 도구를 제공해줌으로써 여성의 빈곤화 문제를 해소하는 데 기여할 수 있다. 이는 서비스경제 사회에서 불안정 노동에 종사하는 여성의 비율이 매우 높아지고 있다는 사실에 비추어 볼 때 중요한 함의를 가진다.

【기본소득, 개인의 실질적 자유가 보장되는 첫걸음】

지금까지 기본소득의 필요성을 노동시장의 불안정성 확대라는 측면에서 조망하였고, 기본소득의 빈곤과 불평등 감소 효과에 대한 기존 연구들을 살펴보았다. 기본소득은 사회보험 중심의 포디즘적 생산 체제에 기반을 두고 있는 기존의 소득보장 제도가 가지는 한계를 극복하고 재분배 기능을 극대화할 수 있는 대안적 소득보장 전략으로의 유용성이 있다.

전통적 산업사회에서는 한편으로 포디즘적 생산 체제의 완전고용과 수요관리 경제정책이 그리고 다른 한편으로는 사회보험 중심의 복지 제도가 서로 정합적이고 상호보완적으로 작동해왔다. 그러나 1970년대 경제위기 이후 자본의 급속한 세계화, 기술 혁신 등으로 산업 구조는 급격하게 변화해왔다. 이러한 산업 구조의 변화는 포디즘적 자본 축적 체제 붕괴, 표준적 고용 관계의 해체로 이어졌다. 그러나 사회 정책은 여전히 전통적 산업사회의 사회보험 체제에서 크게 벗어나지 못하고 기존 제도에 대한 미시적 조정에만 머물러 있었다. 그 결과 사회보험은 변화된 노동시장의 위험을 충분히 포괄하지 못하였다. 이러한 사회보장의 제도적 지체 또는 정체 현상으로 결국 노동시장에서의 불안정성을 해소하지 못하고, 사회보장 제도는 그 본연의 재분배적 기능을 충분히 수행하고 있지 못하다. 이에 대한 대안적 소득보장 전략으로 제안되고 있는 것이 기본소득이다.

기본소득은 빈곤 및 불평등 문제 해결에 주요한 실마리가 될 수 있다. 뿐만 아니라 기본소득이 빈곤과 불평등을 줄임으로써 개인의 실질적 자유가 확대될 수 있다는 점에도 주목할 필요가 있다. 빈곤은 자유를 보장해주지 않는다. 충분한 소득 보장이 없고, 소득 보장과 노동이 연계된 상태에서 개인들은 생존을 위해 노동시장에 종속될 수밖에 없다. 적정 수준의 소비 능력 부족은 지역사회로의 통합에 장애물로 작용함으로써 또한 개인의 자유를 제약할 것이다. 기본소득 보장을 통해 모든 시민의 물질적 기본 조건을 보장해줌으로써 빈곤을 제거하는 것은 개인들의 실질적 자유를 보장하기 위한 첫걸음으로서 더 의미가 있다.

물론 우려의 목소리도 있다. 기본소득이 만병통치약이 아닌 것도 분명하다. 어느 정도 수준의 기본소득을 보장하느냐에 따라 기본소득과 탈빈곤 그리고 실질적 자유의 성취 수준은 달라질 수 있다. 적정 수준의 완전한 기본소득이 이루어지기 전까지는 기본소득이 기존의 사회보장을 완전히 대체하는 것도 타당하지 않다. 따라서 기존 사회보장 제도와의 관계를 어떻게 설정해야 하는지도 매우 중요하다. 기본소득에 대한 좀더 활성화된 논의들은 이러한 문제들을 해결하고 더욱 나은 삶, 개인의 실질적 자유가 보장되는 사회를 향한 첫걸음이 될 수 있을 것이다.

기본소득과 **생태적 전환**

금민(정치경제연구소 '대안' 소장)

1960년대 말과 1970년대 초 미국에서의 기본소득 논의가 소강 상태에 접어든 후, 현대적 기본소득 논의의 불을 지핀 곳은 1980년대의 유럽이었고 생태주의자들이 논의를 이끌었다. 대표적인 인물들로 앙드레 고르, 토마스 슈미트, 미하엘 오필카, 게오르크 포브루바 등이 있는데, 그중 앙드레 고르는 임금노동시간의 축소와 자유로운 활동의 증대가 탈성장에 기여할 것이라는 가정과 함께 기본소득을 정당화했다. 1986년 기본소득유럽네트워크의 창립을 이끈 필리프 판 파레이스도 생태주의적 배경을 가지고 있었다. 오늘날의 기본소득 논의에서 불안정 노동, 수요 부족과 저성장, 인공지능과 제4차 산업혁명 등이 차지하는 역할만큼 당시의 논의에서 생태적 논거가 차지하는 역할은 지대했다. 이와 같은 깊은 연관성에도 불구하고 기본소득에 대한 생태주의적 염려는 여전히 일소되지 않았다.

특히 최근에는 불안정 노동의 확산과 소득 부족, 부채 의존 성장과 세계 경제의 장기 침체, 급속도로 진행되고 있는 인공지능 혁명과 일자리의 미래 등이 기본소득의 논의 배경이 되면서 생태주의적 염려는 새로운 방식으로 등장하고 있다. 극단적으로 표현하자면, 기본소득이 경기회복을 이끌 것이며 자본주의적 생태 파괴를 되풀이하게 하는 경로가 될 것이라는 염려이다. 또는 생태세로 거두어들인 재원은 기본소득이 아니라 녹색기술 개발에 사용해야 하지 않을까라는 이견도 있다. 기본소득의 효과에 대한 오해에서 비롯되는 이러한 염려들을 불식하고 기본소득 도입이 생태적 전환을 이끌게 된다는 점을 보여주는 것이 이 글의 목표이다.

【성장주의 시대의 종결】

자본주의 경제의 목적은 더 많은 이윤이며, 더 많은 이윤을 위해서는 더 많은 성장이 필요하다. 그렇다고 성장이 늘 순조롭게 이루어진 것은 아니다. 자본 간의 경쟁은 기술 혁신을 낳고 기술 혁신은 실업의 증가로 이어진다. 일자리가 줄어들어 유효 수요가 부족해지면 공황에 빠진다. 하지만 공황기에도 성장의 강제는 마찬가지로 작동한다. 물건이 팔리려면 일자리가 늘어야 하고 노동자의 구매력이 향상되어야 한다. 결국 추가적인 설비 투자가 필요하다. 1930년대 공황기에 등장한 뉴딜 정책은 이 역할을 공공 투자가 담당한 경우이다. 대공황에 대한 해결책으로 등장한 케인스주의는 일자리와 임금소득의 안정을 통해 자본의 안정적 축적을 보장해주는 수요 중심적 성장 정책이었다.

대공황 이전과 이후가 크게 달라진 것 같지만 변하지 않은 사실이 있다. 자본주의 체제의 유지를 위해서는 성장이 반드시 필요하다는 사실이다. 케인스주의적 전환과 관련하여 주목할 점은 자본과 노동의 성장주의적 동맹이다. 즉 산업적 성장은 단지 자본의 이윤 추구만이 아니라 일자리와 임금소득의 유지를 위해서도 반드시 필요했다는 점에 주목해야 한다.

1980년대 이후 신자유주의에서는 자본 축적의 중심이 금융과 서비스 영역으로 이동하고 중심국의 탈산업화가 진행되었다. 하지만 전 지구적 수준에서 탈산업주의를 말하기는 어렵다. 정반대로 세계화에 의하여 저개발 국가의 급격한 산업화와 급격한 인구 팽창이 이루어졌다. 중심국에서도 부의 불평등은 유례없이 늘어났지만 저소득층 소비가 줄어든 것은 아니다. 은행은 저소득층에도 가계대출을 해주었고 부채 의존 소비로 경제가 유지되었다. 중국은 세계의 공장이 되었고 중심국의 저소득층 소비는 자국 안에 공장을 가지고 있던 시절보다 훨씬 긴 탄소발자국과 생태발자국을 가지게 되었다. 중심국의 부채 의존 성장과 개발국의 수출 주도 성장이 맞물려 돌아가던 세계 경제는 2008년 이후 중심국의 버블경제가 붕괴하면서 파국에 빠졌다. 중심국의 소비 축소는 수출 주도 성장을 하던 신흥개발국도 침체의 늪에 빠뜨렸다. 양적 완화와 같은 비전통적 통화정책을 사용해도 여전히 세계 경제는 침체로부터 좀처럼 헤어나지 못하고 있다.

장기 침체의 조건에서 기본소득의 효과는 가계소득의 토대를 만들어주며 부채 의존 소비를 벗어나게 한다는 점이다. 물론 이러한 설명에는 생태적 관점이 전혀 드러나지 않으며 새로운 방식의 케인스주의라는 비판에 직면할 수 있다. 소비를 부양하는 반생태적인 해법이라는 염려도 생긴다. 물론 그러한 염려는 오해에서 비롯된 것이다. 오히려 기본소득은 고용 확대와 자본의 안정적 축적이 함께 이루어지던 성장주의 시대가 끝났다는 사실을 표현한다. 즉 설비 투자 확대로 일자리를 늘릴 수 있는 시대가 더 이상 아니기 때문에 노동과 무관한 기본소득의 도입이 필요해진 것이다.

이미 오래전부터 산업적 성장은 근본적인 생태적 한계에 직면했다. 게다가 제4차 산업혁명과 맞물린 설비 투자는 괜찮은 일자리를 늘리는 대신에 오히려 일자리를 줄일 것이다. 금융 부문에 몰려 있는 자본을 산업 생산으로 돌려 일자리를 만들 수 있다는 가정도 세계 경제의 장기 침체기에는 더 이상 유효할 수 없다. 장기 침체, 생태적 한계, 기술 혁신과 고용의 반비례 관계는 기본소득이 도입될 수밖에 없는 시대적 상황을 말해준다. 이와 같은 상황에서 자본주의를 유지하려면 역설적으로 노동과 소득의 연관성을 느슨하게 하고 노동 연계 복지 대신에 기본소득을 도입할 수밖에 없을 것이다. 이러한 과정은 자본주의가 역설적으로 자신의 토대인 임금노동에 대한 경제적 강제를 느슨하게 하는 과정이며 임금노동을 자유로운 활동으로 해방시키는 과정이 될 것이다. 여기에서 탈성장과 탈자본주의가 만나게 된다.

【탈성장과 기본소득】

신자유주의는 고용 없는 성장 시대였다. 그런데 제4차 산업혁명은 더 많은 일자리를 줄일 것이다. 고용 감소의 규모에 대해서는 예측이 갈리지만 온디맨드on-demand 경제가 대두되고 임시 계약직 고용 구조가 확대될 것이라는 전망은 널리 받아들여진다. 이러한 시대에 안정적인 일자리를 만들 수 있는 유일한 방법은 노동시간 단축뿐이다. 더 많은 사람에게 안정적인 일자리를 공급하려면 안정적인 일자리의 노동시간을 줄여가는 수밖에 없다. 일자리의 희소성에서 근거를 얻을 수 있는 기본소득의 효과는 역설적으로 일자리를 만드는 노동시간 단축을 지원해야 한다는 점에서도 찾을 수 있다. 또한 노동시간 단축의 관점에서 보면, 기본소득은 국민총소득의 일정 부분을 평등 분배하는 것만이 아니라 노동시간, 재생산 시간, 여가 시간 등 사회적 시간의 재분배를 의미한다. 노동시간 단축을 지원하면서 온디맨드 경제의 불안정한 소득 기반을 보충하려면 기본소득 도입이 불가피할 것이다.

이와 같은 과정이 생태적 전환과 어떻게 연결되는가를 따져보자. 기본소득은 사회 전체의 총노동 시간의 단축에 기여할 것이다. 하지만 총노동 시간의 단축이 반드시 생태적 탈성장을 의미하는 것은 아니다. 물질적 생산에 필요한 인간 노동의 총량은 기술 혁신과 더불어 줄어들어왔다. 그럼에도 기술 혁신이 반드시 생태적 부담을 줄여온 것은 아니다. 기술 혁신은 인간 노동의 투입을 줄이겠지만 더 많은 물질적 생산으로 더 많은 생태 부담을 만들어낼 수도 있다. 결국 노동시간 단축으로부터 필연적으로 생태적 전환으로 이어지는 단선적인 연결 고리는 없다. 기본소득과 생태적 전환에 대해서도 마찬가지이다. 하지만 단선적인 인과관계가 없다고 아무런 연관관계가 없는 것은 아니다. 생태적 전환은 포괄적인 경제체제의 전환이며 기본소득의 의의도 이와 같은 전환에 대한 유용성의 관점에서 판단되어야 한다.

생태주의의 문맥에서 생태적 전환은 곧 탈성장이다. 그렇기에 탈성장의 개념부터 명확하게 할 필요가 있다. 일단, 탈성장은 화폐량으로 표시되는 국민총생산의 증감과 무관하다. 생태적 전환은 자원 소비량의 축소와 생태파괴적 생산의 중단을 뜻하고, 자원 소비의 변동은 화폐량이 아니라 물리적 크기의 증감으로 표시되어야 한다. 예컨대 시점 T1과 시점 T2 사이의 석유 소비량을 비교하려면 석유 가격 총액을 비교할 것이 아니라 배럴로 표시된 채굴량을 비교해야 한다. 물리적 크기로서의 투하 자원량이 같거나 감소하면서도 화폐량으로 표시되는 국민총생산은 오히려 늘어날 수 있다. 실제로 동일량의 자원의 효율 또는 동일 생산량에 대한 필요 자원량을 표시하는 자원효율성은 1970년대의 석유파동 이후로 증대해왔다. 즉 적은 자원으로 이전보다 높은 경제성장을 달성했다.

자원 소비를 줄이면서도 명목 국민총생산을 증대시킬 수 있다는 점에 놀라워할 필요는 전혀 없다. 화폐는 부의 소재적 내용과 무관하고 화폐량으로 표시되는 성장도 굳이 자연약탈적인 생산방식에 의존할 필요는 없다. 신자유주의에서도 자본 축적의 중심이 금융과 서비스업으로 옮겨 가면서 국민총생산의 증대와 물질적 생산의 상관관계는 줄어들었다. 탈성장은 명목 국민총생산의 감소와 동일한 개념이 아니다. 그런데 이는 자칫 생태적 전환을 경제체제와 무관한 기술 개발 문제로 좁히는 오류를 낳을 수도 있다. 노동시간 단축과 생태적 전환을 단선적 인과관계로 설명할 수 없듯이, 자원효율성과 생태적 전환도 마찬가지이다. 자원효율성이 개선되면 생태환경에 긍정적 영향이 나타날 수도 있지만, 반대로 리바운드 효과가 생길 수도 있다. 즉 온실가스 감축 기술의 발전이 오히려 온실가스 총량을 증대시키는 역설도 발생한다. 여기에서 자원 절감 기술의 발전을 탓한다면, 그것은 인과관계의 오류이다. 기술 혁신은 자원 절감에 기여했지만 생산량이 확대될 계기를 제공했고 결과적으로 더 많은 생산이 이루어졌을 뿐이다. 문제는 기술 혁신이 아니라 성장주의일 뿐이다. 자본주의적 생산의 확대에는 자연약탈적 성장주의의 위험이 내재한다. 더 많은 화폐를 목적으로 하는 자본주의 생산은 폐기물, 오염, 비재생 자원 낭비의 문제를 해결하는 자원순환형 경제circular economy와 자연약탈적 성장주의의 두 가지 가능성에 대하여 무차별적이다. 이러한 무차별성은 화폐의 고유한 속성인 소재적 무차별성에서 비롯된다.

【과세와 공유의 결합 원칙과 생태보너스】

자원순환형 경제는 자원 절감 기술의 발전만이 아니라 리바운드 효과를 억제할 수 있는 사회경제적 조건 속에서만 등장할 것이다. 자원순환형 경제를 위해서는 환경파괴적인 산업에 대한 금지가 당연히 필요하다. 핵발전의 경우가 여기에 속한다. 전기자동차 같은 경우도 마찬가지이다. 일정한 기술 수준에 도달하면 전기자동차만 허용하고 나머지 차종을 금지할 필요도 있을 것이다. 문제는 완전히 금지할 수 없는 것들에 대해서는 어떻게 할 것인가이다. 이 경우에는 그러한 물질의 사용량이나 발생량을 감축해나가는 과정이 필요하다.

어떤 방법이 가장 효과적일까? 만약에 감축이 요구되는 항목에 생태세를 부과하고 거둬들인 세수를 기본소득으로 균등 분배한다면 어떤 효과가 나타날까? 예컨대 화석연료와 전기에 고율의 생태세를 부과한다면 절감 기술의 지속적인 발전을 강제할 수 있고 에너지 저소비 사회로 이끌 수 있다. 하지만 여기에는 사회적 한계가 따른다. 높은 생태세는 저소득층의 에너지 평등권을 침해할 수 있기 때문이다. 1990년대 독일의 적록연정이 부딪혔던 문제이다.

저소득층의 저항 없이 생태세를 올리는 간편한 방법은 분배의 개선과 생태세 부과를 결합하는 것이다. 생태세수를 기본소득으로 분배하는 방식은 저소득층의 에너지 기본권을 보장하는 '정의로운 전환'의 기초 위에서 지속적으로 생태세율을 올릴 수 있도록 해준다. 과세와 공유를 결합한 이러한 방식은 리바운드 효과를 방지하는 데에서도 매우 효과적이다. 생태세율을 올리면 올릴수록 자원 소비는 줄어들고, 유해 물질을 줄이는 절감 기술은 더 발전하게 될 것이며, 사회 전체는 에너지 저소비로 전환하게 된다. 기술 혁신의 전망에 맞추어 생태세율 인상폭을 적절하게 조정할 수도 있을 것이다.

생태보너스 또는 생태배당에 대해 두 가지 질문이 나올 수 있다. 하나는 반드시 화폐 형태이어야 하는가라는 질문이다. 현물 형태보다 화폐 형태의 생태배당이 효과적인 이유는 저소득층의 절약 가능성도 감안해야 하기 때문이다. 무상에너지 제공이나 현금 제공이나 에너지 평등의 보장에는 똑같은 효과가 있지만, 현물로 제공하면 대개는 그 한도까지는 다 쓰게 되는 반면에 현금으로 제공하면 에너지 소비를 줄이고 다른 용도로 사용할 수도 있다.

또 다른 질문은 생태세수를 에너지 전환 기금으로 사용하는 것이 합당하지 않은가라는 질문이다. 이 질문에 답변하려면, 국가가 공적 재정으로 친환경 기술을 개발하고 생태적인 공공 기업에 조세 감면이나 관급 조달의 혜택을 부여하는 방식이 경제 전체의 생태적 전환에 얼마만큼 효과적인가를 따져야 한다. 흔히 그린딜Green Deal이라고 불리는 이러한 방식은 비용 문제로 인하여 사적 자본이 기피하는 자원 절감 기술 투자를 국가가 대신하는 것이지만, 생태세율이 높지 않다면 비용의 문제로 인해 사적 자본주의 부분으로의 파급이 느릴 수도 있다.

그린딜이 효과적이려면 생태세율 인상과 함께 가야 한다. 그럴 경우에만 사적 자본에 친환경적 기술의 수용을 강제할 수 있고 자원 절감 기술의 독자적 개발에 나서도록 강제할 수 있다. 생태세수는 생태배당에 사용하고 녹색 뉴딜의 재원은 생태세수를 제외한 일반 재정에서 충당하는 것이 더욱 효과적이다. 생태세 본래의 목적, 즉 당장 금지할 수 없는 항목에 대한 간접적인 규제 방법이라는 점과 생태세율을 올리기 위해 생태배당을 지급하는 것이라는 두 가지 점을 기억해두자. 그린딜의 재원을 토건 예산이나 국방비의 삭감 등 재정 지출의 재구성과 생태세 이외의 조세 체계의 재분배성 강화의 두 가지 방식으로 마련하는 방안이 재정 문제에서의 더 많은 생태주의를 뜻한다.

【불평등한 분배의 개선과 생태적 전환】

기본소득은 과세와 배당의 결합이라는 특징을 가진다. 내는 세금은 다르지만 돌려받는 배당은 같다. 이와 같은 기본소득 원리에는 이미 재분배 효과가 들어 있다. 분배가 평등하면 평등할수록 생태적 전환에 유리하다. 파이의 분배가 불평등할수록 파이의 크기를 늘리려는 성장주의의 함정에 빠지기 쉽다. 반면에 파이의 몫이 평등하게 분배될수록 성장주의의 함정에서 벗어나 파이의 크기를 늘리는 것을 통제할 수 있다. 저소득층도 생태발자국과 탄소발자국이 긴 저가품 소비가 아니라 생태친화적인 착한 소비에 동참할 수 있다.

나아가 기본소득은 단순한 소득 재분배 이상의 의미를 가진다. 기본소득은 소득 재분배의 방식으로 사회구성원에게 여가 시간과 자유로운 활동 시간을 재분배한다. 그럼으로써 기본소득은 사회적 시간을 재분배하며 임금노동을 자유로운 활동으로 해방한다. 기본소득에 의지하여 사람들은 자연약탈적인 일자리를 거부할 역량을 가지게 되며 노동시장에서도 생태적 전환의 조건이 만들어질 수 있다. 자유로운 활동시간의 증대는 생활세계를 속도의 경제로부터 해방할 것이다. 사람들은 좀 더 많은 여유를 가지게 되며 사회는 더 많은 자원을 더 빨리 소비하는 패턴에서 벗어나게 될 것이다. 이와 같은 비시장적 주체의 탄생과 함께 생태적 전환은 더욱 앞당겨질 것이다.

여성, 돌봄노동 그리고 기본소득

윤자영(충남대학교 경제학과 교수)

신자유주의가 전 지구적 차원에서 지배적 사회경제 패러다임으로 작동함에 따라 우리나라도 예외 없이 빈곤 심화와 부의 양극화를 경험하고 있다. 신자유주의는 삶의 물질적 조건을 전적으로 임금노동을 통해 스스로 마련하도록 규범화, 제도화하고 있지만, 저성장과 불안정 고용의 지속적인 확대는 역설적으로 사회구성원의 삶을 그러한 규범과 제도 바깥으로 밀어 넣고 있다. 임금노동 참여와 복지를 연계하는 복지 제도는 후기 산업사회의 노동의 위기에 제대로 대응하지 못하고 있다.

기본소득의 가장 중요한 이념적 출발은 '정의로운 사회란 개인이 노동시장에 전적으로 의지하지 않고도 또는 타인의 임금소득에 전적으로 의지하지 않고도 인간적 삶을 꾸려갈 수 있는 일정한 물적 조건이 제공되는 사회'를 만들고자 한다. 이는 '정규직 풀타임 남성 임금노동자'를 '온전한 시민'으로 전제하고 그에 기초하여 각종 제도와 규범이 굴러가는 가부장적 자본주의 경제의 근간에 대한 매우 근본적인 도전을 내포하고 있다. 노동시장 참여에서 평등한 기회를 보장받지 못하여 2차 소득자로서의 노동시장 지위를 점하고, 가정에서 돌봄노동을 도맡아 수행하면서 남성이라는 주된 생계 부양자의 소득에 기대어 살아갈 수밖에 없는 대다수 여성에게 기본소득의 의미는 막대할 수 있다.

【돌봄노동을 바라보는 세상의 시선】

여성주의가 기본소득에서 가장 매력적으로 생각하는 지점은 바로 '어떠한 활동을 하든 조건 없이'라는 부분일 것이다. 후기 산업사회 복지국가가 시민의 삶을 보장하는 방식은 시민으로서의 책임과 의무를 수행할 것을 조건으로, 복지국가가 구축한 사회 안전망 속으로 시민을 품어주는 것이었다. 이러한 사회 안전망의 혜택을 누리기 위하여 여성 또한 임금노동을 하는 '시민'이 될 것을 요구받았다. 그러나 후기 산업사회 노동시장은 전통적인 성별 분업 규범을 흔들었지만 여성이 임금노동자라는 지위를 안정적으로 누릴 수 있도록 충분한 양질의 일자리를 제공하지 못하면서, 여성은 남성과 동등한 시민적 지위를 확보할 수 없었다.

전통적인 성별 분업 규범과 실천의 점진적인 해체에도 불구하고 무급 가사노동과 돌봄노동의 상당 부분을 여성이 책임지고 있는 현실은 젠더 정의 실현을 위협하는 핵심적 요인이다. 엄격한 성별 분업은 와해되었지만, 소수의 남성만이 돌봄노동을 기꺼이 떠맡았기 때문에 성별 분업 와해는 여러 가지 문제점과 부작용을 낳았다. 남성들이 돌봄노동에 참여하지 않으면서 여성은 임금노동뿐만 아니라 돌봄노동에 대한 책임이라는 이중의 노동 부담이 강화되었다. 기존의 성별 질서 안에서 여성이 남성과 동일해지는 것이 젠더 정의를 실현하는 것이라 보았기 때문에, 여성들은 기존의 제도가 보상하는 전통적인 남성성과 남성적 행위에 따라가는 방식으로 행동했다.

무급 돌봄노동은 시장경제에서의 '성공'을 가로막는 것으로 간주되었다. 여성은 남성에 대한 종속과 의존이라는 부정적인 여성성을 부정하면서 성공과 경쟁을 우선시하는 부정적인 남성성을 습득하게 되었고, 남녀 모두 돌봄노동에 대한 가치 폄하를 지배 원리로 하는 경제 구조에 순응하게 되었다. 이제 남성뿐 아니라 여성도 돌봄노동을 회피하고 있고, 돌봄노동을 회피하는 근본적인 원인과 돌봄노동 가치의 저평가에 대한 성찰 없이 돌봄노동 공백을 메우기 위한 노력은 돌봄노동의 상품화로 귀결되었다.

여성의 임금노동 참여를 통해 젠더 정의를 추구할 수 있다는 현대 복지국가 이상은 돌봄노동의 가치를 간과하고 있었기에 진정한 남녀평등을 이루는 데 근본적으로 도움이 되지 않았다. 캐럴 페이트먼이 울스턴크래프트 딜레마Wollstonecraft Dilemma로 규정했듯이 여성이 임금노동 참여를 통해 남성과 동등한 시민으로 인정받는 길은 순탄하지 않다. 여성은 출산과 수유라는 남성과 다른 성적 조건과 욕구를 불가피하게 갖고 있다. 그러나 임금노동을 우선시하는 정책은 여성을 남성과 마찬가지로 아무런 돌봄의 책임이 없는 독립적인 근로자로 간주하면서 돌봄노동의 사회적 필요성에 충분히 관심을 기울이지 않았다.

기본소득이 이러한 울스턴크래프트 딜레마를 극복하고 기존의 성별 분업을 전복할 수 있는 물질적 토대를 마련할 수 있는 가능성이 있는가를 둘러싸고 여성주의자들 간에도 다양한 입장이 존재한다. 일부 여성주의자는 기본소득이 여성의 무급 돌봄노동에 대한 대가적 성격을 갖게 되어 여성들의 취업 의욕을 저하시킬 것이고, 기존의 성별 분업을 오히려 합리화, 고착화할 수 있다는 우려를 표명한다. 전통적인 성별 분업을 강화하여 여성이 이성애 중심의 결혼을 선택할 수밖에 없거나 억압적인 결혼 관계를 벗어나지 못하게 할 것이라고 본다. 그러나 다른 여성주의자들은 기본소득은 비로소 돌봄노동을 그 자체로 사회적으로 가치 있는 시민적 활동으로 인정할 뿐만 아니라, 남녀 모두의 임금노동에의 의존도를 줄임으로써 궁극적으로 성별 분업을 완화하는 데 크게 기여할 것이라고 본다. 또한 평등하고 정의로운 방식으로 가족 구성원들이 상호 경제적, 정치적 지배－종속 관계에 놓이지 않는 가족을 구성할 수 있게 할 것이라고 기대한다. 이성애적인 결혼 관계를 기반으로 한 가족이 아니라 대안적인 형태의 가족을 형성할 수 있는 물질적 기초를 제공할 수도 있다는 것이다.

기본소득에 대한 여성주의자들의 주된 우려는 기본소득이 노동 유무와 상관없이 일정한 소득을 보장하면 여성들의 노동시장 참여 혹은 노동시장에서의 성평등에 대한 여성주의적 의제를 무력화할 수 있다는 생각이다. 여성이 기본소득을 받게 되면 돌봄노동에 대한 사회경제적, 문화적 책임을 진 여성들의 노동시장 이탈이 증가할 것이고 이는 20세기 후반의 근 50년간 여성들이 이루어온 노동시장 지위에서의 진보를 거스를 것이라고 전망한다. 특히 기본소득이 여성을 노동시장에 참여시키기 위해 국가가 공적으로 돌봄서비스를 제공하려는 공적 노력을 소홀히 하게 될 것이고, 보육 시설과 같은 공적 돌봄서비스에 접근할 수 없게 된 여성이 노동시장에 참여할 수 없도록 만들 것이라고 주장한다.

【여성주의적 시민권 개념 확대 필요】

일하지 않아도 기본소득을 받게 되면 근로 유인을 줄여서 경제성장을 저해하거나 효율성을 감소시킬 것이라는 지적은 강남훈 등 여러 사례를 통해 반박되었다. 기본소득이 여성의 근로 동기를 특별히 더 감소시킬 것이라고 생각할 근거는 없다. 오히려 여성들은 더 낮은 지위로 노동시장에 들어가야 하는 강요를 받지 않으며, 일하고 생활하는 방식에서 더 다양하고 독립적인 선택을 할 수 있을 것이다. 여성들은 기본소득이 있으므로 긴박한 생계의 위협 때문에 주변부 노동시장 참여를 강요받지 않는다. 기본소득은 특히 필요에 의해 노동시장에 참여할 수밖에 없는 저소득층 숙련 수준이 낮은 여성들에게 자본에 대한 협상력을 증가시켜 더 나은 일자리를 찾아갈 수 있도록 할 것이다. 또한 생계를 위한 최소한의 소득 보전을 위해 남녀 모두 장시간 노동을 감내하지도 않게 하며 결국 노동시간 단축은 남성들의 가사노동 참여를 용이하게 하는 조건을 형성하게 된다.

기본소득이 젠더 정의에 기여할 수 있을 것이라는 여성주의자들은 기본소득이 복지국가 안에서 돌봄노동의 주된 역할 수행자인 여성과 돌봄노동에 대한 새로운 자리매김을 가능하게 할 것이라고 기대한다. '자율적이고 독립적인 시장 노동자'를 전형적인 '시민' 모델로 간주하는 근대적 시민 개념이 남성의 경험과 남성 중심적 가치 체계를 반영한 성차별적 개념이며 기본소득이 남성 중심적인 시민권 개념을 전복시킬 수 있다고 주장한다. '자율성과 독립성'을 핵심으로 하는 근대 시민 개념은 인간에 대한 잘못된 이해에서 비롯된 것으로서, 인간은 본질적으로 상호의존적인 존재이며 삶을 유지하기 위해 누구나 돌봄을 필요로 하고, 따라서 좀더 돌봄을 필요로 하는 사람에게 그것을 제공하는 것은 남녀 모두의 책임이다. 즉 시민권의 핵심적 자격 요건은 돌봄 수행이어야 하며, 따라서 기존의 '여성의 일'이라 간주되었던 돌봄노동은 남녀 모두의 기본적인 시민적 역할로 재분배되어야 한다는 것이다.

기본소득이 여성주의적 시민권 개념과 맞닿을 수 있는 가장 중요한 지점은 소득과 임금노동 간 관계의 전부 혹은 부분적인 단절이다. 직접적으로 소득을 유발하지 않는 개인의 활동도 사회적으로 가치 있고 의미 있는 활동으로 간주하는 기본소득의 이념은 돌봄노동의 가치를 인정하는 것에 다름 아니다. 그러나 기본소득이 돌봄노동의 사회경제적 가치에 대한 단순한 인정을 넘어서서 여성이 더 이상 무급 가사노동 및 돌봄노동을 떠맡지 않게 되어 성별 분업을 극복할 수 있을 것인가? 기본소득은 개인이 추구하는 어떠한 종류의 활동도 인정하는 가운데, 임금·돌봄노동의 '생산적'인 가치와 그 밖의 활동을 구분하지 않는다. 기본소득은 시민으로서 임금노동을 비롯한 모든 활동을 할 수 있는 '권리'를 강조하지만 사회적으로 필요한 돌봄노동을 할 시민으로서의 '책임'을 강제하지는 않는다. 여성주의자들은 기본소득이 지급되면 남성이 돌봄노동을 선택할 것인가에 대해 회의적인 시선을 던진다.

기본소득이 도입되더라도 임금노동을 중심으로 한 사회보장 체제가 유지된다면 돌봄노동은 여전히 많은 활동 가운데 하나로 치부되면서 임금노동과 동일한 생산적 가치를 인정받지 못하게 된다. 일부 여성주의자들이 우려하듯이 기본소득이 도입되면 어떤 여성들은 욕망에 따라 돌봄노동을 선택할 수도 있다. 돌봄노동 수행에 대한 불이익이 없다면 여성이 임금노동과 돌봄노동 사이에서 돌봄노동을 선택하는 것이 반드시 문제가 될 이유는 없다. 여성의 돌봄노동 선택이 문제가 되는 것은 무급 가사노동과 돌봄노동 수행에 경제적 불이익이 존재하기 때문이다. 돌봄노동 수행의 사회경제적 불이익을 축소 혹은 철폐하지 않고서는 남성에게 돌봄노동의 책임을 강제할 수도 없고, 돌볼 수 있는 권리를 보장받았다고 할 수 없다. 사회경제적으로 필요한 노동에 대한 경제적 인정을 어떻게 할 것인가, 돌봄노동 수행에 따른 사회경제적 불이익을 어떻게 최소화할 것인가, 그러한 노동을 함께 수행할 책임을 어떻게 강제할 것인가가에 대한 고민과 사회적 장치가 더욱 중요한 이유이다.

돌봄노동에 대한 불이익을 축소하는 것과 함께 여성의 임금노동에 대한 참여를 보장할 수 있도록 의료, 교육, 보육, 돌봄서비스 등은 국가가 집합적인 전달 체계를 통해 현물 급여 형태의 기본소득을 제공해야 한다. 사회서비스의 공공성의 강화와 연계되지 않으면 기본소득을 통한 젠더 정의 실현에 한계가 있을 수밖에 없다. 기본소득이 지급되면 회피될 대표적인 저임금 일자리는 돌봄서비스 일자리이다. 돌봄노동의 임금 향상을 통한 돌봄노동의 가치 재평가가 수반된 사회서비스의 공공성이 제고되어야, 임금노동과 돌봄노동의 선택을 통해 실질적 자유를 보장하는 기본소득의 의의는 제대로 실현될 것이다.

【기본소득이 바꾸는 세상】

기본소득이 대안적 사회재생산 체계를 마련하고 젠더 정의를 추구할 수 있는 근본적인 만병통치약은 아닐 것이다. 그러나 아무리 촘촘하게 주변부 노동시장 노동자에 대한 사회 안전망을 마련한다 해도 그 틈을 빠져나가는 자본의 영악함과 다양한 고용 형태는 여성들의 기본적인 생존권을 위태롭게 만들고 있다. 빈곤, 불안정 임금노동, 최저임금에 노출되어 있는 여성의 노동시장에서의 지위를 고려하면, 기본소득이 여성들에게 최소한의 안정적이고 지속적인 물질적 생존을 보장할 수 있을 것이다. 임금노동 중심의 사회경제 패러다임을 지양함으로써 돌봄노동의 가치에 대한 사회경제적 인정과 재평가를 도모할 수 있다. 돌봄노동은 임금노동을 위해 희생되어야 할 노동이 아니라, 그것 자체로 인간 세계를 이루는 중요한 삶의 원리이다. 돌봄노동은 의존자의 욕구를 충족시키는 유급과 무급 형태의 노력이며, 개인과 사회에 필수 불가결인 돌봄노동을 어떻게 조직할 것인가의 문제로 폭넓게 접근할 필요가 있다. 기본소득 제도가 가족 안에서 그리고 국가, 시장, 가족, 공동체 간에 돌봄 책임을 어떻게 공평하게 재분배할 것인가에 대한 노력을 촉발하는 데 기여하기를 바란다.

윤태곤

의제와전략그룹 더모아 정치분석실장. 연세대학교에서 영문학을 공부했으나 마치진 못했다. 〈프레시안〉에서 기자로 일하며 여러 정당과 청와대를 번갈아 취재했다. 기자를 그만두고 대선, 서울시장 선거 등에 참모로 참여했고 국회에서 일했다. 지금은 메시지와 위기관리 전략을 컨설팅하고 있다. 또한 여러 TV 방송과 라디오 프로그램의 정치 분석 코너를 맡고 있으며 고정적으로 매체에 글을 쓰고 있다. 『50년 금단의 선을 걸어서 넘다』『김근태, 당신이 옳았습니다』 등의 공저가 있다.

서용석

한국행정연구원 연구위원. 대학에서 동양사를 전공했고, 미국 하와이 대학교에서 후기 정보사회를 주제로 정치학 박사학위를 받았다. 미래학의 대부로 불리는 짐 데이터 교수에게 '화성정착'이라는 과목을 수강하면서 미래학을 공부했다. 한국행정연구원 연구위원이며 KAIST 문술미래전략대학원 겸임교수, 기획재정부 중장기전략위원, 서울특별시 미래준비위원으로 활동하고 있다. 2013년부터 에티오피아를 비롯한 개발도상국을 대상으로 행정발전 컨설팅과 교육을 하고 있다. 미래학, 동아시아 정치, 사회 변동이 주요 관심사이다.

손석춘

건국대학교 미디어커뮤니케이션학과 교수. 대학에서 철학을 공부하고 커뮤니케이션 사상으로 박사 학위를 받았다. 사단법인 새로운사회를여는연구원장과 이사장을 역임했다. 『새 길을 연 사람들』『민중언론학의 논리』『무엇을 할 것인가』『사람은 왜 그림을 그리고 노래를 부르고 시를 쓸까』『신문 읽기의 혁명』(1 · 2권)을 출간했다. 〈동아일보〉 기자, 〈한겨레〉 논설위원으로 일하며 민주언론상, 통일언론상, 한국언론상, 한국기자상, 안종필자유언론상을 수상했다. 소설 『아름다운 집』『유령의 사랑』『마흔아홉 통의 편지』『뉴 리버티호의 항해』『코레예바의 눈물』을 펴낸 작가이기도 하다.

최병성

목사, 환경운동가. 국민 건강을 위협하는 쓰레기시멘트 문제를 세상에 처음 공개하여 개선책을 이끌어냈고, 4대강 사업의 잘못에 대해 300회의 이르는 전국 강연을 했다. 환경책큰잔치에서 선정하는 2016년 한우물상, 2008년 교보생명환경문화상 환경운동 부문 대상, 2011~2012년 오마이뉴스 올해의 기사상 등을 수상했다. 저서로 『강은 살아 있다』『대한민국 쓰레기시멘트의 비밀』『길 위의 십자가』 등이 있다.

정승일

새로운사회를여는연구원 이사. 서울대학교 물리학과를 다녔으며 1980년 5·18광주민주화운동 이후부터 반독재 투쟁과 함께 철학과 정치경제학을 독학했다. 1990년대에 독일로 유학하여 베를린 자유대학교에서 정치경제학 박사 학위를 받았다. 2001년 설립된 대안연대회의에서 활동하면서 그 경험을 담아 『쾌도난마 한국경제』(공저)를 출간했다. 『무엇을 선택할 것인가』(공저)에서는 기존의 경제민주화론을 비판하고 새로운 대안으로 북유럽 복지국가를 제시했다.

김흥규

아주대학교 정치외교학과 교수, 아주대학교 중국정책연구소장. 서울대학교 외교학과를 졸업했고, 미국 미시간 대학교에서 정치학 박사 학위를 받았다. 국립외교원과 성신여자대학교 교수를 지냈고, 청와대 국가안보실·, 외교부, 국방부, 국회 정책자문위원을 지냈다. 한국정치학회와 한국국제정치학회 이사로도 활동하고 있다. 주요 관심 분야는 중국 정치, 외교, 안보, 동북아 국제정치, 외교 정책 결정 등이다.

안병은

정신건강의학과 전문의, 수원시자살예방센터장, 행복한우리동네의원장, 협동조합 행복농장 이사장. 저서로는 『죽음을 꿈꾸는 아이들』(근간), 공저로는 『별이 빛나는 건 흔들리기 때문이야』, 역서로는 『우리 아이의 정신질환 이해하기』, 『녹색 돌봄』, 『사별을 경험한 아동·청소년 상담하기』 등이 있다.

강은주

현장과 이론이 만나는 연구소 생태지평 연구원. 한양대학교 대학원에서 화학공학을 전공했다. 이후 환경운동연합과 진보 정당, 국회 등에서 오랜 시간 환경과 안전 정책을 연구하고 살피는 일을 해왔으며, 관련한 강의와 글을 쓰고 있다. 팟캐스트 〈노유진의 정치카페 테라스 Y〉를 진행했다. 저서로는 후쿠시마 사고 이후 한국 핵발전의 위험을 경고한 『체르노빌 후쿠시마 한국』, 한국 사회의 위험 문제를 다각도로 분석한 『비보호 좌회전』, 『한미 FTA는 우리의 미래가 아닙니다』(공저) 등이 있다. 현재는 연구소 생태지평의 연구원으로 일하며, 연구와 글쓰기를 계속하고 있다.

김익중

동국대학교 의대 교수. 서울대학교에서 의학을 전공하고, 동 대학원에서 미생물학으로 석사, 박사 학위를 취득했다. 2009년 경주환경운동연합 비대위원장을 시작으로 탈핵운동에 뛰어들었으며, 현재 반핵의사회 운영위원, 불교환경연대 공동대표, 경주환경운동연합 연구위원장을 역임하고 있다. 2013년부터 2016년까지 원자력안전위원회 비상임위원을 역임했다. 저서로 『한국 탈핵』이 있고, 공저로 『탈핵 학교』 『10대와 통하는 탈핵 이야기』 등이 있다.

한기호

한국출판마케팅연구소장. 출판평론가. 격주간 출판전문지 〈기획회의〉를 창간해 올해로 18년째 발간해오고 있다. 2010년 한국 최초의 민간 도서관 잡지인 월간 〈학교도서관저널〉을 창간해 학생들을 대상으로 책 읽기 운동을 벌이고 있다. 지은 책으로 『출판마케팅 입문』 『베스트셀러 30년』 『새로운 책의 시대』 『한기호의 다독다독』 『20대, 컨셉력에 목숨 걸어라』 『마흔 이후, 인생길』 『나는 어머니와 산다』 등과 다수의 공저가 있다.

금태섭

제20대 국회의원. 서울대학교 법학과를 졸업하고 제34회 사법시험에 합격하여 대검찰청, 서울중앙지검 등에서 12년간 검사로 근무했다. 이후 변호사로 활동하며 EBS 〈세상에 말걸기〉, MBC 라디오 〈생활법률 금태섭입니다〉 등을 진행했다. 제20대 국회의원(더불어민주당 강서갑)으로 여의도에 입성하여 국회 법제사법위원회, 여성가족위원회, 예산결산특별위원회 위원과 당 대변인을 맡고 있다. 저서로 『이기는 야당을 갖고싶다』 『확신의 함정』 『디케의 눈』 등이 있으며, 『세상을 바꾼 법정』을 번역하기도 했다.

정성장

세종연구소 통일전략연구실장, 통일부 정책자문위원, KBS 객원해설위원. 파리10대학교에서 정치학 석사, 박사 학위를 취득했다. 이후 서울대학교, 경희대학교, 북한대학원대학교 등에서 강의했고, 합동참모본부 정책자문위원, 〈매일경제〉 객원논설위원 등을 역임했다. 저서로는 『현대 북한의 정치』, 공저로는 『한국의 국가전략 2030: 통일』 『북핵문제와 한반도 평화체제』 등이 있다.

추원서

동북아평화협력연구원 부원장. 고려대학교에서 정치학 박사 학위를 취득했으며, IMF 외환 위기 당시 전국금융노동조합연맹 위원장을 역임했다. 2000년 이후에는 산업은행에서 동북아연구센터장, 상하이지점장, 경제연구소 선임연구위원 등을 역임하며 북한 및 중국 전문가로 활동했다. 2013년부터 현재까지는 한반도개발협력연구소장을 거쳐 중앙대학교, 강남대학교, 경기대학교의 외래 및 초빙교수로 학생들을 지도하고 있으며, 남북물류포럼 수석부회장, 평화재단 이사 등을 맡고 있다. 저서로는 공저인 『이제는 통일이다』 『북한의 산업』 등이 있고, 현재 팟캐스트 방송인 〈물류로 통하는 남북이야기, 물통남〉에 고정 출연하고 있다.

정욱식

평화네트워크 대표. 고려대학교 정치외교학과를 졸업하고 북한대학원대학교에서 군사와 안보 전공으로 북한학 석사 학위를 받았다. 1990년대 후반, 북한의 대기근과 남한의 IMF 경제 위기를 목도하고 '평화 군축을 통해 한반도 주민들의 인간다운 삶을 만들어보자'는 취지로 평화 운동과 연구를 시작했다. 1999년 평화네트워크(www.peacekorea.org)를 만들어 지금까지 대표로 활동하고 있고 2013년 4월부터는 〈프레시안〉 편집위원을 겸직하고 있다. 〈한겨레〉 언론비평위원, 노무현 정부 대통령직인수위원회 통일, 외교, 안보 분과 자문위원을 지냈다. 〈프레시안〉 등 여러 매체에 글을 쓰는 한편, 블로그 '정욱식의 뚜벅뚜벅(blog.ohmynews.com/wooksik)'을 운영하고 있다. 지은 책으로는 『말과 칼』 『MD본색』 『핵의 세계사』 『글로벌 아마겟돈』 『21세기의 한미동맹은 어디로』 『오바마의 미국과 한반도 그리고 2012년 체제』 등이 있다.

김광진

함께여는미래 대표. 더불어민주당 제19대 국회의원을 지냈다. 국회의원으로 활동 당시 여러 차례 국정감사 우수의원으로 선정되었다. 2015년에는 대한민국 의정대상과 제2회 대한민국 최우수법률상을 수상했다.

이동준

일본 기타큐슈 대학교 국제관계학과 교수. 서울대학교 국문학과를 졸업하고 일본 도호쿠 대학교 대학원법학연구과에서 한반도 문제를 중심으로 한 동아시아 국제관계를 전공했다(법학 박사). 이에 앞서 10여 년간 〈한국일보〉 기자로 일했다. 저서로 『未完の平和: 米中和解と朝鮮問題の變容, 1969-1975年』『불편한 회고』『일한 국교정상화 교섭의 기록』(편역) 등이 있다.

김덕원

KBS 런던지국 특파원. 1997년 기자 생활을 시작해 정치부, 사회부, 9시뉴스 편집부 등을 거쳐 2015년 1월부터 런던에서 활동하고 있다. 여야 정당과 법원, 검찰, 경찰 등을 취재했고, 지금은 영국과 스웨덴, 아일랜드 등 유럽을 취재하고 있다. '거액 수뢰 정상문 청와대 비서관 수사' 등으로 KBS 우수프로그램 상을, '삼성 특검 연속' 보도 등으로 한국기자협회 이달의 기자 상을, 'IMF 특별기획, 최초공개 부실채권 국제매각의 비밀'로 방송협회 이 달의 좋은 프로그램 상을 수상했다.

김공회

한겨레경제사회연구원 연구위원. 서울과 런던에서 경제학을 공부했다(경제학 박사). 한겨레 등 매체와 개인 블로그(socialandmaterial.net)에 한국 경제 및 세계 경제의 흐름과 각종 경제 정책에 대한 비판적 글을 쓰면서, 그 내용을 학교 안팎에서 강의로 풀어내고 있다. 『정치경제학의 대답』『왜 우리는 더 불평등해지는가』 등의 공저와 다수의 학술 논문을 썼다.

채진원

경희대학교 후마니타스칼리지 비교정치학 교수. 경희대학교 후마니타스칼리지에서 '시민교육', 'NGO와 정부관계론', '정당과 선거' 등을 강의하고 있다. 대표 저서로는 『무엇이 우리정치를 위협 하는가』 등이 있다.

차두원

한국과학기술기획평가원 연구위원. 인간공학기술사로 일본자동차연구소 방문연구원, 현대모비스 연구소 휴먼-머신 인터페이스(Human-Machine Interface) 팀장을 역임했으며, 『잡 킬러』 『초연결시대, 공유경제와 사물인터넷의 미래』 『KISTEP 미래한국보고서』 등을 공저했다. 미래 기술과 함께 이들이 경제, 사회, 인간에게 미치는 영향 연구에 관심이 높다.

이권능

복지국가소사이어티 연구실장. 프랑스 파리제1대학에서 정치학으로 석사 과정과 박사 기초 과정(DEA)을 마치고 프랑스 그르노블 정치대학(IEP de Grenoble)에서 사회정책학으로 박사 과정을 마쳤다. 이후 귀국하여 지금까지 복지국가소사이어티에서 연구실장을 역임하고 있다. 정치 공동체 운영과 정책 결정 과정에 대한 이론적 관점 아래 사회 정책을 다루고 있으며, 특히 건강 정책, 노후소득 보장 정책, 노동 및 고용 정책, 도시 정책, 공공 부문 및 공공 서비스 등에 관심을 두고 연구하고 있다.

이정모

서울시립과학관장. 연세대학교와 같은 학교 대학원에서 생화학을 전공하고 독일 본 대학교 화학과에서 수학했다. 안양대학교 교양학부 교수와 서대문자연사박물관장으로 재직했다. 저서로 『달력과 권력』 『공생 멸종 진화』 등이 있고, 역서로는 『인간 이력서』 『매드 사이언스 북』 등이 있다.

최예용

환경보건시민센터 소장. 대학 시절부터 공해 추방 운동, 반핵 운동을 시작했다. 활동하면서 대학원에서 환경보건학을 공부했다. 국내와 아시아에서의 석면 추방 운동, 고래 보호와 육상 폐기물 해양 투기 금지 운동에 앞장서왔다. 2011년 8월에 알려진 가습기살균제 문제를 해결하기 위해 6년째 피해자들과 함께하고 있다. '환경이 아프면 몸도 아프다' '환경이 건강해야 몸도 건강하다'를 활동의 모토로 삼고 산다. 집에서 직장까지 자전거 전용 도로가 놓여 누구나 안심하고 자전거로 출퇴근하는 날을 손꼽아 기다린다.

이용기

영남대학교 식품자원경제학과 교수. 미국 일리노이 대학교에서 경제학 박사를 취득했으며, 제22회 행정고시 합격 후 동력자원부와 농림수산부에서 근무했다. 농림부 농업관측위원회 위원장, 농업통상대책연구협의회 위원, 전국농학계대학장협의회 이사 등으로 활동했다. 버클리 대학교와 메릴랜드 대학교 객원교수를 지냈고 영남대학교 자원문제연구소장과 자연자원대학장을 역임했다. 『국제농업통상론』 『한국 농업 길을 묻다』 등의 저서와 농업 정책 및 무역 관련 다수의 논문이 있다.

남웅

행동하는성소수자인권연대 공동운영위원장. 예술학과 미학을 공부했으며, 행동하는성소수자인권연대 상임활동가이자 공동운영위원장을 역임하고 있다. 〈동성애자 에이즈 재현에 관련된 논의〉로 제4회 인천문화재단 플랫폼 미술비평상을 수상했으며, 『감염병과 인문학』 『메타 유니버스』 등을 공저했다.

정초원

복지국가소사이어티 연구원. 현재 한림국제대학원 정치외교학과 석사 과정 중에 있으며 복지국가소사이어티 연구원으로 4년째 일하고 있다. 주로 청년, 재정, 건강 분야에 관심을 기울이고 연구에 매진하고 있다.

이승훈

공릉청소년문화정보센터장. 성공회대학교 시민사회복지대학원에서 사회복지를 전공하고 노숙인 쉼터, 학교, 교육청, 지역사회복지관, 청소년센터에서 활동했으며, 부산 반송동, 서동, 모라동, 서울 공릉동 등 대도시 변두리에서 마을교육공동체를 일구는 경험을 했다. 저서로는 『우리가 사는 마을』 『평생교육 눈으로 학교 읽기』(공저)가 있다.

조창완

〈차이나리뷰〉 편집장. 고려대학교에서 국문학을 전공하고, 〈미디어오늘〉 등에서 기자로 일하다가 1999년부터 10년간 중국에 머물렀다. 귀국 후에는 한신대학교 외래교수, 인민일보 한국대표처 국장, 새만금청 행정사무관 등으로 일했다. 지난 15년은 글과 방송으로 중국을 알리는 일에 치중했다면, 앞으로는 노마드 라이프 전달자로 나설 예정이다. 『달콤한 중국』 『죽기 전에 꼭 가봐야 할 중국 여행지 50』(공저) 등 13권의 중국 관련 저서를 집필했고, 최근에는 『노마드 라이프』 썼다. 현재는 중국 전문 여행사인 알자여행을 운영하면서, 중국 산둥출판그룹이 발행하는 〈차이나리뷰〉 편집장을 맡고 있다. 매주 화요일 국민TV 〈민동기의 뉴스바〉에서 중국 고정 패널로 활동하며, 전문 강사로도 활동 중이다.

정윤수

한신대학교 정조교양대학 교수. 성공회대학교 사회학과 대학원에서 문화사회학을 전공했다. 〈계간 리뷰〉 편집위원, 〈오마이뉴스〉 논설위원, 서울시 문화 정책 자문위원 등을 지냈다. 주요 저서로는 『클래식 시대를 듣다』 『인공 낙원』 『노동의 기억 도시의 추억, 공장』 등이 있다. 최근에는 스포츠를 통한 한국 사회의 집합적 열정을 해석하는 데 집중하고 있다.

김혜선

영화 칼럼니스트, 프리랜서 작가. 숙명여자대학교 소비자경제학과, 연세대학교 신문방송학과를 졸업하고 9년간 영화 전문지 기자, 7년간 TV 영화 프로그램, 영화음악 라디오 프로그램 작가로 활동했다. 현재 영화 주간지 〈매거진 M〉에 고정 칼럼을 기고하고 있으며, MBC FM 〈이주연의 영화음악〉의 '써니의 커밍쑤운'에 고정 출연 중이다. 영화에 관한 다양한 글쓰기, 말하기, 각종 인터뷰를 한다.

장은수

편집문화실험실 대표, 읽기 중독자. 서울대학교 국어국문학과를 졸업했으며, 민음사에서 오랫동안 책을 만들고, 또 대표이사(편집인)도 역임했다. 현재 순천향대학교 미디어콘텐츠학과 초빙교수로 학생들과 어울리면서 주로 읽기와 쓰기, 출판과 미디어 등에 대한 생각의 도구들을 개발하는 일을 한다. 저서로는 『출판의 미래』 등이 있다.

김경집

인문학자. 서강대학교 영문학과와 같은 대학원 철학과를 졸업하고 가톨릭대학교 인간학교육원에서 가르치다 '25년은 배우고, 25년은 가르치고, 25년은 쓰고 싶은 글 쓰면서 사회를 바꾸는 데에 도움이 될 문화공동체 운동 등을 하고 싶어' 대학을 떠나 자유롭게 읽고 쓰며 다양한 강연 등으로 대중과 호흡하고 있다. 대표 저서는 『생각의 융합』 『엄마 인문학』 『고장난 저울』 『인문학은 밥이다』 등의 성인 인문교양서와 『고전 어떻게 읽을까』 『정의, 나만 지키면 손해 아닌가요?』 『생각하는 십대를 위한 철학교과서, 나』(공저) 등의 청소년 인문교양서가 있다.

오찬호

작가, 사회학 연구자. 사회학으로 박사학위를 받았으며 10년간 11개 대학 및 대학원에서 강의를 했다. 자본주의에 대한 체념적 순응이 야기한 괴기스러운 일상을 관찰하는 글을 쓰면서 살고 있다. 지은 책으로는 『우리는 차별에 찬성합니다』 『진격의 대학교』 『그 남자는 왜 이상해졌을까』 『대통령을 꿈꾸던 아이들은 어디로 갔을까』 등이 있고 『98%의 미래, 중년파산』 『절망의 나라의 행복한 젊은이들』 등 여러 책의 해제를 작성했다.

권두승

명지전문대학교 교수. 고려대학교에서 평생교육을 전공하고 명지전문대학교에서 27년간 교수로 재직하며 평생교육본부장, 교무처장, 기획실장, 부총장을 지냈다. 일본 도쿄대학교 객원연구원, 한국평생교육학회장, 교육부 정책자문위원, 국가평생교육진흥원 이사 등을 역임했다. 현재 한국청소년지원네트워크 이사장, 서울시 평생학습정책자문단장을 겸직하고 있으며, 저서로 『성인학습 및 상담』 『평생교육경영론』(공저) 등이 있다.

김정인

춘천교육대학교 사회과교육과 교수. 서울대학교에서 천도교 근대 민족운동을 주제로 박사 학위를 받았다. 근현대 민주주의 역사와 현대 대학사를 주로 연구하고 있으며, 동아시아 역사대화에 관심을 갖고 한중일3국공동역사편찬위원회에 참여하고 있다. 저서로 『천도교 근대 민족운동 연구』 『민주주의를 향한 역사』 『역사 전쟁, 과거를 해석하는 싸움』 등이 있다.

김육훈

역사교육연구소장, 독산고등학교 역사 교사. 서울대학교 역사교육과를 졸업하고 중고등학교에서 역사 교사로 생활하면서 전국역사교사모임 회장을 지냈다. 중고등학교 교과서를 여러 종류 집필했고, 살아 있는 한국사 교과서를 비롯하여 대안적인 역사교과서를 여러 종 편찬했다. 최근에는 국가주의를 넘어 민주공화국의 시민을 기르는 역사 교육을 구상하고 실천하는 데 관심이 많다. 혼자 쓴 책으로 『살아 있는 한국근현대사 교과서』 『민주공화국 대한민국의 탄생』 등이 있다.

오준호

논픽션 작가. 서울대학교 국문학과를 졸업하고 경상대학교 정치경제학과 대학원에서 공부했다. 기본소득한국네트워크 회원이며 기본소득을 쉽게 알리는 『기본소득: 기회재장전』(가제)을 출간 준비 중이다. 416세월호참사 작가기록단으로 활동했다. 『세월호를 기록하다』 『반란의 세계사』 『소크라테스처럼 읽어라』 『노동자의 변호사들』(공저) 등을 썼고, 앞으로도 역사와 사회에 대해 새로운 시각을 담은 논픽션 쓰기에 계속 도전할 계획이다.

강남훈

한신대학교 경제학과 교수. 서울대학교에서 경제학을 전공했고 가치론으로 박사 학위를 받았다. 전국교수노동조합 위원장 등을 역임했고, 기본소득한국네트워크 대표로 있다. 주요 저서로서는 『정보혁명의 정치경제학』 『경제학자, 교육혁신을 말하다』(공저) 등이 있다. 최근 「인공지능과 기본소득의 권리」라는 논문을 발표하여 인공지능이 일종의 공유 자산임을 주장했다.

안효상

기본소득한국네트워크 상임이사. 서울대학교 대학원 서양사학과 박사 과정을 수료했고, 현재 서울대학교 강사다. 사회당 대표, 진보신당 공동대표로 일했으며, 현재 정치경제연구소 대안의 부소장이자 성공회대학교 외래교수이다. 지은 책으로 『미국은 어떻게 만들어졌을까?』 『마주 보는 세계사 교실 6』 『기본소득운동의 세계적 현황과 전망』(공저) 등이 있다.

백승호

가톨릭대학교 사회복지학과 부교수. 서울대학교에서 「복지체제와 생산체제의 제도적 상보성에 관한 비교사회정책 연구」로 박사 학위를 받았다. 이후 한국 복지국가 비교통계자료 구축 등에 참여했으며, 현재는 불안정 노동, 대안적 복지로서 기본소득에 대한 연구를 진행 중이다. 주요 논문으로 「한국 복지국가의 구조와 성격에 관한 비교사회정책연구」 「서비스경제와 한국사회의 계급, 그리고 불안정 노동 분석」 「Why the Social Investment Approach is Not Enough」 등이 있다.

금민

정치경제연구소 대안의 소장, 기본소득한국네트워크의 이사. 고려대학교와 독일 괴팅겐 대학교에서 법학을 전공했고 2007년 이후로 기본소득에 관한 강연과 기고 등 많은 활동을 해왔다. 저서로 『사회적 공화주의』 『진짜 민주주의』 등이 있다.

윤자영

충남대학교 경제학과 교수. 학생들에게 노동경제학을 가르치고 있다. 서울대학교에서 경제학, 이화여자대학교에서 여성학 석사, 매사추세츠 주립대학교에서 경제학 박사 학위를 받았다. 한국노동연구원에서 8년간 연구위원으로 재직하면서 여성 고용, 사회서비스, 저출산, 근로 시간과 일 · 가정 양립 등 분야에서 연구했다. 여성주의와 경제학, 임금노동과 돌봄노동에 대한 통합적인 시각으로 다양한 가족과 경제 문제를 연구한다.

2017 한국의 논점

2016년 12월 15일 1판 1쇄 인쇄
2016년 12월 25일 1판 1쇄 발행

지은이 윤태곤 서용석 손석춘 정승일 최병성 김홍규 안병은 강은주 김익중 한기호 금태섭 정성장 추원서 정욱식 김광진 이동준 김덕원 김공회 채진원 차두원 이권능 이정모 최예용 이용기 남웅 정초원 이승훈 조창완 정윤수 김혜선 장은수 김경집 오찬호 김정인 김육훈 권두승 오준호 강남훈 안효상 백승호 금민 윤자영(글 게재 순)
기획 〈기획회의〉 편집위원회 박상률, 이정모, 장동석, 장은수, 한기호
펴낸이 한기호
펴낸곳 북바이북
출판등록 2009년 5월 12일 제313-2009-100호
주소 121-839 서울시 마포구 서교동 484-1 삼성빌딩A동 2층
전화 02-336-5675 팩스 02-337-5347
이메일 kpm@kpm21.co.kr
홈페이지 www.kpm21.co.kr

ISBN 979-11-85400-49-5 03300

북바이북은 한국출판마케팅연구소의 임프린트입니다.
책값은 뒤표지에 있습니다.